HEYNE BÜCHER

RALPH STEYER

JAVA 2

Programmieren
schnell und einfach

WILHELM HEYNE VERLAG
MÜNCHEN

MARKT&TECHNIK BEI HEYNE
15/67

Umwelthinweis:
Dieses Buch wurde auf
chlor- und säurefreiem Papier gedruckt.

Taschenbuchausgabe 9/99

Wilhelm Heyne Verlag GmbH & Co. KG, München
http://www.heyne.de
Printed in Germany 1999
Umschlaggestaltung: Grafikdesign Heinz H. Rauner, München
Druck und Verarbeitung: Bercker, Kevelaer

ISBN 3-453-16822-4

Inhaltsverzeichnis

Vorwort

Willkommen zu Java, der phantastischen und aufregenden Welt der neuen Programmierung. Ob Animationen, Spiele, Verschlüsselungsprogramme, interaktive Webseiten, kleine Internet-Applets oder riesige Programmpakete. Mit Java kann man wahrscheinlich jedes denkbare Programm schreiben. Insbesondere das Internet und das WWW profitieren mittels Java-Applets davon. Java finden Sie mittlerweile auf vielen Webseiten, und es werden täglich mehr. Aber auch jenseits des Internets gibt es einen unerschöpflichen Fundus an potentiellen Anwendungen.

Sie werden in Zukunft Java nicht nur auf reinen Computersystemen finden, sondern in vielen verwandten Geräten. Sei es ein naheliegendes Beispiel wie ein Handy, sei es der mitdenkende Kühlschrank, der selbst seinen Inhaltet verwaltet und bei Bedarf selbständig eine Bestellung aufgibt (kein Witz). Java ist in aller Munde, ist hip, ist heiß. Fast alle wichtigen Firmen der Computerbranche setzen mittlerweile verstärkt auf Java. Wenn die Visionäre Recht behalten, wird Java bereits in naher Zukunft in fast allen datenbasierenden Geräten zu finden sein.

Java ist durch seine Anpassungsfähigkeit die ideale Plattform für sämtliche technischen Geräte, welche irgendwie Routinefunktionen erledigen müssen. Vor allem aber ist Java spannend und eine der innovativsten Entwicklungen der EDV-Welt seit Jahren. Viel Spaß beim Erlernen.

Ralph Steyer
ralph_steyer@gmx.de

Die Symbole

Dieses Buch soll so gut und so schnell wie irgend möglich nutzbar sein. Darum finden Sie im Text verschiedene Symbole, die auf besondere Hinweise aufmerksam machen:

An dieser Stelle geben wir Ihnen wertvolle Tips und lassen Sie an unseren Erfahrungen aus der täglichen Arbeitspraxis teilhaben.

Dieses Symbol weist Sie auf Besonderheiten hin, warnt vor Fallstricken und hilft Ihnen, eventuellen Schaden zu vermeiden.

Die Neuigkeiten

Lassen Sie uns gleich damit beginnen, uns an die faszinierende Welt von Java heranzutasten. Bevor wir jedoch zur eigentlichen Java-Schnuppertour kommen, sollen für die Leser, welche Java bereits kennen, kompakt die Neuerungen von Java 2.0 aufgeführt werden.

Ich werde bei diesem Abschnitt eine gewisse Vertrautheit mit den wichtigsten Begriffen von Java und seinem Umfeld voraussetzen. Wer sich mit Java noch nicht auskennt, kann gerne später auf diesen Abschnitt zurückkommen. Außerdem werde ich immer dann, wenn es bei der konkreten Behandlung von Java-Beispielen notwendig ist, die Begriffe eingehend erklären.

1.1 Java 1.2, Java 2.0, JDK 1.2

Java 2.0! Erheblich verspätet, aber dafür mit um so lauterem Getöse geht Java nach dem fulminanten 1.0-Einstieg und den Zwischenversion 1.1 und 1.2 (Beta) in die zweite Runde. Im Dezember 1998 hatte Sun Microsystems (der »Eigentümer« von Java) endlich die lange angekündigte[1] und mehrfach verschobene Finalversion des JDK 1.2 (Java Developer Kit) – der Java-Entwicklungsumgebung – freigegeben. Kurz danach gab Sun auf der Java Business Expo bekannt, daß es nicht nur ein neues JDK, sondern ein vollständiges Plattform-Update unter dem Namen Java 2.0 gibt.

Diese Namenspolitik überraschte doch ziemlich, denn es schien bis dahin klar, daß das vollständige Update der bis dahin vertriebenen JDK-Finalversion 1.1 und seiner ergänzenden Tools unter der Version 1.2 in Umlauf kommt. So ganz überzeugt von ihrer Namenspolitik scheint auch Sun nicht zu sein, denn das JDK – Kern der Java 2.0-Plattform – wird innerhalb der Java 2.0-Plattform als JDK 1.2 geführt. Sogar Publikationen von Sun Microsystems selbst (in den USA) werden noch Anfang 1999 unter dem Ti-

1. **Bereits für Anfang 1998 angekündigt**

tel Java 1.2 (also für die vollständige Plattform) veröffentlicht. Aber um es gleich vorab festzuhalten – die Veränderungen des Java-APIs, welche sich noch zwischen den Betaversionen 1.2 und der als Final freigegebenen Version ergeben haben, erzwingen einen solche Namenspolitik fast (beispielsweise die dritte Betaversion 1.2 des API und das 1.2-Final-API haben nur noch wenig gemein). Der Mischmasch der Versionen führt wahrscheinlich bei vielen Betrachtern zu leichter Verwirrung. Deshalb gleich zur Klärung – wir werden uns in dem Buch mit Java 2.0 und vor allem dem dazu gehörenden JDK 1.2 (Final) beschäftigen. Im wesentlichen ist Java 2.0 das JDK 1.2 (Final) plus diverser Erweiterungen, und da es nie eine echte 1.2-Finalversion von Java gegeben hat, meint jemand, der von Java 1.2 redet, damit Java 2.0 oder das JDK 1.2.

Wesentlicher Unterschied zwischen der vollständigen Java-Plattform und dem JDK ist, daß die Plattform weitere Programme, Tools und Konzepte enthält, etwa das Java Servlet Development Kit, welches bis zur Beta 4-Version des JDK noch zu diesem gezählt hatte. Oder auch andere Tool-Pakete wie das Java Media Framework, welche die Funktionalität des JDK erweitern. Die Java-2-Plattform beinhaltet unter anderem folgende Basiselemente:

- Sichere und signierte Applets
- Collections Framework
- JavaBeans
- Internationalization
- Networking
- Reflection
- Package Version Identification
- Sound und Multimedia
- Reference Objects
- Object Serialization
- Java Archive (JAR) Files
- Java Native Interface (JNI)

Die Java-Plattform und auch das JDK enthalten die nachfolgenden Konzepte:

- Java Foundation Classes (JFC)
- Abstract Window Toolkit (AWT)
- Swing Components
- 2D Graphics and Imaging
- Input Method Framework
- Accessibility
- Drag-and-Drop-Datentransfer
- Interface Definition Language (IDL)
- Remote Method Invocation (RMI)
- Java Database Connectivity (JDBC)

Die wesentlichen Neuerungen der Java-2-Plattform gegenüber den Vorgängerversionen konzentrieren sich auf die Bereiche Sicherheit, Interoperabilität mit anderen Systemen, Plattformneutralität, Geschwindigkeitssteigerung, Internationalisierung und Vereinfachung der Entwicklungstätigkeit. Prinzipiell sollte man dabei festhalten, daß schon im Schritt von 1.0.x auf die Final-1.1.x-Versionen erhebliche Veränderungen stattfanden. Leider fanden aber auch viele Veränderungen im Laufe der vier Betaversionen des JDK 1.2 statt, weshalb diese Betaversionen in vielen Bereichen nicht mehr mit dem Finalrelease übereinstimmen. Gerade der Wechsel von der Beta-3-Version auf die wenig beachtete Beta-4-Version beinhaltete zahlreiche und sehr massive Modifikationen, weshalb viele Umsteiger von einem JDK 1.1.x oder einer der drei ersten Betaversion 1.2 ziemliche Umstellungsprobleme haben dürften. Die wichtigsten dieser Reformen und Erweiterungen von Java und des JDK bis zu der aktuellen Version sollen nachfolgend nochmal differenziert werden. Dabei sind die Änderungen im Detail natürlich so umfangreich, daß wir sie hier nicht allesamt ansprechen können. Eine große Menge von Veränderungen sind auch so speziell, daß »normale« Programmierer davon kaum berührt werden.

1.2 Verantwortlich für Java: JavaSoft

»Verantwortlich« für Java ist die Firma JavaSoft – eine Tochterfirma der Firma Sun Microsystems. Wir werden im folgenden nicht so genau zwischen Sun und JavaSoft trennen, da diese organisatorischen Strukturen für Sie nur am Rande interessant sein dürften. Wie dem auch sei – Sun und JavaSoft halten im Internet permanent die aktuellsten Informationen um Java bereit. Einige dieser Informationen findet man bereits auf der Einstiegsseite von Sun (`http://java.sun.com`) bzw. JavaSoft (`http://java.javasoft.com`), andere lassen sich besser direkt von der Seite über die Sun-Produkte (`http://java.sun.com/products`) auswählen. Welchen Weg Sie auch wählen – auf den Webseiten von Sun/JavaSoft findet man immer wieder interessante Neuigkeiten sowie viele Tips und Hinweise zu Java.

1.3 Die Java-Neuerungen

Behandeln wir zuerst die Neuerungen, welche Java im weiteren Sinn betreffen. Die neuen Programme folgen im Anschluß daran.

Kompatibilität & Inkompatibilität

Im allgemeinen gilt, daß Entwicklungen, welche mit einer älteren Version von Java erstellt wurden, ebenso in der virtuellen Maschine der Folgeversionen ohne Probleme laufen sollten. Dies gilt sowohl auf binärer Ebene, als auch auf Ebene des Quelltextes (allerdings definitiv **ohne** Gewährleistung durch Sun). Ausnahmen sind explizit diejenigen Java-Programme, welche in einer der Java-Vorgängerversionen erstellt wurden und die auf Klassen zurückgreifen, in welchen sicherheitsrelevante Löcher festgestellt wurden. Auch einige Java-Programme, die auf Klassen mit Implementations- oder Designbugs zurückgreifen, können unter der neuen Versionen nicht mehr laufen. Solche Applikationen müssen bei einer Portierung von älteren JVM auf eine neuere JVM neu kompiliert werden.

Bei der Neukompilierung von älterem Java-Quellcode werden dann ziemliche Schwierigkeiten auftreten, wenn dort Java-Pakete importiert werden, welche es in dem neuen Konzept nicht mehr gibt (das ist zwar selten, aber möglich) oder die verlagert und/oder umbenannt wurden (das ist leider sehr oft der Fall). Beispielsweise sind die Pakete des gesamten Swing-Konzeptes gegenüber der bisherigen Konzeption (Version 1.1 und sogar Beta 1.2) vollständig verlagert und umbenannt worden. In solchen Fällen muß in dem Java-Quelltext die `import`-Struktur dem neuen API natürlich angepaßt werden.

Eine gewisse Schwierigkeit bei Java-Applets ist die Integration von Java-Versionen jenseits von Java 1.0.2 in die gängigen Browser. Selbstredend setzten Applets, welche neuere APIs nutzten, einen entsprechend kompatiblen Browser oder Viewer voraus. Dies war (und ist!) ein nicht ganz unbeträchtliches Problem, denn die Versionen Internet Explorer 3.0, Netscape 3.0, und die Alpha und Pre-Beta1-Version des HotJava-Browsers unterstützen maximal Java 1.0.2, können also mit auf der 1.1-API- (oder Folgeversionen) basierenden Funktionalitäten **nichts** anfangen. Dies gilt auch für den JDK-eigenen `Appletviewer` der JDK-Versionen 1.0.x. Die meisten Programme, welche Java unterstützen, wurden erst Anfang 1998 auf die Unterstützung von Java 1.1.3 upgedatet. So kann der Netscape Communicator in den Versionen 4.03-4.05 nur mit Java-1.1-Funktionalität umgehen, wenn er mit dem JDK 1.1-Patch ausgestattet ist. Ab der Version 4.06 ist JDK 1.1.-Unterstützung dann integriert. Der Microsoft Internet Explorer kann ab der Version 4.01 mit Java-1.1-Funktionalität umgehen (mit den üblichen Einschränkungen durch die Auffassung von Microsoft, was Java genau sein soll).

Java 2.0 und das JDK 1.2.x mit den zugehörigen Klassen erzeugen nun aber erneut das Problem, nunmehr in diesen Versionen des Internet Explorers und des Navigators, sowie der anderen Darstellungsmedien. Die ganze Problematik bedeutet dennoch nicht unbedingt, daß Sie für die Erstellung von Applets mit einem alten JDK arbeiten müssen. Soweit Applets mit einem beliebigen JDK erstellt und kompiliert wurden und nur auf Java-Standard 1.0.2-basierende Funktionalitäten nutzten, sollten sie auch in nur diesen Standard unterstützenden Browsern/Containern dargestellt werden können. Diese Abwärtskompatibilität wird allerdings von Sun nicht ausdrücklich garantiert.

Außerdem – die Java 2.0-Plattform beugt – im Gegensatz zu den Vorgängerversionen – vor und beinhaltet ein Java Plug-In für Webbrowser (ehemals bekannt als »Activator«). Damit ist im Prinzip immer eine vollständig zur JVM kompatible Laufzeitumgebung für Applets vorhanden.

Sie können in dem als Laufzeitmanager konzipierten Tool in dem Registerblatt ADVANCED verschiedene Java-Laufzeitumgebungen einstellen, welche als Java-Plugin für Browser fungieren. Es ist also nicht nur möglich, zwischen verschiedenen bei Ihnen aktuell auf dem Rechner installierten Java-Laufzeitumgebungen zu wechseln. Sie können jederzeit die neueste

Java-Laufzeitumgebung auf Ihrem Rechner installieren und diese steht dann denjenigen Browsern zur Verfügung, welche eine exterene Java-Laufzeitumgebung verwenden können.

Leider funktioniert das nicht bei allen Browsern, und Sie können sich nicht unbedingt darauf verlassen, daß die Browser mit dem 1.2-API oder sogar früheren Techniken wie Java2D oder Swing tatsächlich zurechtkommen. Insbesondere Sicherheitsrestriktionen der Browser hebeln neuere Techniken immer wieder aus – trotz aktivierter 1.2-Java-Laufzeitumgebung. Dann bleibt Ihnen nur der `Appletviewer` des JDK. Ausführlichere Details und laufend aktuelle Informationen finden Sie auf der Sun-Webseite »`http://java.sun.com/products/jdk`«.

Insgesamt gab es in der 1.1.1-Version als erste richtige Final nach dem 1.0.x-Standard eine ganze Menge an neuen Funktionalitäten. Innerhalb der einzelnen Zwischenvarianten der 1.1-Versionen fanden dahingegen keine echten Erweiterungen statt, sondern weitestgehend nur Fehlerbereinigungen und interne Optimierungen.

Die erste öffentliche JDK-Version 1.2 Beta wurde während des Jahreswechsels 1997/98 vorgestellt und enthielt doch einige Überraschungen. Insbesondere wurden einige 1.1-Entwicklungen bzw. Features der Vorgänger wieder zu den Akten gelegt, weil sie nicht ganz die Erwartungen erfüllt hatten (ein Sicherheitstool und einige Optionen). Dies bedeutet insbesondere, daß in der Sicherheitsfunktionalität von Java eine gewisse Inkompatibilität zwischen Java 1.1.x und den Folgeversionen besteht. Überdies beinhaltet die Version 1.2 einige neue Features, mit denen Sie Applets und Java-Applikationen kontrollieren können.

HINWEIS

Wir beziehen uns in dem Buch im wesentlichen auf die erste freigegebene Finalversion 1.2 (2.01.005). Spätere Releases können natürlich Erweiterungen enthalten, welche derzeit nicht bekannt sind.

Interoperabilität

Es gibt mittlerweile zahlreiche Java-APIs, nicht nur von Sun, sondern auch von diversen Herstellern, die sich mit Java beschäftigen. Um das Zusammenspiel zwischen diesen verschiedenen APIs zu gewährleisten (die sogenannte Interoperabilität), wurde das Java Collection Framework, eine formalisierte Schnittstelle zum Einbinden von neuen Java-Technologien, definiert. Dieses gehört in der Java-2-Plattform zu den Kerntechnologien.

Anpassung einer Applikation an verschiedene Länderstandards

Eine der wichtigsten Neuerungen im Sprung von den 1.0.x-Versionen aufwärts war die mögliche Anpassung einer Java-Applikation an verschiedene Länderstandards. Eine Applikation kann so beispielsweise landesspezifische Schreibweisen berücksichtigen, wie zum Beispiel die Zeit oder das Datum. Des weiteren ist es nun erlaubt, Texte in Menüs und Dialogen in verschiedenen Sprachen auszugeben. Der 16 Bit große UNICODE kann vollständig angezeigt werden, soweit dieser bisher mit Zeichen gefüllt ist. Dieser Vorgang, welcher von Sun mit *Internationalisierung* beschrieben wird, betrifft im wesentlichen das `java.text`-Package und das `java.io`-Package.

Das zugehörige, in der Version 1.1 neu hinzugekommene Programm `native2ascii` konvertiert native-verschlüsselte 8-Bit-Zeichen in UNICODE.

Erweiterung der Sicherheitsschnittstelle von Java

Java ist eine der sichersten Programmiersprachen bzw. Plattformen der EDV-Welt, aber natürlich nicht perfekt. Über die Geschichte von Java wurden – wie bei jeder vergleichbaren Umgebung – immer wieder Sicherheitslücken aufgedeckt. Die immer wieder nachgeschobenen kleinen Releasewechsel beseitigten nach und nach bekannt gewordene Sicherheitslücken (so etwa 23 der 24 in der Version 1.1 im Frühsommer 97 durch Forscher der University of Washington im Rahmen des Kimera-Projects entdeckten Sicherheitsrisiken) und sonstige Bugs. Eine wichtige Erweiterung der ersten Java-Plattform betraf die Sicherheitsschnittstelle von Java. Diese verbindet ab der Version 1.1 sogenannte Low-Level- und High-Level-Sicherheitsfunktionalität. So können ab diesem Release Applets und Daten mit einer digitalen Unterschrift versehen werden. Das Konzept wurde im Laufe der Updates noch erweitert um abstrakte Schnittstellen für die Verwaltung von Schlüsseln, das Zertifikats-Management und die Zugriffskontrolle. Spezifische APIs zur Unterstützung von X.509 v3-Zertifikaten und anderer Zertifikatformate, sowie eine umfangreiche Funktionalität im Bereich der Zugriffskontrolle sind weitere Sicherheits-Highlights des JDK 1.2.

Seit der JDK 1.1-Version ist im JDK-Paket ein Tool enthalten, mit welchem Sie sogenannte Java Archive (Erweiterung `.jar`) signieren können. JAR-Dateien sind neu in der Version 1.1 eingeführt worden und fassen einzelne

Java-Dateien zu einem Paket zusammen – später mehr dazu. Der `Appletviewer` erlaubt jedem aus dem Netz in Form einer JAR-Datei, welche als vertrauenswürdig eingestuft und mit diesem Tool entsprechend signiert wurde, geladenen Applet mit den selben Rechten auf dem lokalen Rechner zu laufen, wie eine lokale Applikation. Dies hat extrem weitreichende Konsequenzen, denn so ein Applet ist nicht mehr Bestandteil des »Laufstalls«, in den das Java Sicherheitsmodell Applets normalerweise zwingt.

Das zugehörige Java-Sicherheitsprogramm der JDK-Version 1.1 heißt `javakey`. Dieses Tool ist als eine der bedeutendsten Neuerungen in der Version 1.2 durch die Programme `keytool` und `jarsigner` ersetzt worden. Daneben wurden die Sicherheitsprogramme `jar` und `policytool` hinzugefügt.

Das JDK 1.2 erweitert den Umfang der Tools, welche von dem Sicherheitsmodell von Java betroffen sind, in der Finalversion um ein weiteres Programm (`oldjava`). Dies ist zwar nur ein Interpreter, aber dessen Hauptfunktion ist es, Applikationen zu unterstützen, welche über einen eigenen Security Manager verfügen, der auf dem originalen Sicherheitsmodell von Java 1.0/1.1 basiert. Dieser wird unter der Java-2-Plattform eine Exception auswerfen und nicht starten. Solche Applikationen können mit dem Programm `oldjava` als Interpreter jedoch weiterverwendet werden.

Fehlerbeseitigung

Selbstverständlich wurden und werden in neuen Releases eines Produktes diverse bis dahin bekanntgewordene Bugs entweder beseitigt, eine Lösung angeboten (ein sogenannter Workaround) oder zumindest dokumentiert. Dies betrifft sowohl das Sicherheitskonzept, aber natürlich ebenfalls alle anderen Bugs. Die meisten Bug- und Problemmeldungen behandeln ziemlich exotische Fallkonstellationen.

Verschlüsselung in Java

Die Sicherheitsschnittstelle von Java bietet seit der Version 1.1 eine Unterstützung für die sogenannte Public-Key-Verschlüsselung. Bekanntestes Beispiel für eine Public-Key-Verschlüsselung ist wohl PGP (Pretty Good Privacy). Die Public-Key-Verschlüsselung ist eine relativ neue und extrem zuverlässige Verschlüsselungsvariante, welche mit zwei Schlüsseln arbeitet, einem privaten Schlüssel, der nur beim Sender verbleibt, und einem öffentlichen Schlüssel, der verschickt wird. Diesen zweiten Schlüssel darf jeder kennen, denn er wird ausschließlich zum Kodieren einer Nachricht benutzt. **Zum Dekodieren kann er nicht verwendet werden**. Die Folge ist, daß bis jetzt nur der Empfänger des Schlüssels an den Sender des Schlüssels eine kodierte Botschaft senden kann, die ausschließlich dieser dann mit seinem privaten Schlüssel dekodieren kann. Will der potentielle Sender eine kodierte Nachricht verschicken, muß er also erst von dem potentiellen Empfänger den öffentlichen Schlüssel erhalten.

Dieses Verfahren hat den riesigen Vorteil, daß der Dekodierungsschlüssel niemals verteilt werden muß und es äußerst sicher ist. Nachteil ist andererseits unleugbar, daß man einen großen Aufwand mit dem Verschicken und Verwalten der verschieden Kodierungs-Schlüssel treiben muß.

Durch die Kombination der digitalen Unterschrift und der Public-Key-Verschlüsselung können selbst sensible Daten in einer Java-Applikation verarbeitet und im Internet bereitgestellt werden.

Das Abstract Windowing Toolkit

Als ein großer Nachteil von Java in der Version 1.0 wurde oft angeführt, daß Java durch seine Plattformunabhängigkeit für alle Architekturen und Betriebssysteme Vorsorge treffen muß und deshalb sehr oft nur den kleinsten gemeinsamen Nenner aller Fähigkeiten der einzelnen Plattformen nutzen kann. Java-Applets können immer nur die Möglichkeiten verwenden, die in ihrer internen Laufzeitbibliothek verankert sind (z.B. die Grafik-, Kommunikations-, Multithreading-Klassen bzw. die Klassen für die grafische Benutzeroberfläche). Da die Klassenbibliothek für den Entwurf einer grafischen Benutzeroberfläche – das AWT (Abstract Windowing Toolkit) – in der Version 1.0 relativ klein und allgemein gehalten wurde, konnten die Applets zu dieser Zeit nur eine Auswahl der unter Windows bekannten Elemente bieten. Hauptargument der Kritiker war, daß auf der WINTEL-Plattform (Windows + INTEL) basierende Computer die verbreitetsten Rechner im Internet (über 80% der angeschlossenen Rechner) sind und Java für weniger als 20% der Internetteilnehmer die vollständige Windowsfunktionalität aufgab.

Das AWT hat in der Version 1.1 sehr weitreichende Erweiterungen erfahren. Etwa eine einheitliche Druckerschnittstelle, damit Applikationen darüber plattformunabhängig drucken können (selbst dies war in der Version 1.0 noch nicht gegeben). Schnelleres und einfacheres Scrolling, bessere Grafikmöglichkeiten, sowie flexiblere Font-Unterstützung gehörten dazu.

Eine Unterstützung von Pop-up-Menüs und der Zwischenablage waren weitere wichtige Erweiterungen.

Die 1.2-API hat gerade hier noch einmal zugelegt und viele weitere neue Funktionalitäten und Erweiterungen folgen lassen. Das neue Paket beinhaltet die erste vollständige Implementation der Java Foundation Classes (JFC), einem Satz von APIs und vorkompilierten Komponenten. Die JFC schließt nun Java 2D zur Erstellung von 2D-Graphiken, UI Components (Swing Package), Zugriffsmöglichkeiten auf diverse Hilfstechnologien (Accessibility), Drag & Drop und Application Services ein. Insbesondere das Swingkonzept erlaubt statt der bisher recht rustikalen Oberfläche von Java-Anwendungen ein mehr dem durch Windows geprägtem Massengeschmack angepaßtes Aussehen.

Das in der Version 1.0 noch sehr starr ausgelegte Event-Handling (also die Reaktion auf Ereignisse) wurde bereits für die Java-Version 1.1 völlig überarbeitet und wurde damit wesentlich flexibler. Das 1.1-Eventmodell arbeitete als Neuerung mit sogenannten Delegates, d.h. Objekte, welche die Delegierten von anderen Objekten sind. Ein Fenster erhält zum Beispiel ein Delegate-Objekt, an das dann eine Menge von Methoden geschickt wird, die das Delegate dann abarbeiten kann. Je nach dem Rückgabewert der Methode in dem Delegate, wird das Fensterobjekt dann unterschiedlich reagieren.

Die Win-32-Implementation des AWTs wurde ebenfalls komplett überarbeitet, da die alte Version zu langsam war und viele Inkonsistenten im Vergleich zu anderen Plattformen hatte. Damit war bereits das AWT 1.1 insgesamt erheblich schneller und stabiler geworden.

Zu der Erweiterung des AWTs zählt gleichfalls das sogenannte *input method framework*. Darunter versteht man die Eingabe und Verwendung von Text, der in beliebigen Sprachen (etwa Japanisch, Chinesisch oder Koreanisch) geschrieben sein kann. Das Besondere daran ist, daß diese Zeichen über Tastenkombinationen eingegeben werden können. Sie können Tausende von Zeichen aus den unterschiedlichsten Sprachen mit Tastenkombinationen erzeugen und Java kann damit umgehen (sowohl bei der Eingabe, aber auch im AWT allgemein oder anderen Ausgaben).

Die Technik ist wichtig, um Geräte zu unterstützen, welchen oft einige Tasten fehlen (etwa Handheld-Computern). Damit wird ein wichtiger Schritt in Richtung Plattformunabhängigkeit gegangen.

Java Archive

Netscape hatte bereits im Navigator der Version 3.0 das Packen mehrerer Java-Kompilate (also `.class`-Dateien) in eine Datei implementiert. Umgesetzt hat Sun diese Idee seit der Version 1.1 in den sogenannten JAR-Dateien (Java Archive sind Dateien mit der Erweiterung `.jar`). In diesen JAR-Archiven können neben `.class`-Dateien gleichermaßen Image- und Sound-Dateien verpackt werden. Statt vieler einzelner und unkomprimierter Dateien wird beim Laden aus dem Netz ein gepacktes Archiv übertragen. Der Vorteil dieses Konzepts liegt darin, daß die Applikation in einer einzigen HTTP-Transaktion übertragen wird und nicht in vielen einzelnen Übertragungsschritten. Natürlich kann durch die Komprimierung der Daten zusätzlich die Transferzeit erheblich gesenkt werden. Die JAR-Funktionalität wird in dem ab der Version 1.1.x neu hinzugekommenen Package `java.util.zip` realisiert. Das zugehörige Java Archive Tool heißt `jar`. Die Version 1.2 hat die JAR-Technik weiter perfektioniert.

Datenbankunterstützung

In Version 1.0 war für Java-Applikationen noch keine Datenbankunterstützung implementiert, was sich ab der Version 1.1 änderte. Das JDK bot nun die Möglichkeit, auf SQL-Datenbanken zuzugreifen. Bemerkenswert an dem JDK 1.2 sind die neuen Zugriffsmöglichkeiten auf SQL-Datenbanken (inklusive SQL-3-Datentypen). Dazu dient auf der Seite von Java 2.0 die JDBC-2.0-Schnittstelle (Java Database Connectivity). Diese wiederum greift über die standardisierte ODBC-Schnittstelle auf eine SQL-Datenbank zu. Die ODBC-Schnittstelle (Open Database Connectivity) stammt von Microsoft und basiert auf dem gleichen Konzept wie JDBC – dem X/Open SQL CLI (Call Level Interface). In dem Package `java.sql` steckt die wesentliche JDBC-Funktionalität von Java.

Verteilte Programmierung & Object Serialization

Im Bereich der verteilten Programmierung entwickelte sich Java über die verschiedenen Versionen ziemlich. Das Remote Method Invocation Interface (RMI) bietet die Möglichkeit, beliebige Java-Klassen, welche auf einer anderen virtuellen Maschine laufen, anzusprechen. Dabei ist es egal, ob die virtuelle Maschine lokal vorhanden oder irgendwo im Internet ausgeführt wird.

Die Erweiterung des RMI-Konzeptes 1.2 erlaubt es nun, Objekte an Hand einer Referenz zu reaktivieren, wenn diese zuvor persistent gemacht wurden (Remote Object Activation).

Zwei neue Programme, `rmic` – der Java RMI Stub Compiler – und `rmiregistry` – Java Remote Object Registry – dienen ab der Version 1.1.x zur programmiertechnischen Umsetzung des RMI-Konzeptes. Neu im JDK 1.2 wurde das Tool `rmid` – Java RMI Activation System Daemon – hinzugenommen.

In diesem Zusammenhang wurde gleichfalls das Konzept der sogenannten *Object Serialization* aufgenommen. Es ermöglicht das Abspeichern der Inhalte eines Objektes in einen Stream. Dieser kann z.B. eine beliebige Datei sein. Ein Objekt kann in einem Stream zwischengespeichert und zu einem späteren Zeitpunkt daraus wieder aufgebaut werden. Die Lebensdauer eines Objektes kann also über die eigentliche Laufzeit eines Programms hinaus verlängert werden. Hauptanwendung hierfür ist das Versenden von Objekten über das Netzwerk im Zusammenhang mit dem RMI-Konzept.

Das Package `java.io` ist von den entsprechenden Erweiterungen betroffen. `serialver` heißt das neue Object Serialization Tool für Java.

Java IDL

Als eine logische Fortsetzung dieser RMI-Entwicklung folgte die Java IDL (Interfaces Definition Language), welche es Java ermöglicht, eine Verbindung zu anderen Verteilungsplattformen, wie zum Beispiel CORBA, aufzubauen, d.h. entfernte Schnittstellen über IDL zu definieren. IDL ist eine Definitionssprache, welche die Kommunikation zwischen verschiedenen Programmiersprachen über Schnittstellen ermöglicht und in das CORBA-Konzept (Common Object Request Broker Architecture) integriert.

Unter der Finalversion des JDK 1.2 haben sich in der JavaIDL zahlreiche Veränderungen ergeben, welche im wesentlichen auf Grund der 2.3 OMG-Spezifikation notwendig waren.

Java Beans

In den letztgenannten RMI-Kontext fallen ebenso die sogenannten Java Beans – Java-Komponenten innerhalb eines neuen Objektmodells. Oder genauer: Java Beans ist ein portables, plattform-unabhängiges, in Java geschriebenes Komponentenmodell, welches von JavaSoft in Kooperation mit führenden Industrieunternehmen der Computerbranche (klangvolle Beispiele sind Apple, Borland, IBM, JustSystem, Microsoft, Netscape, Rogue Wave, SunSoft, Symantec und viele andere) entwickelt hat. Erstmals wurde das Modell am 4. September 1996 im Internet als Konzept vorgestellt, die konkrete Realisierung dauerte natürlich noch. Die Java Beans sind eine der wichtigsten Erweiterungen des Java-SDK 1.1 (SDK steht für Software Developer Kit). In das JDK 1.2 gehört die nächste Generation der Java Beans (Codename Glasgow) als fester Bestandteil. Vergleichbar sind Java Beans mit ActiveX-Controls oder OCX-Controls. Sie können wie diese visuell manipuliert werden und bieten i.a. über sogenannte Bridges eine Schnittstelle zu Komponenten wie ActiveX-Controls oder OLE-Komponenten an. Im Gegensatz zu diesen Komponenten sind Java Beans jedoch explizit plattformunabhängig und vor allen Dingen im Sicherheitskonzept von Java integriert.

Häufig wird gefragt, ob Java Beans nicht dasselbe wie Applets sind? JavaSoft gibt als wesentlichen Unterschied die Möglichkeit der visuellen Erstellung und eine relativ eng ausgelegte Zielfunktionalität von Beans an. Allerdings stellt JavaSoft ebenso fest, daß Applets so entwickelt werden können, daß sie wie Beans aussehen und arbeiten. Um Java Beans entwikkeln und dann zu komplexen Anwendungen kombinieren zu können, mußte ein eigenes Beans Developer Kit (BDK 1.0) von Sun dem JDK 1.1 (und folgende) beigefügt werden. Dieses gehört nicht zum JDK 1.2 und ist eine der Erweiterungen, welche den Unterschied zwischen der vollständigen Plattform und dem JDK ausmachen. Mittlerweile sind alle wichtigen kommerziellen Java-Entwicklungstools in der Lage, Java-Beans zu erstellen. Einmal entwickelte Beans werden üblicherweise in die oben beschriebenen JAR-Dateien verpackt und beim Enduser in das Applet oder die Applikation integriert.

Servlets

Die Java Servlet API erlaubt die Erstellung von sogenannten Java Servlets. Eingeführt wurde die Technologie während der 1.1.x-Upgrades und richtig manifestiert in der Version 1.2. Allerdings zählt im Rahmen der Java-2-Plattform auch das Servlet-API (`javax.servlet.*`) nicht mehr zum JDK (wie bis noch zur JDK 1.2 Beta 3-Version), sondern gilt als eigenständiges Produkt – das Java Servlet Development Kit. Es ist wie das JDK frei von Sun zur Verfügung gestellt und kann von der Servlet Product Page auf den Java Softwarewebseiten geladen werden.

Servlets bedeuten eine Verlagerung von Funktionalität vom Client auf den Server. Die Assoziation zu CGI-Scripts ist naheliegend. Servlets verbrauchen dahingegen viel weniger Ressourcen und sind – da sie in Java geschrieben sind – im Gegensatz zu CGI-Scripts plattformunabhängig.

Inner Classes & Anonymous Classes

Neu in 1.1 wurden die sogenannten *Inner Classes* eingeführt. Klassen und Interfaces können damit innerhalb anderer Klassen eingebettet werden. Solche Klassen werden innere Klassen genannt. Sie können ausschließlich die Klassen unterstützen, in welche sie integriert sind. Der Name einer inneren Klasse wird durch die umschließende Klasse bestimmt.

Innere Klassen und Interfaces können dieselben Zugriffsmodifizierer verwenden wie die anderen Mitglieder einer Klasse. Innere Klassen können `privat`, `public` oder Package-weit zugänglich sein.

Damit unterstützt Java die bisher schon bei vielen Programmiersprachen praktizierte Blockstruktur innerhalb einer Klasse bzw. das dort verwendete Konstrukt.

Anonymous Classes steht für eine Abart der inneren Klassen. Es handelt sich um eine Kurzform von inneren Klassen. Sie haben allerdings keinen Namen, nur eine Implementation mit `new`.

Der Compiler generiert bei den anonymen Klassen eine namenlose (`anonymous`) Klasse, welche wie spezifiziert eine bestehende Klasse dann überschreibt. Das Ende einer anonymen Klassen wird durch das Ende des mit `new` eingeleiteten Ausdrucks festgelegt. Anonyme Klassen können als einfache Alternative zu Schnittstellen gesehen werden und erweitern ggf. Klassen.

Verwendung des Schlüsselwortes final

In Java können Klassen und Methoden als `final` deklariert werden, womit eine weitere Ableitung und das Überschreiben von Methoden nicht mehr möglich ist. Dementsprechend kann bereits überprüfter Code nicht böswillig verändert werden. Überdies realisiert Java Konstanten ausschließlich mit dem Schlüsselwort `final`. Jede Variable, welche mit dem Schlüsselwort `final` deklariert wird, wird damit zu einer Konstanten. Der Wert dieser Variablen muß direkt bei der Initialisierung mit angegeben werden und kann während des Programmverlaufs nicht mehr geändert werden.

Das C/C++ – Schlüsselwort `const` gab es in Java schon von Anfang an nicht.

Der Compiler kann nun auf Grund der Information, daß sich der `final`-Parameter einer Methode bzw. der Wert einer `final`-Variable sich nicht mehr ändern kann, gewisse Optimierungen vornehmen. Die Eigenschaft `final` eines Parameters ist nicht Teil der Methoden-Signature, sie ist einfach ein Detail der Implementation. Eine Subklasse kann eine Methode überschreiben und beliebig `final`-Parametermodifiers hinzufügen. Die `final`-Deklaration wird nicht in Dokumentationen angezeigt, welche vom Java-Dokumentationsprogramm `javadoc` generiert werden.

Die Veränderung bei der Verwendung des Schlüsselworts `final` betraf beim Update die Initialisierung. Die Initialisierung eines `final`-Feldes oder einer `final`-Variable kann ab Java 1.1 solange hinausgeschoben werden, bis das `final`-Feld oder die `final`-Variable benutzt wird. Der Compiler wird die rechtzeitige und korrekte Zuweisung überprüfen. Eine solche nachträgliche Initialisierung ist immer dann sinnvoll, wenn man die Initialisierung erst auf Grund von Berechnungen innerhalb des Programms durchführen kann.

Ein paar weitere neue Token, Klassen, Operatoren und Ausdrücke

Java 1.2 hat natürlich viele kleine Erweiterungen und Veränderungen in Details gebracht. Wir können (und müssen) diese nicht alle in sämtlichen Einzelheit ansprechen. Hier sollen nur ein paar ausgewählte Beispiele als Stellvertreter genannt werden.

- Neu seit der Version 1.1 ist das `@deprecated`-Tag für das Dokumentationstool. Das Tag markiert ein Klasse, ein Interface, ein Feld oder eine Methode als nicht zu verwenden in weiteren Anwendungen. Bereits existierender Code wird trotz dieser Kennzeichnung weiter kompiliert und laufen, der Compiler wird jedoch eine Warnung generieren, daß Sie Ihren Code bzgl. dieses Ausdrucks updaten sollten.
- Das Schlüsselwort `transient` war in den ersten Java-Versionen als »unused« markiert. Es hat nun eine definierte Bedeutung. Es ist sowohl als statische Variable in `class java.lang.reflect.Modifier` in Verwendung, als auch im Rahmen des CORBA-Konzeptes von Bedeutung.
- Zwei neue Wrapper-Klassen wurde hinzugefügt: `Short` und `Byte`. Sie sind Untertypen von `Number`.

- Das `Applet`-Tag (eine HTML-Steueranweisung, kein Java) zum Einbinden von Applets in HTML-Seiten wurde erweitert. Die diversen Parameter werden ausführlich beim Einbinden von Java-Applets in HTML-Seiten besprochen. Daneben ergab sich Ende 97 durch die Erweiterung von HTML (z.Z. ist die Version 4.0 aktuell) die Möglichkeit, Java-Applets über das `Object`-Tag (eine weitere HTML-Steueranweisung) in HTML-Seiten einzubinden.

Native Methoden

Die API, um C-Implementationen für Java-Methoden zu schreiben, ist seit der Version 1.1.x komplett anders als in der Version 1.0.x. Das Mapping wurde einheitlich geregelt und es ist nur ein innerer Bestandteil der Java Virtual Machine. Das Java Native Interface (JNI) ist viel einfacher anzuwenden und zu lernen als das davor verwendete Konzept. Das JNI ist eine Standardprogrammierschnittstelle, um native Java-Methoden zu schreiben und die JVM in native Applikationen einzubetten. Das primäre Ziel ist die binäre Kompatibilität von nativen Methodenbiliotheken über alle JVM-Implementationen auf den unterstützten Plattformen hinweg. JDK 1.2 erweitert gegenüber dem JDK 1.1 das Java Native Interface mit einigen neuen Features, bleibt jedoch weitgehend gleich. Wichtig ist, daß es nun getrennte Unterstützung von dem Implementation von Native-Code über das JNI und älteren Schnittstellen gibt. Hauptsächlich ist der resultierende Code erheblich effizienter als zuvor.

Netzwerk-Erweiterungen

Die Netzwerk-Erweiterungen unterstützen ausgewählte BSD-Style-Socket-Optionen in den Klassen, aus dem Package `java.net`. Ab dem JDK 1.1 sind `Sockets` und `ServerSockets` keine finalen Klassen mehr. Neue Subklassen von `SocketException` sind für eine bessere Berichterstattung über und die Behandlung dieser Netzwerkfehler hinzugefügt worden. Die Klasse `MulticastSocket` befindet sich nicht mehr in `sun.net`, sondern in `java.net`. Die üblichen Fehlerbereinigungen und Performance-Verbesserungen sind in einem Update natürlich ebenso dabei. In dem Package `java.net` werden die Netzwerk-Erweiterungen hauptsächlich realisiert. Java 2 bringt unter anderem zwei neue Konstruktoren für `java.net.URL`:

- `URL(String protocol, String host, int port, String file, URLStreamHandler handler)`
- `URL(URL context, String spec, URLStreamHandler handler)`

Character Streams

Das I/O-Package (Eingabe/Ausgabe-Package) wurde im Rahmen der Internationalisierung um sogenannte *character streams* (Zeichenströme) erweitert, welche eigentlich das gleiche wie herkömmliche *byte streams* (Byteströme) in Java sind. Wesentlicher Unterschied ist, daß sie neben normalen 8-bit-Zeichen gleichfalls 16-bit Unicode-Character übertragen können. Fast die gesamte Funktionalität der *byte streams* steht auch den *character streams* zur Verfügung. Die Realisierung erfolgt im Package `java.io`.

Reflection

Die sogenannte Reflection-Technik (Spiegelung) versetzt Java in die Lage, aus dem Code Informationen über Felder, Methoden und Konstruktoren von geladenen Klassen auszuwerten. Auf Grund von Unterschriften der Felder, Methoden und Konstruktoren kann mit entsprechenden Sicherheitsrestriktionen reagiert werden. Zur Verwirklichung der neuen Technik wurde in Java 1.1 ein Package dem JDK hinzugefügt:

- `java.reflection`

Java 1.2 erweitert diese Package noch einmal.

Reference Objects

Neu im JDK 1.2 ist das *Reference objects*-Konzept. Darunter versteht man, daß die Referenz auf ein Objekt wie ein Objekt selbst behandelt wird und damit genauso manipuliert und untersucht werden kann (siehe auch RMI). Dies funktioniert sogar noch dann, wenn auf das Objekt selbst gar nicht mehr zugegriffen werden kann (etwa, weil der Garbage Collector das Objekt gelöscht hat). Eine potentielle Anwendung für diese Referenzobjekte ist der Aufbau eines einfachen Caches.

Multimedia Unterstützung in Java 2

Multimedia nimmt in der Java-2-Plattform großen Raum ein. Unter der neuen Java-Version wird beispielsweise die Audio-Unterstützung erweitert. Sowohl in Applikationen, als auch in Applets lassen sich nun MIDI-Dateien (Typ 0 und Typ 1), sowie RMF-, WAVE-, AIFF-, und AU-Dateien in hoher Tonqualität abspielen und zusammenmischen.

Das vollständige Java Sound API bleibt bei dieser Erweiterung weitgehend erhalten, nur die Engine wurde ausgetauscht. Sie wird als eigene Sammlung ausgeliefert. In dem normalen Release ist nur eine neue Methode in der Klasse `java.applet.Applet` hinzugekommen. Diese – `public static final AudioClip newAudioClip(URL r)` – erlaubt Applikationen, AudioClips zu generieren, ohne daß ein AppletContext notwendig ist.

Allgemein wird die Multimediaunterstützung von Java immer mehr in ein eigenes Framework verlagert. Zu der Java-2-Plattform zählt als eigenes Paket das Java Media Framework (JMF), welches eine sehr komfortable Verbindung von verschiedenen Mediatypen mit Java-Applets und -Applikationen erlaubt (`http://java.sun.com/products/java-media/jmf/`). Das JMF-API unterstützt eine einfache und vereinheitlichte Synchronisation, Kontrolle, Verarbeitung und Präsentation von komprimierten, Zeit-basierenden Mediadaten. Dies beinhaltet sowohl Javastreams, als auch MIDI, Audio und Video auf allen Java-Plattformen.

Neue Klassen der Versionen 1.1 & 1.2

Viele der neuen JDK-Funktionalitäten machten neue Java-Klassen notwendig. Gegenüber der Version 1.0 wurde Java in der Version 1.1 um folgende Klassen erweitert:

Package/Klasse	Beschreibung
`java.beans`	In dieser Klasse werden oben beschriebene Java Beans realisiert.
`java.math`	Ein neues Package, welches erweiterte Tools für mathematische Berechnungen enthält. Besonders wichtig sind eine `BigInteger`- und eine `BigDecimal`-Klasse zur Unterstützung von großen Integer- bzw. Dezimalberechungen.
`java.rmi`	Dieses Package realisiert die RMI-Funktionalität, also die verteilte Programmierung unter Java.
`java.security`	Ein weiteres neues Package mit einigen Basis-Interfaces und Klassen für sicherheitsrelevante Operationen, beispielsweise Authentication, Authorisierung, digitale Unterschriften, Verschlüsselung.
`java.sql`	In diesem Package befinden sich die Tools, um relationale Datenbanken verwenden zu können.

Package/Klasse	Beschreibung
`java.text`	Die erweiterte Sprachunterstützung befindet sich in diesem neuen Package.
`java.util.zip`	Eine neue Klasse, um ZIP-Files verwenden zu können.

Die Erweiterungen der JFC von der Version 1.1 auf die Version 1.2 sollen noch etwas ausführlicher aufgeführt werden.

Die Java 2D API Referenz

Die neue 2D-API bietet nun umfangreiche Klassen für die Erstellung und Entwicklung von grafischen Applikationen und Applets. Der Anspruch dieser API geht erheblich über das hinaus, was bisher in der Grund-Java-Grafik vorgesehen war. So stehen nun primitive Grafikformen (etwa die verschiedensten Geometrieformen) sowie transparente Images (Alpha Channel) direkt als vorgefertigte Methoden zur Verfügung. Die 2D-API läßt sich zudem zur elektronischen Bildbearbeitung oder für Präsentationen in Java verwenden.

Alle Klassen der folgenden Packages sind mittlerweile Teil dessen, was Java 2D API genannt wird:

- `java.awt.color`
- `java.awt.font`
- `java.awt.geom`
- `java.awt.print`
- `com.sun.image.codec.jpeg`
- `java.awt.image.renderable`

Daneben gibt es noch zahlreiche Klassen in der `java.awt` selbst und der `java.awt.image`, die Teil des neuen Java 2D API sind.

Leider muß man festhalten, daß das Java 2D API der Finalversion des JDK 1.2 vielfach inkompatibel zu den bisherigen Java 2D APIs ist (sogar zu späten JDK 1.2-Betaversionen). Es gibt diverse Methoden, Felder und ganze Klassen, die nicht nur verlagert, sondern teilweise vollständig abgelöst wurden. Und nicht etwa, indem sie als deprecated erklärt wurden wie bei sonstigen Bestandteilen des JDK-APIs. Es gibt sie teilweise einfach nicht mehr. Kein Hinweis darauf, daß sie in einer Vorgängerversion verwendet wurden und was jetzt als Ersatz für die Funktionalität zu verwenden ist.

Wenn Sie beispielsweise die Klasse `java.awt.font.StyledString` – eine finale Subklasse von `font` in der Beta 3-Version des JDK 1.2 – suchen, werden sie in der gesamten akuellen Final-Dokumentation keinen Hinweis mehr darauf finden[2].

Zwar werden das Konzept von Java 2D und die allgemeinen Veränderungen über die einzelnen Versionen davon in der offiziellen Dokumentation recht ausführlich behandelt. Dies hilft aber herzlich wenig, wenn Sie einen Java-Quelltext nach dem alten Konzept erstellt haben, ihn mit dem neuen Compiler übersetzen und nur die nichtssagende Fehlermeldung erhalten, ein bestimmtes Element wäre nicht vorhanden. Kein Hinweis auf eine Veränderung der API. Der Anwender steht da, als ob er einen Fehler gemacht hätte. Obwohl das neue Java 2D-Konzept mit einigen Detailmängeln der Vorgängerversionen aufgeräumt hat (insbesondere in der Darstellung des Hintergrundes bei Rotationen), werden viele Anwender ihren Wortschatz an Flüchen herauskramen, wenn bisher fehlerfreie Quelltexte scheinbar ohne Grund nicht mehr zu übersetzen sind.

Security API Referenz

Die neuen Sicherheits-Packages sind folgende:

- `java.security`
- `java.security.cert`
- `java.security.interfaces`
- `java.security.spec`

Swing JDK 1.2 und die Java Accessibility API

Swing ist der Teil der Java Foundation Classes (JFC), welche einen neuen Satz von GUI-Komponenten (Graphical User Interface = grafische Benutzerschnittstelle) implementiert. Das Look and Feel von Java-Benutzerschnittstellen passt sich immer mehr den Standards der GUI-Welt an. Das Swingkonzept geht jedoch noch weiter. Swing ist vollständig in reinem Java entwickelt und dort ohne Widersprüche implementiert. Swing basiert auf dem JDK 1.1 Lightweight UI Framework und versetzt Sie in die Lage, einen Satz von GUI-Komponenten zu entwickeln, welche sich automatisch – zur Laufzeit – dem passenden Look and Feel für jede Betriebssystemplattform (Windows, Solaris, Macintosh) anpassen.

2. **Sie können gerne einen Suchlauf nach diesem Begriff über die aktuelle Dokumentation laufen lassen.**

Swing-Komponenten beinhalten beide bisher existierenden AWT-Komponentensätze (Button, Scrollbar, Label, etc.), sowie einen großen Satz von »Higher-level-Komponenten« (etwa Baumansicht, Listboxen, usw.).

Mit dem neuen Java Accessibility API (ab 1.2) können Entwickler Java-Applikationen generieren, die mit innovativen Hilfstechnologien (etwa Spracheingabesystemen oder Blindensprache-Terminals) interagieren können. Die daraus resultierenden Applikationen sind nicht auf bestimmte technische Plattformen beschränkt, sondern können auf jeder Maschine eingesetzt werden, welche die virtuelle Javamaschine unterstützt. Die neue Java Accessibility API ist nun eine der Kernbestandteile der Java Foundation Classes.

Die Finalversion des JDK 1.2 hat bezüglich der Swing- und Accessibility-Packages eine erhebliche Veränderung gegenüber den Vorgängerversionen (auch den Betaversionen des JDK 1.2 bis Beta 3) gebracht. Die vorher in dem Namensraum `com.sun.java.*` (oder kurz `java.*`) untergebrachten Pakete wurden samt und sonders in dem Namensraum `javax.*` verlagert. Außerdem wurde die Paketstruktur erheblich verändert. Die bisherige Swing-API Referenz sah wie folgt aus:

- `java.awt.swing`
- `java.awt.swing.basic`
- `java.awt.swing.beaninfo`
- `java.awt.swing.border`
- `java.awt.swing.event`
- `java.awt.swing.jlf`
- `java.awt.swing.motif`
- `java.awt.swing.multi`
- `java.awt.swing.plaf`
- `java.awt.swing.table`
- `java.awt.swing.target`
- `java.awt.swing.text`
- `java.awt.swing.undo`

Die ehemalige Accessibility API Referenz war folgende:

- `java.awt.accessibility`

Nun gilt folgende Struktur:

- `javax.swing`
- `javax.swing.border`
- `javax.swing.colorchooser`
- `javax.swing.event`
- `javax.swing.filechooser`
- `javax.swing.plaf`
- `javax.swing.plaf.basic`
- `javax.swing.plaf.metal`
- `javax.swing.plaf.multi`
- `javax.swing.table`
- `javax.swing.text`
- `javax.swing.text.html`
- `javax.swing.tree`
- `javax.swing.undo`

Drag & Drop

Java unterstützt den Datenaustausch zwischen Programmen per Drag & Drop (kurz DnD). Das neue Drag & Drop API zählt ebenfalls zu der JFC und ermöglicht nun sogar den Datentransfer zwischen Java und Native-Applikationen. Die Integration in das Swingkonzept wurde bereits in den ersten Betaversionen des 1.2-JDK vollzogen. Es gab dort jedoch durch einen Fehler in dem Swing-Event-Handling in den ersten 1.2-Betaversionen noch diverse Probleme, so daß erst ab dem 1.2-Final von einer echten Implementation gesprochen werden kann. Vollständig unterstützt werden Drag & Drop für Win32 und OSF/Motif (auf Solaris), d.h. der Datentransfer innerhalb einer JVM, zwischen verschiedenen JVMs, und sogar zwischen einer JVM und einer nativen Plattform, welche ihrerseits DnD-fähige Applikationen beinhaltet.

Vollständig implementiert, getestet und unterstützt sind beim ersten Finalrelease DnD-Transfers von Text (ASCII, ISO8859-1, UNICODE). Transfer von Text der Form X11 Window System mit COMPOUND_TEXT-Verschüsselung wird nicht unterstützt (nicht kompatibel zu UNICODE). Daneben können auch Dateien und Klassen per DnD transferiert werden (bis auf wenige Situationen getestet und vollständig unterstützt). DnD von Datentypen (Plattform-spezifisch oder selbstdefiniert), Instanzen oder serilisierten Java-Objekten sind in der Java-2-Plattform ebenfalls möglich, werden aber von Sun explizit als nicht vollständig ausgetestet und vor allem bei Problemen nicht als unterstützt gekennzeichnet. Dies ist aber in einem späteren Release der Java-2-Plattform angedacht.

classes.zip

Zwischen der Version 1.1 des JDK bzw. den meisten Betaversionen des JDK 1.2 auf der einen Seite und der Finalversion 1.2 auf der anderen Seite hat sich der Zugriff auf die Laufzeitumgebung von Java erheblich verändert[3]. Insbesondere benötigt das JDK 1.2-Final die Datei `classes.zip` nicht mehr (und stellt sie auch nicht mehr zur Verfügung – Ersatz ist im wesentlichen die Datei `rt.jar`). Diese war vorher zwingend notwendig, aber die Laufzeitumgebung des JDK 1.2 hat sich vollständig geändert. Das wird insbesondere für solche Applikationen ein Problem, die `classes.zip` hartkodiert verwenden.

Das JDK 1.2 verwendet für den Zugriff auf die Systemklassen nun einen »bootstrap class loader«, welcher seinen eigenen Pfad zur Suche der Systemklassen verwendet. Die Folge ist, daß im neuen JDK auch nur noch selbsterstellte Klassen bei Bedarf in den `CLASSPATH` aufgenommen werden müssen.

1.4 Veränderungen bei den Tools

Nicht nur neue Klassen und Methoden kamen von der Java-Einführung bis hin zu der aktuellen Java-Version hinzu. Einige der neuen Java-Fähigkeiten konnten damit praktisch nutzbar gemacht werden, indem die bereits vorhandenen JDK-Programme erweitert wurden. Aber viele der neuen Funktionalitäten machten gänzlich neue Java-Tools notwendig. Die Program-

3. **Genaugenommen in der Beta 4-Version.**

me werden zum Teil ausführlich im Rahmen des Abschnitts über die JDK-Tools beschrieben. Hier ist jedoch schon einmal vorab eine Liste der neuen Programme der Version 1.1:

- Java Archive Tool (`jar`)
- Digital Signing Tool (`javakey`) – nur in der Version 1.1 vorhanden
- Native-To-ASCII Converter (`native2ascii`)
- Java RMI Stub Converter (`rmic`)
- Java Remote Object Registry (`rmiregistry`)
- Serial Version Command (`serialver`)
- AWT 1.1 Conversion Tool (`updateAWT`)

Im JDK 1.2 sind wiederum einige der JDK-Tools modifiziert worden, bzw. sind neu hinzugekommen. Andere wurden hingegen weggelassen. Diese Veränderungen fanden zum Teil im Laufe der einzelnen Betaversionen, aber auch noch zwischen der letzten Betaversion des JDK 1.2 (Beta 4) und dem Finalrelease statt.

Neue Tools des 1.2-Finalreleases sind folgende:

- Das Programm `extcheck`, ein Diagnose-Tool für Jar-File Versionskonflikte. Damit können solche Probleme zwischen jedem beliebigen JAR-File und den JAR-Files aufgedeckt werden, welche als Erweiterung der JDK-Software installiert sind.
- Mit `oldjava` bzw. `oldjavaw` stehen zwei Versionen eines Java-Interpreters zur Verfügung, welcher zum Ausführen von älteren Java-Applikationen genutzt werden kann. Dies ist unter anderem dann von Nöten, wenn diese über einen eigenen Sicherheitsmanager verfügen, der auf dem alten Sicherheitsmodell von Java beruht.
- Das Tool `tnameserv` erlaubt den Zugriff auf den benannten Service.

Die wichtigsten Tool-Modifikationen im JDK 1.2-Final

Die Vielzahl der Veränderungen, insbesondere die zahlreichen kleinen Bugfixes und deren vollständige Behandlung sprengt diesen Rahmen, aber hier folgen einige wichtige Modifikationen bei den Tools:

Javadoc

Das Dokumentationstool des JDK wurde erheblich überarbeitet.

- `-use`-Option – Hinzufügen einer Crossreferenzdokumentation (Beschreibung, daß das API andere APIs verwendet).
- `-link` und `-linkoffline`-Option – Generierung von Links auf existierende Dokumentationen, welche mit `javadoc`-generiert wurden.
- `-windowtitle`-Option – Angabe des Titels, welche in den HTML `<title>`-Tag geschrieben wird.
- `-doctitle`-Option – Titel der Seite (bisher die Option `-title`).
- `-group`-Option – Unterteilug von Paketen in Gruppen.

Java-Compiler javac

- Die Option `-target version` ist neu. Über die Angaben `1.1` oder `1.2` für `version` kann festgelegt werden, ob die generierte Klasse mit beiden virtuellen Maschinen (1.1 und 1.2 bei Wert `1.1`) oder nur der 1.2-Maschine ist (Wert `1.2`). Letztere Klassen werden nicht mehr unter der 1.1-JVM laufen.
- Die Option `-Xstdout` ist Ersatz für `-J-Djava.pipe.out=true`.
- Die Option `-Xverbosepath` dient zur Diagnose der Pfade, welche vom Compiler interpretiert werden.
- Die Option `-O:interclass` wurde umbenannt in `-Xinterclass`.
- Die Option `-depend` wurde umbenannt in `-Xdepend`.
- Die Syntax für die `-g`-Optionen wurden geändert:
- `-g` generiert alle Debugginginformationen, inklusive lokaler Variablen.
- `-g:none` erzeugt keinerlei Debugginginformationen.
- `-g:{keyword list}` erzeugt nur die Debugginginformationen, welche über die Liste mit Schlüsselworten angegeben werden. Gültige Schlüsselworte sind:
- `source` – Sourcefile-Debugginginformationen
- `lines` – Zeilennummern-Debugginginformationen
- `vars` – Debugginginformationen über lokale Variablen

- Die Option -O hat nun eine andere Bedeutung als in den Vorgängerversionen und hat eine verschiedene Auswirkung auf den generierten Code. Außerdem schaltet die Option -O nun nicht mehr implizit die Option -depend an. Diese muß nun explizit mit angegeben werden.

javap und java

Der Java-Disassembler `javap` und der Java-Interpreter `java` sind gegenüber der Version 1.1 verändert worden. In dem JDK 1.1 hat `javap -verify` eine teilweise Verifikation des `class`-Files bewirkt. Diese Option hat sich als oft irreführend herausgestellt und ist deshalb beim Disassembler des JDK 1.2 beseitigt worden. Statt dessen ist eine neue Option beim Java-Interpreter selbst eingeführt worden – `java -Xverify`.

Non-Standard-Optionen

Der Java-Interpreter und einige weitere Tools verstehen im JDK sogenannte *Non-Standard-Options*. Neben dem normalen Satz von Standardoptionen gibt es die Möglichkeit, einen Satz von weitergehenden Kommandozeilenoptionen zu verwenden. Diese *Non-standard options* beginnen fast immer mit einem `-X`, etwa `-Xdebug` oder wie einen Punkt vorher `-Xverify`. Wichtigster Unterschied zwischen den Standardoptionen und den Nicht-Standardoptionen ist, daß die Unterstützung für die Standardoptionen im JDK 1.2 und allen zukünftigen Versionen der JVM von Sun garantiert wird. Eine Unterstützung für die Nicht-Standardoptionen wird jedoch ausdrücklich für zukünftige Versionen der JVM nicht garantiert.

Sicherheit

Es gibt massive Veränderungen der Security-Tools. Besonders wichtig – das `javakey`-Tool wurde durch `keytool`, `jarsigner` und `policytool` ersetzt.

Neue Programme im JRE-Verzeichnis

Die Programme `rmid`, `tnameserv` und `keytool` befinden sich nun sowohl im `bin`-Verzeichnis von JRE, als auch im `bin`-Verzeichnis der JDK-Software.

Javah

`Javah`, der C-Header und Stub-Filegenerator innerhalb der JDK-Software wurde für das 1.2-Finalrelease vollständig neu geschrieben (in Java).

Java-PlugIn

Das 1.2-Finalrelease enthält ein Java-PlugIn.

1.5 Neuerungen zur Steigerung der Performance

Als eine der größten Neuheiten von Java 2-0 wird vom Hersteller angegeben, daß das neue JDK 1.2 erheblich schneller ist als die Vorgängerversionen. Dies wird viele Java-Entwickler, aber erst recht die Anwender von Java-Applikationen freuen, denn mangelnde Performance gehörte immer zu den Hauptproblemen von Java.

Solaris Native Thread Support

In einer Multi-Prozessor-Umgebung kann der Solaris-Kernel Nativethreads für eine bessere Performance auf parallele Prozessoren verteilen. Die Nativethreads-VM ist besonders darauf ausgelegt, damit effizient zusammenzuarbeiten (insbesondere mit I/O-Systemaufrufen).

Weniger Speicherverbrauch bei geladenen Klassen

Durch die gemeinsame Verwendung von konstanten Strings in verschiedenen Klassen konnte der verbrauchte Speicher von Java-Applikationen reduziert werden.

Schnellere Speicher-Allokation und Garbage Collection

In der neuen Version der VM ist die Speicher-Allokation drastisch beschleunigt worden. Die Pausen der Garbage Collection wurde dagegen verkürzt.

Monitorbeschleunigung

Weiter zur Performanceverbesserung tragen optimierte, verbesserte Bildschirmmethoden bei.

Native Library JNI Port

Die Native Library-Unterstützung in den Kern-Java-Klassen (z.B. AWT) wurden komplett neu geschrieben. Dabei wurde das Java Native Interface

(JNI) verwendet. Der resultierende Code ist erheblich effizienter als zuvor und kann unverändert auf verschiedenen Java Virtual Machines laufen.

Just In Time (JIT) Compiler

Ein erheblicher Schritt in Hinblick auf eine verbesserte Performance sind Just In Time Compiler. JIT-Compiler sind nun fester Bestandteil des JDK. Der Solaris JIT-Compiler war bereits Bestandteil des JDK 1.2-Betarelease, der Win32 JIT-Compiler ist erst ab dem Finalrelease vorhanden.

Neues Lizenzierungsmodell für Java 2.0

Mit der neuen Java-Plattform 2.0 wurde auch ein neues Lizenzierungsmodell eingeführt, welches die Java-Entwicklung weiter vorantreiben soll. Dieses erleichtert insbesondere die Unterstützung von nichtkommerziellen Entwicklungen.

Der Source Code des Java Runtime Environments wird im Internet bereitgestellt und darf von Entwicklern kostenlos benutzt und für eigene Zwekke erweitert werden. Und dies ohne die bisherige Verpflichtung, die Neuerungen Sun wieder kostenlos zur Verfügung zu stellen. Für nichtkommerzielle Anwendungen gibt es auch keinerlei weitere Lizensgebühren, wohingegen bei kommerziellen Entwicklungen – aber erst beim konkreten Vertrieb dieser Produkte – weiterhin Lizenzgebühren an Sun fällig werden. Sun macht diese neue Lizenzpolitik folgendermaßen schmackhaft: »Das neue Modell ist eine Investition in die Zukunft unserer Kunden. Unter diesem neuen Modell verdienen auch wir kein Geld, bis diese mit Java Geld verdienen.«.

Sun behält sich ansonsten eine Kompatibilitätskontrolle von Weiterentwicklungen ihrer Java-Umgebung vor. Beides – die offene Lizenzpolitik auf der einen Seite und die Kontrolle von Kompatiblitätsstandards auf der anderen Seite – soll eine Balance zwischen einer offenen Weiterentwicklung von Java und einem harmonischen Plattformstandard gewährleisten. Mehr Informationen dazu finden Sie unter `http://developer.java.sun.com/developer/products/jcp/`.

Zukunftsträchtig

Mit dem Jahr-2000-Problem steht beim Erscheinen von Java 2.0 eine der größten Bedrohungen der EDV-Welt bevor. Sun legt in seinen Pressemitteilungen darauf Wert, daß von der drohenden Jahrtausendwende keine

Gefahr für die Java-2-Plattform ausgeht und es daher eine sichere Umgebung für alle zukünftigen unternehmenskritische Anwendungen ist.

Die Basisklassen von Java 2.0

Abschließend kann man sagen, daß das neue Java 2.0 für das JDK 1.2 einen Fundus von neuen Klassenlibraries und Tools beinhaltet. Nach Aussage von Sun sei damit der Funktionsumfang der Kernplattform weitgehend komplett. Fünfzehn Basisklassen, d.h. Pakete bilden nun das Rückgrad der Java-2.0-Technologie:

- `applet`
- `awt`
- `beans`
- `io`
- `lang`
- `math`
- `net`
- `rmi`
- `security`
- `sql`
- `text`
- `util`
- `accessibility`
- `swing`
- `corba`

1.6 Zusammenfassung

Zusammenfassend wollen wir festhalten, daß Java 2.0 sehr viele Neuerungen gebracht hat. Zum großen Teil sind sie nur für fortgeschrittene Programmierer interessant, welche vor allem im professionellen Bereich Anwendungen erstellen. Dazu zählen RMI, Sicherheitsaspekte, Datenbankzugriffe oder Reflection. Andere Neuerungen sind jedoch auch schon für den *Otto-Normal*-Programmier und sogar den Einsteiger sehr interessant. Als wichtige Stichworte sind dabei Swing, das neue Event-Handling und das neue AWT mit den erweiterten grafischen Fähigkeiten zu nennen.

2 Schnuppertour: Java

Wir wollen zu Beginn auf die Java-Welt und das Java-Umfeld im weiteren Sinn eingehen. Denn Java unterscheidet sich in vielerlei Hinsicht von alternativen Programmiersprachen wie PASCAL oder C/C++. Hauptunterschied ist nicht einmal die Sprache alleine, sondern die komplette Java-Welt und das Java-Umfeld selbst.

Java ist direkt für eine heterogene Welt, sei es das Internet mit seinen diversen Rechnermodellen, sei es ein PC, ein Mac, ein Unix-Rechner, sei es nur eine Kaffeemaschine, entwickelt worden. Die damit zusammenhängende Plattformunabhängigkeit ist neben der Objektorientiertheit das zweite wichtige Kriterium, um die Bedeutung von Java einschätzen zu können.

2.1 Was ist Java?

Java ist eng mit dem Begriff Internet verbunden und wird vielfach sogar als eine reine Internetsprache bezeichnet, was so nicht stimmt. Zumal Java ursprünglich gar nicht auf das Internet zielte. Trotzdem nimmt das Internet eine zentrale Stelle in der Java-Welt ein. Vielleicht kann man das Internet ein bißchen unseriös als Hebamme für die Geburt von Java bezeichnen. Dessen mittlerweile wichtigster Bestandteil (neben E-Mail) ist das World Wide Web (WWW) und dies ist im wesentlichen aus HTML aufgebaut.

HTML

HTML ist die Abkürzung für Hypertext Markup Language und keine(!) Programmiersprache wie Java oder C/C++, sondern eine sogenannte Dokumentbeschreibungssprache (oder Dokumentenformat genannt). Mit einer Dokumentbeschreibungssprache werden die logischen Strukturen eines Dokuments beschrieben und kein Programm im eigentlichen Sinn erstellt. Eigentlich gibt ein Dokumentenformat nur unverbindliche Empfehlungen an eine Darstellungssoftware (bei HTML Browser genannt), wie eine bestimmte Dokumentenstruktur darzustellen ist, damit sie dem geplanten Layout und der vorgesehenen Funktionalität entspricht. Es gibt allerdings keine absolute Darstellungsvorschrift, weswegen sich Aufführungen von HTML-Seiten in verschiedenen Browsern oft erheblich unterscheiden können. Wir müssen uns mit HTML auf jeden Fall auseinandersetzen, denn die Funktionalität von Java-Applets basiert auf einer Verknüpfung mit HTML.

Html-Dateien bestehen aus reinem ASCII-Text und bleiben deshalb plattformunabhängig. Plattformabhängig ist immer nur die Software zum Interpretieren der HTML-Dateien (der Browser). Ein in HTML geschriebenes Dokument kann außer Text Referenzen auf unterschiedlichste Elemente (Grafiken, multimediale Elemente, E-Mail und auch Applets) beinhalten.

2.2 Die Geschichte von Java

Die Geschichte von Java beginnt 1990 in den Labors der amerikanischen Firma Sun Microsystem. Damals startete ein Projekt namens »Green«, welches den zukünftigen Bedarf an EDV analysieren sollte. Haupterkenntnis des Green-Projektes war, daß die Computerzukunft nicht im Bereich der Großrechner, jedoch auch nicht unbedingt bei den PCs zu sehen ist (und dies war neu und nicht unumstritten). Der Consumerbereich der allgemeinen Elektronik (Telefone, Videorecorder, Kaffeemaschinen und eigentlich alle elektrischen Maschinen, welche Daten benötigten) war nach Ansicht des Green-Projektes der Zukunftsmarkt der EDV. Wichtigste Forderungen an ein neue, vollkommen plattformunabhängige Plattform für dieses Einsatzfeld waren eine erheblich größere Fehlertoleranz, eine leichtere Bedienbarkeit und eine bedeutend bessere Stabilität als bei bisherigen Betriebssystemen.

1991 entwickelte sich aus den Planungen ein konkretes Entwicklerprojekt zur Generierung eines Prototyps für ein solches universales Betriebssystem mit einer zugehörigen, geeigneten Programmiersprache. Dabei entstand eine neue, plattformunabhängige und objektorientierte Sprache mit Namen Oak – Eiche – und 1992 mit Duke, einer kleinen Trickfigur in einem virtuellen Haus, das erste praktische Ergebnis. Die Zeit war allerdings noch nicht reif für die neue Technik, und das ganze Projekt verschwandt 1994 wieder in der Versenkung. Allerdings bewahrte ein anderes Ereignis Oak vor dem völligen Vergessen – der legendäre Mosaic-Browser. Über ihn wurde plötzlich das Internet zu einer möglichen Zielplattform für Oak. 1995 war Oak zum großen Auftritt im Internet bereit. Allerdings mußte aus Marketing- bzw. Rechtsgründen ein neuer Name gefunden werden. Dem Gerücht nach wurde der Name in der Cafeteria gefunden. JAVA! Der Name Java ist in Amerika – wie inzwischen wohl allgemein bekannt – eine Bezeichnung für das wichtigste Grundnahrungsmittel von Programmierern – Kaffee, heißen Kaffee (und ist natürlich eine Insel in Indonesien). Im März 1995 präsentierte Sun Java der breiten Internet-Öffentlichkeit und schlug dort bekanntlich wie eine Bombe ein.

JDK 1.1/1.2

Natürlich gab es im ersten JDK bzw. der Java-Sprachversion diverse kleinere Kinderkrankheiten. Dies ist für ein vollkommen neues Produkt verständlich. Im ersten Quartal 1997 folgte deshalb nach einigen kleinen Zwischenversionen das erste bedeutende Update mit der Version 1.1 des JDK (samt neuer Sprachversion) in der Betaversion und Anfang des zweiten Quartals 1997 das Finalupdate 1.1.1.

Neben den für Updates üblichen Fehlerbereinigungen enthielt die Version 1.1.x einige entscheidende Neuerungen. Diese machten eine ganze Reihe von neuen Tools für das Java-SDK (Software Developer Kit) nötig. Bestehende Tools wurde vielfach überarbeitet und sowohl im Layout, als auch im Funktionsumfang verändert. Was nicht unbedingt heißt, daß bestehende Bedienvorgänge sich wesentlich verändert haben.

Die wichtigsten der Neuerungen der 1.1.x-Varianten über die Laufzeit dieser Versionen sind bereits im 1. Kapitel besprochen worden. Auf dem Weg über Java 1.2 bis hin zum aktuellen Java 2.0 entstanden einige kleine Releasewechsel, die nach und nach bekannt gewordene Sicherheitslücken (so etwa 23 der 24 in der Version 1.1 im Frühsommer 97 durch Forscher der University of Washington im Rahmen des Kimera-Projects entdeckten Sicherheitsrisiken) und sonstige Bugs beseitigten. Die nun aktuelle Version von Java 2.0 und das zugehörige JDK 1.2 (Final) sollen Bestandteil aller weiteren Java-Spezifizierungen im Buch sein.

ACHTUNG

Gerade beim Einstieg in Java bzw. relativ einfachen Java-Applikationen werden sich die Veränderungen von Java über die Entwicklungszeit so gut wie gar nicht auswirken (höchstens kleinere optische Abweichungen). Bei etwas anspruchsvolleren Applikationen (etwa mit dem AWT) sehen Sie die Unterschiede zwischen 1.0 und

1.1 recht deutlich (optisch – in der Programmierung selbst kaum), zwischen 1.1 und 1.2 jedoch wiederum so gut wie gar nicht. Erst wenn Sie richtig komplexe Entwicklungen schreiben, die sich mit so komplizierten Themen wie verteilter Programmierung (RMI), CORBA und IDL oder der Verwendung von nativen Methoden beschäftigen, werden Sie auch hier konkrete Auswirkungen spüren. Ein paar wichtige Ausnahmen sind Servlets oder Java Beans, die bereits bei kleineren Projekten schon interessant werden und natürlich das veränderte Eventhandling.

2.3 Was macht Java so einzigartig?

Ein wichtiger Baustein für den Java-Erfolg ist das Umfeld, in dem Java das erste Mal präsentiert wurde. Für die reinen Anwender waren sicher im wesentlichen zwei Dinge wichtig – grafische, dreidimensionale Animationen und Interaktionsmöglichkeiten von Internet-Anwendungen. Dem WWW fehlten, mit dem bis zu diesem Zeitpunkt realisierten Stand von HTML, einige ganz entscheidende Merkmale:

- dreidimensionale Darstellung von Objekten,
- bewegte Animation,
- die Möglichkeit einer vernünftigen Interaktion mit dem Anwender.

Die ziemlich eingeschränkten Interaktionmöglichkeiten von WWW-Surfern beruhten bis dahin im wesentlichen auf sogenannten Hotspots, sensitiven Elementen auf HTML-Seiten, die beim Anklicken eine Aktion auslösten. Bei der Mausaktion Klick muß bei den Hotspots die Cursorposition ausgewertet und zu dem Server zurückgeschickt werden. Auch eine Tastatureingabe des Anwenders auf einer Webseite mußte zum Server übermittelt werden. Auf dem Server wurde die Eingabe verarbeitet und eine neue HTML-Seite zurück zum Client geschickt. Dieser Mechanismus wird CGI (Common Gateway Interface) genannt. Die größte Arbeitslast liegt bei den Servern und den Leitungen des Internets. Der Lösungsansatz von Java für die Interaktion lag darin, dem Prozessor des empfangenden Computers (dem Client) einen Teil der Arbeit zu übertragen.

Das zweite Java-Highlight für die Anwender – die neuen Darstellungsmöglichkeiten – sorgte das erste Mal für echtes Multimedia im Internet.

Für die EDV-Spezialisten gab es daneben noch andere Gründe. Etwas unseriös wird oft angeführt, daß Java ohne Mitwirkung des »Reichs des Bösen« (liebevoller Kosename für Microsoft) entstanden ist. Microsoft schätzte als einziges wichtiges EDV-Unternehmen damals die Internetentwicklung vollkommen falsch ein und ignorierte die ungeheuren Zukunftsperspektiven. Firmen wie Sun oder Netscape nutzten die Gunst der Stunde. Mittlerweile ist bekanntermaßen Microsoft wieder mit im (Internet-) Boot und hat sich in der letzten Zeit mit einer gewaltigen Vehemenz in Entwicklungsprojekte rund um das Internet gestürzt.

Die Java-Eigenschaften Objektorientiertheit und Plattformunabhängigkeit waren die weiteren und mittlerweile auch als wichtigsten Gründe anerkannte Highlights für die EDV-Experten. Und last but not least – extreme Stabilität ist in vielerlei Hinsicht die wichtigste Eigenschaft von Java.

2.4 Woher kommt Java?

Java hat offiziell zwei Vorfahren. Die Syntax ist im wesentlichen an C/C++ angelehnt, die Konzeption und die Objektorientiertheit stammen eher von Small Talk. Als Impulsgeber werden noch Eiffel und Objective-C genannt. Java hat sich vieler C/C++-Altlasten entledigt und ist erheblich einfacher geworden, ohne viel an Leistungsfähigkeit gegenüber C/C++ zu verlieren. Java macht auch nicht den Fehler von Small Talk und vermeidet ein gänzlich neues Befehlskonzept. Es definiert sich von der Syntax als eine Art bessere Untermenge von C++. Der Umstieg von C/C++ nach Java stellt also für die meisten Entwickler keinen so großen Aufwand dar. Und zudem wird auf ziemlich üble C/C++-Möglichkeiten wie Zeiger, Operator-Overloading, manuelle Speicherverwaltung (d.h. das Speichermanagement, also das Beschaffen und das Freigeben von Speicher durch den Programmierer), automatische Konvertierung von Datentypen, Headerdateien, Pre-Prozessoren, Strukturen, Varianten und multidimensionale Arrays und einige andere Konzepte verzichtet.

Wie sieht Sun Microsystems Java?

Die offizielle Definition von Sun Microsystems zu Java lautet folgendermaßen:

Java: eine einfache, objektorientierte, dezentrale, interpretierte, stabil laufende, sichere, architekturneutrale, portierbare und dynamische Sprache, die Hochgeschwindigkeits-Anwendungen und Multithreading unterstützt.

Im einzelnen bedeutet dies:

- Java ist einfach, obwohl sehr nahe an der komplizierten C++-Syntax entworfen wurde. Für C++-Progammierer ist damit die Einarbeitungszeit gering, aber ob Java einfach zu erlernen ist (wie die Entwickler von Sun meinen), dem werden jedoch vor allem Programmieranfänger kaum zustimmen. Aber da auf viele C/C++-Schwächen verzichtet wurde, hat Java unter der Prämisse – Weniger ist mehr – erheblich gewonnen.
- Java ist klein, was unter anderem ein angenehmer Nebeneffekt der Einfachheit ist. Die Größe des Basisinterpreters und die Klassenunterstützung betragen in etwa 40 KByte RAM. Zusätzliche Standardbibliotheken und Thread-Unterstützung benötigen weitere 175 KByte. Diese 215 KByte sind wesentlich kleiner als jede andere vergleichbare Programmiersprache oder -umgebung.
- Java ist objektorientiert. Daten werden als Objekte definiert und Methoden verwendet, um diese Objekte zu bearbeiten. Allerdings hat Java gegenüber einigen anderen objektorientieren Sprachen eine entscheidende Einschränkung – keine Mehrfachvererbung.
- Java ist dezentral, denn Java erfüllt ein wesentliches Charakteristikum von Client/Server-Anwendungen – die Fähigkeit, Informationen und die Last für die Berechnung der Daten zu verteilen.
- Java ist interpretiert, denn ein gewisser Teil des Java-Codes (zwar nur ca. 20% – das sind jedoch die kritischen 20%) werden von Container, dem Browser interpretiert. Manchmal sagt man deshalb sogar, daß Java interpretiert und kompiliert zur gleichen Zeit ist. Sowohl die wesentliche Aspekte der Java-Sicherheit, als auch die Fähigkeit, auf verschiedenen Systemen zu laufen, rühren von der Tatsache her, daß die letzten Schritte der Kompilierung lokal abgearbeitet werden.
- Java ist stabil in der Bedeutung von »zuverlässig«. Je stabiler eine Sprache ist, desto unwahrscheinlicher ist es, daß in dieser Sprache geschriebene Programme abstürzen. Ein wesentliches Kriterium für die Stabilität einer Programmiersprache ist, daß bereits während der Kompilierungsphase der größte Teil der Datentypüberprüfung ausgeführt wird, nicht erst zur Laufzeit wie bei nicht so stabilen Sprachen. Man nennt dies stark typisiert. Eine stark typisierte Sprache wie Java ermöglicht also bereits ein intensives Überprüfen des Codes während der Kompilierungsphase. Ein weiteres Stabilitätskriterium von Java-Programmen ist, daß sie keinen Zugriff auf den vollständigen Spei-

cherbereich eines Computers – insbesondere den Systemspeicher – haben. Java besitzt da eine eingebaute Begrenzung der Zugriffsmöglichkeiten. Damit verringert sich die Absturzwahrscheinlichkeit eines Java-Programms erheblich. Ein weiterer Stabilitätsaspekt von Java ist die Sicherheitsüberprüfung durch einen Linker, welcher Teil der Laufzeitumgebung ist.

- Java gilt als sicher, obwohl bereits diverse Sicherheitslücken aufgedeckt wurden. Da Java eine ziemlich neue Sprache ist, muß sich die Sicherheit von Java erst noch bewähren. Allerdings ist die Unterbindung von beliebigen Speicherzugriffen durch Java nicht nur ein Stabilitätskriterium, sondern trägt gleichfalls zur Sicherheit bei. Java-Programme werden zuerst in Bytecode-Anweisungen und Proto-Programme übersetzt, die dann überprüft werden können. Bytecode-Anweisungen sind nicht plattformspezifisch und enthalten zusätzliche Typinformationen. Diese können zur Überprüfung des legalen Status und von möglichen Sicherheitsverletzungen verwendet werden.
- Java ist architekturneutral, d.h. es ist auf verschiedenen Systemen mit unterschiedlichen Prozessoren und Betriebssystemarchitekturen lauffähig. Der kompilierte Java-Bytecode kann auf jedem Prozessor ausgeführt werden, welcher einen Java-fähigen Browser bzw. die virtuelle Maschine von Java im allgemeinen unterstützt. Plattformabhängiger Binärcode wird nicht direkt erzeugt, sondern der Java-Bytecode wird während der Laufzeit in systemeigenen Maschinencode übersetzt.
- Java ist portierbar. Darüber hinaus fallen implementationsabhängige Aspekte bei Java durch die Standards für Datentypen weg. In Java wird die Größe einfacher Datentypen genau spezifiziert, und auch, wie sich die Arithmetik gegenüber diesen Datentypen verhält.
- Java ist sehr leistungsfähig, obwohl man in diesem Punkt realistisch bleiben muß. Die Geschwindigkeit von interpretiertem Java-Bytecode ist für die meisten Aufgaben ausreichend, und die Version 1.2 beinhaltet diverse Neuerungen zur Steigerung der Performance. Und für den Fall, daß eine noch höhere Performance notwendig ist, kann nativen Code integriert werden (wovon jedoch aus Sicherheitsgründen dringend abzuraten ist). Ein anderer Ansatz zur Steigerung der Performance ist die Entwicklung von Just-in-Time-Compilern (JIT). Ab dem JDK 1.2 gehören ein JIT-Compiler zum Lieferumfang. Ein JIT-Compiler hat die Funktion, häufig benötigte Bestandteile eines Applets/Pro-

gramms beim ersten Aufruf in Maschinenbefehle zu übersetzen und im RAM zu halten. Beim **erneuten** Aufruf dieser Methode wird dann der bereits kompilierte Code verwendet.

- Java unterstützt echtes Multithreading. Mehrere Aufgaben oder Prozesse können quasi gleichzeitig ausgeführt werden. Die Vorteile (bessere interaktive Antwortfähigkeit, besseres Laufzeitverhalten) hängen jedoch stark von der zugrunde liegenden Plattform ab.
- Java ist dynamisch, d.h. es kann sich an eine sich ständig weiterentwickelnde Umgebung anpassen und wird nicht von fremden Klassenbibliotheken abhängig.

2.5 Objektorientierung

Ein primärer Aspekt von Java ist seine Objektorientiertheit. Deshalb ist eine Beschäftigung mit diesem Begriff zwingend und erleichtert ein elementares Verständnis des objektorientierten Konzeptes von Java erheblich. Falls nicht, werden viele wesentliche und unumgängliche Java-Elemente (Klassen, Methoden,...) quasi vom Himmel fallen, während sie sich aus dem objektorientierten Konzept zwingend ergeben.

Man kann mit jeder Programmiersprache objektorientiert – zumindest im weiteren Sinn – arbeiten. Allerdings erleichtern bestimmte Sprachen die objektorientierte Programmierung, andere machen es ziemlich schwierig. Weitere Programmiersprachen wiederum nennen sich objektorientiert und lassen den Programmierern so viele (prozeduale) Schlupflöcher, daß das OO-Konzept erfahrungsgemäß immer dann ausgehebelt wird, wenn ein nicht-objektorientierter Ansatz auf den ersten Blick sinnvoller und einfacher erscheint (etwa C++). Und dann gibt es einen Typ von Programmiersprachen, welche Programmierern keine andere Wahl als einen objektorientierten Ansatz lassen. Dazu zählen Lisp oder Small Talk. Und eben Java.

Was ist Objektorientierung?

Im Zentrum der althergebrachten, prozedualen Programmierung steht die Umsetzung eines Problems in ein Programm durch eine Folge von Anweisungen, welche in einer vorher festgelegten Reihenfolge auszuführen sind. Das dahinter stehende Denkmodell wird lineare Programmierung genannt, welche einem algorithmischen Denken folgt. Einzelne zusammengehörende Anweisungen werden dabei maximal in Funktionen oder Prozeduren zusammengefaßt. Die Datenstruktur befindet sich in einer von den Anweisungen getrennten Hierarchie-Ebene. Großer Nachteil dieser Philosophie ist die mangelnde Wartbarkeit, denn Änderungen in der Datenebene können Auswirkungen auf die unterschiedlichsten Programmsegmente haben. Außerdem entspricht ein solches Denkkonzept der Logik von Maschinen, nicht dem Abbild der realen Natur. Hier setzt die OO-Philosophie an.

Die Definition von OO

Objektorientierte Programmierung (OOP) läßt sich treffend darüber definieren, daß die Trennung von Datenebene und der Anweisungenebene aufgehoben wird. Zusammengehörende Anweisungen und Daten bilden eine zusammengehörende, abgeschlossene und eigenständige Einheit. Man nennt sie – Objekte! Objekte bestehen also i.a. aus zwei Bestandteilen, den sogenannten Objektdaten – das sind die Attribute bzw. Eigenschaften – und aus Objektmethoden. Man kann sagen, daß Attribute die einzelnen Dinge sind, durch welche sich ein Objekt von einem anderen unterscheidet. Objektmethoden stellen die objektorientierte Ausdrucksweise für die bisherigen Elemente der Anweisungenebene (Funktionen und Prozeduren) dar.

Objektmethoden sollen erst einmal nur irgendwelche Algorithmen (d.h. Berechnungsformeln) sein, mit denen die – im Prinzip abgeschlossenen und eigenständigen – Objekte miteinander kommunizieren und/oder ihre Objektdaten manipulieren können.

Als eine sinnvolle Definition von Methode wird im allgemeinen die folgende Aussage angegeben: Methoden realisieren die Funktionalität der Objekte, ihre Implementierung erfolgt in den Klassen. Das heißt, Methoden sind die programmtechnischen Umsetzungen der Objektfunktionen.

Wesentlich an der objektorientierten Programmierung ist, daß die Methoden und die Daten (Attribute) gemeinsam einem Objekt zugeordnet sind. Nur über diese Methoden können die Daten der Objekte gelesen oder verändert werden. Dies schließt als wichtige Konsequenz beispielsweise eine Existenz von globalen Variablen aus. Die Zuordnung bedeutet weiterhin (ebenfalls sehr wichtig für das grundlegende Konzept von Java), daß es Objektmethoden ohne zugehörige Objekte nicht geben darf. Obwohl wir nun etwas vorgreifen müssen, soll eine wesentliche – und die einzige – Ausnahme erwähnt werden. Diese Ausnahme scheinen diejenigen Methoden darzustellen, welche außerhalb der konkreten Objekte, jedoch innerhalb der Klassen liegen – die sogenannten Klassenmethoden. Diese scheinbare Ausnahme paßt aber dennoch in das objektorientierte Konzept und widerlegt nicht die oben getroffenen Aussage, sofern man das sogenannte Metaklassen-Konzept berücksichtigt, welches etwas weiter unten noch angesprochen wird.

Nach außen ist ein Objekt nur durch seine Schnittstellen zu den Methoden definiert, es ist gekapselt, versteckt seine innere Struktur vollständig vor andern Objekten. Man nennt dies Information Hiding und Datenkapsel.

Der ganz entscheidende Vorteil dieses Verfahrens ist, daß ein Objekt sich im Inneren, d.h. bezüglich seiner Objektdaten und seiner inneren Attribute, vollständig verändern kann. Solange es sich nur nach außen unverändert zeigt, wird das veränderte Objekt problemlos in ein System integriert, wo es in seiner alten Form funktioniert hatte. Diese Philosophie entspricht viel mehr der realen Natur, als der prozeduale Denkansatz.

Who's calling?

Besonders wichtig ist der Begriff der Botschaften. Damit Objekte aktiv werden können, tauschen sie sogenannte Botschaften (oder Nachrichten bzw. Messages) aus, welche ausschließlich für die Kommunikation von Objekten verwendet werden. Andere Kommunikationswege – etwa die sonst oft genutzten globalen Variablen – gibt es nicht (sie würden außerhalb von Objekten existieren und das ist nicht erlaubt). Das sendende Objekt schickt dem Zielobjekt eine Aufforderung, eine bestimmte Methode auszuführen. Das Zielobjekt versteht (hoffentlich) diese Aufforderung und reagiert mit der zugehörigen Methode. Die genaue formale Schreibweise solcher Botschaften in OO-Programmiersprachen ist natürlich im Detail verschieden, jedoch meistens wird das Schema Empfänger Methodenname Argument verwendet. Punkt und Klammer trennen dabei meist die drei Bestandteile der Botschaft in der Form *Empfänger.Methodenname(Argument)*, aber dies kann von Programmiersprache zu Programmiersprache differieren. Das Argument stellt in dem Botschafts-Ausdruck einen Übergabeparameter für die Methode da.

Ein fundamentaler Unterschied zwischen der prozedualen und der objektorientierten Denkweise kann so umschrieben werden:

Prozedual bedeutetet typengestützt, objektorientiert ist kommunikationsgestützt.

Konkret drückt dies aus, daß eine Prozedur oder Funktion im herkömmlichen Sinn nur Variablen fest vorgegebener Datentypen verwenden kann. Falls eine bestimmte Operation für eine Menge von verschiedenen Datentypen benötigt wird (ein gutes Beispiel ist die Multiplikation), muß für jeden möglichen Typ eine Prozedur geschrieben werden, zumeist noch mit verschiedenen Namen. Die Folge sind in der Regel Fallunterscheidungen nach dem Datentyp. Ein neuer Datentyp zieht eine weitere Prozedur/Funktion und – noch schlimmer – an diversen Stellen im Programm Änderungen nach sich. In der OO-Sichtweise hingegen steht das Objekt im Mittelpunkt. Die Operation ist in der Klasse implementiert, zu der das Objekt gehört. Die Ausführung einer Operation übernehmen die Objektmethoden, der Anwender muß sich darum nicht kümmern. Soll nun eine bestehende Operation um eine neue Funktionalität erweitert werden, so werden die Veränderungen in der Klasse vorgenommen und die zugehörigen Methoden dort geschrieben. Die neue Form der Multiplikation wird einfach als Erweiterung innerhalb der Klasse hinzugefügt. Nach außen erscheint das Objekt unverändert. Weitergehende Änderungen im Programm sind nicht notwendig.

Klassen & Instanzen

In der OOP werden ähnliche Objekte zu Gruppierungen zusammengefaßt, welche eine leichtere Klassifizierung der Objekte ermöglicht. Die Eigenschaften der Objekte werden also in den Gruppierungen gesammelt und für eine spätere Erzeugung von realen Objekten verwendet. Diese Beschreibungen oder Baupläne für konkrete Objekte nennt man Klassen, die Objekte selbst sind im OO-Sprachgebrauch Instanzen dieser Klassen. Zentrale Bedeutung hat dabei die hierarchische Struktur der Gruppierungen: von allgemein bis fein (zumindest bei der Einfachvererbung).

Beispiel: Ein Objekt Saxophon als konkrete Instanz gehört zu der Klasse der Holzblasinstrumente. Diese Holzblasinstrumente wiederum gehören zu einer höheren Klasse, den Musikinstrumenten, und diese kann mit als zu der Klasse der »Musik erzeugenden Dinge« zugehörig betrachtet werden.

Jede (gewöhnliche) Klasse kann eine Vielzahl von Unterklassen und konkreten Instanzen (Objekten) haben.

Superklasse & Subklasse

Eine übergeordnete Klasse wird **Superklasse**, eine untergeordnete Klasse **Subklasse** genannt. Die ineinander geschachtelten Klassen bilden einen sogenannten Klassenbaum. Dieser kann im Prinzip beliebig tief werden. Eben so tief, wie es notwendig ist, um ein Problem detailliert zu beschreiben.

Jede Subklasse hat immer mindestens die gleichen Eigenschaften wie die Superklasse und sollte sinnvollerweise mindestens eine Eigenschaft mehr haben, welche die Superklasse nicht hat (sonst ist sie ja identisch). Jedes Objekt in einer Subklasse erbt die Eigenschaften des zugehörigen Objektes in der Superklasse.

Metaklassen

In Java sind alle Klassen Ableitungen einer einzigen obersten Klasse – der Klasse Object. Andererseits soll Java ein konsequent realisiertes objektorientiertes System sein. In einem solchen System darf es nur Objekte geben, daher müssen selbst Klassen ebenfalls Objekte sein. Das Problem ist jetzt, daß damit auch die oberste Klasse selbst die Ableitung einer Klasse sein muß. Eigentlich ist dies für die oberste Klasse ein Widerspruch. Man definiert zur Einhaltung des streng objektorientierten Konzeptes deshalb sogenannte Metaklassen. Die einzigen Objekte von Metaklassen sind Klassen, und sie vererben die Klassenmethoden. Diese werden nicht an das Objekt selbst, sondern an die Objektklasse vererbt.

Neben der Konsistenz des Konzepts ist ein Vorteil des Metaklassenkonzepts, daß die Klassenmethoden in den Klassen überladen werden können. Gibt es für alle Klassen nur eine einzige Metaklasse, dann gibt es für alle Klassen dieselben Klassenmethoden.

Abstrakte Klassen

Unter einer abstrakten Klasse versteht man eine Klasse, von der nie eine direkte Instanz benötigt wird. Sie dient zu einem oder mehreren allgemeinen Verweis(en). Signifikante Eigenschaft ist, daß abstrakte Klassen keine Implementierung einer Methode enthalten dürfen und damit auch nicht instanzierbar sind. Abstrakte Klassen werden im allgemein zur Strukturierung eines Klassenbaums verwendet. Eine weitere Aufgabe von ihnen ist die Vereinbarung von Methodenschnittstellen, auch wenn die Methoden selbst erst zu einem späteren Zeitpunkt implementiert werden. Die Namen der Methoden und deren Parameter sind dann trotzdem in den Unterklassen schon bekannt. Noch eine Aufgabe für abstrakte Klassen besteht darin, zwei oder mehrere Klassen zusammenzufassen, die zwar einige Gemeinsamkeiten besitzen, aber nicht auseinander herzuleiten sind und wo keine gemeinsame »normale« Superklasse vorhanden ist. Das soll bedeuten, es ist nicht offensichtlich, welche die Superklasse der anderen ist. In einer abstrakten Oberklasse können die Gemeinsamkeiten zusammengefaßt werden.

Vererbung

Die Beziehung der ursprünglichen Klasse, der Superklasse, zur abgeleiteten, der Subklasse, ist immer streng hierarchisch und heißt Vererbung. Abgeleitete Klassen übernehmen die Eigenschaften und Methoden aller übergeordneten Klassen, wobei Übernehmen nicht heißt, daß eine Subklasse die Prozedurbefehle der Superklasse in ihre eigene Deklaration kopiert. Statt dessen gibt es nur eine formale Verknüpfung zwischen den Klassen: Die abgeleitete Klasse verwendet die Methoden der Superklasse. Die Methodenauswahl in einer Klassenhierarchie muß natürlich geregelt sein. Sie erfolgt nach einer einfachen Regel. Ist der Nachrichtenselektor (der Methodenname einer Botschaft) in der Objektklasse des Empfängers nicht vorhanden, so wird die gewünschte Methode in der nächst höheren Superklasse des Nachrichtenselektors gesucht. Ist sie dort desgleichen nicht vorhanden, erfolgt die Suche in der nächst höheren Klasse, bis die oberste Superklasse des Klassenbaums erreicht ist. Die Ausführung der Methode erfolgt also in der ersten Klasse, in der sie gefunden wird (von der aktuellen Klasse in der Hierarchie aufwärts gesehen). Ist im Klassenbaum keine Methode dieses Namens enthalten, so kommt es zu einer Fehlermeldung. Klassen auf derselben Ebene oder in anderen Zweigen werden nicht durchsucht.

Subklassen können mit ihren ererbten Eigenschaften einiges anstellen:

- Attribute hinzufügen
- neue Methoden spezifizieren
- vorhandene Methoden überladen
- geerbte Methoden ergänzen

Was ist Mehrfachvererbung?

Der Begriff Mehrfachvererbung gehört in eine Betrachtung zu OOP dazu, obwohl Java explizit auf Mehrfachvererbung verzichtet.

Bei der oben beschriebenen Vererbung galt für die Klassenhierarchie in einer baumartigen Struktur die Voraussetzung, daß eine Subklasse immer nur genau eine Superklasse hat. Man nennt so eine Struktur »Einfachvererbung« (engl. Single Inheritance).

Einige objektorientierte Programmiersprachen (beispielsweise C++) bieten jedoch die Möglichkeit, eine Klasse mit mehreren (bzw. beliebig vielen) Superklassen durch die Vererbung zu verknüpfen. Dies nennt man »Mehrfachvererbung« (engl. Multiple Inheritance). Objekte der Subklasse erben Eigenschaften aus verschiedenen Superklassen.

Es gibt unbestritten einige gute Gründe für die Mehrfachvererbung, die aber in keinem Verhältnis zu den damit eingekauften Nachteilen stehen. Der schlimmste Nachteil sind sicher die kaum nachvollziehbaren Beziehungsgeflechte in komplexeren Programmen. Java arbeitet deshalb ohne Mehrfachvererbung. Dafür bietet Java einen ähnlich leistungsfähigen Mechanismus, der dennoch die Wartbarkeit erhält – das Konzept der Schnittstellen.

Überschreiben

Eine weitere fundamentale Möglichkeit der OOP ist das Überschreiben von bereits im Klassenbaum vorhandenen Methoden, um damit eine Spezialisierung von Objekten zu erreichen.

Überschreiben (engl. Overriding) bedeutet, daß bei Namensgleichheit von Methoden in Superklasse und abgeleiteter Klasse die Methoden der abgeleiteten Klasse die der Superklasse überdecken.

HINWEIS

Überschreiben heißt im Englischen eigentlich Overwriting. Overriding ist jedoch kein Schreibfehler, sondern es bedeutet im Grunde Überdefinieren, wird jedoch im Deutschen zum besseren(?) Verständnis als Überschreiben erklärt.

Aus der Regel für die Methodenauswahl in einer Klassenhierarchie (ist der Nachrichtenselektor in der Objektklasse des Empfängers nicht vorhanden, so wird die gewünschte Methode in der nächst höheren Superklasse des Nachrichtenselektors gesucht usw., also von unten nach oben) folgt ein solches Überschreibenkonzept im Prinzip zwingend, denn eine Methode wird auf der Ebene ausgeführt, wo sie zuerst gefunden wird.

Polymorphismus

Wir haben bereits gesehen, daß Operationen in der OOP den gleichen Namen haben können, ja sogar wenn sie auf verschiedene Objekte angewandt werden können. Was in der prozedualen Welt mehrere unterschiedliche (auch namentlich) Operationen (Funktionen oder Prozeduren) zur

Folge hätte. Dabei ist es in der OOP nicht unbedingt notwendig, daß die verschiedenen Objekte, auf welche die Operation angewandt wird, zur selben Klasse gehören. Auch auf Objekte, welche zu unterschiedlichen Klassen gehören, läßt sich dieselbe Operation definieren. Diese muß allerdings eine spezielle Eigenschaft haben. Immer wenn ein und dieselbe Operation auf Objekte verschiedener Klassen angewendet werden kann, dann wird sie in der OOP als polymorph bezeichnet. Wenn Objekte zu verschiedenen Klassen gehören, werden sie auf die gleiche Nachricht unterschiedlich reagieren. Die letztgenannte Eigenschaft nennt man Polymorphismus. Wichtig ist, daß es dabei vollkommen unerheblich ist, ob diese Klassen durch Vererbung in Beziehung zueinander stehen oder nicht.

Binden

Objekte treten per Botschaften in Kontakt. Die gerade angesprochenen Möglichkeiten des Polymorphismus und der Vererbung generieren aber ein gewisses Problem. Wie soll eine Nachricht die physikalische Adresse eines Objektes im Speicher finden? Durch Polymorphismus und Vererbung ist der Methodennamen (oft Selektor genannt) ja meist nur eine Verknüpfung zur physikalischen Implementierung (dem Programmcode) der Methode und nicht die Adresse des eigentlichen Speicherbereichs. Damit eine Nachricht die Ausführung einer Methode bewirken kann, muß allerdings irgendwann einmal (vor der Ausführung der Methode zur Laufzeit) eine Zuordnung zwischen dem Selektor und dem tatsächlichen Programmcode der Methode stattfinden. Diesen Vorgang der Zuordnung nennt man Binden oder Linken. Dabei unterscheidet man in der OOP zwei Formen des Bindens, welche von dem Bindezeitpunkt abhängig sind: das frühe Binden und das späte Binden.

Frühes Binden

Frühes Binden (engl. Early Binding oder oft statisches Binden genannt) bedeutet, daß ein Compiler schon zum Zeitpunkt der Übersetzung des Programms die tatsächliche, physikalische Adresse der Methode dem Methodenaufruf zuordnet. Grundsätzlicher Vorteil ist, daß schon zur Zeit der Kompilierung fehlerhafte Angaben vom Compiler gefunden werden können. Außerdem sind solche früh gelinkten Programme schnell, da die physikalische Zieladresse eines Methodenaufrufs zur Programmlaufzeit schon festliegt und nicht immer wieder neu berechnet werden muß. Größter Nachteil frühen Bindens ist die mangelnde Flexibilität bei interaktiven Aktionen.

Spätes Binden

Wenn das Linken später erfolgt, ist ein System bedeutend flexibler. Man nennt diesen Vorgang spätes Binden (engl. Late Binding oder dynamisches Binden genannt). Der Begriff ist bereits bei den Eigenschaften von Java aufgetaucht, denn Java verwendet diesem Mechanismus. Hier wird erst zur Laufzeitzeit eines Programms die tatsächliche Verknüpfung zwischen dem Selektor und dem Code hergestellt. Die richtige Verbindung übernimmt das Laufzeitsystem der Programmiersprache. So ein System ist viel leichter erweiterbar und flexibler, hat eine schlechtere Performance und i.a. steigt die Gefahr von Laufzeitfehlern. Für Java besteht allerdings keine Gefahr, denn dort wird explizit mit diversen Sicherheitsmechanismen beim Kompilieren und Linken dieses Problem beseitigt.

Grundprinzipien der OOP

Aus unseren Ausführungen können wir die Grundprinzipien der OOP herleiten.

- Objekte heben die Trennung von Daten und Anweisungen auf.
- Objekte tauschen Nachrichten aus und reagieren darauf. Andere Kommunikationswege gibt es nicht.
- Objekte erben Fähigkeiten und Eigenschaften des Objektes in der zugehörigen Superklasse.
- Objekte können geerbte Fähigkeiten und Eigenschaften erweitern und verändern.
- Objekte erben ihre Fähigkeiten und Eigenschaften durch Zugehörigkeit zu Objektklassen.
- Wenn Objekte zu verschiedenen Klassen gehören, werden sie auf die gleiche Nachricht unterschiedlich reagieren (Polymorphismus).

2.6 Objektorientierung von Java

Java ist eine reine, äußerst strenge objektorientierte Sprache. Hier sollen ohne allzu ausführliche Diskussion der konkreten Java-Syntax, die wesentlichen Java-Konzepte erläutert werden.

Java-Klassen

Jedes Java-Programm besteht aus einer Sammlung von Klassen. Der gesamte Code, der bei Java verwendet wird, wird in Klassen eingeteilt. Jede Klasse definiert das Verhalten eines Objektes durch verschiedene Methoden. Verhalten und Eigenschaft können von der einen Klasse zur nächsten weitervererbt werden. Alle Klassen in Java haben eine gemeinsame Oberklasse, die Klasse `Object`. Diese wiederum verfügt nur über eine Metaklasse. Damit bleibt das objektorientierte Konzept voll konsistent.

HINWEIS

Ergänzung:
Um Java möglichst einfach zu halten, gibt es eine Ausnahme, welche jedoch geschickt in das Konzept eingepaßt wurde. Boolesche Operatoren, Zahlen und andere einfache Typen sind in Java erst einmal keine Objekte. Aber Java hat für alle einfachen Typen sogenannte Wrapper-Objekte implementiert. Ein Wrapper-Objekt ist eine spezielle Klasse, welche eine Objektschnittstelle für die in Java vorhandenen primitiven Typen darstellt. Diese Wrapper-Objekte erlauben es, daß alle einfachen Typen wie Klassen verwendet werden können.

Polymorphismus und Binden

Java unterstützt zwei weitere OO-Grundprinzipien:

1. Polymorphismus
2. das Konzept des Late Binding.

Schnittstellen & Pakete statt Mehrfachvererbung

Java unterstützt keine Mehrfachvererbung. Das ist keine Einschränkung, sondern macht Java-Programme stabil und leicht wartbar. Statt der Mehrfachvererbung gibt es unter Java ein Schnittstellenkonzept. Objekte können eine beliebige Anzahl an Schnittstellen oder abstrakten Klassen implementieren.

Eine Schnittstelle ist in der Java-Sprache eine Sammlung von Methodennamen ohne konkrete Definition. Obwohl eine einzelne Java-Klasse nur genau eine Superklasse haben kann (und genau eine haben muß!), können in einer Klasse mehrere Schnittstellen implementiert werden.

Überladen, Überschreiben und Überschatten

Bei diesen drei Begriffen handelt es sich um Grundfunktionalitäten der OOP, welche für das Verständnis von Java absolut grundlegend sind.

Überladen

Java erlaubt ein Überladen von Methoden, jedoch nicht von Operatoren. Überladen von Methoden bedeutet, daß mehrere Methoden mit identischem Namen definiert werden, welche sich nur durch verschiedene Parameterlisten unterscheiden. Welche Methode dann vom Programm bei Aufruf angesprochen wird, hängt von der Anzahl und dem Typ der Parameter ab. Dies ginge mit Operatoren im Prinzip analog, jedoch Java unterstützt diesen Mechanismus nicht.

Wenn die verschiedenen Methoden mit unterschiedlichen Parameterlisten in einer Superklasse und zugehöriger Subklasse getrennt sind, funktioniert die Geschichte ebenso. Dies liegt im wesentlichen daran, daß der Aufruf einer Methode in der Subklasse mit der Parameterliste der Methode aus der Superklasse dort keinen Erfolg hat und die Methode dann in der nächsthöheren Ebene (der Superklasse) gesucht wird.

HINWEIS

Methoden, die mit dem Schlüsselwort `static` *deklariert werden, können nicht überladen werden.*

Überschreiben

Der Mechanismus des Überladens von Methoden sollte nicht mit dem Überschreiben (engl. Overriding) verwechselt werden, obwohl er sehr ähnlich ist. Überschreiben ermöglicht eine Spezialisierung von Objekten. Es bedeutet ebenfalls, daß Methoden einer Subklasse die Methoden der Elternklasse komplett überschreiben.

Der Unterschied zu Überladen ist mehr formeller als inhaltlicher Natur. Eine Methode zu überschreiben bedeutet, daß die Methode in der Subklasse den identischen Deklarationskopf (also neben der Namensgleichheit auch vollkommen identische Argumente) wie die Methoden der Superklasse erhält, während bei dem Überladen der Methoden zwar die Namen in Super- und Subklasse, aber nicht die Argumente identisch sind. Auch darf beim Überschreiben der Rückgabewert einer Methode nicht geändert werden. Die verdeckten Methoden einer Superklasse sind übrigens trotzdem immer noch zu verwenden. In Java macht dies das Schlüsselwort `super` möglich.

Überschatten

Letzte der drei Überlagerungstechniken in Java ist das Überschatten. Überschattet werden Variablen. Wenn eine Variable in einer Superklasse mit einem bestimmten Typ deklariert wird, so kann in der Subklasse durchaus eine Variable gleichen Namens mit einem abweichenden Typ deklariert werden, welche dann dort die Variable der Superklasse überlagert.

Der Zugriff auf die Variable der Superklasse kann unter anderem wieder mit dem Schlüsselwort `super` erreicht werden. Eine überschattete Variable wird über die Technik des Castings angesprochen werden. Für überlagerte Methoden geht so etwas in Java nicht.

Konstanten & globale Vereinbarungen

Java verfügt nicht über globale Konstanten, Variablen oder Funktionen!

2.7 Plattformunabhängigkeit von Java und die JVM

Java ist sowohl eine Programmiersprache, als auch Bestandteil eines modernen EDV-Systems, dessen wichtigster Bestandteil ein neues, vollkommen plattformunabhängiges (oder architekturneutrales) Betriebssystem für ein nahezu unbeschränktes Einsatzfeld ist.

Java realisiert diese Plattformunabhänigkeit auf 2 Ebenen. Java ist sowohl in der sogenannten Quellebene, als auch der Binärebene plattformunabhängig.

Binäre Plattformunabhängigkeit von Java

Bevor eine Java-Anwendung oder ein Java-Applet ausgeführt werden kann, muß der Java-Quell-Code in sogenannten Bytecode kompiliert werden. Dies erledigt der Java-Compiler. Der daraus resultierende Bytecode ist binär und architekturunabhängig. Allerdings ist dieser Bytecode nicht vollständig, d.h. nicht lauffähig und im Gegensatz zu Maschinencode nicht spezifisch an den Befehlssatz eines bestimmten Prozessors gebunden. Das daraus resultierende Problem ist dann natürlich, daß Java-Bytecode keine expliziten Prozessorbefehle ausführen kann.

Beim Kompilieren eines in einer Sprache wie PASCAL oder C/C++ geschriebenen Quelltextes entsteht maschinenabhängiger Code, dessen Anweisungen vom jeweiligen Prozessor direkt interpretiert werden können. Da der Java-Bytecode noch nicht direkt den Befehlssatz eines Prozessors steuern kann, benötigt er einen prozessorabhängigen Container, eine Java-Laufzeitumgebung – etwa den Java-Interpreter. Der Bytecode ist innerhalb dieser Java-Laufzeitumgebung lauffähig und wird von dieser interpretiert. Erst hier werden die plattformabhängigen Befehle hinzugebunden. Die jeweilige Laufzeitumgebung ist plattformspezifisch und kennt den Befehlssatz des jeweiligen Prozessors, also arbeitet das endgültige Produkt auf dieser spezifischen Plattform. Java-fähige Browser sind beispielsweise solche plattformspezifische Java-Laufzeitumgebungen, welche erst die Verwendung von Java-Applets auf den unterschiedlichsten Plattformen des WWW ermöglichen.

Die JVM-Architektur

Die Interpretation des Java-Bytecodes basiert auf der Definition einer sogenannten virtuellen Maschine (JVM), einem virtuellen Computer, welcher nur im Speicher eines Rechners zur Laufzeit resident ist. Sie muß auf jedem Rechner vorhanden sein, welcher Java-Anwendungen ausführen möchte. Die JVM stellt eine Abstraktionsschicht zwischen dem kompilierten Programm und der zugrundeliegenden Hardwareplattform und dem Betriebssystem dar und realisiert die gerade beschriebene Umsetzung des Bytecodes in ausführbare Prozessorbefehle. Die JVM kümmert sich anderseits auch um grundlegende Java-Operationen wie die Objekterstellung und die Speicherfreigabe mit einer Papierkorbfunktion.

ACHTUNG

Wie beziehen uns hier im wesentlichen auf die JVM von Sun bzw. JavaSoft. Es gibt aber noch andere JVMs von weiteren Herstellern, die nicht unbedingt voll kompatibel sein müssen und sich vom Aufbau her unterscheiden können. Die wichtigsten Punkte werden jedoch übereinstimmen.

Konkret läuft der Prozeß vom Java-Sourcecode zum lauffähigen und architekturneutralen Java-Programm wie folgt ab.

1. Eine Java-Sourcedatei wird erstellt und unter dem Namen ihrer öffentlichen Klasse mit der Erweiterung `.java` gespeichert.
2. Der Java-Compiler liest die Dateien mit der Erweiterung `.java` (der Name ist weitgehend – bis auf Namenskonventionen – beliebig) ein

und konvertiert den Java-Sourcecode in Bytecode. Die resultierende Datei bekommt den gleichen Namen, jedoch die Erweiterung `.class`.

3. Die JVM liest den Bytecode-Datenstrom aus der .class-Datei als Folge von Anweisungen (der sogenannte Bytecode-Strom). Dieser Strom von Anweisungen hat immer die gleiche Struktur. Jede Anweisung beginnt mit einem opcode (Operationscode). Er ist ein Bit lang und ein spezifischer und wiedererkennbarer Befehl. Auf Grund der Länge kann er nur null (keine weiteren Operanden) oder ungleich null (mehrere Operanden, mit denen der opcode vervollständigt werden muß, folgen) sein. Der opcode instruiert die virtuellen Maschinen, was genau zu tun ist. Wenn die JVM mehr als nur den opcode für die Ausführung einer Aktion benötigt, ist dieser wie gesagt ungleich null und es folgt/folgen dem opcode ein oder mehrere Operand(en).

Die JVM besteht aus vier Teilen:

- dem Stack
- dem Register
- dem Garbage Collection heap
- dem Methoden-Bereich

Gelegentlich wird die JVM in fünf Basisteile untergliedert, d.h. es werden die Bytecode-Anweisungen direkt in die Gliederung mit aufgenommen, was jedoch keinen wesentlichen Unterschied macht.

Der Java-Stack

Die JVM basiert im wesentlichen auf Stacks- Befehlsstapel. Der Rahmen eines Java-Stacks ist mit dem Stack in herkömmlichen Programmiersprachen durchaus vergleichbar. Er enthält den Zustand eines Methodenaufrufs, den Zustand von verschachtelten Methodenaufrufen und die Parameter in der virtuellen Maschine. Das Weitergeben und Empfangen von Argumenten läuft in der JVM immer über den Stack.

Die Größe einer Adresse in der JVM beträgt immer 32 Bits. Deshalb können bis zu 4 Gigabyte Speicher adressiert werden (2 hoch 32 gleich 4294967296 Bit), sofern man voraussetzt, daß jede Adresse ein Byte benötigt. Jedes Register in der JVM speichert eine 32-Bit Adresse. Die oben genannten Komponenten der JVM (der Stack, der garbage collection heap und der Methoden-Bereich) befinden sich innerhalb dieser 4 Gigabyte.

Die Java-Methoden sind auf 32 Kilobyte als Größe für jede einzelne Methode beschränkt.

Die Java Register

Alle Prozessoren benötigen für ihre Funktionalität Register. Register beinhalten einen Zustand eines Computers, beeinflussen den Betrieb und werden nach jeder Ausführung von Befehlen aktualisiert. Die JVM von Java verwaltet den System-Stack mit den folgenden Registern:

- pc (Programm Counter): Ein Programmzähler, welcher mitverfolgt, wo genau das Programm sich in der Ausführung befindet und welche Anweisung als nächstes ausgeführt werden soll.
- optop: Ein Pointer, welcher auf die Spitze des Operanden-Stack zeigt.
- frame: Ein Pointer, welcher auf die aktuelle Ausführungsumgebung der gerade ausgeführten Methode zeigt.
- vars: Ein weiterer Pointer, welcher auf die erste lokale Variable der aktuell ausgeführten Methode zeigt.

Weitere Register verwendet Java nicht. Die JVM gebraucht dementsprechend nur vier Register mit der Länge ein Byte, simuliert also einen Prozessor mit einem 32-Bit-Register.

Der Garbage Collection Heap

Der Garbage Collection Heap oder auch nur Heap (engl. Haufen) ist derjenige Teil des Hauptspeichers, dem neu erstellte Klasseninstanzen (Objekte) zugewiesen werden. Jedesmal wenn ein neues Objekt erstellt wird, kommt dieser Speicher aus dem Heap. Die Freigabe des Heap, wenn ein Objekt nicht mehr benötigt wird, übernimmt ein automatischer Prozeß, welcher Garbage Collection (automatische Speicherbereinigung) genannt wird.

Die Speicherbereinigung mit der Garbage Collection

Da in Java Objekte einer automatischen Müllbereinigung unterliegen, braucht man sich normalerweise nicht darum zu kümmern und den Speicher nicht mehr – wie unter C/C++ – manuell freigeben. Eine manuelle Speicherfreigabe ist unter Java sogar gar nicht vorgesehen, Sie können höchsten die Garbage Collection direkt aufrufen. Jedoch in den meisten Fällen ist das nicht notwendig und auch nicht zu empfehlen. Die Laufzeitumgebung verfolgt alle Referenzen auf ein Objekt in dem Heap nach und gibt automatisch den Speicher frei, der von Objekten belegt wird, die nicht mehr länger referenziert werden, sobald die CPU dafür Kapazität frei hat.

Der Methodenbereich von Java

Die JVM verfügt neben den bereits diskutierten Speicherbereichen über zwei weitere Speicherbereiche, welche als Methodenbereich von Java bezeichnet werden:

- Der eigentliche Methoden-Bereich
- Der Constant Pool (Konstantenpool)

Der eigentliche Methodenbereich speichert bei Java die Java-Bytecodes. Zusätzlich werden dort die zum dynamischen Verknüpfen benötigten Symboltabellen und andere Informationen (etwa Debug-Informationen) gespeichert.

Der Constant Pool existiert in Java als ein an jede Klasse angehängter Heap. Diese normalerweise vom Java-Compiler erzeugten Konstanten codieren alle Namen (von Methoden, Variablen, ...), welche von einer Methode der jeweiligen Klasse verwendet werden.

Es gibt in Java keine Begrenzung, ab wo und bis wohin diese beiden Speicherbereiche existieren müssen. Damit wird die JVM portabler und sicherer.

Die Datentypen der JVM

Java-Datentypen unterscheiden sich in einigen Details von gewohnten Datentypen aus vielen anderen Programmiersprachen. Im wesentlichen in der Länge (besonders auffällig ist der Char-Typ, welcher nicht wie üblich aus einem Byte besteht), aber auch in ein paar weiteren Einzelheiten. Die JVM verarbeitet im Detail die folgenden Typen primitiver Daten:

Bezeichnung	Typ	Kurzbeschreibung
`byte`	(8 Bits)	Kleinster Wertebereich. Mit Vorzeichen. Ganzzahlwerte von (- 2 hoch 7) bis (+ 2 hoch 7 – 1).
`short`	(16 Bits)	Wertebereich mit Vorzeichen. Kurze Darstellung von Ganzzahlwerten von (- 2 hoch 15) bis (+ 2 hoch 15 – 1).

Bezeichnung	Typ	Kurzbeschreibung
`int S`	(32 Bits)	Standardwertebereich mit Vorzeichen für Ganzzahlwerte. Bereich von (- 2 hoch 31) bis (+ 2 hoch 31 – 1).
`long`	(64 Bits)	Größter Wertebereich mit Vorzeichen für Ganzzahlwerte. Bereich von (- 2 hoch 63) bis (+ 2 hoch 63 – 1).
`float`	(32 Bits)	Kürzester Wertebereich mit Vorzeichen für Gleitkommazahlwerten. Es existiert ein Literal zur Darstellung von plus/minus Unendlich, sowie der Wert NaN (Not a Number) zur Darstellung von nicht definierten Ergebnissen.
`double`	(64 Bits)	Größter Wertebereich mit Vorzeichen für Gleitkommazahlwerten. Es existiert wie beim Typ `float` ein Literal zur Darstellung von plus/minus Unendlich, sowie der Wert NaN (Not a Number) zur Darstellung von nicht definierten Ergebnissen.
`char`	(16 Bits)	Darstellung eines Zeichens des Unicode-Zeichensatzes. Vorzeichenlos!
`boolean`	(1 Bits)	Kann nur die Werte `true` (wahr) oder `false` (falsch) annehmen.

Es gibt **keinen** primitiven Datentypen für Arrays. Dies liegt daran, daß Arrays in Java wie Objekte behandelt werden und keine eigene Darstellung besitzen.

ACHTUNG

Es gibt wie schon angedeutet JVMs, welche nicht von Sun stammte (etwa von Microsoft). Einige dieser anderen virtuellen Maschinen besitzen noch weitere Datentypen.

Java-Plattformunabhängigkeit auf Quellebene

Plattformunabhängigkeit auf Quellebene bedeutet, daß die primitiven Datentypen einer Programmiersprache konsistente Größen auf allen Entwicklungsplattformen haben.

Wenn ein primitiver Datentyp wie beispielsweise ein Integer-Wert unter verschiedenen Plattformen unterschiedliche Größen hätte, wäre die

Plattformunabhängigkeit auf Quellebene nicht mehr gegeben. Bei fast allen anderen Programmiersprachen gibt es diese Probleme. Java hingegen enthält umfangreiche Klassenbibliotheken, um Standards für Datentypen festzulegen. In Java wird die Größe jedes einfachen Datentyps in den umfangreichen Klassenbibliotheken genau spezifiziert. Genauso wichtig ist die Arithmetik, d.h. wie sich diese einfachen Datentypen gegenüber Berechnungsvorschriften verhalten. Auch hier legt Java in den Klassenbibliotheken genaue Vorschriften fest. Fast alle wichtigen Prozessoren unterstützen diese Java-Spezifikation und außerdem enthalten die Java-Bibliotheken portierbare Schnittstellen für die drei wichtigsten Plattformen in der Computerwelt: Unix, Windows und den Macintosh. Damit wird – bis auf ganz wenige Ausnahmen – eine nahezu perfekte Plattformunabhängigkeit auf Quellebene gewährleistet.

3

Das JDK

Das Java Development Kit (JDK) ist die Sun-Entwicklungsumgebung zum Erstellen von Java-Applikationen, -Applets und -Komponenten. Es ist Kern sämtlicher Java-Entwicklungswerkzeuge (gleichfalls von Fremdherstellern).

Das JDK wird in der aktuellen Version 1.2 (welche – um es nochmal zu betonen – das Entwicklungs-Paket der Java-2-Plattform ist) von Sun derzeit[1] für die folgenden Plattformen frei zur Verfügung gestellt:

- Das Win32 Release für Windows 95, Windows 98 und Windows NT auf Intel-basierender Hardware. Windows NT wird nur ab der Version 4.0 unterstützt. Als Minimalhardware fordert Sun einen 486/DX-Prozessor und 48 Megabyte RAM.
- Das Solaris/SPARC Release. Nur die Solarisversionen 2.5.1, 2.6 und 7 (auch als 2.7 bekannt) werden unterstützt. Als Hauptspeicher werden 48 Megabyte gefordert. Unter Umständen werden Solarispatches benötigt.
- Das Solaris/Intel Release. Nur die Solarisversionen 2.5.1, 2.6 und 7 (auch als 2.7 bekannt) werden unterstützt. Als Minimalhardware fordert Sun einen 486/DX-Prozessor und 48 Megabyte RAM. Unter Umständen werden Solarispatches benötigt.

Ältere Versionen des JDK gibt es zusätzlich für Macintosh System 7.5 für 68030, 68040 und PowerPC-basierte Macs, sowie Sun Solaris 2.3 und 2.4 für SPARC-basierte Maschinen. Es ist zwar zu erwarten, daß es das JDK 1.2 auch irgendwann für Macs gibt. Sie sehen aber schon, daß Macintosh Systeme zwar offiziell unterstützt werden, allerdings gegenüber den anderen Plattformen erscheinen die Versionen oft mit Verspätung. So ist beispielsweise eine Betaversion des JDK 1.1.1 für Windows und Solaris bereits im ersten Quartal 97 verfügbar gewesen, während die Macintosh-

1. 03/1999

Version bis zum dritten Quartal 97 auf sich warten ließ. Aber zum Trost, auch auf X86-Systemen basierende Solaris-Rechner wurden über die JDK-Geschichte recht stiefmütterlich behandelt.

Genauere Informationen (insbesondere zu den Patches) finden Sie unter `http://java.sun.com/products/jdk/faq.html`.

Für die immer noch weit verbreiteten Windows-Versionen 3.x und früher gibt es keine JDK-Variante, was jedoch schon deswegen klar ist, da dort lange Dateinamen nicht unterstützt werden. Schwierigkeiten beim Erzeugen einer MultiThreading-Umgebung in einer Betriebssystemumgebung, die nicht einmal preemptives Multitasking unterstützt, und fehlende direkte TCP/IP-Unterstützung bei Windows 3.x sind weitere Gründe. Allerdings können Windows 3.1x-Anwender seit einiger Zeit zumindest Java-Applets laufen lassen, denn es gibt sowohl von Netscape, als auch Microsoft mittlerweile Java-taugliche Browser für Windows 3.1x. Beide Hersteller offerieren seit Frühsommer 97 eine 16-Bit-Version ihrer Java-fähigen 32-Bit-Browser mit integrierter virtueller Maschine.

Das JDK besteht fast ausschließlich (der `Appletviewer` ist eine kleine Ausnahme) aus Befehlszeilen-orientieren Tools und erreicht damit natürlich nicht den Komfortstandard integrierter Entwicklungsumgebungen (IDE) wie etwa Microsofts Visual J++, welche eine grafische Benutzerumgebung (GUI, was die Abkürzung für Graphical User Interface ist) benutzen. Das kann man jedoch bei einem frei verfügbaren Set von Tools sicher nicht erwarten.

Die JDK-Werkzeuge (den Compiler eingeschlossen) können über eine einfache Befehlszeileneingabe auf Prompt-Ebene aufgerufen werden. Der Java-Source selbst (eine Datei mit Erweiterung `.java`) kann mit jedem einfachen Ascii-Text-Editor erstellt und bearbeitet werden.

Um nun das JDK auf einem lokalen Rechner zu installieren und anzupassen, sollte man in mehreren chronologischen Schritten vorgehen. Am Anfang steht natürlich der JDK-Bezug.

3.1 Bezug des JDK

Natürlichste Quelle für ein Java-Entwicklungstool ist wohl das Internet. Immerhin hat dieses erst den Erfolg von Java ermöglicht, und wer mit Java programmieren will, hat auch meistens einen funktionierenden Internetzugang. Es gibt nun zahlreiche Quellen, von wo Sie das jeweils aktuelle JDK (aber auch ältere Versionen) beziehen können. Am einfachsten ist der Einstieg über eine der vielen Seiten des Sun-Imperiums. Sie können beispielsweise direkt über die Homepage von Sun Microsystems einsteigen (`http://www.sun.com`), aber von da zum JDK zu kommen ist recht umständlich. Dort sind nicht nur Java-Dinge zu finden. Diese Seite ist der Zugang zu sämtlichen Sun-Aktivitäten. Besser ist der Einstieg über den Java-Bereich von Sun (`http://java.sun.com`). Dort finden Sie alles rund um Java und natürlich auch die neue Java-2-Plattform samt dem zugehörigen JDK 1.2.

Sie können natürlich nicht nur die aktuelle JDK-Version laden, sondern auch Vorgängerversion. Wenn Sie direkt zu dem Download eines älteren JDK gehen wollen, ist in der URL die Angabe `1.2` *durch die gewünschte Versionsnummer zu ersetzten. Für die Version* `1.1` *ist beispielsweise* `http://java.sun.com/products/jdk/1.1/` *als URL einzugeben.*

Wie groß ist das JDK – Plattformvoraussetzungen?

Die von dem JDK unterstützten Betriebssysteme haben wir ja schon angesprochen. Bei jeder Software ist die minimale Plattformvoraussetzung ein entscheidendes Thema. Glücklicherweise ist bei dem JDK diese Angelegenheit kaum relevant. Nicht nur Java selbst ist klein, auch das JDK ist relativ klein und kompakt. Die Java-Gesamtkonzeption legt auf solche Eigenschaften ja sehr großen Wert. Die konkreten Anforderungen an die jeweilige Hardware haben wir ja gerade besprochen. Diese können sogar meist noch nach unten verschoben werden (das Win32-Release läuft auch mit nur 32 Megabyte recht gut). An den doch sehr niedrigen Anforderungen für das JDK können Sie erkennen, daß das jeweilige Betriebssystem die notwendigen Minimalanforderungen für die Hardware festlegt. Wer beispielsweise Windows 95 auf einen Rechner mit einem kleinen Pentium (P75 oder P60) oder kleiner und weniger als 16 Megabyte fährt, ist – mit Verlaub – selbst daran schuld. Das JDK wird damit auf jeden Fall zurecht kommen, aber das Betriebssystem wird den Rechner bis an die Existenzgrundlage fordern. Windows 95 fordert nunmal für eine einigermaßen sinnvolle Arbeit mindestens einen P133 mit 32 Megabyte, Windows 98 und Windows NT legen da sogar noch etwas drauf.

Die genauen Größenangaben für das JDK können je nach genauem Release immer ein wenig variieren, aber grob sollten die nachfolgenden Angaben gelten.

Für das komprimierte JDK-Archiv für Windows mußten in der ersten Version ca. 4,2 Megabyte gerechnet werden. Entpackt benötigte das ursprüngliche Windows-JDK ungefähr 10 Megabyte Platz auf der Festplatte. Diese Größenverhältnisse wuchsen wie üblich permanent. Die Version 1.1 war schon ca. 9 Megabyte groß (gepackt) und benötigte ungefähr 20 Megabyte Platz auf der Festplatte.

Die Windows-Installationsdatei des JDK 1.2 war in den ersten Betaversionen ca. 15 Megabyte groß, die zugehörigen Infos benötigen als WinZip-Datei nochmals 5,5 Megabyte. Auf der Festplatte sollten für das installierte Beta-JDK 1.2 und zusätzlicher Dokumentation mindestens 60 Megabyte (ohne die komprimierten Dateien) frei sein.

Für das Final des JDK 1.2 gelten auf allen Plattformen folgende Angaben:

- Größe der Installationsdatei: ca. 20 Megabyte
- Freier Platz auf der Festplatte bei Installation sämtlicher Komponenten: ca. 65 Megabyte
- Zusätzlicher Platz für die Dokumentation (separat zu laden): ca. 85 Megabyte

HINWEIS

Hinweis zu den Größenangaben:

Da die genauen Größenangaben sich permanent verändern, macht eine genauere Angabe keinen Sinn. Sie laden sich wahrscheinlich sowieso immer die neueste Variante des JDK und deren Größenangaben können immer wieder variieren. Bei der Kapazität heutiger Datenspeichermediem spielt dies sowieso nicht mehr so die Rolle und das JDK ist auf jeden Fall kleiner als übliche Entwicklungsumgebungen.

3.2 Installation des JDK

Es ist sehr zu empfehlen, das neue JDK nicht über ein altes Release zu installieren. Wenn Sie eine ältere Version ersetzen wollen, werden als Installationsorte sowieso defaultmäßig verschiedene Verzeichnisstrukturen vorgeschlagen, bzw. fest vorgegeben (1.0.x). Wollen Sie jedoch die bereits vorhandene Verzeichnisstruktur bzw. die bisherigen Namen der Verzeichnisse verwenden (etwa, um diverse Pfade und Einstellungen nicht mehr ändern zu müssen), sollten Sie vor der Installation einer neuen JDK-Version eine gegebenenfalls vorhandene Altversion vollständig beseitigen, damit die beiden Varianten sich nicht in die Quere kommen. Oder zumindest sollten Sie die Altvariante umbenennen und/oder die neue Ausführung zuerst in ein anderes Verzeichnis installieren. Letztere Vorgehensweise ist natürlich sicherer, wenn Sie Vorsicht walten lassen wollen und sich nicht sicher sind, ob die neue Ausführung korrekt funktioniert.

Falls Sie vor einer Installation eine vollständige Beseitigung wählen, sollten Sie natürlich (Entschuldigung, wenn Ihnen der Hinweis zu trivial erscheint) ein gegebenenfalls vorhandenes Verzeichnis mit eigenem Java-Source und sonstigen selbst erstellten Dokumenten in Sicherheit bringen, bevor Sie das alte Verzeichnis liquidieren. Anschließend können Sie das JDK über ein Setup mit einem Assistenten installieren.

classes.zip, src.zip, scr.jar, rt.jar & Co.

Zwischen der Version 1.1 des JDK und der Finalversion 1.2 haben sich zahlreiche Veränderungen ergeben, welche die interne Arbeitsweise der Tools und die Voraussetzungen für deren Aufruf betreffen. Hier soll besonders ein wichtiges Detail hervorgehoben werden – die Dateien `classes.zip` und `src.zip` und die Laufzeitumgebung von Java.

Bis zu der JDK-Version 1.1.7 (und sogar den meisten Betaversionen des JDK 1.2) erzeugt das Extrahieren des JDK-Archives beim Installieren normalerweise zwei interessante Dateien bzw. Verzeichnisse[2]:

- `Src.zip` im Java-Verzeichnis selbst bzw. das Verzeichnis `src` und
- `Classes.zip` in dessen Unterverzeichnis `lib`.

Beide ZIP-Dateien sollten normalerweise **nicht (!)** extrahiert werden. `Classes.zip` ist das RUNTIME-Modul (die Systemklassen) von Java in den damaligen Versionen. Die Datei enthält den vollständigen, kompilierten Code von Java und muß in diesen Versionen des JDK einigen JDK-Tools (insbesondere dem Compiler und dem Interpreter) zur Laufzeit zur Verfügung stehen.

Der zweite Bestandteil, welcher strengenommen zum RUNTIME-Modul gezählt wird, ist der Java Interpreter (`java`), welcher bei den Tools noch ausführlich besprochen wird.

`Src.zip` ist der eigentliche Quellcode von Java – das vollständige Java-Plattform-API. Normalerweise werden Sie diese Datei nicht benötigen. Mit

2. natürlich nicht nur die ;-)

einer Ausnahme – diese Source-Files enthalten zum einen wichtige Informationen über Java, zum anderen können sie das Lernen von Java unterstützen, indem man den Source analysiert. Die Klassen sind in der API-Reference-Dokumentation beschrieben, welche mit dem Tool `javadoc` erstellt wurde. Sie können für den Fall, daß Sie den Source von einigen JDK-Libraries explizit sehen wollen, die Datei `Src.zip` extrahieren, bei den JDK-Versionen vor 1.1.1 mit einer geeigneten Version eines Entkomprimierungsprogramm, in den JDK-Versionen 1.1.x als Option im InstallShield (dann wird das Unterverzeichnis `SRC` erstellt mit den entkomprimierten Java-Dateien, welche sonst nur im gepackten Zustand in der Datei `Src.zip` vorhanden sind).

Ein Entpacken der Datei `Classes.zip` ist so gut wie nie notwendig, denn Java kann ZIP-Dateien in komprimierter Form verwenden. Falls Sie die Datei dennoch entpacken, erreichen Sie nur eine geringfügige Steigerung der Performance und verlieren viel Platz auf der Festplatte.

In der Finalversion des JDK 1.2 werden Sie diese Dateien beide nicht mehr finden.

Die Datei `Src.zip` bzw. das Verzeichnis `SRC` ist durch die Datei `Src.jar` ersetzt worden. Diese ist von der Funktionalität identisch. Sie können deren Installation im Setup-Programm mit angeben. Ein `.jar`-File ist ein Komprimierungsformat, mit dem Java direkt arbeiten kann. Es muß genausowenig extrahiert werden, wie die bisherige Datei.

Die Laufzeitumgebung des JDK 1.2-Finalrelease hat sich vollständig geändert. Sie benötigen die Datei `Classes.zip` nicht mehr. Dessen Ersatz ist im wesentlichen die Datei `rt.jar` (rt steht für RunTime).

Die JDK-Dokumentation

Für das JDK und die Java-Plattform wird von Sun eine umfangreiche (wenngleich oft recht verzweigte und daher unübersichtliche) Dokumentation zur Verfügung gestellt. Die Java-Dokumentation beinhaltet eine vollständige Beschreibung aller Pakete, Klassen, Methoden usw., sowie der JDK-Tools. Das JDK-Installationsfile alleine enthält diese Dokumentation jedoch nicht. Sie müssen sie separat von den Sun-Servern laden. Dazu gibt es auf den Downloadseiten des JDK Links, die zu der Downloadseite für die Dokumentationen der einzelnen JDKs führen. Sie gelangen beispielsweise zu der Dokumentation der aktuellen 1.2-Version über `http://java.sun.com/products/jdk/1.2/download-docs.html`.

Fehlervorbeugung und Fehlerbehebung beim JDK

Die Entpackungs-Routine des JDK legt wie gesagt eine Verzeichnisstruktur innerhalb des Java-Verzeichnisses an, die Sie unter günstigen Umständen in die Lage versetzt, direkt die Installation zu testen und loszulegen. Die Tools des JDK lassen sich einfach auf Befehlszeilenebene aufrufen – etwa, indem Sie unter Windows eine DOS-Box öffnen und dort die Programme aufrufen. Davor ist es jedoch sinnvoll, eine Anpassung der Java-Umgebung vorzunehmen. Falls nicht, werden Sie unter Umständen immer wieder durch überflüssige Fehlersituationen genervt. Dabei können eine Reihe von einfachen, vorab ausgeführten Schritten diese potentiellen Fehlerquellen erst gar nicht entstehen lassen.

So einfach Installieren und Loslegen ist also bei der Arbeit mit dem JDK und Java nicht immer zu empfehlen. Vorher sollten einige Einstellungen überprüft und ggf. gesetzt, sowie andere potentielle Fehlerquellen vorab analysiert werden. Sie sparen sich später viel Zeit und Ärger.

ACHTUNG

Zwischen den Tools des JDK 1.1.x (bzw. den Betaversion des JDK 1.2) auf der einen und den Tools der Finalversion des JDKs auf der anderen Seite haben sich einige schwerwiegende Veränderungen bezüglich ihres Aufrufs und der Voraussetzungen für eine korrekte Verwendung ergeben. Es gilt zwar prinzipiell, daß die Aufrufparameter bei den 1.2-Tools weitgehend unverändert blieben, wenn sie noch die gleiche Funktion wie bei dem zugehörigen 1.1-Tool haben. Außerdem sollte das ganze JDK1.2 soweit wie irgendmöglich abwärtskompatibel zu den Optionen im JDK 1.1 sein. Einige wichtige Details sind jedoch verändert.

Hinzufügen vom JDK-Verzeichnis zum Pfad und Setzen der Classpath-Variable

Pfad

Da Sie in der Regel die JDK-Programme auf Befehlszeilenebene ausführen werden, ist es im allgemeinen sinnvoll, die in der JDK-Umgebung verfügbaren Werkzeuge von allen Verzeichnissen auf Ihrem System aus zugänglich zu machen. Dies realisiert ein Eintrag in den Suchpfad des Computersystems. Für Microsoft Windows NT- und Windows 95/98-Anwender wird dies am sinnvollsten erreicht, indem man das Verzeichnis, welches die Werkzeuge enthält, in die Pfadangaben (`Set path`) der Datei `Autcexec.bat` einträgt. Die Pfad sollte ungefähr so aussehen:

```
SET PATH= C:\;;D:\;C:\JDK1.2\BIN;C:\WINDOWS;C:\WINDOWS\COMMAND
```

In unserem Beispiel ist `C:\JDK1.2\BIN` das Verzeichnis der JDK-Umgebung. In einer DOS/Windows-Umgebung werden Verzeichnisse mit Backslash getrennt und die einzelnen Einträge im Pfad mit Semikolon.

Denken Sie aber daran, daß Sie Ihr System neu starten müssen, damit diese Eingabe ausgeführt und das entsprechende Verzeichnis zu Ihrem Pfad hinzugefügt wird (zumindest muß die `Autoexec.bat` ausgeführt werden, was auch mit einem direkten Aufruf auf Befehlszeilenebene geht).

Auch unter Solaris können Sie die `Path`-Angabe setzen. Unix verwendet den normalen Slash zum Trennen der Verzeichnisebenen. Etwa, wenn Sie eine C-Shell (csh) verwenden, können Sie die `Path`-Angabe in dem Startup-File (`~/.cshrc`) wie folgt setzen (Beispiel mit dem Verzeichnis `jdk1.2`):

```
set path=($path /usr/local/jdk1.2/bin)
```

Anschließend laden Sie das Startup-File wieder (bzw. neu einloggen) und überprüfen, daß der Pfad richtig gesetzt ist:

Der Java-Compiler, wie auch andere Werkzeuge, befindet sich normalerweise nach der Installation im Verzeichnis `[Laufwerk]:\[Unterverzeichnis]\java\bin` (Version vor 1.1), bzw. `[Laufwerk]:\[Unterverzeichnis]\jdk`*x.x.x*`\bin` (ab Version 1.1 mit *x.x.x* für die Version), wobei `[Laufwerk]` für den Buchstaben des Laufwerks steht, in dem sich das JDK befindet. `[Unterverzeichnis]` ist der Name des Unterverzeichnisses (oder einer ganzen Verzeichnisstruktur), soweit vorhanden, in dem das JDK installiert wurde. Diese Pfadangabe sollte wie gesagt in den Suchpfad zusätzlich eingetragen werden.

Wenn Sie später versuchen, innerhalb eines bestimmten Unterverzeichnisses zu kompilieren und die Fehlermeldung »Bad command or filename« (bzw. auf deutsch »Ungültiger Befehl oder Dateiname«) unter Windows, bzw. »file not found« unter Unix bekommen, liegt das wahrscheinlich daran, daß diese Pfadangabe nicht korrekt ist. Sie können den Pfad für dieses Verzeichnis auf Kommandozeilenebene jederzeit überprüfen, indem Sie `path` ohne weitere Parameter eingeben.

ACHTUNG

Wichtiger Hinweis für die Verwendung von mehreren JDK-Versionen:

Es gibt diverse Gründe, warum man verschiedene Versionen des JDK gleichzeitig auf dem Rechner verwenden möchte. In diesem Fall sollten Sie jedoch unbedingt mit zwei oder mehr verschiedenen Umgebungen (z.B. DOS-Fenster unter Windows 95 oder Shell-Fenster unter Solaris) arbeiten, welche mit unterschiedlichen `path`*-Angaben konfiguriert sind. Es langt definitiv* ***nicht****, sämtliche parallel vorhandenen Verzeichnisse für die unterschiedlichen JDK-Versionen in den Suchpfad aufzunehmen.*

Der Kommando-Interpreter wird immer zuerst im aktuellen Verzeichnis nach einem Programm suchen. In dem Fall, daß Sie schon im korrekten JDK-Verzeichnis und dort in dem Verzeichnis der Tools (meist `bin`*) stehen, wird er auch die korrekte Version eines Tools finden. Das Problem ist jedoch, daß dann zugleich sämtliche* `.java` *und/oder* `.class`*-Dateien dort sein oder über lange Pfadangaben referenziert werden müssen, was für die Praxis vollkommen unüblich ist. Stehen Sie außerhalb des korrekten Verzeichnisses der Tools (etwa in einem Unterverzeichnis für das Projekt), werden bei einem Programmaufruf vom Kommando-Interpreter entlang der* `Path`*-Angabe die Verzeichnisse durchsucht. Dabei werden die einzelnen Einträge nacheinander durchforscht. Sobald ein passendes Programm gefunden wird, bricht der Kommando-Interpreter die Suche ab und führt den Befehl aus. Es wird also in Fallkonstellation 2 immer nur die Tool-Version ausgeführt, welche zuerst in der* `Path`*-Angabe aufgelistet wird. Die Schwierigkeiten mit der* `CLASSPATH`*-Umgebungsvariable bei verschiedenen JDK-Versionen wird nachfolgend besprochen und ist ein noch entscheidenderes Argument für die Verwendung mehrerer Umgebungen. Im Abschnitt »Kleine Arbeitserleichterung bei der Verwendung von mehreren JDK-Versionen« weiter unten erfahren Sie mehr über den Umgang mit mehreren JDK-Versionen.*

CLASSPATH

Bei der Angabe `CLASSPATH` handelt es sich um eine Pfadangabe, über die Java (genaugenommen bestimmte Tools von Java, aber wir wollen der Einfachkeit halber von Java reden) Systemklassen sucht, die es zur Laufzeit benötigt. Dabei muß ganz massiv zwischen dem JDK 1.2 (Final) und seinen Vorgängerversionen (inklusive der meisten Betaversionen des JDK 1.2) unterschieden werden. Es gibt in der Final-1.2 ein neues Suchpfad-Konzept für Klassen. Aber der Reihe nach – schauen wir uns an, wie es bisher war:

Es gibt den Suchpfad in zwei Varianten. Bei `CLASSPATH` handelt es sich einmal um eine sogenannte Umgebungsvariable. Umgebungsvariablen sind Einstellungen, mit denen Sie Ihr System spezifizieren können. Man kann sie sich als speicherresidente Variablen des Betriebssystems vorstellen, welche globale Einstellungen festlegen. Sie werden z.B. unter der Windows-Plattform im allgemeinen auf Befehlezeilenebene oder in der `Autoexec.Bat` mit der Anweisung »`SET [Umgebungsvariable] = ...`« gesetzt.

Die globale Pfadangabe setzen Sie in einer Windows-Umgebung in Ihrer `Autoexec.bat`-Datei oder einer Batch-Datei zum Start der JDK-Befehlszeile also wie folgt:

```
Set CLASSPATH=c:\java\lib\classes.zip;.
```

oder

```
Set CLASSPATH=c:\jdkx.x.x\lib\classes.zip;.
```

x.x.x ist dabei wieder die konkrete Versionsangabe, welche defaultmäßig den Namen des JDK-Verzeichnisses festlegt. `Classes.zip` ist das RUNTIME-Modul (die Systemklassen) von Java in den bisherigen Versionen. Dabei fällt wahrscheinlich auf, daß explizit eine ZIP-Datei angegeben ist. Java ist in der Lage, diese ZIP-Dateien direkt zu nutzen. Der nach dem Semikolon folgende Punkt gehört ebenfalls zur `CLASSPATH`-Umgebungsvariable und steht für das aktuelle Verzeichnis. Damit werden JDK-Programme noch einmal ausdrücklich angewiesen, das aktuelle Verzeichnis zu durchsuchen.

Neben dem globalen `CLASSPATH` gibt es einen weiteren Suchpfad für die Systemklassen, welcher als Option bei den entsprechenden Tools individuell gesetzt werden kann und die globale Angabe überschreibt.

In den bisherigen Versionen des JDK wurden alle Java-Klassen auf Grund des Pfades gesucht, welcher über die Option `-classpath` bei einem Tool oder der `CLASSPATH`-Umgebungvariable gesetzt war.

HINWEIS

Hintergründe
Über die `CLASSPATH`-Umgebungsvariable bestimmen Sie, von wo in Java Klassen importiert werden. Verwenden Sie unter Windows das Semikolon, um die Liste von Verzeichnissen (und ZIP-Dateien, welche Java direkt verwenden kann) voneinander zu trennen. Unix benötigt Doppelpunkte. Denken Sie einmal daran, wie normal ausführbare Dateien aus der Befehlszeile aufgerufen werden.

Wenn ein DOS- oder Unix-Anwender den Namen eines Programmes eingibt und auf die Eingabetaste drückt, sucht der Befehl-Interpreter nach einem ausführbaren Programm für den angegebenen Namen und lädt das Programm, wenn er es findet, in den Speicher und beginnt mit der Ausführung. Die `Path`*-Variable bestimmt, wo und in welcher Reihenfolge der Befehlsinterpreter nach dem ausführbaren Programm sucht. Bei Java ist es zwar ähnlich, wobei Java-Programme nicht direkt ausgeführt werden, sondern indirekt vom Java-Interpreter. Sie werden dazu von ihm, einem Browser oder einem Hilfsprogramm wie dem* `Appletviewer` *(Teil des Java-Development Kits) geladen und dort dann ausgeführt. Da diese Dateien also nicht direkt vom Betriebssystem ausgeführt werden können, wird die* `Path`*-Variable des Betriebssystems keinen Effekt mehr haben. Aus diesem Grund wird für diese Funktionalität Ersatz benötigt. Wo ein Betriebssystem die* `Path`*-Variable verwendet, um ausführbare Dateien zu finden, nimmt Java einen internen Suchpfad, um Klassen zu finden. Dies war in den bisherigen Ausführungen des JDK die* `CLASSPATH`*-Variable. Java durchsucht die dort angegegebenen Verzeichnisse und ZIP-Dateien, um die geeigneten* `.class`*-Dateien zu finden. Die* `CLASSPATH`*-Variable hat sogar noch weitergehende Bedeutung als nur für das Laufzeitsystem von Java. Java-Klassen hängen oft bzgl. ihrer Funktionalität voneinander ab. Wenn Sie Ihre eigenen Klassen so erstellen, daß diese von anderen Klassen verwendet werden, müssen Sie den Compiler anweisen, wo er diese Klassen finden kann – wie Sie in gleicher Weise den Interpreter anweisen würden. Wenn der Java-Compiler eine Ihrer Klassen laden müßte, sucht er der Reihenfolge nach die Verzeichnisse, die in der* `CLASSPATH`*-Variable gelistet sind, ab. Wenn beispielsweise eine Fehlermeldung wie »java.lang.Object not found: aborting« beim Aufruf eines JDK-Programms auftaucht, wird ein Setzen der* `CLASSPATH`*-Umgebungsvariable wahrscheinlich das Problem lösen. »Exception in thread NULL« oder »Unable to initialize threads: cannot find class java/lang/Thread« (immer Slash zum Trennen der Ebenen bei der Fehlermeldung, selbst unter DOS/Windows!) hängen meist ebenso mit der falschen* `CLASSPATH`*-Umgebungsvariable zusammen. Allerdings sollten Sie die* `CLASSPATH`*-Umgebungsvariable nicht mit zu vielen Verzeichnissen unnötig lang machen. Es sind hauptsächlich Sicherheitsaspekte, welche dafür der Grund sind und die bei dem Java-Sicherheitskonzept angesprochen werden sollen.*

*Unter Solaris müssen Sie auch in älteren JDK-Versionen normalerweise die `CLASSPATH`-Variable **nicht** explizit setzen, wenn Sie der Default-Installation folgen. Die Shellscripts werden automatisch gesetzt. Falls Sie allerdings die `CLASSPATH`-Umgebungsvariable bereits auf ein falsches Verzeichnis gesetzt haben, müssen Sie sie u.U. löschen und neu setzen.*

Wichtig
*Wenn Sie verschiedene Versionen des JDK gleichzeitig auf dem Rechner verwenden möchte, sollten Sie wie gesagt mit zwei oder mehr verschiedenen Umgebungen (z.B. DOS-Fenster unter Windows 95 oder einem Shell-Fenster unter Solaris) arbeiten. Ganz wichtig ist dann jedoch, daß auch die `CLASSPATH`-Angaben unterschiedlich konfiguriert sind. Dazu sollten Sie in jeder DOS-Box/ Shell-Fenster die `CLASSPATH`-Angaben explizit setzen. Am besten löschen Sie mit `set CLASSPATH=` (Windows) bzw. `% unsetenv CLASSPATH` (Solaris) zuerst eine evtl. bestehende Umgebungsvariable und setzen Sie dann auf das aktuelle JDK-Verzeichnis. Sollten Sie etwa in der Version 1.1.x noch die `CLASSPATH`-Angabe auf das RUNTIME-Verzeichnis einer Version 1.0.x gesetzt haben, reagiert der Java-Compiler (außer Sie stehen im aktuellen RUNTIME-Verzeichnis) mit der Fehlermeldung »Unable to initialize threads: (null)«. Man kann zwar die `CLASSPATH`-Angabe über getrennte Einträge auf verschiedene Verzeichnisse erweitern. Etwa mit `Set CLASSPATH=c:\java\lib\classes.zip;. c:\jdkx.x.x\lib\classes.zip;.` Davon ist aber dringend **abzuraten**. Aus zwei Gründen: Zum einen wird es aus ähnlichen Gründen wie bei der `Path`-Angabe nicht einwandfrei funktionieren. Zum anderen sollte aus Sicherheitsgründen die `CLASSPATH`-Angabe nicht unnötig erweitert werden. Mehr dazu beim Sicherheitskonzept von Java. Nur soweit vorab: Eine Klasse, welche in einem mit der `CLASSPATH`-Angabe spezifizierten Verzeichnis steht, wird beim Laden vom Classloader nicht mehr auf Viren und Fehler geprüft. Deshalb sollten dort ausschließlich absolut vertrauenswürdige Klassen stehen.*

Nochmal zur Verdeutlichung – die bisherigen Ausführungen zum `CLASSPATH` betreffen die JDK-Version 1.1.x und die meisten 1.2 Betaversionen, haben also die grundsätzliche Vorgehensweise und die Hintergründe der bisherigen JDKs behandelt. Ein wesentliches Problem bei den bisherigen Versionen des `CLASSPATH` war die Tatsache, daß es zu Konflikten zwischen der dauerhaft gesetzten Angabe und der `-classpath`-Option einzelner Tools kommen konnte (Versionskonflikte der Laufzeitumgebung usw.). Sun empfiehlt prinzipiell für das neue JDK, die globale Angabe überhaupt nicht mehr zu setzen und die individuelle Variante zu verwenden, sofern die Klassen nicht ohne die Angabe gefunden werden.

Das JDK 1.2 (Final) geht beim `CLASSPATH` und der Art und Weise, wie Klassen gefunden werden, der Laufzeitumgebung und den Systemklassen prinzipiell einen neuen Weg. Leider dokumentiert das Sun nicht so deutlich und leicht verständlich, wie es sicher wünschenswert wäre.

Aber es ist alles halb so schlimm – nur komplett anders wie in den bisherigen JDK-Versionen. Die meisten Probleme waren ziemlich überflüssig und wären bei einer besseren Bekanntmachung durch Sun nie aufgetreten. Zwar hat Sun ziemlich brutal Dinge im JDK verändert, aber die Probleme beruhten auf der unverständlich schlechten Dokumentation dieser Veränderungen nach außen. Die Folge waren zahlreiche JDK-Anwender, die nicht mit dem neuen JDK und fast allen dazu verfügbaren, offiziellen Dokumentationen klar kamen. Das Problem hatten vor allem die JDK-Anwender, die bereits mit einem älteren JDK arbeiteten. Diese suchten analog den bisherigen JDKs die Datei `classes.zip` und fanden sie nicht mehr. Worauf sollte also der `CLASSPATH` gesetzt werden?

Die Antwort auf alle Fragen ist so einfach, daß Sun es wohl nicht für nötig erachtet hat, dieses richtig deutlich zu machen – das JDK 1.2 (Final) benötigt die Datei `classes.zip` nicht mehr, und der `CLASSPATH` muß auch in der Regel nicht mehr gesetzt werden. Sun empfiehlt wie gesagt sogar, die globale `CLASSPATH`-Variable überhaupt nicht mehr zu setzen, sofern Sie sie nicht für eine ältere Variante des JDK gesetzt haben und das ältere JDK weiterverwenden wollen. Falls die globale `CLASSPATH`-Variable noch gesetzt ist, soll dieser Pfad am besten gelöscht werden (natürlich nur, wenn Sie nicht weiter mit dem alten JDK arbeiten wollen), aber das JDK 1.2 arbeitet nach Sun-Angaben auch einwandfrei, wenn die `CLASSPATH`-Variable auf eine ältere `classes.zip` oder eine frühere Version des JDKgesetzt ist. Es ist nur manchmal notwendig, über

```
set classpath=.
```

(Punkt beachten) das aktuelle JDK-Verzeichnis als Suchpfad explizit anzugeben. Wenn Sie allgemein einen bestehenden `CLASSPATH` modifizieren wollen, sollte die Angabe `classes.zip` entfernt, die Applikations-spezifische Einstellung beibehalten und ein Punkt für das JDK 1.2-Verzeichnis gesetzt werden.

HINWEIS

Die Veränderungen fanden genaugenommen in der Beta 4-Version des JDK 1.2 statt. Dies dürfte auch einer der Hauptgründe für die allgemeine Verwirrung um den `CLASSPATH` und die Datei `classes.zip` sein. Zum Zeitpunkt der Erscheinens der letzten Betaversion wartete die ganze Welt bereits auf das Finalrelease. Immerhin war es bereits mehr als ein halbes Jahr überfällig. Die letzte Betaversion wurde deshalb nicht so stark beachtet und die massiven Veränderungen fielen nur wenigen Anwendern auf. In der Finalversion wurden diese Beta-4-Veränderungen dann nur noch sehr mager deutlich gemacht.

Es gilt nun folgende Verzeichnisstruktur

- `jre/lib/rt.jar` *für die Javaplattform-Klassenbibliotheken*
- `lib/tools.jar` *für die Toolbibliotheken.*

Tatsächlich benötigen die meisten Tools des JDK die Systemklassen immer noch, aber nicht mehr den `CLASSPATH`, um sie zu finden. Die Systemklassen (in der Datei `jr.jar`) finden sie nach einer erfolgreich durchgeführten Installation des JDK automatisch, wenn sie im `lib`-Verzeichnis von `jre` (die Laufzeitumgebung) vorhanden sind. Dabei ist es belanglos, ob es sich um das `jre`-Verzeichnis innerhalb des JDK-Verzeichnisses handelt oder das eigenständige `jre`-Verzeichnis, welches Sie immer im Setup zusätzlich mitinstallieren müssen.

3.3 Die JDK-Tools im Detail

Das JDK besteht aus einer ganzen Reihe von Tools. Die wichtigsten Tools waren schon in den 1.x-Versionen dabei, viele kamen jedoch erst in der 1.1-Version dazu. Natürlich brachte die Version 1.2 ein paar weitere Neuerungen (insbesondere wurden Tools der Version 1.1 wieder beseitigt, weil sie nicht so funktioniert hatten, wie geplant oder weil sie nicht mehr benötigt wurden). Der Java-Interpreter und der Java-Compiler sind ja schon mehrfach aufgetaucht. Auch der Begriff `Appletviewer` ist schon gefallen. Es gibt aber noch weitere Tools, welche sich im JDK-Unterverzeichnis `\bin` befinden sollten.

Die Basis-Tools

Zu den Basis-Programmen des JDK 1.2-Final (also denjenigen, welche Sie zum Erstellen von Java-Applets und – Applikationen brauchen) zählen die folgenden:

- Der `appletviewer`, um Java-Applets stand-alone zu betrachten [Solaris] [Windows].
- Der Java-Compiler `javac` [Solaris] [Windows].
- Der Java-Interpreter `java` und sein nahezu identisches Schwesterprogramm `javaw`.In diesem Release gibt es nur noch diesen einen Interpreter[3]. Er wird sowohl für die Entwicklung, als auch die reine Ausführung verwendet. Der bisherige Interpreter `jre` wird nicht mehr als Bestandteil des JDK zur Verfügung gestellt. [Solaris] [Windows].
- Der Java-Disassembler `javap` [Solaris] [Windows].
- `javah`, der Generator um C-Header-Dateien und Stub-Dateien zu erstellen [Solaris] [Windows].
- Das Dokumentations-Tool `javadoc`, um HTML-Dokumente für eine Dokumentation zu erstellen [Solaris] [Windows].
- Der Java-Debugger `jdb` [Solaris] [Windows].
- Das Java Archive Tool (`jar`) [Solaris] [Windows].
- Das Diagnose-Tool `extcheck` für Jar-File Versionskonflikte [Solaris] [Windows].

Die wichtigsten dieser Programme werden den Schwerpunkt der nachfolgenden intensiveren Beschreibung der JDK-Tools bilden. Sie sind für die meisten Entwickler von zentraler Bedeutung.

Die Tools für die erweiternden Funktionalitäten

Neben den Basistools beinhaltet das JDK eine Vielzahl von weiteren Programmen, welche die zusätzlichen Funktionalitäten von Java abdecken. Diese Programme werden wir nachfolgend nur knapp ansprechen. Eine Ausnahme sind die Sicherheitsprogramme, auf deren Arbeitsweise und Hintergründe wir etwas intensiver (vom grundsätzlichen Standpunkt aus) eingehen wollen. Ein ausführliches Behandeln aller Programme sprengt

3. **von** `oldjava` **und** `oldjavaw` **erst einmal abgesehen.**

jedoch den Rahmen dieses Buchs. Sie werden auch für die meisten Leser von untergeordneter Bedeutung sein. Eine vollständige Abhandlung finden Sie in der offiziellen Dokumentation des JDK (`docs/tooldocs/tools.html`).

Die Tools für die erweiternden Funktionalitäten von Java lassen sich in verschiedene Gruppen unterteilen.

Remote Method Invocation (RMI) Tools

Diese Programme dienen zum Generieren von Applikationen, welche über das Web oder andere Netzwerken interagieren.

- Der Java RMI Stub Converter (`rmic`) für entfernte Objekte [Solaris] [Windows].
- Java Remote Object Registry (`rmiregistry`) [Solaris] [Windows].
- Serial Version Command (`serialver`). Das Tool gibt die `class serialVersionUID` zurück [Solaris] [Windows].
- Der RMI activation system daemon `rmid` [Solaris] [Windows].

Internationalization Tools

Dieses Programm dient zum Erstellen von Applikationen, welche auf landesspezifische Eigenheiten angepaßt werden sollen.

- Das Programm `native2ascii` konvertiert Text in Unicode nach der Norm Latin-1 [Solaris] [Windows].

Security Tools

Diese Programme sind zum Setzen und Verwalten von Sicherheitspolicen auf Ihrem System gedacht. Sie können damit Applikationen entwickeln, welche mit anderen Sicherheitspolicen zusammenarbeiten.

- `keytool` dient zum Schlüssel- und Zertifikat-Management. Es wird eine Datenbank mit privaten Schlüsseln und ihren zugehörigen X.509-Zertifikaten, sowie die Zertifikate von vertrauenswürdigen Entities verwaltet. Dieses Tool basiert auf dem DSA-Algorithmus mit der SHA-1 Signatur [Solaris] [Windows].

`jarsigner` generiert oder verifiziert eine digitale Signatur für ein JAR-File [Solaris] [Windows].

- `policytool` ist ein GUI-Tool (d.h. mit grafischer Oberfläche) für das Managment von Policyfiles [Solaris] [Windows].
- Das digitale Signierungs-Tool `javakey` verwaltet Datenbankentitäten, inklusive ihrer Schlüssel, Zertifikate, und den Vertrauensebenen von ihnen. Allerdings nach dem alten Java-Sicherheitsmodell. Dieses Tool ist als eine der bedeutendsten Neuerungen in der Version 1.2 durch die Programme `keytool` und `jarsigner`, sowie `policytool` ersetzt worden.

Java IDL Tools

Diese Programme sind für Sie hilfreich, wenn Sie Applikationen erstellen wollen, welche CORBA für Datenbankzugriffe nutzen.

- Das unter dem JDK 1.2 neu eingeführte Programm `tnameserv` unterstützt Zugriff auf die benannten Services.
- Neu in der Java-2-Plattform ist `idltojava`. Dieses Tool generiert `.java`-Dateien, die ein OMG IDL-Interface mappen. Damit können in Java geschriebene Applikationen CORBA-Funktionalität nutzen. Dieses Tool ist nicht direkt Bestandteil des JDK, sondern kann von der Java IDL-Webseite geladen werden. In dem Downloadfile ist eine ausführliche Dokumentation enthalten.

Sonstige Tools

- In dem JDK 1.1 ist ein AWT 1.1 Conversion Tool (`updateAWT`) enthalten. Damit kann ein AWT nach dem 1.0-Modell auf den AWT-Stand 1.1 (auf dem auch das AWT der Java-2-Plattform basiert) konvertiert werden. Das JDK 1.2 enthält dieses Programm nicht mehr.
- Mit `oldjava` bzw. `oldjavaw` stehen im JDK 1.2 zwei Javainterpreter zur Verfügung, welche zum Ausführen von älteren Java-Applikationen genutzt werden können. Dies ist unter anderem dann von Nöten, wenn diese über einen eigenen Sicherheitsmanager verfügen, der auf dem alten Sicherheitsmodell von Java beruht.

Migration von 1.1 auf 1.2

Wir wollen an dieser Stelle komprimiert die wichtigsten Details noch einmal zusammentragen bzw. durch wichtige Fakten ergänzen, welche bei einem Umstieg vom JDK 1.1 auf das JDK 1.2 zu beachten sind. Diese Modifikationen wurden sowohl in der Solaris-Welt, als auch unter Windows vollzogen und sollten soweit wie irgendmöglich abwärtskompatibel sein.

- Einige der Programme des JDK lagen in bisherigen JDK-Versionen (sogar noch in 1.2-Betaversionen) jeweils in zwei Versionen vor. Es handelte sich jedesmal um eine Standardvariante und eine mit »`_g`« erweiterte, nicht optimierte Spezialversion, welche hauptsächlich für das Debugging eingesetzt werden konnte. Die Syntax ist immer identisch zur Standardversion. Die Spezialversion war eigentlich schon immer von geringerer Bedeutung und kommt im JDK 1.2-Final (bis auf wenige Ausnahmen) nicht mehr vor.
- Ab dem JDK 1.2 verstehen einige Tools – etwa der Java-Interpreter `java` oder der Java-Compiler – sogenannte Non-Standard-Options. Neben dem Satz von Standardoptionen gibt es nun die Möglichkeit, einen Satz von weitergehenden Kommandozeilenoptionen zu verwenden. Diese Non-standard options beginnen immer[4] mit einem `-X`, etwa `-Xdebug` oder `-Xverify`. Wichtigster Unterschied zwischen den Standardoptionen und den Nicht-Standardoptionen ist, daß die Unterstützung für die Standardoptionen im JDK 1.2 und allen zukünftigen Versionen der JVM durch Sun garantiert wird. Eine Unterstützung für die Nicht-Standardoptionen wird jedoch ausdrücklich für zukünftige Versionen der JVM nicht garantiert.
- Wie wir bereits mehrfach besprochen haben, gibt es im JDK 1.2 ein vollständig verändertes Konzept bezüglich des Suchvorgangs von System- und anderen Klassen durch die JDK-Tools. Insbesondere verwendet der `Appletviewer` den `CLASSPATH` überhaupt nicht mehr. Zum Suchen von Source-Files gibt es hingegen bei einigen Programmen eine neue Option: `-sourcepath`.
- In Version 1.2 des JDK hat die `-O`-Option für `javac` eine andere Bedeutung als bisher.
- Wenn Sie 1.2-`class`-Dateien mit einem Compiler des 1.1.x-JDK erneut kompilieren wollen, sollte es mindestens die Version 1.1.4 sein. Andernfalls kann es zu Problemen kommen. Dies bedeutet **nicht**, daß mit dem 1.2-Compiler generierte `Class`-Files nicht auf älteren VMs arbeiten.
- Es gab diverse Veränderungen im Sicherheitskonzept von Java. Diese haben wir teilweise bereits angesprochen, insbesondere die Ablösung

4. **bis auf wenige, explizit gekennnzeichnete Ausnahmen**

des `javakey`-Programms. Code, welcher unter dem Java 1.1.x-Sicherheitsmodell mit dem im 1.2-JDK obsoleten `javakey`-Tool signiert wurde, wird in der Version 1.2 des JDK als nicht-signiert interpretiert.

- Die unter dem JDK 1.1 bei `javap` vorhandene Option `-verify` gibt es in 1.2 nicht mehr.
- Die JDK-Version 1.1.4 ist eine Besonderheit in der JDK 1.1.x-Welt. Gerade diese Zwischenversion enthält einige Details, welche inkompatibel zum JDK 1.2 sind.
- In älteren Versionen des JDK war es möglich, daß der Compiler `javac` einige inkonsistente Kombinationen von Kommandzeilenoptionen durchführen wollte. So war es etwa möglich, die Option `-classpath` mehrfach anzugeben, und nur die letzte Angabe hatte einen Effekt. Solche inkonsistenten Kombinationen von Kommandzeilenoptionen sind im JDK 1.2 nicht mehr erlaubt.
- Ab dem 1.2-`javadoc`-Tool gibt es für dieses einige neue Dateinamenkonventionen. Generierte Seiten werden in einer Verzeichnishierarchie dargestellt, anstatt einem einzigen Verzeichnis. Package-Namen werden über das Verzeichnis angezeigt, nicht über den Dateinamen.
- Die Verzeichnisstrukturen im JDK wurden verändert (wir haben dies bereits besprochen) und auch die Systemklassen sowohl bezüglich ihre Position, als auch der Datei verändert. Aus `classes.zip` wurden gleich die Dateien:
  - `rt.jar` – die Systemklassen.
  - `i18n.jar` – Zeichenkonventionsklassen usw.
  - `tools.jar` – non-core Klassendateien zur Unterstützung der JDK-Programme.
- In der Version 1.2 des JDK ist die JVM-Implementation und die Laufzeitunterstützung in einem shared Library mit Namen `jvm.dll` (Win32) bzw. `libjvm.so` (Solaris) untergebracht. Diese Dateien lösen die 1.1-Variante ab (`javai.dll` bzw. `libjava.so`). In der Win32-Version der JDK-Software, befindet sich das DLL-File für die Java virtual machine, `jvm.dll`, in dem Verzeichnis `jre\bin\classic`. Dieses Verzeichnis ist neu in der Verzeichnisstruktur der JDK 1.2-Software. In der Version 1.1 beinhalteten die shared-Libraries sowohl die Runtime-Unterstützung, als auch die nativen Methoden für einige Klassenlibraries. In der Version 1.2 ist diese gemeinsame Struktur aufgebrochen worden – die nativen Methoden befinden sich nun in `java.dll` bzw.

libjava.so. Dies ist für die Anwender wichtig, welche native Methoden ohne JNI geschrieben haben.

- Der Wert der java.home-Systemeigenschaft beinhaltet sowohl das jre-Verzeichnis, als auch wie früher das Verzeichnis, wo die JDK-Software installiert ist.
- Das Archive tools.jar befindet sich in der Defaulteinstellung nicht im CLASSPATH, der von den JDK-Tools verwendet wird. Wenn diese Datei also benötigt wird, muß sie mit der -classpath-Option referenziert werden. Beispiel:

```
javac -classpath <Pfad zu tools.jar> MeinDatei.java
```

Ein paar allgemeine Hinweise zu den JDK-Programmen

Bei der Arbeit mit den JDK-Programmen gibt es ein paar Punkte zu beachten. Teilweise sind sie nur von allgemeinem Interesse (zur Kenntniss genommen oder so :-)), einige Details sind jedoch ärgerlich und man sollte sie wissen. Und zu guter Letzt können Sie sich bei der Arbeit mit den JDK-Programmen mit ein paar Tricke viele monotone Arbeitsvorgänge ersparen.

- Wenn man ein Programm des JDK ohne irgendwelche Parameter aufruft, bekommt man manchmal die notwendigen Angaben für die korrekte Syntax in Kurzform aufgelistet. Die Betonung liegt bedauerlicherweise auf »manchmal«. Die JDK-Programme erweisen sich in der Handhabung leider nicht vollständig aufeinander abgestimmt. Ein Aufruf ohne Parameter schadet zwar nie, aber das Resultat ist nicht immer befriedigend. Der Interpreter beispielsweise erzeugt eine recht ausführliche Hilfe auf dem Bildschirm, der Compiler zumindest noch eine Kurzhilfe, während andere Programme in einigen Versionen des JDK mit Fehlermeldungen reagieren. Auch die manchmal existente Option »-Help« funktioniert in einigen JDK-Versionen beim Schwesterprogramm u.U. nicht. Die Option -version, welche mal funktioniert, mal nicht, zählt zu den weiteren Kinderkrankheiten, die im JDK 1.2 eigentlich beseitigt sein sollten. Die unterschiedliche Handhabung bei der Angabe von Dateierweiterungen zählt ebenfalls zu dieser inkonsequenten Logik. Andererseits darf man bei einem kostenlosen Entwicklungswerkzeug dieser Mächtigkeit in Details keine Perfektion erwarten. Hauptsache, man kann Java nutzen.

- Für die eigentlichen Programmaufrufe ist eine Arbeit auf Befehlszeilenebene auf jeden Fall zu empfehlen. Zwar kann man aus einer grafischen Oberfläche wie Windows Befehle mit Optionen und Parametern eingeben, beispielsweise mit dem AUSFÜHREN-Befehl im Windows-STARTMENÜ. Anzuraten ist eine solche Vorgehensweise jedoch nicht, da eventuelle Rückmeldungen des Systems schlecht oder gar nicht auszuwerten sind. Meist ist das Fenster schon wieder geschlossen, bevor man die Rückmeldung gelesen hat. Ein permanent offenes Befehlszeilenfenster ist auf jeden Fall besser. Ein – wahrscheinlich ziemlich trivialer – Hinweis muß dabei jedoch unter Windows unbedingt beachtet werden: Sie dürfen wegen der langen Dateinamen auf keinen Fall mit einer alten 8-Bit-DOS-Version arbeiten, sondern nur mit der Windows-Eingabeaufforderung bzw. der DOS-Version für Windows 95/98.
- Auf den Webseiten von Sun finden Sie einen Abschnitt mit den häufig zu den JDK-Programmen und Java gestellten Fragen (FAQ). Schauen Sie sich einfach mal die Seite `http://java.sun.com/products/jdk/faq.html` an.

Der Appletviewer

Der `Appletviewer` ermöglicht es, ohne die Hinzuziehung eines Java-fähigen Browsers ein Applet während der Laufzeit zu betrachten. Er benötigt dazu nur eine rudimentäre HTML-Datei, die eigentlich ausschließlich ein Tag mit Angabe des anzuschauenden Applets, sowie eventuell benötigten Parametern, enthalten muß. Er lädt alle Applets innerhalb des Tags und führt sie – sofern es mehrere korrespondierende Applets gibt – jeweils in einem separaten Fenster aus. Wenn eine HTML-Datei keinen Tag mit Angabe eines Applets enthält, bewirkt der Aufruf des Appletviewers nichts.

In der neuesten Variante versteht der Appletviewer sowohl den ursprünglich ausschließlich[5] zu verwendenden `APPLET`-Tag, als auch die Tags `OBJECT` und `EMBED` zum Einbinden.

---

5. **von der kaum verwendeten und nur auf die Sun-Welt beschränkten `APP`-Variante abgesehen.**

Der `Appletviewer` war ursprünglich das einzige Tool der JDK-Sammlung, das eine grafische Benutzerschnittstelle (GUI) besitzt. Im JDK 1.2 ist noch ein neues Sicherheitsprogramm mit GUI hinzugekommen, aber sonst finden Sie keine weiteren Programme mit GUI.

Syntax

Der Appletviewer hat nur wenige Aufrufoptionen. Es gibt nur die folgende, einfache Syntax:

```
appletviewer [Optionen] [URL der HTML-Datei]
```

`[URL der HTML-Datei]` wird in der Regel einfach die HTML-Datei ohne irgendwelche Pfadangaben (wenn man in dem entsprechenden Verzeichnis steht) oder nur einfacher Pfadangaben auf dem lokalen Rechner (absolut oder relativ) sein. Die allgemeine Formulierung soll jedoch darauf hinweisen, daß dies natürlich nicht zwingend ist und der `Appletviewer` ebenso in der Lage ist, bei einer Online-Verbindung eine HTML-Datei samt Applet von einem beliebigen Server zu laden. Beachten Sie bitte, daß die HTML-Datei **mit der Endung** einzugeben ist.

Der Java-Compiler Javac

Der Java Compiler kompiliert die als Parameter angegebene(n) Datei(en) mit der Dateierweiterung `.java` in den Java-Bytecode mit der Erweiterung `.class`. Der Namensstamm der Datei wird für die Klassendatei übernommen. Es können sowohl Applets, als auch Anwendungen mit `javac` kompiliert werden.

Java ist keine kompilierte Programmiersprachen wie C oder PASCAL. Der Quell-Code wird also nicht in Maschinencode kompiliert, der spezielle Prozessorbefehle für die Zielplattform enthält. Java ist jedoch auch keine vollständig interpretierte Sprache wie Basic oder Lisp. Der Java-Quell-Code wird also schon in gewisser Weise übersetzt, bevor er von einem Interpreter ausgeführt wird.

Java ist statt dessen kompiliert **und** interpretiert und versucht damit, das beste aus beiden Welten zu vereinen. Der Java-Compiler `javac` übersetzt den Java-Quell-Code in einen Zwischencode namens Bytecode. Dieser Bytecode kann nicht direkt auf jeder Hardwareplattform ausgeführt werden. Der Code wird vielmehr vom Java-Interpreter interpretiert, der dabei eigenständig oder als Teil eines Browsers arbeiten kann. Java-Programme benötigen also immer einen Container.

Es können im Prinzip beliebig viele Dateien als Parameter für die Übersetzung angegeben werden, die jedoch alle mit der Erweiterung `.java` enden müssen. `Javac` produziert für jede Datei eine Bytecode-Datei mit gleichem Namen und der Erweiterung `.class`. Es allerdings ist zu beachten, daß `javac` nur eine `public`-Klasse pro Quelldatei erlaubt.

Wenn innerhalb der Quelldatei mehrere Klassendefinitionen enthalten sind, dann generiert der Compiler für jede Klasse ein eigenes `.class`-File, das den Namen der Klasse erhält.

Ohne entsprechende Option erzeugt `javac` das `.class`-File in dem gleichen Verzeichnis, in dem sich auch die Quelldateien befinden.

Falls innerhalb einer Quelldatei auf eine Klasse verwiesen wird, die nicht in der Kommandozeile mit angegeben wurde, so durchsucht der Compiler alle Verzeichnisse oder die Systemklassen auf Grund des neuen Suchkonzeptes. Individuell können Sie den Parameter `-classpath` angegeben.

Javac-Syntax:

```
javac [Optionen] [Dateiname] [@files]
```

ACHTUNG

Beachten Sie bitte, daß der Dateiname zwingend mit der Erweiterung `.java` eingegeben werden muß.

Neu beim Java-Compiler ist die Möglichkeit, über das Zeichen @ Dateien anzugeben, welche selbst in jeder Zeile den Namen einer `.java`-Datei enthalten. Damit kann verhindert werden, daß die maximale Länge der Kommandozeile überschritten wird.

Beispiel: Eine Datei mit Namen `Meinesourcefiles` enthält folgenden Inhalt:

```
MeineKlasse1.java
MeineKlasse2.java
MeineKlasse3.java
```

Dann wird der Compiler folgendermaßen aufgerufen:

```
javac @Meinesourcefiles
```

Kurzes Troubleshooting

Beachten Sie bitte, daß es auch beim Compiler in den älteren Versionen sinnvoll sein kann, die Umgebungsvariable `CLASSPATH` zu definieren. In der neuen Version sollte die Angabe unterbleiben.

Die meisten potentiellen Fehlersituationen beim Aufruf des Java-Compilers sind bei der Installation des JDK schon beschrieben worden, deshalb hier nur noch einmal ein paar kurze Hinweise.

Wenn Sie den `javac`-Compiler nicht aufrufen können, ist wahrscheinlich die PATH-Variable nicht korrekt gesetzt. Falls der Compiler Klassen nicht findet, gibt es vielschichtige Gründe, die bereits angesprochen wurden. Wenn `javac` einen Syntaxfehler meldet (zum Beispiel falsche Buchstabierung, fehlende Interpunktion oder unkorrekte Verwendung von Schlüsselwörtern), listet der Compiler die Fehler auf und versucht, die entsprechenden Codezeilen anzugeben. Dies ist aber nicht immer zuverlässig, Fehler äußern sich oft erst eine oder mehrere Zeilen später.

Der Java-Interpreter mit Namen Java

`Java` ist ein Kommandozeilen-Interpreter. Mit diesem Java-Interpreter lassen Sie Ihre in Bytecode kompilierte Java-Anwendung (keine Applets, dafür ist der `Appletviewer` zuständig) ablaufen. Jedes Java-Programm wird durch Klassenname definiert. Dieser Klassenname muß dementsprechend vollständig mit dem Paketnamen der Klasse angegeben werden.

Syntax für den Interpreter:

java [Optionen] [Klassenname] [Argumente]

java [Optionen] -jar file.jar [argument ...]

javaw [Optionen] [Klassenname] [Argumente]

javaw [Optionen] -jar file.jar [argument ...]

oldjava [Optionen] [Klassenname] [Argumente]

oldjavaw [Optionen] [Klassenname] [Argumente]

HINWEIS

Unter Solaris können den Optionen noch Threadflags vorangestellt werden.

Diese sechs Aufversionen vom Java-Interpreter müssen ein wenig erklärt werden. Erst einmal gibt es dabei vier verschiedene Versionen des Interpreters.

`java` und `javaw` sind identisch bis auf eine Ausnahme: `javaw` erzeugt keine dem Befehlsaufruf folgende Ausgabe in einem Fenster (noconsole window). Die `javaw`-Variante des Interpreters gibt es nur unter Windows.

`oldjava` und `oldjavaw` unterscheiden sich genauso wie der normale Interpreter (auch die `oldjavaw`-Variante des Interpreters gibt es nur unter Windows). Deren Hauptfunktion ist die Ausführung von Applikationen, welche über einen eigenen Security Manager verfügen, der auf dem originalen Sicherheitsmodell von Java 1.0/1.1 basiert. Dieser wird unter der Java-2-Plattform mit dem normalen Interpreter `java` eine Exception auswerfen und nicht starten. Auch sonstiger alter Java-Code kann unter Umständen damit ausgeführt werden, wenn der normale Interpreter damit nicht zurechtkommt.

HINWEIS

JAVA und OLDJAVA
Es gibt einige spezifische Unterschiede zwischen `java` *und* `oldjava`*.* `oldjava` *unterstützt nicht den Extension-Mechanismus. Weiterhin nutzt* `oldjava` *den bootstrap Classloader für alle Klassen, während* `java` *diesen nur für Systemklassen nutzt. Unter dem neuen* `java` *des JDK 1.2 spezifizieren die Optionen* `-classpath` *und* `-cp` *nur einen Suchpfad für anwenderdefinierte bzw. Nichtsystem-Klassen. Die Optionen können nicht dafür verwendet werden, solche bootstrap Klassen zu lokalisieren.* `oldjava` *verwendet diese Optionen (wie auch früher* `java` *selbst), um alle Klassen zu lokalisieren. Dabei gilt es zu beachten, daß sich* `java` *und* `oldjava` *nicht in der Verwendung der Umgebungsvariablen* `CLASSPATH` *unterscheiden (ein entscheidenter Unterschied zwischem dem alten* `java` *und* `oldjava`*). Bis die Variable durch* `-classpath` *oder* `-cp` *überschrieben wird, spezifiziert* `CLASSPATH` *immer den Ort, wo die anwenderdefinierten Klassen zu finden sind (aber nicht, wo die bootstrap Klassen sind). Obwohl* `oldjava` *im wesentlichen zur Unterstützung von älterem Javasource gedacht ist, werden von ihm alle aktuellen 1.2 Securityfeatures unterstützt.*

`Optionen` sind diverse Übergabewerte an den Interpreter, `Klassenname` der Name der auszuführenen Klasse. Defaulteinstellung ist, daß das erste Argument, welches keine Option ist, von dem Interpreter als Name der Klasse interpretiert wird.

Unbedingt zu beachten ist, daß beim Klassennamen nicht nur die `.class`*-Erweiterung* ***nicht*** *eingegeben werden* ***muß****, sondern sogar gar* ***nicht darf****. Dies ist deshalb eine häufige Fehlerquelle, weil es von der Syntaxlogik dem Compiler widerspricht, wo explizit die Erweiterung einzugeben ist.*

Weiter ist wichtig, daß die Komponenten von Paket- und Klassennamen durch Punkt und nicht durch Slash oder Backslash getrennt werden.

`file.jar` ist der Name der `.jar`-Datei, welche ausgeführt werden soll. Diese Anweisung kann nur in Verbindung mit der vorangestellten Angabe `-jar` verwendet werden.

`Argumente` bezeichen den oder die an die `main()`-Methode weitergegebene(n) Übergabewert(e). Jede Klasse, die in dem Aufruf durch den Klassennamen spezifiziert wird, benötigt eine Methode namens `main()` (`public static void main(String argv[])`). Sämtliche Argumente, die hinter dem Parameter Klassenname stehen, werden an die Methode `main()` in gleicher Reihenfolge übergeben, wenn `java` aufgerufen wird. Wenn mit `main()` Threads erzeugt werden, so läuft der Interpreter so lange, bis der letzte Thread beendet wird. Ansonsten endet `java` nach der vollständigen Abarbeitung von `main()`.

Eventuell benötigte weitere Klassen werden automatisch geladen. Die nachzuladenden Klassen müssen sich allerdings im gleichen Verzeichnis oder im Zugriffspfad befinden. In ehemaligen Java-Versionen vorhandene Bugs konnten diese Restriktion zwar aushebeln, aber dies soll hier keine Rolle spielen.

Sicherheitsvorkehrungen des Java-Interpreters

Der Java-Interpreter hat bereits einige wichtige Sicherheitsvorkehrungen eingebaut. Diese gehören zum zentralen Sicherheitskonzept der Sprache. So überprüft der Java-Interpreter standardmäßig jede Klasse während des Ladevorgangs. Die Klassen werden diversen Verifizierungen unterzogen. Darunter fällt auch ein Virentest. Durch einzelne folgende Parameter können die Verifizierungen ausgelöst, aber auch eingeschränkt werden, was die Programmausführung natürlich beschleunigt.

Das Dokumentations-Tool Javadoc

Das JDK verfügt über ein eigenes Dokumentations-Tool, welches auf der Basis von speziellen Kommentar-Tags innerhalb einer Java-Quelldatei (es gibt 3 Formen von Kommentaren in Java, hierfür wird die folgende Form benötigt: `/** Kommtartext */`) eine HTML-Datei als API-Dokumentation der angegebenen Datei oder des Paketes erzeugt. Leider wird dieses Tool in vielen Publikationen recht stiefmütterlich behandelt. Zu Unrecht (oder sicher erklärlich, wenn man die übliche Dokumentationsmoral in der Entwicklerszene kennt), denn es bietet recht einfache und gute Talente zur ordentlichen Source-Dokumentation.

Vereinfacht gesagt, schreibt `Javadoc` die innerhalb der Datei oder des Paketes in den `javadoc`-Kommentaren eingeschlossenen Texte kurzerhand in eine HTML-Datei. Darin können sich beliebige Informationen befinden. Es bleibt im Prinzip dem Programmierer überlassen, was er mit diesen Kommentaren über seinen Quelltext dokumentieren möchte. Außerdem kann man die Kommentare mit Steueranweisungen zur Erzeugung von Links und speziellen Tags erweitern.

Allerdings würde man nur dafür kein eigenes Tool benötigen, das kann auch ein Editor halbwegs. Es werden zusätzlich noch automatische Informationen über die Klassen, Interfaces (Schnittstellen), Methoden, Variablen und Hyperlinks, die mit dem Java-Programm in Verbindung stehen können, aufgeführt. Die erzeugte Dokumentation enthält sämtliche als `public` und `protected` deklarierte Elemente. Javadoc wurde ursprünglich von den SUN-Entwicklern erstellt, um die Java-API-Dokumentation zu erzeugen.

Syntax von javadoc:

```
javdoc [Optionen] [Dateiname] [Paketname] [@files]
```

wobei Dateiname (`.java`-Datei) bzw. Paketname sowohl ohne die Dateinamenserweiterung, als auch mit Erweiterung angegeben werden kann (leider wieder keine konsistente Syntaxlogik bzgl. der anderen JDK-Programme). Wenn ein Paketname angegeben worden ist, dann dokumentiert `Javadoc` alle Java-Quelldateien innerhalb des aktuellen Verzeichnisses und anschließend das dazugehörige Paketverzeichnis (als Paketname zu verstehen und nicht etwa als ein physikalisches Verzeichnis) relativ zum `CLASSPATH`. Für jede Klasse wird ein eigenes HTML-Dokument erzeugt und für die Klassen innerhalb des Paketes wird ein HTML-Index generiert. Standardmäßig werden also minimal vier HTML-Dateien (eine Index-Datei, `[Name der Datei].html`, `packages.html` und `tree.html`) generiert.

Bitte beachten Sie, daß der javadoc-Kommentar außerhalb der Klassendefinition steht. Dies ist wichtig, denn der Generator reagiert bei einer Verschachtelung mit einer Klassendefinition mit Ignoranz des Kommentars. Kommentare im allgemeinen werden noch bei Java selbst etwas ausführlicher behandelt.

jdb - der Java-Debugger

Bei dem Java-Debugger jdb handelt es sich nicht um einen integrierten Debugger, wie er mittlerweile in den meisten Entwicklungsumgebungen üblich ist. Den Debugger können Sie nur über Befehlszeileneingaben steuern. Er verfügt nur über eine ähnliche Syntax wie die bekannten Unix-Debugger dbx oder gdb. Allerdings ist er in der Lage, neben den lokalen Dateien auch Dateien (Anwendungen und Applets) auf entfernten Systeme auf Fehler zu überprüfen. In diesem Fall müssen Sie die notwendigen -host und die -password-Optionen verwenden.

Mit dem jdb können Sie beliebig Haltepunkte setzen und die Werte der Variablen ausgeben lassen. Steppen durch den Source – sprich das Programm in Einzelschritten auszuführen – wird ebenfalls unterstützt. Der Code in der Umgebung eines Haltepunktes kann jederzeit aufgelistet werden. Sie können jedesmal, wenn das Programm angehalten oder unterbrochen wird, den Stack mit den Aufrufen untersuchen. Weiter unterstützt jdb die Bewegung durch die Threads in Ihrem Code. Exceptions sind ein weiterer Problemfall, wo Sie jdb unterstützt, indem er die Ausnahmen (auf Wunsch) auffängt, selbst wenn sie im Programm nicht aufgefangen werden. Erst einmal abgefangen, können Sie dann die Variablen und den Stack untersuchen.

HINWEIS

Wir werden die grundsätzliche Vorgehensweise beim Debuggen von Programmen (mit den notwendigen Hintergrundinformation) in einem eigenen Kapitel durchsprechen. Hier soll die reine Bedienung des Java-Debuggers und seiner Einstellungsmöglichkeiten im Vordergrund stehen. Wenn Ihnen der grundsätzliche Vorgang des Debuggens noch nicht vertraut ist, werden Sie gerade bei dem Debugger viele der Befehle und Einstellungsmöglichkeiten vielleicht nicht gleich verstehen. Aber keine Sorge, die Grundlagen werden in dem Kapitel über Debuggen und Ausnahmen behandelt.

Zudem muß man trotzt der unbestrittenen Leistungsfähigkeit von jdb *festhalten, daß dessen Bedienung wohl die meisten Wünsche im JDK offen läßt. Sie ist relativ umständlich. Außerdem setzt die Verwendung von* `jdb` *recht viel Hintergrundwissen voraus. Auch wer sich mit dem Debuggen schon auskennt, wird mit einem integrierten Debugger leichter zum Erfolg kommen. Wir werden den Debugger nicht weiter verfolgen.*

3.4 Zusammenfassung

Mit den Programmen des JDK 1.2 steht Ihnen eine Palette von Tools zur Verfügung, welche für jede Ihrer Java-Aufgaben eine Lösung bieten. Es sind mit Sicherheit nicht die besten und komfortabelsten Lösungen, aber dafür werden sie kostenlos bereitgestellt und genügen auf jeden Fall für erste Anwendungen von Java.

Für den Normalanwender werden hauptsächlich die folgenden Programme des JDK interessant sein:

- Der `Appletviewer`, um Java-Applets stand-alone zu betrachten
- Der Java-Compiler `Javac`
- Der Java-Interpreter `Java`
- Eventuell der Java-Debugger `Jdb`

Über das JDK hinaus können Sie von Sun diverse weitere Programme und Programmpakete beziehen. Das sind beispielsweise das Java Servlet Development Kit, JRE, Hotjava und das BDK, welche zu der Java-2-Plattform zählen. Als Browser stellt Sun den vollständig in Java programmierten Hotjava zur Verfügung. Das Java Runtime Environment (JRE) ist eine reine Laufzeitumgebung für Java, und das BDK unterstützt Sie bei der Erstellung von Java Beans. Das Java Servlet Development Kit dient zum Erstellen von Servlets.

4

Unterschied Applikationen – Applets

Kommen wir nun das erste Mal zur konkreten Java-Programmierung.

Applets = Java-Programme? Ein oft gemachter Fehler besteht darin, Java-Applets mit Java-Applikationen gleichzusetzen. Um diesem Mißverständnis vorzubeugen, soll an dieser Stelle der Unterschied zwischen Java-Applikationen und -Applets besprochen werden. Auf viele Details in der Programmierung kann hier zwar nicht eingegangen werden, jedoch sollen einige Grundlagen erläutert werden.

Applets

Java-Applets können nur innerhalb eines Webbrowsers oder des Appletviewers ausgeführt werden. Ein solcher *Container* bildet quasi ein zweites Betriebssystem für die Applets. Eine entsprechende Referenz innerhalb einer HTML-Seite mit einem speziellen Tag – dem Applet-Tag – erledigt die Einbettung in den Browser.

Da Java-Applets innerhalb eines Browsers laufen, haben sie direkten Zugang zu den gleichen Fähigkeiten, welche auch der Browser hat. Allerdings teilen sie auch die Einschränkungen des Browsers. Dazu zählen die Möglichkeiten, das Dateisystem des Rechners zu lesen und dort Schreibvorgänge durchzuführen, es sei denn, der Anwender erlaubt es. Weiter können Applets normalerweise nur zu dem Host Verbindung aufnehmen, von dem sie geladen wurden.

Zwei weitere Einschränkungen von Applets gehen darüber hinaus. Zum einen können Applets keine auf dem Client-System vorhandenen Programme starten, zum anderen keine nativen Programme und Bibliotheken der lokalen Plattform laden. Es gibt einige bekannte Bugs in älteren Java-Versionen, welche in diese Richtung Manipulationsmöglichkeiten eröffneten (sie sind mittlerweile beseitigt). Darüber hinaus müssen Java-Applets noch diverse weitere Sicherheitsregularien einhalten, auf die bei der Besprechung der Java-Sicherheit ebenfalls noch eingegangen wird. Applets können insbesondere nicht die Ausführung des Java-Interpreters unterbrechen. Sie können also nicht die Methode `System.exit()` nicht aufrufen.

Java-Applikationen

Java-Applikationen dagegen sind vollständig in Java programmierte und eigenständig lauffähige Programme, die im Gegensatz zu den Applets keine Container mehr benötigen (beispielsweise der HotJava-Browser oder den Appletviewer). Sie haben dementsprechend weitergehende Möglichkeiten auf dem lokalen System, was sinnvoll ist, denn sonst könnten keine konkurrenzfähigen Applikationen in Java entwickelt werden.

4.1 Technische Unterschiede

Eine eigenständig lauffähige Java-Applikation benötigt immer eine `main()`-Methode. Im Prinzip besteht die Ausführung einer Java-Applikation nur aus dem Start, der Durchführung und dem Ende der `main()`-Methode. Sämtliche Aktionen der Java-Applikation werden von da gesteuert und aufgerufen und sind frei zu wählen.

Beim Java-Applet ist es etwas anders. Es gibt als wesentlichen Unterschied keine `main()`-Methode.

Das Leben eines Applets vollzieht sich in vier Schritten:

1. Initialisieren. Dies erledigt die `init()`-Methode (`public void init()` {...}).
2. Starten. Nach dem Initialisieren wird das Applet gestartet. Dafür muß die `start()`-Methode verwendet werden (`public void start()` {...}).
3. Stoppen. Stoppen ist das Gegenstück zum Starten. Nur ein gestartetes Applet kann gestoppt werden, jedoch auch jedes gestoppte Applet kann wieder ohne Neuinitialisierung gestartet werden (es sei denn, es ist zerstört). Immer wenn ein Anwender eine Applet-Seite verläßt, wird ein Applet gestoppt. Es läuft jedoch – quasi im Leerlauf – weiter und kann reaktiviert werden. Um die Ausführung eines Applets zu stoppen, muß die `stop()`-Methode verwendet werden (`public void stop()` {...}).
4. Zerstören. Zerstören bedeutet, daß das Applet eventuell laufende Threads beendet, Objekte freigibt und sonstige Aufräumarbeiten ausführt. Anschließend kann das Applet sein Leben aushauchen. Um ein Applet zu zerstören, sollten Sie die `destroy()`-Methode verwenden

(`public void destroy() {...}`). Die allgemeinere `finalize()`-Methode sollten Sie hier nicht verwenden.

Wenn Sie sich das Menü des Appletviewers ansehen, werden Sie dort die Befehle STOP und START wiederfinden. Der Container stellt sicher, daß bei Applets, welche diese Methoden nicht explizit integriert haben, diese Vorgänge aufgerufen werden können.

4.2 Erste Beispielanwendung und erstes Applet

Wir wollen an dieser Stelle eine erste Beispielanwendung und ein erstes Applet erstellen. Dabei ignorieren wir bewußt die Situation, daß bisher noch überhaupt kein systematischer Aufbau der Befehle erfolgt ist. Auch von grundlegenden Vorgehensweisen bei der Programmierung in Java war noch keine Rede. Natürlich werden die beiden jetzt folgenden Beispiele sehr einfach sein.

Eine erste Applikation

Wir wollen das klassische »Hello world«-Programm als Basis für unser erstes Programm nutzen. Damit bewegen wir uns in bester Tradition zu fast allen Programmiersprachen-Bücher seit mystischer Basic-Zeit, welche dieses Beispiel als Einstieg verwendet haben.

Die einzelnen Schritte sollten bei einem ersten Kontakt am besten penibel nachvollzogen werden d.h. mit strenger Beachtung von Namen + Groß- und Kleinschreibung). Erklärungen der dahinterliegenden Prozesse folgen an späterer Stelle.

Da Java innovativ ist, wollen wir in demselben Maße eine innovative Änderung gegenüber dem klassischen »Hello world«-Programm vornehmen (bitte nicht zu ernst nehmen :-)).

Starten Sie bitte einen beliebigen ASCII-Editor, und geben Sie folgendes ein:

Programmbeispiel:

```
class HelloJava {
public static void main (String args[]) {
System.out.println("Hello Java!");}}
```

Wie geht es weiter? Speichern ist der nächste notwendige Schritt. Es mag trivial erscheinen, aber die Betonung liegt wirklich auf **notwendig**, was bei integrierten Entwicklungsumgebungen nicht der Fall ist. Dort würde es heißen: Speichern ist der nächste sinnvolle Schritt. Da wir unter dem JDK zur Übersetzung des ASCII-Textes jedoch im Folgeschritt ein Programm aufrufen müssen, welches eine Datei auf einem (beschreibbaren) Datenträger erwartet, muß unbedingt gespeichert werden, bevor wir mit dem Java-Source etwas anfangen können.

Wenn wir davon ausgehen, daß Sie Ihre Pfadangaben entsprechend den Empfehlungen bei der Besprechung des JDK gesetzt haben, können Sie Ihr erstes Programm an einem beliebigen Platz z.B. im extra erstellten Verzeichnis »ErstesProgramm«) speichern.

Speichern Sie jetzt Ihr Programm in einem Verzeichnis Ihrer Wahl unter dem Namen »ErstesJavaProgramm« ab.

War das korrekt so? Eigentlich sollten Sie bereits mit Ihren jetzigen Kenntnissen einen Fehler entdecken. Was für eine Erweiterung hat jede Java-Source (nicht der Bytecode)? Wenn Sie sich eine Fehlermeldung bei dem nachfolgenden Aufruf des Compilers sparen wollen, dann speichern Sie das Programm besser mit der Erweiterung `.java` (Groß- und Kleinschreibung bitte unbedingt beachten), also unter dem Namen »ErstesJavaProgramm.java« ab.

Im nächsten Schritt versuchen wir, die gespeicherte Java-Source zu kompilieren. Dazu öffnen wir ein Befehlzeilenfenster und wechseln dort in das Verzeichnis, wo die Java-Source abgelegt ist. Dort rufen wir den Java-Compiler auf.

Geben Sie bitte folgendes ein: `javac ErstesJavaProgramm`

Was passiert? Etwa eine Fehlermeldung? Trotz richtig eingestellter Java-Umgebung? Natürlich, wir haben die Erweiterung vergessen. Also zweiter Versuch mit Erweiterung. Geben Sie bitte folgendes ein:

```
javac ErstesJavaProgramm.java
```

Nun müßte es besser gegangen sein. Sollten Sie immer noch eine Fehlermeldung erhalten haben, so warten Sie noch einmal kurz ab. Ansonsten ist es Zeit, das in Bytecode übersetzte Programm auszuführen.

Wie ging das? Sie müssen den Java-Interpreter aufrufen und die auszuführende Klasse als Parameter übergeben. Die Klasse bekommt nach Definition von Java den gleichen Namen wie die Source und die Erweiterung

`.class`. Geben Sie also bitte auf Befehlszeilenebene folgendes ein: `java ErstesJavaProgramm.class`

Was passiert? Etwa schon wieder eine Fehlermeldung? Natürlich, wir haben diesmal die Erweiterung eingegeben, und beim Interpreter darf sie nicht eingegeben werden. Also zweiter Versuch ohne Erweiterung. Geben Sie bitte folgendes ein: `java ErstesJavaProgramm`

So, jetzt müßte alles glatt gegangen sein. Oder etwa nicht? Noch eine Fehlermeldung, daß die Klasse nicht gefunden wurde? Dann geben Sie bitte folgendes ein: `java HelloJava`

Nanu, jetzt steht »Hallo Java« in der untersten Ausgabezeile, oder nicht?! Herzlichen Glückwunsch, Sie haben Ihr erstes Java-Programm erstellt und zum Laufen gebracht. Lassen Sie sich mal den Inhalt Ihres Testverzeichnisses anzeigen, dann erkennen Sie wahrscheinlich den Grund, warum es jetzt funktioniert und nicht bei »java ErstesJavaProgramm«. Es gibt keine Klasse mit dem Namen »ErstesJavaProgramm.class«, dafür aber eine Klasse mit dem Namen »HelloJava.class«. Der Compiler verwendet für die Generierung des Klassennamens nicht den Namen der Java-Source-Datei, sondern den Namen, welchen Sie zum Bezeichnen Ihrer Klasse verwendet haben.

Ich habe Sie mit der Wahl eines abweichenden Namens bewußt aufs Glatteis geführt, damit Ihnen dieser Zusammenhang klar wird. Wenn Sie wollen, können Sie Ihre Java-Source noch mal unter dem Namen Ihrer Klasse (also HelloJava.java) abspeichern und die Schritte nachvollziehen. Prinzipiell sollten Java-Source-Dateien unter dem Namen ihrer Public-Klasse gespeichert werden, um überhaupt keine Mißverständnisse aufkommen zu lassen.

Zur einer kurzen Erläuterung der Source soll an dieser Stellen nur folgendes gesagt werden:

- Das gesamte Programm befindet sich innerhalb der Klassendefinition.
- Die unbedingt notwendige `main()`-Methode enthält nur einen Ausgabenaufruf auf das Standardausgabegerät.

Die Übergabe von Argumenten an ein Java-Programm

Natürlich kann man an ein Programm Übergabeparameter (zur Ablaufsteuerung, zur Optionseinstellungen, für zu verarbeitende Werte, ...) übergeben, welche das Programm dann auswertet. Dazu müssen diese einfach an den Programmaufruf – mit Leerzeichen abgetrennt – angehängt werden. Verändern wir unser erstes Programm so, daß es Argumente auswerten kann.

Programmbeispiel:

```
class HelloJava {
public static void main (String args[]) {
System.out.println(args[0]);}}
```

Kompilieren Sie jetzt das Programm neu, und geben Sie dann folgenden Aufruf ein:

```
java HelloJava "HelloJava"
```

Die Ausgabe müßte identisch sein. `arg` (oder der sonst in der `main()`-Methode angegebene Name) ist der Name eines Zeichenketten-Arrays, das die Argumentenliste eines Java-Programms enthält und Java immer zur Verfügung steht. Innerhalb der `main()`-Methode können Übergabeparameter beliebig behandelt werden.

1. Achtung: Da die Argumentenliste immer ein Zeichenketten-Array ist, müssen alle Übergabeparameter eines Java-Programms in Form von Zeichenketten übergeben werden.
2. Der Argumentenindex in Java beginnt im Gegensatz zur Sprache C mit 0.

Kommen wir nun zur Erstellung eines ersten Applets.

Ein erstes Applet

Möglicherweise wider Ihre Erwartung ist die Erstellung eines Applets bedeutend komplizierter als die Erstellung einer eigenständigen Applikation. Allerdings könnte auf Grund der technischen Unterschiede zwischen Applets und Applikationen schon eine Ahnung aufgekommen sein, daß ein Appletcode nicht ganz so einfach sein kann. Eine eigenständig lauffähige Java-Applikation benötigt immer nur eine `main()`-Methode (siehe Beispiel), während das Java-Applet zwar keine `main()`-Methode, dafür gleichwohl bei voller Funktionsfähigkeit mindestens vier andere Methoden benötigt – die `init()`-Methode `public void init() {...}`, die `start()`-Methode `public void start() {...}`, die `stop()`-Methode `public void stop() {...}` und die `destroy()`-Methode `public void destroy() {...}`.

HINWEIS

Sinnvollerweise gibt es meist noch eine Methode (die `run()`*-Methode), welche in der aktiven Zeit des Applets läuft und im Falle von Multithreading verschiedene Threads ausführt.*

Allein daraus dürfte klar werden, daß da eine Menge mehr Source notwendig ist, wenn Sie ein vollständig funktionsfähiges Applet bauen wollen. Lassen Sie uns dennoch ein einfaches Applet erstellen, welches genauso wie die eigenständige Applikation »HelloJava« ausgibt und diese Methoden noch nicht direkt implementiert hat. Implizit stecken diese Methoden allerdings in dem nachfolgenden Beispiel. Es erbt sie über die Syntax »extends java.applet.Applet« von der »Mutter« aller Applets.

Was ist also bei einem Applet mindestens zu tun? Wir können nicht einfach wie bei einer eigenständigen Applikation einen Ausgabenaufruf auf das Standardausgabegerät nutzen. Ein Applet befindet sich innerhalb eines Containers und muß sich kooperativ zu ihm verhalten. Es muß also Ausgabemöglichkeiten nutzen, welche mit dem Container kooperieren. Also meistens Fenster. Wir werden das Applet als eine Instanz einer Klasse erstellen, welche uns diese Funktionen zur Verfügung stellt. Innerhalb des Fensters wird dann auch nicht mehr geschrieben, sondern eher gemalt, was eine andere Methode zur Ausgabe erzwingt. Außerdem benötigen wir eine HTML-Datei, mit der wir das Applet dann in unseren Container (sprich: Browser) implementieren.

Erstes Applet-Projekt

Gehen wir das erste Applet-Projekt systematisch an. Zunächst erstellen wir ein eigenes Verzeichnis für das Projekt (Vorschlag »ErstesApplet«), in welchem sich anschließend die HTML-, die Java- und die Class-Datei befinden sollen.

Starten Sie nun bitte wieder einen beliebigen ASCII-Editor, und geben folgendes ein:

```
import java.awt.Graphics;
public class HelloJavaApplet extends java.applet.Applet {
public void paint(Graphics g) {
   g.drawString("Hello Java!", 5, 25);}
}
```

Dies ist Ihr erstes Java-Applet. Und wie geht es weiter? Wie bei der Applikation mit Speichern als dem nächsten notwendigen Schritt.

Speichern Sie jetzt Ihr Programm in einem Verzeichnis Ihrer Wahl unter dem Namen »HelloJavaApplet.java« ab (wir müssen alle bewußten Fehler aus der Applikation ja nicht wiederholen, oder?!).

Im nächsten Schritt werden wir die gespeicherte Java-Source wieder kompilieren. Dazu öffnen Sie erneut ein Befehlzeilenfenster und wechseln dort in das Verzeichnis, wo die Java-Source abgelegt ist. Dort rufen Sie den Java-Compiler auf. Geben Sie bitte folgendes ein: `javac HelloJavaApplet.java`

Falls Sie keine Tippfehler gemacht haben, sollte die Übersetzung gelungen sein. Der Compiler gibt bei erfolgreicher Übersetzung keine Rückmeldung (nur im Fehlerfall), deshalb sollten Sie zur Sicherheit den Inhalt des Verzeichnisses überprüfen. Es müssen zwei Dateien vorhanden sein (`HelloJavaApplet.java` und `HelloJavaApplet.class`).

Der Appletviewer (oder ein Java-fähiger Browser) benötigt zum Aufruf des Applets eine HTML-Datei als Gerüst. Wir erstellen nun in einem beliebigen ASCII-Editor unsere HTML-Datei zum Aufruf des Applets. Auch hier verwenden wir nur eine extrem rudimentäre Struktur. Geben Sie folgendes ein:

```
<HTML>
<BODY>
<APPLET CODE="HelloWorldApplet.class" WIDTH=150 HEIGHT=25></
APPLET>
</BODY>
</HTML>
```

Speichern Sie nun Ihre HTML-Datei in dem gleichen Verzeichnis ab, wo sich die `.class`-Datei befindet. Bei Ihrer Wahl des Namens für Ihre HTML-Datei sind Sie hier vollkommen frei. Allerdings gilt immer: je sprechender, desto besser. Vorschlag: »AppletAufruf.html«.

Schauen wir uns nun das Applet an. Dazu können wir jeden beliebigen Java-fähigen Browser verwenden. Laden Sie beispielsweise die HTML-Datei im Windows-Explorer per Doppelklick in Ihren Standardbrowser, oder öffnen Sie sie als lokale Datei in dem DATEI-Menü des Browsers.

Sie sollten auf jeden Fall etwas Ähnliches sehen wir hier.

Sie können ebenfalls den im JDK integrierten Appletviewer zum Ansehen verwenden. Geben Sie bitte zum Aufruf des Appletviewers folgendes ein:

```
appletviewer HelloJavaApplet
```

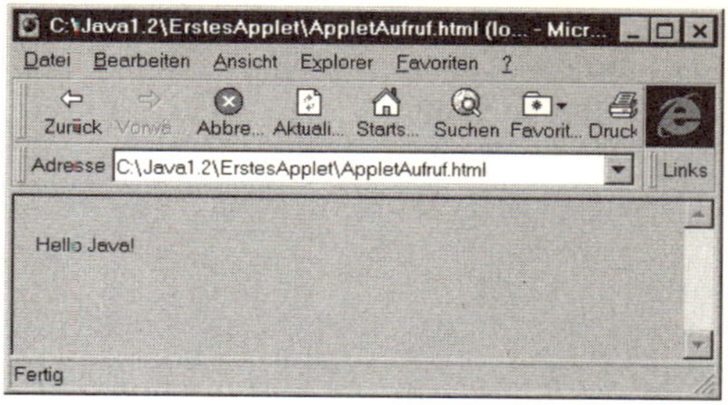

Bild 4.1: Unser erstes Applet im Microsoft Internet Explorer.

Was erhalten Sie? Natürlich wieder eine Fehlermeldung.

ACHTUNG

Vorsicht Glatteis. Sie müssen die HTML-Datei aufrufen.

```
appletviewer AppletAufruf.html
```

Mehr zu Applets – vor allem der Einbindung in HTML-Seiten – an anderer Stelle.

5

Java – Hauptbestandteile der Sprache

Kommen wir zu den wichtigsten Bestandteile von Java selbst. Dabei sollen in diesem umfangreichen Kapitel – es wird einer unser dicksten Brokken – die folgenden Themenschwerpunkte behandelt werden:

- Token
- Typen
- Ausdrücke
- Anweisungen
- Klassen
- Schnittstellen
- Pakete

5.1 Token

Token heißt übersetzt Zeichen oder Merkmal. Wenn ein Compiler eine Datei in Maschinenanweisungen übersetzt, muß er zunächst herausfinden, welche Token oder Symbole im Code dargestellt sind. Ein Token kann man als Sinnzusammenhang verstehen. So ist etwa in der menschlichen Sprache ein Wort nicht nur die Summe seiner Buchstaben oder Zeichen, sondern es besitzt einen konkreten Sinnzusammenhang, den das interpretierende System (der menschliche Geist) mit einer bestimmten Bedeutung assoziiert. Allerdings muß das interpretierende System auch die Sprache verstehen, sonst bleibt ein Token einfach nur die Summe seiner Buchstaben oder Zeichen.

Wenn Java den Quell-Code kompiliert, muß er dabei in einzelne kleine Bestandteile (Token) zerlegt werden. Token müssen sich in logisch sinnvolle Einheiten zerlegen und in gültige Arten von Token einordnen lassen. Die Sprachelemente werden auf ihre Richtigkeit geprüft. Außerdem werden

Leerzeichen und Kommentare aus dem Text entfernt. Dieser Teil der Übersetzung eines Quelltextes zum Bytecode wird von dem sogenannten *Parser* übernommen.

Es gib in Java fünf Arten von Token:

- Bezeichner oder Identifier
- Schlüsselworte
- Literale
- Operatoren
- Trennzeichen

Kommentare oder Leerraum sind in der Aufzählung nicht enthalten, aber sie existieren natürlich ebenfalls. Technisch gesehen, sind sie sogar keine Token.

Der Unicode-Zeichensatz

Java benutzt keinen 8-bit ASCII-Code, sondern den hexadezimal verschlüsselten 16-bit Unicode-Zeichensatz (ein zweibändiger Listensatz mit zig Tausenden von Zeichen). Damit können zusätzlichen Zeichen kodiert werden, die nicht im lateinischen/englischen Alphabet enthalten sind. Die ersten 256 Zeichen entsprechen dem normalen ASCII-Zeichensatz (Byte 1 ist auf 0 gesetzt). Eine ASCII-Codierung wird einfach durch eine kanonische Übersetzung (d.h. Reihenfolge und Anordnung der ASCII-Codierung ist auch in der neuen Codierung als Block wiederzufinden) mit Voranstellen der Zeichenfolge \u00 und folgender Hexadezimalzahl in das dazu passende Unicode-Zeichen übersetzt. Dies definiert in Java eine Escape-Sequenz, mit der alle Unicode-Zeichen verschlüsselt werden können. Der Java-Compiler erwartet auf jeden Fall Unicode, jedoch müssen Sie sich bei der Arbeit mit einem ASCII-Editor darum nicht kümmern. Bei der Kompilierung wird der Quelltext als erstes automatisch in eine Folge von Unicode-Zeichen transformiert. Erst nach der Transformation erfolgt dann die eigentliche Kompilierung. Durch diese Escape-Darstellung des Quelltextes ist es in Java möglich, Umlaute und andere Sonderzeichen in Bezeichnern zu verwenden. Dabei kann die Angabe jedes Zeichens sowohl direkt, als auch über Angabe der Escape-Sequenz erfolgen. Zwei Bezeichner gelten in Java als identisch, wenn ihre Unicode-Darstellung übereinstimmend ist. Dies ist auch der Grund, warum in Java unbedingt zwischen Groß- und Kleinschreibung zu unterscheiden ist. Die beiden folgenden Bezeichner sind also identisch:

`float Übung;`	`float \u00DCbung;`

Sobald die Unicode-Sequenz beendet ist, werden die folgenden Zeichen nahtlos angefügt.

Die UTF-8-Codierung

Mit UTF-8-Codierung wird ein Verfahren bezeichnet, welches eine Folge der 16 Bit langen Unicode-Zeichen zur effizienteren Speicherung in eine Datei codiert, indem die Unicode-Zeichen in Abhängigkeit von ihrem Wert in einem, zwei oder drei Byte verschlüsselt werden. In Java stellen u.a. die Klassen `DataOutputStream` und `DataInputStream` Methoden zum Speichern und Lesen von Zeichen im UTF-8-Code zur Verfügung.

Kleiner Vorgriff auf die Datentypen von Java

Wir werden etwas später die Datentypen von Java nochmals beleuchten, aber da wir bereits bei den Token mehrfach auf die verschiedenen Datentypen zu sprechen kommen, soll ein kleiner Vorgriff für Klarheit sorgen. Java besitzt acht primitive Datentypen:

- 4 Ganzzahltypen mit unterschiedlichen Wertebereichen (`byte, int, short, long`)
- 1 logischen Datentyp (`boolean`)
- 2 Gleitzahltypen mit unterschiedlichen Wertebereichen (`float, double`)
- 1 Zeichentyp (`char`)

Die Java-Token

Token	Beschreibung	Beispiele
Schlüsselwort	Alle Worte, die essentieller Teil der Java-Sprachdefinition sind.	`public, class, static, void,`
Bezeichner oder Identifier	Namen für Klassen, Objekte, Variablen, Konstanten, Bezeichnungsfelder, Methoden, etc. Zusammengesetzt aus alphanumerischen Unicode-Zeichen. An erster Stelle darf **keine** Zahl stehen.	`HelloWorld, main, args, System, out, println, j, n32e20`

Token	Beschreibung	Beispiele
Literal	Mit einem Literal können Variablen und Konstanten bestimmte Werte zugewiesen werden. Dies können sämtliche in der Java-Sprachdefinition erlaubten Arten von Werten sein.	`"HelloJava", 42, false, true`
Trennzeichen	Alle Symbole für die Trennungen und Zusammenfassungen von Code.	`( ) } [ ] ; , .`
Operatoren	Zeichen oder -kombination, die eine auszuführende Operation mit einer oder mehreren Variablen oder Konstanten angibt.	`+, -, *, /, , >>>, <<<`
Leerraum	Zeichen zur übersichtlichen Gestaltung des Quellcodes.	`[Space], [Tab], [Zeilenende]`
Kommentar	Zur übersichtlichen Gestaltung des Quellcodes und Dokumentation.	`/*Eingebetteter Kommentar*/`

Schlüsselworte

Schlüsselworte sind in Java alle Buchstabenfolgen, die ein wesentlicher Teil der Java-Sprachdefinition sind und die in Java eine besondere Bedeutung haben. Daneben gibt es zusätzlich einige Token, die vorsorglich für spätere Versionen von Java reserviert wurden (`byvalue`, `cast`, `const`, `future`, `generic`, `goto`, `inner`, `operator`, `outer`, `rest` und `var`). Davon zählen aber nur `goto` und `const` offiziell zu den Schlüsselworten. Es folgt eine alphabetische Tabelle mit den Java-Schlüsselworten (ohne nähere Erläuterung, die folgt später).

`abstract`	`boolean`	`break`	`byte`	`case`
`catch`	`char`	`class`	`continue`	`default`
`do`	`double`	`else`	`extends`	`false`
`final`	`finally`	`float`	`for`	`goto`
`if`	`implements`	`import`	`instanceof`	`int`
`interface`	`long`	`native`	`new`	`null`
`package`	`private`	`protected`	`public`	`return`
`short`	`static`	`super`	`switch`	`synchronized`

Tabelle 5.1: Reservierte Java Schlüsselworte

this	throw	throws	transient	true
try	void	volatile	while	

Tabelle 5.1: Reservierte Java Schlüsselworte

Die Bedeutungen der einzelnen Schlüsselworte sollen wie bereits angedeutet an anderen Stellen erläutert werden, aber einige Anmerkungen sind jetzt schon notwendig.

HINWEIS

Das Schlüsselwort `goto` *ist in Java zwar reserviert, indes ohne Bedeutung.*

Schlüsselworte haben in Java eine spezifische Bedeutung, können also nicht als Bezeichner für irgend etwas anderes benutzt werden. Bitte beachten Sie auch, daß für Schlüsselworte (wie auch sonst) Groß- und Kleinschreibung zu unterscheiden ist.

Die Token `true` *und* `false` *sind rein technisch betrachtet nur Werte für boolsche Variablen und Konstanten. Daher sollte man davon Abstand nehmen, sie als Identifier zu verwenden (benutzerdefinierte Namen und Beschriftungen).*

Java besitzt diverse Standardpakete. Dort sind viele Klassen enthalten, deren Namen zwar keine Schlüsselworte sind, die aber bei anderweitiger Verwendung die Lesbarkeit des Quelltextes gewaltig reduzieren.

Bezeichner und Namenskonventionen

Unter Bezeichner oder Identifier versteht man in Java Worte, welche durch Zuordnung zu Variablen, Konstanten, Klassen, Objekte, Beschriftungen oder Methoden für Java zu Token (Sinnzusammenhängen) werden. Wie schon erwähnt, **dürfen** Bezeichner nicht mit Java-Schlüsselworten und **sollten** nicht mit Namen von Java-Paketen identisch sein.

Zwingende Namenskonventionen

Es gibt in Java – wie in allen Programmiersprachen – einige Regeln zur Namensvergabe, die Sie zwingend einhalten müssen:

- Bezeichner sind in Java Zeichenketten, bestehend aus Unicode-Buchstaben und Zahlen, die im Prinzip eine unbeschränkte Länge haben dürfen (bis auf technische Einschränkungen durch das Computersystem).
- Das erste Zeichen eines Bezeichners muß ein Buchstabe, der Unterstrich (_) oder das Dollarzeichen ($) sein. Alle folgenden Zeichen müssen entweder Buchstaben oder Zahlen sein. Es müssen jedoch nicht unbedingt lateinische Buchstaben oder Zahlen sein. Sie können jedes Alphabet, das von Unicode unterstützt wird, benutzen.
- Zwei Token gelten nur dann als derselbe Bezeichner, wenn sie dieselbe Länge haben, und jedes Zeichen im ersten Token genau mit dem korrespondierenden Zeichen des zweiten Tokens identisch ist, d.h. den vollkommen identischen Unicode-Wert hat. Java unterscheidet deshalb Groß- und Kleinschreibung. Die beiden Token *Ganzzahl* und *ganzzahl* sind **nicht** identisch.

Beispiele für gültige und ungültige Bezeichner

Bezeichner	gültig	ungültig	Begründung, falls ungültig
HelloJava	x		
42HelloJava		x	Der Bezeichner beginnt mit einer Zahl.
safetyfirst	x		
Rock und Roll		x	Leerzeichen sind verboten.
42		x	Der Bezeichner beginnt mit einer Zahl.
a-b		x	Das Minuszeichen ist kein Zeichen eines Alphabets.

Übliche Namenskonventionen

Es hat sich eingebürgert, einige (nicht zwingende) Namenskonventionen in Java einzuhalten:

- Sprechende Bezeichner. Ausnahmen sind Schleifen, wo meistens nur ein Buchstabe (normalerweise *i* oder *j*) verwendet wird.
- Konstanten (Elemente mit dem Modifier final) sollten vollständig groß geschrieben werden.
- Identifier von Klassen sollten mit einem Großbuchstaben beginnen und anschließend klein geschrieben werden. Wenn sich ein Bezeich-

ner aus mehreren Worten zusammensetzt, dürfen diese nicht getrennt werden. Die jeweiligen Anfangsbuchstaben werden jedoch innerhalb des Gesamtbezeichners jeweils groß geschrieben.

- Identifier von Variablen, Methoden und Elementen beginnen mit Kleinbuchstaben und werden auch anschließend klein geschrieben. Wenn sich ein Bezeichner aus mehreren Worten zusammensetzt, dürfen diese nicht getrennt werden. Die jeweiligen Anfangsbuchstaben der folgenden Worte werden jedoch innerhalb des Gesamtbezeichners jeweils groß geschrieben.

Namensräume

Java stellt eine Technik zur Verfügung, mit der Namenskonflikte aufgelöst werden können, wenn es identische Bezeichner gibt. Man versteht unter einem Namensraum einen Bereich, in dem ein bestimmter Bezeichner benutzt werden kann. Namensräume sind in Java einer Hierarchie zugeordnet. Es gilt dabei die Regel, daß ein Bezeichner einen identischen Bezeichner in einem übergeordneten Namensraum überdeckt. Außerdem trennt Java die Namensräume von lokalem und nicht- lokalem Code.

Die Hierarchie der Namensräume gliedert sich wie folgt:

- Rechts außen steht der Namensraum des Pakets, zu dem die Klasse gehört.
- Danach folgt der Namensraum der Klasse.
- Es folgen die Namensräume der einzelnen Methoden. Dabei überdekken die Bezeichner von Methodenparametern die Bezeichner von Elementen der Klasse. Sollten Elemente der Klasse überdeckt werden, können sie immer noch mit dem Verweisoperator `this` qualifiziert werden.
- Innerhalb von Methoden gibt es u.U. noch weitere Namensräume in Form von geschachtelten Blöcken (etwa try/catch-Blöcke). Variablen, welche innerhalb eines solchen geschachtelten Blocks deklariert werden, sind außerhalb des Blocks unsichtbar.

Die Auflösung von Namensräumen bei Bezeichnern

Um einen Bezeichner zuzuordnen, werden die Namensräume immer von links nach rechts aufgelöst. Wenn der Compiler einen Bezeichner vorfindet, wird er zuerst im lokalen Namensraum suchen. Sofern er dort nicht fündig wird, sucht er im übergeordneten Namensraum. Das Verfahren setzt sich analog bis zum ersten Treffer (ggf. bis zur obersten Ebene) fort. Es gelten immer nur die Vereinbarungen des Namensraums, wo der Treffer erfolgt ist.

Literale

Literale sind spezielle Token, welche zu speichernde Werte als Datentypen darstellen. Darüber hinaus werden Literale dazu benutzt, Werte darzustellen, die in Zeichenketten gespeichert werden.

Ganzzahlliterale

Die Datentypen `int` und `long` können dezimal, aber auch hexadezimal sowie oktal beschrieben werden. Man nennt diese beiden Datentypen Integer-Literale oder auch Ganzzahlliteral. Die Voreinstellung ist natürlich dezimal und gilt immer dann, wenn die Werte ohne weitere Angaben dargestellt werden. Hexadezimale Darstellung beginnt immer mit der Sequenz 0x oder 0X. Oktale Darstellungen beginnen mit einer führenden Null. Negativen Ganzzahlen wird (nicht gerade überraschend) ein Minuszeichen vorangestellt. Integer-Literale haben per Voreinstellung den Typ `int`. Durch Anhängen von `l` oder `L` kann man jedoch explizit den Typ `long` wählen. Sofern man für einen `int`-Datentyp einen Wert wählt, welcher den zulässigen Wertebereich überschreitet, muß dies sogar erfolgen.

Gleitpunktliterale

Die beiden Gleitzahltypen `float` und `double` werden Gleitzahl-Literale oder Gleitpunktliterale genannt. Der Dezimalpunkt trennt Vor- und Nachkommateil der Gleitzahl. Standardeinstellung ist `double`. Wenn ein Gleitzahl-Literal als `float` interpretiert werden soll, muß ein `f` oder ein `F` angehängt werden. Daher wird die Zuweisung `float gleitzahl = 0.123;` einen Compilerfehler erzeugen, während die folgende Zuweisung korrekt ist: `float gleitzahl = 0.123F;`

Negativen Gleitzahlen wird wieder ein Minuszeichen vorangestellt. Mit dem nachgestellten `e` oder `E`, gefolgt von einem Exponenten (ein negativer Exponent ist ebenso erlaubt), können für Gleitzahl-Literale Exponenten verwendet werden, allerdings nur dann, wenn kein Dezimalpunkt vorhanden ist.

Zeichenliterale

Zeichenliterale werden durch ein einzelnes, zwischen hochgestellte und **einfache** Anführungszeichen, stehendes Zeichen ausgedrückt. Als einzelne Zeichen gelten alle druckbaren Zeichen mit Ausnahme des Bindestrichs (-) und des Backslash (\). Die Zeichen werden in Unicode-Format gespeichert. Zeichenliterale lassen sich aber auch in Escape-Format darstellen. Die Escape-Zeichenliterale beginnen immer mit dem Backslash-Zeichen. In einzelnen Anführungszeichen folgt dem Backslash-Zeichen eines der Zeichen (b,t,n,f,r,«,' \) oder eine Serie Oktalziffern (3stellig) oder ein *u* gefolgt von einer 4-stelligen Serie Hexadezimalziffern, die für ein nicht zeilenbeendendendes Unicode-Zeichen stehen. Die 4 Stellen der hexadezimalen Unicode-Darstellung (/u0000 bis /uFFFF) stehen damit für 65535 mögliche Kodierungen.

Escape-Literal	Unicode-Steuer-sequenz	Oktal-Sequenz	Bedeutung
'\b'	\u0008	\010	Rückschritt (Backspace)
'\t'	\u0009	\011	Tab
'\n'	\u000a	\012	Neue Zeile
'\f'	\u000c	\014	Formularvorschub (Formfeed)
'\r'	\u000d	\015	Wagenrücklauf (Return)
'\'	\u0022	\042	Doppeltes Anführungszeichen
'\'	\u0027	\047	Einfaches Anführungszeichen
'\\'	\u005c	\134	Backslash

Die als oktale Escape-Literale bezeichneten Zeichenliterale können zur Darstellung aller Unicode-Werte von '\u0000' bis '\u00ff' (alte ASCII-Begrenzung) benutzt werden. Bei oktaler Darstellung mit Basis 8 ist diese Darstellung auf '\000' bis \377' begrenzt. Beachten Sie, daß Oktalzahlen nur von 0 bis einschließlich 7 gehen.

ACHTUNG

Wenn man die Escape-Unicode-Literale dazu verwendet, ein zeilenbeendendes Zeichen darzustellen, wird das Zeilenendezeichen vor dem schließenden einfachen Anführungszeichen erscheinen. Das Resultat ist ein Compilierfehler. Benutzen Sie also besser nicht das \u-Format, um ein Zeilenendezeichen darzustellen. Verwenden Sie statt dessen die Zeichen \n oder \r.

Zeichenkettenliterale

Zeichenkettenliterale sind aus mehreren Zeichenliteralen zusammengesetzte Ketten (Strings). Bei Zeichenkettenliteralen werden 0 oder mehr Zeichen in Anführungszeichen dargestellt. Java erzeugt Zeichenketten als Instanz der Klasse `String`. Damit stehen alle Methoden der Klasse `String` zur Manipulation einer Zeichenkette zur Verfügung.

Zeichenkettenliterale stehen zwischen zwei normalen Anführungszeichen und können Steuerzeichen wie Tabulatoren, Zeilenvorschübe, nichtdruckbare Unicode-Zeichen oder druckbare Unicode-Spezialzeichen enthalten. Bei den verwendeten Zeichen kann es sich wie bei Zeichenliteralen gleichfalls um Escape-Sequenzen handeln. Beispiel: `"Safety First"`

Beide Anführungszeichen müssen in derselben Zeile des Quellcodes stehen, damit die Zeichenkette nicht automatisch ein Zeichen für eine neue Zeile enthält. Wenn Sie den Effekt einer neuen Zeile erreichen wollen, müssen Sie eine Escape-Sequenz wie zum Beispiel \n oder \r benutzen. Die Zeichen für doppelte Anführungszeichen (») und Backslash (\) müssen ebenfalls durch die Verwendung von Escape-Sequenzen (\« und \\) dargestellt werden.

Addition von Zeichenketten mit dem Verknüpfungsoperator (+)

Zeichenketten sind native Datentypen in Java. Wenn Sie eine Zeichenkette aus mehreren kleinen Zeichenketten zusammensetzen wollen, können Sie den Zeichenkettenverknüpfungs-Operator (+) verwenden.

Wenn ein Wert, der keine Zeichenkette ist, mit einer Zeichenkette verbunden wird, so wird er vor dem Verbinden zu einer Zeichenkette konvertiert. Das bedeutet, daß z.B. auch ein numerischer Wert einer Zeichenkette hinzugefügt werden kann. Der numerische Wert wird zu einer entsprechenden Ziffernzeichenfolge konvertiert, die der ursprünglichen Zeichenkette dann hinzugefügt wird.

Beispiele:

`"Ralph " + "Steyer"`	`"Die Antwort ist " + 42`

Boolesche Literale

Es gibt, wie schon mehrfach erwähnt, nur zwei boolsche Literale: `true` und `false`. Es gibt keinen Nullwert und kein numerisches Äquivalent.

Trennzeichen

Trennzeichen sind in Java spezielle Token, welche nur aus einem einzigen Zeichen bestehen, und andere Token trennen. Java kennt neun Trennzeichen:

Token	Beschreibung
(	Öffnen einer Parameterliste für eine Methode, sowie Festlegung eines Vorrangs für Operationen in einem Ausdruck.
)	Schließen einer offenen Parameterliste für eine Methode oder Beendigung eines festgelegten Vorrangs für Operationen in einem Ausdruck.
{	Beginn eines Blockes mit Anweisungen oder einer Initialisierungsliste.
}	Ende eines offenen Blockes mit Anweisungen oder einer Initialisierungsliste.
[	Steht vor einem Ausdruck, der als Index für ein Datenfeld dient.
]	Folgt einem Ausdruck, der als Index für ein Datenfeld dient und beschließt den Index.
;	Beenden einer Ausdrucksanweisung oder Trennen der Teile bei einer for-Anweisung.
,	Verwendung in vielen Zusammenhängen als Begrenzer.
.	Dezimalpunkt oder Trennzeichen von Paketnamen, Klassennamen oder Methoden- und Variablennamen.

Operatoren

Operatoren sind dazu da, eine Aktion zu spezifizieren, welche mit einem oder mehreren gegebenen Operanden durchgeführt werden soll. In Java werden die Operatoren in mehreren Kategorien eingeteilt. Es gibt fünf arithmetische Operatoren (+, -, *, /, %), sechs Zuweisungsoperatoren (=, +=, *=, -=, /=, %=), einen Dekrementoperator (--), einen Inkrementoperator (++), vier bitweise arithmetische Operatoren (&, |, ^, ~), drei bitweise Verschiebungsoperatoren (<<, >>, >>>), sechs bitweise Zuweisungsoperatoren (&=, |=, ^=, <<=, >>=, >>>=), sechs Vergleichsoperatoren (==, !=,<> , <=, >=), drei logische Vergleichsoperatoren (&&, ||, !) und zwei Operatoren, welche innerhalb if-then-else-Konstrukten als Ersatz fungieren, wenn sie zusammen benutzt werden (`?, :`). Dies ergibt insgesamt 37 verschiedene Java-Operatoren.

Arithmetische Operatoren

Arithmetischen Operatoren benutzen nur zwei Operanden. Dies sind entweder ganzzahlige Werte oder Fließkommazahlen. Als Rückgabe einer arithmetischen Operation erhalten Sie einen neuen Wert, dessen Datentyp sich auf Grund der Datentypen der Operanden wie folgt ergibt:

- Zwei ganzzahlige Datentypen (`byte, short, int` oder `long`) als Operanden ergeben immer einen ganzzahligen Datentyp als Ergebnis. Dabei kann als Datentyp des Ergebnisses immer nur ein Datentyp `int` oder `long` entstehen. `byte` und `short` sind nicht möglich, und der Datentyp `long` entsteht dann und nur dann, wenn einer der beiden Operanden bereits vom Datentyp `long` war, oder das Ergebnis von der Größe her nur als `long` dargestellt werden kann.
- Zwei Fließkommatypen als Operanden ergeben immer einen Fließkommatypen als Ergebnis. Die Anzahl der Stellen des Ergebnisses ist immer das Maximum der Stellenanzahl der beiden Operanden.
- Wenn die Operanden ein ganzzahliger Typ und ein Fließkommatyp sind, ist das Ergebnis immer ein Fließkommatyp.

Die arithmetischen Java-Operatoren

Operator	Bedeutung	Beispiel
+	Additionsoperator	3 + 4
-	Subtraktionsoperator	4 – 3
*	Multiplikationsoperator	2 * 3
/	Divisionsoperator	2 / 3
%	Modulooperator (gibt den Rest einer Division zurück)	15 % 9

Einstellige arithmetische Operatoren

Es gibt zwei einstellige (d.h. mit nur einem Operanden) arithmetische Operatoren in Java:

- Einstellige arithmetische Negierung: -
- Das Gegenteil der arithmetische Negierung: +

Die Negierung ergibt die arithmetische Vorzeichenumdrehung ihres numerischen Operanden. Der Operator + ist hauptsächlich aus Symmetriegründen vorhanden. Er gibt ganz einfach den Wert seines Operanden aus!

Arithmetische Zuweisungsoperatoren

In Java gibt es neben dem direkten Zuweisungsoperators (=) noch arithmetische Zuweisungsoperatoren. Diese sind als Abkürzung für arithmetisch Operationen zu verstehen. Wie auch die arithmetischen Operatoren, können sie sowohl mit ganzen Zahlen als auch mit Fließkommazahlen verwendet werden. Das Ergebnis einer Zuweisung über einen arithmetischen Zuweisungsoperator steht immer auf der linken Seite.

Die arithmetischen Zuweisungsoperatoren:

Operator	Bedeutung
+=	Additions- und Zuweisungsoperator
-=	Subtraktions- und Zuweisungsoperator
*=	Multiplikations- und Zuweisungsoperator
/=	Divisions- und Zuweisungsoperator
%=	Modulo- und Zuweisungsoperator
=	direkter Zuweisungsoperator

Inkrement-/Dekrement-Operatoren

Inkrement- und Dekrement-Operatoren werden zum Auf- und Abwerten eines einzelnen Wertes verwendet. Sie sind einstellige Operatoren und werden nur in Verbindung mit einem ganzzahligen oder einem Fließkommaoperanden benutzt.

Der Inkrement-Operator

Der Inkrement-Operator (++) erhöht den Wert des Operanden um 1. Die Reihenfolge von Operand und Operator ist wichtig. Wenn der Operator vor dem Operanden steht, erfolgt die Erhöhung des Wertes, bevor der Wert dem Operanden zugewiesen wird. Wenn er hinter dem Operanden steht, erfolgt die Erhöhung, nachdem der Wert bereits zugewiesen wurde.

Der Dekrementoperator

Der Dekrementoperator (--) arbeitet analog. Er erniedrigt den Wert des Operanden um 1. Die Reihenfolge von Operand und Operator ist auch hier von Bedeutung. Wenn der Operator vor dem Operanden steht, erfolgt die Erniedrigung des Wertes, bevor der Wert dem Operanden zugewiesen wird. Wenn er hinter dem Operanden steht, erfolgt die Erniedrigung, nachdem der Wert bereits zugewiesen wurde.

Bitweise arithmetische Operatoren

Bitweise Arithmetik wird im wesentlichen zum Setzen und Testen einzelner Bits und Kombinationen einzelner Bits innerhalb einer Variablen benutzt. Es gibt eigentlich wenig triftige Gründe, solch eine bitweise Arithmetik anzuwenden. Die wichtigsten Gründe zur Benutzung bitweiser Arithmetik betreffen die direkte Kommunikation mit Hardwarekomponenten (eigentlich pfui in Java). Java unterstützt zwar die bitweise Arithmetik, jedoch man sollte vor allem bei der Hardwarekommunikation besser die von Java zur Verfügung gestellten Techniken nutzen. Wir wollen sie deshalb nur sehr knapp anreißen und verweisen für den unwahrscheinlichen Fall des Bedarfs auf weiterführende Java-Quellen..

ACHTUNG

Bitweise Arithmetik ist nur für die vier Integer-Typen und für Zeichentypen (char) *definiert, nicht aber für boolsche Typen und Fließkommatypen.*

Die Bitoperatoren von Java:

Operator	Beschreibung
&	Bitweiser AND-Operator
|	Bitweiser OR-Operator
^	Bitweiser XOR-Operator
~	Bitweiser Komplement-Operator

Bitweise Verschiebungsoperatoren

Bitweise Verschiebungsoperatoren verschieben die Bits in einer ganzen Zahl. Die Bits des ersten Operanden werden um die Anzahl an Positionen verschoben, die im zweiten Operanden angegeben wird.

Die bitweisen Verschiebungsoperatoren:

Operator	Beschreibung
<<	Operator für bitweise Verschiebung nach links.
>>	Operator für bitweise Verschiebung nach rechts.
>>>	Operator für bitweise Verschiebung nach rechts mit Füllnullen.

Beispiele:

01001111	<<	1	=	10011110
11110000	>>>	2	=	00111100

Bitweise Zuweisungsoperatoren

Bitweise Zuweisungsoperatoren verwenden einen Wert, führen eine entsprechende bitweise Operation mit dem zweiten Operanden durch und legen das Ergebnis als Inhalt des ersten Operanden ab.

Die bitweise Zuweisungsoperatoren:

Operator	Beschreibung
&=	Bitweiser AND-Zuweisungsoperator.
|=	Bitweiser OR-Zuweisungsoperator.
^=	Bitweiser XOR-Zuweisungsoperator.
<<=	Zuweisungsoperator für die bitweise Verschiebung nach links.
>>=	Zuweisungsoperator für die bitweise Verschiebung nach rechts.
>>>=	Zuweisungsoperator für die bitweise Verschiebung nach rechts mit Füllnullen.

Vergleichsoperatoren

Vergleichsoperatoren haben zwei Operanden und vergleichen diese (zwei Ganzzahlen oder zwei Fließkommazahlen). Als Rückgabewert der Operation entsteht ein boolscher Wert (`true` oder `false`).

Die Werte zweier Variablen vom Typ `char` können ebenfalls verglichen werden und sind in der allgemeinen Beschreibung bereits enthalten. Es werden die Variablen vom Typ `char` bei der Verwendung eines Vergleichsoperators wie ganze 16 Bit Zahlen (Werte 0 bis 65535) entsprechend ihrer Unicode-Kodierung behandelt.

Vergleichsoperatoren werden oft in Schleifen verwendet, welche auf einen boolsche Wert abprüfen.

Die Java-Vergleichsoperatoren:

Operator	Beschreibung
==	Gleichheitsoperator
!=	Ungleichheitsoperator
<	Kleiner-als-Operator
>	Größer-als-Operator
<=	Kleiner-als-oder-gleich-Operator
>=	Größer-als-oder-gleich-Operator

Verwechseln Sie bitte den Gleiheitsoperator (zwei hintereinanderfolgende Gleichheitszeichen) nicht mit dem Zuweisungsoperator (ein einzelnes Gleichheitszeichen).

Die logischen Vergleichsoperatoren

Die logischen Vergleichsoperatoren werden nur auf boolsche Operanden angewandt und erzeugen auch nur boolsche Ergebnisse (letzteres ist jedoch identisch zu gewöhnlichen Vergleichsoperatoren).

Logische Vergleichsoperatoren:

Operator	Beschreibung
&&	logischer AND-Operator
||	logischer OR-Operator
!	logischer NOT-Operator

Einige Anmerkungen

- Der logische AND-Operator gibt dann und nur dann `true` aus, wenn beide Operanden den Wert `true` haben.
- Der logische OR-Operator gibt dann und nur dann `false` aus, wenn beide Operanden den Wert `false` haben.
- Der logische NOT-Operator gibt dann und nur dann `true` aus, wenn der Operand den Wert `false` hat. Er hatnur einen Operanden und wird dazu verwendet, die Aussage eines logischen Ausdrucks umzudrehen (wenn die Negierung der Aussage verwenden möchte).
- Es gibt keinen logischen XOR-Operator.
- Der Komma-Operator wird nur zur Trennung verwendet – etwa im Rahmen von `for`-Schleifen. Viele Quellen zu Java geben das Komma gar nicht als eigenen Operator an. Wir kommen darauf zurück, wenn er verwendet wird.

ACHTUNG

Mehr Operatoren:
Weitere Operatoren und einige Zusatzinformationen werden wir im Zusammenhang mit Ausdrücken behandeln, weil diese Operatoren doch einige weitere Grundlagen zu Datentypen voraussetzen und diese nach den Kommentaren abgehandelt werden.

Kommentare

Java unterstützt drei verschiedene Kommentararten.

Traditionelle Kommentare

Einer der traditionellen C-artigen Kommentare beginnt mit einem Slash, gefolgt von einem Stern (/*), schließt beliebigen Text ein und endet mit den gleichen Zeichen in umgekehrter Reihenfolge – einem Stern, gefolgt von einem Slash (*/). Diese Form von Kommentar kann überall beginnen und aufhören, mit Ausnahme innerhalb eines Zeichenkettenliterals, eines Zeichenliterals und eines anderen Kommentars. Kommentare gleichen Typs können daher nicht verschachtelt werden.

Der zweite der traditionellen Kommentare beginnt mit einem Doppel-Slash (//) und endet mit dem Zeilenende. Das bedeutet, alle Zeichen in einer Zeile hinter dem Doppel-Slash werden vom Compiler ignoriert.

javadoc-Kommentare

Diese Kommentarart in Java ist ein Spezialfall der ersten Form des traditionellen Kommentars. Sie hat die gleichen Eigenschaften dieser Kommentarart, allerdings kann der Inhalt dieses Kommentars noch in einer vom *javadoc*-Werkzeug automatisch generierten Dokumentation verwendet werden. Er beginnt mit /** und endet mit */. Innerhalb befindet sich der javadoc-Kommentar.

5.2 Typen

Ein Typ gibt in der Computersprache an, wie ein einfaches Objekt (wie zum Beispiel eine Variable) im Speicher des Computer dargestellt wird. Er enthält normalerweise ebenfalls Hinweise darüber, welche Operationen mit und an ihm ausgeführt werden können.

Java besitzt acht primitive Datentypen:

- vier Ganzzahltypen mit unterschiedlichen Wertebereichen
- einen logischen Datentyp
- zwei Gleitzahltypen mit unterschiedlichen Wertebereichen nach der internationalen Norm *IEEE Standard for Binary Floating-Point Arithmetic, ANSI/IEEE Std. 754-1985 (IEEE, New York)* zur Definition von Gleitpunktzahlen und Arithmetik
- einen Zeichentyp

Der Begriff *primitiv* erklärt sich dadurch, weil diese Datentypen im System integriert und nicht als Objekte zu verstehen sind.

HINWEIS

An dieser Stellen soll noch einmal explizit darauf hingewiesen werden, daß in Java die primitiven Datentypen plattformunabhängig sind. Eine weitere wichtige Eigenschaft von primitiven Datentypen in Java ist, daß sie immer einen wohldefinierten Default-Anfangswert haben, also nicht unbedingt mit einem Anfangswert manuell initialisiert werden müssen. Eine Ausnahme bilden lokale Variablen, welchen auf jeden Fall vor einer Verwendung ein Anfangswert zugewiesen werden muß.

Primitive Datentypen der Java-Sprache

Bezeichnung	Typ	Default-Wert	Kurzbeschreibung
`byte`	(8 Bits)	0	Kleinster Wertebereich. Mit Vorzeichen. Ganzzahlwerte von (- 2 hoch 7 = -128) bis (+ 2 hoch 7 – 1 = 127).
`short`	(16 Bits)	0	Wertebereich mit Vorzeichen. Kurze Darstellung von Ganzzahlwerten von (- 2 hoch 15 = -32.768) bis (+ 2 hoch 15 – 1 = 32.767).
`int`	(32 Bits)	0	Standardwertebereich mit Vorzeichen zur Darstellung von Ganzzahlwerten. Bereich von (- 2 hoch 31 = - 2.147.483.648) bis (+ 2 hoch 31 – 1 = 2.147.483.647).
`long`	(64 Bits)	0	Größter Wertebereich mit Vorzeichen zur Darstellung von Ganzzahlwerten (ganzzahliges Zweierkomplement). Wertebereich von - 9.223.372.036.854.775.808 (- 2 hoch 63) bis 9.223.372.036.854.775.807 (+ 2 hoch 63 – 1).
`float`	(32 Bits)	0.0	Kürzester Wertebereich mit Vorzeichen zur Darstellung von Gleitkommazahlwerten (Fließkommazahlen mit einfacher Genauigkeit nach dem IEEE 754-1985 Standard). Es existiert ein Literal zur Darstellung von plus/minus Unendlich, sowie der Wert NaN (Not a Number) zur Darstellung von nicht definierten Ergebnissen.
`double`	(64 Bits)	0.0	Größter Wertebereich mit Vorzeichen zur Darstellung von Gleitkommazahlwerten. Wertebereich ungefähr zwischen +/- 10 hoch 317 (IEEE 754-1985 Standard). Es existiert ein Literal zur Darstellung von plus/minus Unendlich, sowie der Wert NaN (Not a Number) zur Darstellung von nicht definierten Ergebnissen.

Bezeichnung	Typ	Default-Wert	Kurzbeschreibung
`char`	(16 Bits)	\u0000	Darstellung eines Zeichens des Unicode-Zeichensatzes. Als einziger primitiver Java-Datentyp vorzeichenlos! Der Maximalwert, welchen `char` annehmen kann, ist \uFFFF.
`boolean`	(1 Bits)	`false`	Die Werte `true` (wahr) oder `false` (falsch). Alle logischen Vergleiche in Java haben den Typ `boolean`.

Einige Bemerkungen zu Datentypen

- Es gibt in Java keinen numerischen Typ ohne Vorzeichen.
- Boolsche Variablen sind immer dem eigenen Java-Typ `boolean` zugeordnet. Zahlenoperationen können mit diesem Typ explizit nicht durchgeführt werden. Werte vom Typ `boolean` sind zu allen anderen primitiven Datentypen inkompatibel und lassen sich **nicht** durch Casting in andere Typen überführen.
- Einer `char`-Variable kann, da sie 2 Byte lang ist, eine Ganzzahl zwischen 0 und 65535 zugewiesen werden. Ohne Konvertierung! Es wird bei einer evtl. Ausgabe dann das zugeordnete Unicode-Zeichen dargestellt. Die Umkehrung – also die Zuweisung von `char`-Zeichen an andere Datentypen – funktioniert nur für den Typ `int` ohne Probleme. Für die anderen Datentypen ist keine direkte Zuweisung möglich. Hier müssen Cast-Konstrukte helfen (Ausnahme Datentyp `boolean` – hier geht keinerlei Konvertierung). Wir werden auf Casting noch eingehen.
- Es gibt einige andere JVMn, welche noch zwei weitere Datentypen besitzen:

Bezeichnung	Typ	Kurzbeschreibung
`object`	(32 Bits)	Referenz auf eine Java-Instanz.
`returnAddress`	(32 Bits)	Wert mit Anweisungen für `jsr/ret/jsr_w/ret_w`.

Operationen mit den Datentypen

Die meisten Operationen, welche sich mit den unterschiedlichen Datentypen ausführen lassen, sind für alle Datentypen recht ähnlich. Es gibt jedoch einige Abweichungen.

Operationen mit boolschen Variablen

Der Datentyp bei Operationen mit boolschen Variablen ist nicht numerisch. Dennoch – viele der gleichen Operatorsymbole werden genauso wie bei anderen Ausdrücken verwendet. In den meisten Fällen handelt es sich bei diesen Bedeutungen um eine natürliche Erweiterung der Operationen, die mit ganzzahligen Typen durchgeführt werden.

Operationen mit boolschen Variablen:

Operation	Name	Bedeutung
=	Zuweisung	Einer boolschen Variable wird der Wert `true` oder `false` zugewiesen.
==	Gleichheit	Innerhalb einer Kontrollstruktur wird ein Vergleich durchgeführt. Es wird nur dann `true` zurückgegeben, wenn beide boolsche Operanden denselben Wert (`true` oder `false`) haben. Ansonsten wird `false` zurückgegeben.
!=	Ungleichheit	Innerhalb einer Kontrollstruktur wird ein Vergleich durchgeführt. Es wird nur dann `true` zurückgegeben, wenn beide boolsche Operanden unterschiedliche Werte (`true` oder `false`) haben. Ansonsten wird `false` zurückgegeben.
!	Logisches NOT	Wenn der Operand `false` ist, wird `true` zurückgegeben und umgekehrt.
&	AND	Es wird dann und nur dann `true` zurückgegeben, wenn beide Operanden `true` sind.
¦	OR	Es wird dann und nur dann `false` zurückgegeben, wenn beide Operanden `false` sind.
^	XOR	Es wird `true` zurückgegeben, wenn genau ein Operand `true` ist. Man nennt dies ein exklusives Oder, weil der Wert eines Operanden für das Ergebnis `true` ausschließt, daß der Wert des anderen Operanden identisch ist.

Operation	Name	Bedeutung
`&&`	Logisches AND	Für boolsche Variablen ist das logische AND das Gleiche wie AND (`&`): Es wird dann und nur dann `true` zurückgegeben, wenn beide Operanden `true` sind.
`¦¦`	Logisches OR	Für boolsche Variablen ist das logische OR das Gleiche wie OR (`¦`): Es wird dann und nur dann `false` zurückgegeben, wenn beide Operanden `false` sind.
`?:`	if-then-else	Diese Operation benötigt einen boolschen Ausdruck vor dem Fragezeichen. Wenn er `true` ist, wird der Wert vor dem Doppelpunkt zurückgegeben, ansonsten der Wert hinter dem Doppelpunkt.

Operationen mit Zeichenvariablen

Der in Java verwendete und schon mehrfach erwähnte Unicode-Standard ermöglicht den Gebrauch von Alphabeten vieler verschiedener Sprachen. Das lateinische Alphabet, die Zahlen und Satzzeichen haben die gleichen Werte wie der ASCII-Zeichensatz.

Zeichenvariablen können Operanden in jeder ganzzahligen Operation sein, und werden dabei wie ganze 16-Bit-Zahlen ohne Vorzeichen behandelt werden. Das Resultat einer Operation mit zwei Zeichenvariablen als Operanden ist entweder ein Zeichen vom Datentyp `int` oder ein Zeichen vom Datentyp `long`. Eine Ausnahme ist der Fall, wenn beide Operanden Zeichen sind. In dem Fall ist auch der resultierende Datentyp immer ein Zeichen. Falls man ein numerisches Ergebnis als Zeichen ausdrücken will, muß eine explizite Umwandlung in den Datentyp `char` erfolgen. Wenn Sie Zeichen in einen kleineren Typ (ein Byte) umwandeln, werden Sie unter Umständen einige Daten verlieren.

Operationen mit nur einer Zeichenvariablen als Operanden (z.B. Zuweisungsoperationen, logische Verneinungen oder Inkrement- und Dekrementoperationen) bedürfen keiner besonderen Konvertierung. Die einstelligen Vorzeichenoperatoren (+ und -) haben keinerlei Bedeutung für Operanden vom Typ `char`, da diese keine Vorzeichen haben.

Operationen mit Zeichen-Variablen (mindestens einer der Operanden ist vom Typ char):

Operation	Name	Bedeutung
=	Zuweisung	Einer Zeichenvariable wird ein Wert zugewiesen.
==	Gleichheit	Innerhalb einer Kontrollstruktur wird ein Vergleich durchgeführt. Es wird nur dann der boolsche Wert `true` zurückgegeben, wenn beide Operanden denselben Wert (im Sinne von gleichem Unicode-Wert) haben. Ansonsten wird `false` zurückgegeben.
!=	Ungleichheit	Innerhalb einer Kontrollstruktur wird ein Vergleich durchgeführt. Es wird nur dann der boolsche Wert `true` zurückgegeben, wenn beide Operanden unterschiedliche Werte (im Sinne von gleichem Unicode-Wert) haben. Ansonsten wird `false` zurückgegeben.
<, <=, >, >=	Relational	Weitere Operatoren zum Vergleich innerhalb einer Kontrollstruktur. Mit diesen Operatoren wird auf Ungleichheit im Sinn kleiner, kleinergleich, größer, größergleich der Werte (im Sinne von gleichem Unicode-Wert) abgeprüft. I
+, -	Vorzeichen	Vorzeichenoperatoren bei einem Operanden.
+, -, *, /	binäre Arithmetik	Additions-, Subtraktions-, Multiplikations- und Divisionsoperatoren zur Arithmetik mit Zeichenvariablen. Die Zeichenvariablen gehen in die Berechnung mit ihrem Unicode-Wert ein.
+=, -=, *=, /=	Zuweisung	Additions-, Subtraktions-, Multiplikations- und Divisions-Zuweisungen.
++, --	binäre Arithmetik	Inkrement- und Dekrementoperatoren für den Unicode-Wert der Zeichenvariablen.
<<, >>, >>>	Verschiebung	Bitweise Verschiebungsoperatoren. Operatoren für bitweise Verschiebung nach links, für bitweise Verschiebung nach rechts und für bitweise Verschiebung nach rechts mit Füllnullen.
<<=, >>=, >>>=	Verschiebung und Zuweisung	Bitweise Verschiebungs- und Zuweisungsoperatoren (nach links, nach rechts und nach rechts mit Füllnullen).

Operation	Name	Bedeutung
~	Bitweises NOT	Bitweiser logischer Verneinungsoperator (Komplementieren). Eine einstellige bitweise Operation. Wenn ein Zeichen komplementiert wird, werden alle seine Bits invertiert.
&	Bitweises AND	Wenn Sie den And-Operator (&) mit zwei Zeichen benutzen und das Ergebnis in einem dritten Zeichen ablegen, dann hat nur das resultierende Zeichen nur für die Bits den Eintrag 1, wenn alle beide Operanden an der gleichen Stelle Bits mit dem Wert 1 hatten.
|	Bitweises OR	Wenn Sie den OR-Operator(|) mit zwei Zeichenvariablen benutzen und das Ergebnis in einem dritten Zeichen ablegen, dann hat nur das resultierende Zeichen nur für die Bits den Eintrag 1, wenn einer der Operanden ein Bit an dieser Position = 1 hatte.
^	Bitweises exklusives OR	Wenn Sie den Xor-Operator (^) (exklusiv or) mit zwei Zeichenvariablen benutzen und das Ergebnis in einem dritten Zeichen ablegen, dann hat nur das resultierende Zeichen nur für die Bits den Eintrag 1, wenn das dazugehörige Bit in genau einem der beiden Operanden-Bytes gesetzt wird. Es muß und darf genau einer der Operanden ein Bit an dieser Position auf 1 gesetzt haben.
&=, |=, ^=	Bitweise Zuweisung	Bitweise AND-, OR-, exklusive Or (XOR)- und Zuweisungsoperatoren.

HINWEIS

Diejenigen, welchen die verkürzte Schreibweise von Operatoren nicht ganz so vertraut ist, können im Anhang eine kleine Erläuterung finden.

Operationen mit Gleitkommazahlen

Gleitkommazahlen oder Fließkommazahlen bestehen in Java immer (d.h. auf jeder Plattform) aus einer sogenannten Zweier-Komplement-Repräsentation der ganzen Zahlen. Der eine Teil der Darstellung wird für den Nachkommaanteil und das Vorzeichen verwendet, der zweite Teil ist die Darstellung eines Exponenten zur Basis 2 mit einer Ausgleichszahl.

Daneben existieren einige spezielle Bitkonfigurationen mit besonderer Bedeutung:

- negative Unendlichkeit Null
- positive Unendlichkeit
- keine Zahl

Die Fließkommaoperationen selbst sind in Java für alle Plattformen gültig, was in vielen anderen Programmiersprachen nicht zutrifft.

Die meisten Fließkommaoperationen und Ganzzahloperationen sind identisch. Wichtigste Ausnahmen sind die Fließkommaoperationen, welche den Nachkommateil betreffen und bei Ganzzahloperationen natürlich keinen Sinn machen. Damit sind binäre Verschiebungen gemeint, welche insofern unsinnig sind, daß damit eine kaum kontrollierbare Verschiebung von Nachkommateil in den Exponenten-Anteil und umgekehrt erfolgen könnte.

Operationen mit den Typen float und double

Operation	Name	Bedeutung
`=,+=, -=, *=, /=`	Zuweisung	Einer Gleitzahl-Variable wird ein Wert zugewiesen.
`==`	Gleichheit	Innerhalb einer Kontrollstruktur wird ein Vergleich durchgeführt. Es wird nur dann der boolsche Wert `true` zurückgegeben, wenn beide Operanden denselben Wert haben. Ansonsten wird `false` zurückgegeben.
`!=`	Ungleichheit	Innerhalb einer Kontrollstruktur wird ein Vergleich durchgeführt. Es wird nur dann der boolsche Wert `true` zurückgegeben, wenn beide Operanden unterschiedliche Werte haben. Ansonsten wird `false` zurückgegeben.
`<, <=, >, >=`	Relational	Weitere Operatoren zum Vergleich innerhalb einer Kontrollstruktur. Mit diesen Operatoren wird auf Ungleichheit im Sinn kleiner, kleinergleich, größer, größergleich der Werte abgeprüft. Auch hier wird, unabhängig vom Typ der Operanden, immer ein boolsches Ergebnis zurückgegeben.

Operation	Name	Bedeutung
+,-	Vorzeichen	Vorzeichenoperatoren bei einem Operanden.
+, -, *, /	binäre Arithmetik	Additions-, Subtraktions-, Multiplikations- und Divisionsoperatoren.
+=, -=, *=, /=	Zuweisung	Additions-, Subtraktions-, Multiplikations- und Divisions-Zuweisungen.
++, --	binäre Arithmetik	Inkrement- und Dekrementoperatoren für den Wert der Variablen.

Wenn eine binäre Operation mit zwei Operanden des Typs `float` durchgeführt wird, ist das Ergebnis auch immer eine Variable vom Datentyp `float`. Analog verhält es sich mit dem Datentyp `double`. Wenn eine binäre Operation mindestens einen Operanden des Typs `double` enthält, ist das Ergebnis auch eine Variable vom Datentyp `double`. Wenn eine Operationen zwischen einer Ganzzahl-Variablen und einer Gleitzahl-Variablen durchgeführt wird, bestimmt die Gleitzahl-Variable den Datentyp des Ergebnisses.

Gleitzahl-Variablen können in jeden anderen Datentyp außer `boolean` konvertiert werden. Die Festlegung auf einen kleineren Typen kann wie immer zu Datenverlusten führen. Fließkommazahlen werden in Java nach dem IEEE 754 Rundungsmodus »Runden auf den nächsten Wert« gerundet. Wenn ein Gleitzahl-Datentyp in eine ganze Zahl konvertiert wird, werden Nachkommastellen abgeschnitten.

Java erzeugt keinerlei Ausnahmen bei Benutzung der Fließkommaarithmetik. Ein Overflow oder Überlauf (d.h. ein größeres Ergebnis durch eine Operation, als durch den Wertebereich des jeweiligen Typen ausgedrückt werden kann), oder das Teilen aller möglichen Zahlen außer Null durch Null und ähnliche Operationen, resultieren in der Ausgabe von positiven bzw. negativen unendlichen Werten. Dies ist durchaus ein sinnvoller Wert, denn man kann ihn mit Vergleichsoperatoren auswerten. Ein Unterlauf (d.h. ein kleineres Ergebnis – außer Null – durch eine Operation, als durch den Wertebereich des jeweiligen Typen ausgedrückt werden kann) gibt einen speziellen Wert aus, der positiv oder negativ Null genannt wird. Das Teilen von Null durch Null ergibt den Wert NaN (keine Zahl). Auch dies ist durchaus ein sinnvoller Wert, denn man kann ihn mit Vergleichsoperatoren auswerten. Er wird den Wert `false` bewirken.

Operationen mit ganzzahligen Variablen

Ganzzahlige Variablen werden in Java allesamt als Zweierkomplement-Zahlen mit Vorzeichen verwendet. Zweierkomplement ist eine Methode, um negative ganze Zahlen durch Bits darzustellen. Wenn Sie die dahinterliegende Theorie interessiert, {ist der Satz damit beendet???}

Operationen mit ganzzahligen Ausdrücken (mindestens einer davon ist Operand)

Operation	Name	Bedeutung
`=,+=, -=, *=, /=`	Zuweisung	Einer Ganzzahl-Variable wird ein Wert zugewiesen.
`==`	Gleichheit	Innerhalb einer Kontrollstruktur wird ein Vergleich durchgeführt. Es wird nur dann der boolsche Wert `true` zurückgegeben, wenn **beide** Operanden denselben Wert haben. Ansonsten wird `false` zurückgegeben.
`!=`	Ungleichheit	Innerhalb einer Kontrollstruktur wird ein Vergleich durchgeführt. Es wird nur dann der boolsche Wert `true` zurückgegeben, wenn **beide** Operanden **unterschiedliche** Werte haben. Ansonsten wird `false` zurückgegeben.
`<, <=, >, >=`	Relational	Weitere Operatoren zum Vergleich innerhalb einer Kontrollstruktur. Mit diesen Operatoren wird auf Ungleichheit im Sinn kleiner, kleinergleich, größer, größergleich der Werte abgeprüft. Unabhängig vom Typ der Operanden wird immer ein boolsches Ergebnis zurückgegeben.
`+,-`	Vorzeichen	Vorzeichenoperatoren bei einem Operanden.
`+, -, *, /`	binäre Arithmetik	Additions-, Subtraktions-, Multiplikations- und Divisionsoperatoren.
`+=, -=, *=, /=`	Zuweisung	Additions-, Subtraktions-, Multiplikations- und Divisions-Zuweisungen.
`++, --`	binäre Arithmetik	Inkrement- und Dekrementoperatoren für den Wert der Variablen.

Operation	Name	Bedeutung
<<, >>, >>>	Verschiebung	Bitweise Verschiebungsoperatoren. Operatoren für bitweise Verschiebung nach links, für bitweise Verschiebung nach rechts und für bitweise Verschiebung nach rechts mit Füllnullen.
<<=, >>=, >>>=	Verschiebung und Zuweisung	Bitweise Verschiebungs- und Zuweisungsoperatoren (nach links, nach rechts und nach rechts mit Füllnullen).
~	Bitweises NOT	Bitweiser logischer Verneinungsoperator (Komplementieren). Eine einstellige bitweise Operation. Wenn ein Zeichen komplementiert wird, werden alle seine Bits invertiert.
&	Bitweises AND	Wenn Sie den And-Operator (&) mit zwei Ganzzahlen benutzen und das Ergebnis in einer dritten Ganzzahlen ablegen, dann hat nur die resultierende Ganzzahl nur für die Bits den Eintrag 1, wenn alle beide Operanden an der gleichen Stelle Bits mit dem Wert 1 hatten.
|	Bitweises OR	Wenn Sie den OR-Operator (|) mit zwei Ganzzahlen benutzen und das Ergebnis in einer dritten Ganzzahlen ablegen, dann hat nur die resultierende Ganzzahl nur für die Bits den Eintrag 1, wenn einer der Operanden ein Bit an dieser Position = 1 hatte.
^	Bitweises exklusives OR	Wenn Sie den Xor-Operator (^) (exklusiv or) mit zwei Ganzzahlen benutzen und das Ergebnis in einer dritten Ganzzahl ablegen, dann hat nur die resultierende Ganzzahl nur für die Bits den Eintrag 1, wenn das dazugehörige Bit in genau einem der beiden Operanden-Bytes gesetzt wird. Es muß und darf genau einer der Operanden ein Bit an dieser Position auf 1 gesetzt haben.
&=, |=, ^=	Bitweise Zuweisung	Bitweise AND-, OR-, ausschließliche Or (XOR)- und Zuweisungsoperatoren.

Wenn eine binäre Operation mit zwei Ganzzahl-Operanden durchgeführt wird, ist das Ergebnis immer eine Variable vom Datentyp `int` oder `long`. Das Ergebnis wird nur dann als `long` dargestellt, wenn einer der Operanden vom Datentyp `long` war oder das Ergebnis nicht ohne Überlauf in einer Variable vom Datentyp `int` darzustellen ist. Die Datentypen `byte` oder `short` können als Ergebnis nur vorkommen, wenn es explizit festgelegt wird.

Wenn eine Operation zwischen einer Ganzzahl-Variablen und einer Gleitzahl-Variablen durchgeführt wird, bestimmt die Gleitzahl-Variable den Datentyp des Ergebnisses.

Die vier ganzzahligen Typen können im Prinzip in jeden anderen Datentyp außer `boolean` konvertiert werden. Die Festlegung auf einen kleineren Typen kann wie immer zu Datenverlusten führen. Die Konvertierung in eine Fließkommazahl (`float` oder `double`) führt normalerweise zu Ungenauigkeiten, außer die ganze Zahl ist eine Zweierpotenz.

Wenn irgendeine Operation eine Zahl erzeugt, welche den erlaubten Wertebereich eines Datentyps überschreitet, wird die Ausnahme oder der Überlauf nicht angezeigt. Als Ergebnis werden die unteren Bits, die noch hineinpassen, zurückgegeben. Nur wenn der rechte Operand beim Teilen einer ganzen Zahl oder bei einer Modulus-Operation Null ist, wird eine arithmetische Ausnahme erzeugt.

Datenfelder

Datenfelder (engl. Arrays) gehören zwar nicht zu den primitiven Datentypen, sondern neben Klassen und Schnittstellen zu den Referenzvariablen. Da sie jedoch von der Logik gut zu den primitiven Datentypen passen, aus ihnen oft zusammengesetzt werden und vergleichsweise einfach sind, werden wir sie hier im Zusammenhang behandeln.

Ein Datenfeld ist in Java eine Ansammlung von Objekten eines bestimmten Typs (keine verschiedenen Typen innerhalb eines Arrays erlaubt), welche über einen laufenden Index adressierbar sind. Arrays sind also auch selbst nichts anderes als (besondere) Objekte. Sie werden wie normale Objekte dynamisch angelegt und am Ende ihrer Verwendung vom Garbage Collector beseitigt. Weiterhin stehen in Arrays als Ableitung von Object alle Methoden dieser obersten Klasse zur Verfügung. Array-Bezeichner haben wie normale Objektvariablen einen Verweistyp. Es kann sich bei Arrays um Datenfelder bestehend aus sämtlichen primitiven Variablentypen (`byte, char, short, int, long, float, double, boolean`), aber auch anderen Datenfeldern oder Objekten handeln. Letzteres ist besonders deshalb wichtig, da Java keine multidimensionalen Arrays im herkömmlichen Sinn unterstützt, sondern für so einen Fall ein

Array mit Arrays (und die können wiederum weitere Datenfelder enthalten – im Prinzip beliebig viele Ebenen) erwartet. Verschachtelte Arrays wäre also eine korrektere Bezeichnung.

Gegenüber normalen Objekten haben Arrays zwei wesentliche Einschränkungen:

1. Arrays haben keine Konstruktoren. Statt dessen wird der `new`-Operator mit spezieller Syntax aufgerufen.
2. Es können keine Subklassen eines Arrays definiert werden.

Um ein Datenfeld in Java zu erstellen, muß man drei Schritte durchführen:

1. das Deklarieren des Datenfeldes,
2. das Zuweisen von Speicherplatz,
3. das Füllen des Datenfeldes.

Einige Anmerkungen zu Datenfeldern:

Es ist möglich, mehrere der Schritte zur Erstellung eines Datenfeldes mit einer Anweisung zu erledigen.

Die Indizierung von Datenfeldern beginnt mit 0.

Sie können ein Datenfeld auch nur teilweise bei der Initialisierung füllen.

Datenfeldindizes müssen entweder vom Typ `int` *(ganze 32 Bit Zahl) sein, oder als* `int` *festgesetzt werden. Daher ist die größtmögliche Datenfeldgröße 2.147.483.647.*

Wenn Datenfelder gefüllt werden, folgt der am weitesten rechts stehende Index der innersten geschweiften Klammer.

Datenfelder müssen in Java durch die Verwendung des `new`*-Befehls dynamisch erstellt werden. Ein Datenfeld ist in Java eine Variable, kein Zeiger. Es kann auf kein Datenfeldelement in Java zugegriffen werden, das noch nicht erstellt worden ist; dadurch wird das Programm vor dem Abstürzen und nicht initialisierten Zeigern (Pointer) bewahrt.*

Das Deklarieren von Datenfeldern

Im ersten Schritt beim Anlegen eines Datenfeldes muß immer eine Variable erstellt werden, in welcher das Datenfeld gespeichert werden soll.

Die Technik ist identisch zu anderen Variablen. Es muß der Datentyp der Variable festgelegt werden (`byte`, `char`, `short`, `int`, `long`, `float`, `double`, `boolean`) und der Name der Variablen. Im Unterschied zu normalen Variablen muß jedoch mit eckigen Klammern die Variable als Datenfeld gekennzeichnet werden. Diese eckigen Klammern können die Variable nach der Variablen oder nach dem Datentyp der Variable als Datenfeld kennzeichnen.

Beispiele:

```
int antwort[];                    int[] antwort;
```

Arrays mit anderen Arrays als Inhalt müssen natürlich auch deklariert werden können. Dazu wird pro Dimension einfach ein weiteres Paar an eckigen Klammern angefügt. Ein Datenfeld mit einem Datenfeld als Inhalt der Elemente wird z.B. wie folgt deklariert: Beispiel: `int antwort [] [];`

Erstellen von Datenfeld-Objekten

Wir haben die Erstellung von Objekten im allgemeinen noch nicht durchgenommen, jedoch bereits in einigen Abhandlungen (Objektorientierung von Java usw.) dazu einige Bemerkungen gemacht. Deshalb wird es Sie wahrscheinlich nicht überraschen, wenn Sie die Erzeugung von Datenfeld-Objekten mittels dem `new`-Operator sehen. Dies ist die direkte Erzeugung eines Datenfeld-Objektes (und eines anderen Objektes). Daneben gibt es die Möglichkeit, durch direktes Initialisieren des Array-Inhaltes ein Datenfeld-Objekt zu erzeugen.

Die Erzeugung eines Datenfeldes mit dem new-Operator

Bei der direkten Erzeugung eines Datenfeld-Objektes wird eine neue Instanz eines Arrays erstellt. Beispiel: `int[] antwort = new int[5];`

Es entsteht ein neues Array vom Datentyp `int` mit fünf Elementen. Die Anzahl der Elemente muß bei der direkten Erzeugung eines Datenfeld-Objektes angegeben werden.

Beim Erzeugen eines Datenfeld-Objektes mit `new` werden alle Elemente des Arrays automatisch initialisiert. Dabei gelten die Defaultwerte des jeweiligen Datentyps (`false` für boolsche, '\0' für Zeichen-Arrays und 0 für alle numerische Datenfelder).

Die Erzeugung eines Datenfeldes mit direktem Initialisieren des Array-Inhaltes

Für diese Technik der Erzeugung eines Datenfeld-Objektes müssen Sie nach dem Gleichzeichen die Elemente des Arrays in geschweifte Klammern und mit Komma getrennt angegeben. Beispiel: `int[] antwort = {41,42,43,44};`

Ein Array mit der Anzahl der angegebenen Elemente wird automatisch erzeugt. Ein Datenfeld mit einem Datenfeld als Inhalt der Elemente wird z.B. wie folgt erzeugt:

Beispiel: `int[][] antwort = {{41,42},{43,44}};`

Speichern von Elementen und Zugreifen auf Datenfeldelemente

Das Zugreifen auf Datenfeldelemente im allgemeinen Sinn geht wie folgt:

Zugreifen auf Elemente von Datenfeldern mit primitiven Datentypen

Sie geben zum Zugreifen auf Elemente des Datenfeldes einfach den Namen der Datenfeldvariable und in eckigen Klammern den Index an. Um auf das zweite Element unseres Datenfeldes `int[] antwort = {41,42,43,44};` zugreifen zu können, werden wir einfach `antwort [1];` angeben.

HINWEIS *Der Index 1 für das zweite Element unseres Datenfeldes ist kein Fehler. Datenfelderindizierung beginnt mit 0 (wie bei C/C++).*

HINWEIS *Wenn Sie bei einem Array versuchen, auf Elemente zuzugreifen, welche sich außerhalb der Array-Grenzen befinden, wird entweder ein Kompilierungsfehler oder ein Laufzeitfehler erzeugt.*

Ändern von Elementen in Datenfeldern mit primitiven Datentypen

Die Änderung von Werten in Datenfeldern mit primitiven Datentypen ist identisch mit der Änderung von Werten normaler Variablen. Geben Sie einfach den Namen an, und weisen Sie einen Wert zu. Beispiel: `antwort [2] = 42;`

Multidimensionale Datenfelder

Java unterstützt keine multidimensionalen Arrays im herkömmlichen Sinn, sondern erwartet für so einen Fall ein Array mit Arrays (und die können wiederum weitere Datenfelder enthalten – im Prinzip beliebig viele Ebenen). Wir wollen der Einfachheit halber dennoch von multidimensionalen Arrays reden (obwohl verschachtelte Arrays besser paßt).

Die Deklaration und Erzeugung haben wir schon gesehen, aber wie erfolgt der Zugriff? Ein Zugriff auf das zweite Element in der zweiten Spalte erfolgt z.B. über `antwort [2][2];`, eine Zuweisung analog über `antwort [2][2] = 42;`.

Ein Zugriff in der Form `antwort[2,2]` oder ähnlich wird einen Fehler erzeugen!

5.3 Ausdrücke und Operatoren

Die Ausdrücke in Java und Ausdrücke in C/C++ sind sehr ähnlich. Sie drücken einen Wert entweder direkt oder durch Berechnung aus. Es kann sich gleichfalls um Kontrollfluß-Ausdrücke handeln, die den Ablauf der Programmausführungen festlegen. Diese Ausdrücke können Konstanten, Variablen, Schlüsselworte, Operatoren und andere Ausdrücke beinhalten. Ausdrücke sind das Ergebnis der Verbindung von Operanden und Operatoren über die syntaktischen Regeln der Sprache.

Operatoren

Wir werden uns nun der Operatoren noch einmal unter einem anderen Gesichtspunkt annehmen. Operatoren sind in diesem Zusammenhang spezielle Symbole (eine der Schlüsselkategorien von Token in Java), welche verwendet werden, um die Durchführung von Operationen (Manipulationen) an Variablen oder Werten auszuführen.

Die Operandenanzahl

Java-Operatoren können einen, zwei oder drei Operanden haben. Operatoren, die einen Operanden haben, werden als einstellige oder monadische Operatoren bezeichnet. Einige einstellige Operatoren stehen vor dem Operanden (sogenannte Präfixoperatoren), andere stehen hinter dem Operanden (sie werden Postfixoperatoren genannt). Der Dekrementoperator (–) und der Inkrementoperator (++) sind Beispiel für einstellige

Operatoren. Operatoren mit zwei Operanden werden als binäre oder dyadische Operatoren bezeichnet. Die arithmetischen Operatoren sind dafür Beispiele. Es gibt in Java ebenfalls einen Operator mit drei Operanden – den Bedingungsoperator zur Abkürzung der IF-Struktur. Er wird als tenärer oder triadischer Operator bezeichnet.

If-then-else-Operatoren

Dieser Operator ist ein unverändert gebliebenes Überbleibsel der C-Sprache. Es handelt sich dabei um eine Abkürzung für die gewöhnlichen If-then-else-Ausdrücke. Er besteht aus folgendem Konstrukt:

```
[ergebnis] = [bed1][Verglop][bed2] ? [bed1] : [bed2]
```

Zur Erläuterung:

Der Wert [ergebnis] bekommt den Wert [bed1] zugeordnet, wenn der Vergleich (der boolsche Ausdruck vor dem Fragezeichen) zwischen [bed1] und [bed2] das Ergebnis `true` gebracht hat, ansonsten bekommt [ergebnis] den Wert [bed2] zugeordnet. Ziehen wir ein praktisches Beispiel zur Verdeutlichung her.

Programmbeispiel:

```
class if_oder_nicht {
   public static void main (String args[])
   {
      int ergebnis;
      int a = 42;
      int b = 21;
      ergebnis= a > b? a: b;
      System.out.println(ergebnis);
   }
}
```

Das Programmierbeispiel wird die Zahl 42 (der Wert von a) auf dem Bildschirm ausgeben, denn der boolsche Wert vor dem Fragezeichen hat den Wert `true`.

Man nennt diesen Vorgang bedingte Bewertung. Trotz der weiten Verbreitung in C-Welten, sollte dieses Konstrukt wegen der Lesbarkeit des Quelltextes gar nicht oder möglichst nur sehr sparsam verwendet werden. Eine saubere If-then-else-Schleife ist fast genauso schnell getippt und **bedeutend** besser zu lesen.

Der Modulo-Operator (%)

Der arithmetische Modulo- oder Rest-Operator gibt den Rest einer Division zurück. Wenn der Ausdruck `x%y` ausgewertet wird, ist der Rückgabewert der Operation der Rest der Division. Ein paar Beispiele zur Verdeutlichung:

Operation	Rest	Erklärung
`1%7`	1	Die Zahl 7 geht 0-mal in die Zahl 1 und als Rest bleibt 1. (1/7 = 0*7 + **1**)
`4%7`	4	Die Zahl 7 geht 0-mal in die Zahl 4 und als Rest bleibt 4. (4/7 = 0*7 + **4**)
`13%7`	6	Die Zahl 7 geht 1-mal in die Zahl 13 und als Rest bleibt 6. (13/7 = 1*7 + **6**)
`13%11`	2	Noch ein Beispiel mit Rest und einem anderen Modulo-Faktor. Die Zahl 11 geht 1-mal in die Zahl 13 und als Rest bleibt 2. (13/11 = 1*11 + **2**)

In Java ist der Rest-Operator sogar mit Fließkommazahlen definiert. Es ist einfach die natürliche Fortsetzung der Operation auf die Menge der Fließkommazahlen. Der ausgegebene Wert ist immer noch der »Rest nach der Division«.

Typkonvertierungen und der Casting-Operator

Unter Casting versteht man die Umwandlung von einem Datentypen in einen anderen Datentypen. Java ist eine streng typisierte Sprache, weil sehr intensive Typüberprüfungen stattfinden. Außerdem gelten strikte Beschränkungen für die Umwandlung (Konvertierung) von Werten eines Datentyps zu einem anderen.

Java unterstützt nur zwei unterschiedliche Arten von Konvertierungen:

- Explizite Konvertierungen um absichtlich den Datentyp eines Wertes verändern.
- Ad hoc-Konvertierungen ohne Zutun des Programmierers

Ad-hoc-Typkonvertierungen

Java führt bei der Bewertung von Ausdrücken einige Typkonvertierungen *ad hoc* durch, ja sogar ohne daß Sie es u.U. überhaupt wissen. Die Regeln dafür sind für numerische Datentypen untereinander allerdings sehr einfach.

- Bei Operationen mit ausschließlich ganzzahligen Operanden wird, wenn einer der beiden Operanden den Datentyp `long` hat, der andere gleichfalls zu `long` konvertiert; ansonsten werden beide Operanden zu `int` konvertiert. Das Ergebnis dieses Ausdrucks ist dann desgleichen ein `int`, außer der ausgegebene Wert ist so groß, um im Wertebereich von `int` dargestellt zu werden. Dann wird der Typ `long` verwendet.
- Bei Operationen mit wenigstens einem Fließkomma-Operanden wird, wenn einer der Operanden den Datentyp `double` hat, der andere ebenso zu `double` konvertiert, und das Ergebnis ist dann ebenfalls vom Typ `double`; sonst werden beide Operanden zum Datentyp `float` konvertiert. Das Ergebnis des Ausdrucks ist ebenfalls vom Typ `float`.

Es ist also offensichtlich so, daß wenn der entstehende Datentyp größer als der zu konvertierende Datentyp ist, die Konvertierung ohne Probleme ad hoc funktioniert, da keine Informationen verloren gehen können.

Bei boolschen Typen ist die Situation etwas komplizierter. Diese lassen sich nicht in andere primitive Datentypen konvertieren. Die Umkehrung funktioniert jedoch mit Einschränkungen: 0 und 1 lassen sich in boolsche Werte konvertieren.

Explizite Konvertierungen

Eine explizite Konvertierung ist immer dann notwendig, wenn Sie eine Umwandlung in einen anderen Datentyp wünschen und diese nicht ad hoc auf Grund der oben beschriebenen Situationen eintritt.

Um z.B. einen in einem großen Datentyp gespeicherten Wert in einen kleineren Datentyp umzuwandeln, müssen Sie sogenanntes Casting anwenden. Dazu müssen Sie den Casting-Operator (manchmal Festlegungsoperator genannt) verwenden.

Der Casting-Operator besteht nur aus einem Datentypnamen in runden Klammern. Er ist ein einstelliger Operator mit hoher Priorität und steht vor seinem Operanden. Er ist also immer von der folgenden Form: *(Datentyp) [Wert]*

Der Festlegungsoperator ergibt den Wert seines Operanden, der auf den in Klammern bezeichneten Typ festgelegt wird. Es gibt die folgenden Casting-Operatoren:

Operator	Beispiel	Erläuterung
`(byte)`	`(byte) (x/y)`	Wandelt das Ergebnis der Division x geteilt durch y in einen Wert vom Datentyp `byte` um.
`(short)`	`(short) x`	Wandelt den Datentyp x in einen Wert vom Datentyp `short` um.
`(int)`	`(int) (x/y)`	Wandelt das Ergebnis der Division x geteilt durch y in einen Wert vom Datentyp `int` um.
`(long)`	`(long)`	Wandelt den Datentyp x in einen Wert vom Datentyp `long` um.
`(float)`	`(float) x`	Wandelt den Datentyp x in einen Wert vom Datentyp `float` um.
`(double)`	`(double) x`	Wandelt den Datentyp x in einen Wert vom Datentyp `double` um.
`(char)`	`(char) x`	Wandelt den Datentyp x in einen Wert vom Datentyp `char` um.

HINWEIS

Es gibt bei der Konvertierungen ein paar Dinge zu beachten: Casting hat eine höhere Priorität als Arithmetik. Deshalb müssen arithmetische Operationen in Verbindung mit Casting in Klammern gesetzt werden.

Nicht alle Konvertierungen sind möglich. Variablen eines arithmetischen Typs können auf jeden anderen arithmetischen Typen festgelegt werden. Boolesche Werte können nicht auf irgendeinen anderen Wert festgelegt werden. Die Umkehrung funktioniert demgegenüber mit Einschränkungen: 0 und 1 lassen sich in boolsche Werte konvertieren.

Konvertieren von Objekten

Mit Einschränkungen lassen sich sogar Klasseninstanzen in Instanzen anderer Klassen konvertieren. Die wesentliche Einschränkung ist, daß die Klassen durch Vererbung miteinander verbunden sein müssen. Allgemein gilt, daß ein Objekt einer Klasse auf seine Superklasse festgelegt werden kann. Bzgl. der Subklasse (welche ja in der Regel mehr Informationen enthält) gibt es im allgemeinen Probleme, weil eine Festlegung immer eine unbedingte Typenkonvertierung beinhaltet (sofern überhaupt eine möglich ist), ist sie als Typenzwang bekannt.

Beim Konvertieren von einer Klasse auf eine Instanz seiner Superklasse gehen die spezifischen Informationen, welchen nur in der zu konvertierenden Subklasse vorhanden sind, natürlich verloren.

Die Technik zum Konvertieren ist analog dem Fall des Castings bei primitiven Datentypen. Er ist also immer von der folgenden Form: *(Klassenname) [Objekt]*

Der Klassenname ist der Name der Klasse, in die das Objekt konvertiert werden soll. *[Objekt]* ist eine Referenz auf das konvertierte Objekt. Casting erstellt eine neue Instanz der neuen Klasse. Das alte Objekt existiert unverändert weiter.

Konvertieren von Objekten in Schnittstellen

Mit Einschränkungen lassen sich gleichfalls Klasseninstanzen in Schnittstellen konvertieren. Dabei ist allerdings zwingend, daß die Klasse selbst oder eine Superklasse des Objektes die Schnittstelle implementiert. Durch Casting eines Objektes in eine Schnittstelle kann dann eine Methode dieser Schnittstelle verwendet werden, obwohl die Klasse des Objektes diese Schnittstelle u.U. nicht direkt implementiert hat.

Konvertierung von primitiven Datentypen in Objekte und umgekehrt

Wenn Sie sich jetzt nach der Technik fragen, wie primitive Datentypen in Objekte und umgekehrt konvertiert werden können, ist die Antwort ganz einfach: überhaupt nicht! Weder ad hoc noch durch explizites Casting.

Im Java-Packet `java.lang` gibt es als Ersatz dafür Sonderklassen, welche primitiven Datentypen entsprechen. Mit den in den Klassen definierten Klassenmethoden können Sie mit Hilfe des `new`-Operators jeweils ein Gegenstück zu jedem primitiven Datentypen erstellen.

Beispiel: `Integer ObjektInt = new Integer(42);`

Das Objekt ist eine Instanz der Klasse `Integer` und bekommt direkt den Wert 42 zugewiesen.

Die Konvertierung in umgekehrter Richtung funktioniert ebenfalls. Das nachfolgende Beispiel extrahiert den Wert des Objektes als primitiven Datentyp `int` aus dem `Integer`-Objekt. Die verwendete Klassenmethode ist `intValue()`. Beispiel: `int intVar = ObjektInt.intValue();`

Sie bemerken sicher, daß durch die Eigenschaft, eine Klasse zu sein, gleichfalls diverse andere Methoden zur Behandlung von Objekten zur Verfügung stehen. Beispielsweise die Methoden, welche das Analogon zum Casting bei Datentypen realisieren.

Vergleichsoperatoren

Java hat eine ganze Reihe von Operatoren für das Vergleichen von zwei oder mehr Größen. Wir kennen diese Operatoren bereits, jedoch wollen wir sie jetzt in Bezug zur Vergleichslogik einteilen:

- Relationale Operatoren.
- Gleichheitsoperatoren.

Die relationalen Operatoren

Relationale Operatoren sind zum Ordnen von Größen bestimmt. Ob etwa ein Wert größer oder kleiner als ein anderer Wert ist.

HINWEIS

Beachten Sie bitte, daß im Vergleich selbst zwar numerische Operanden (ganze Zahlen oder Fließkommazahlen) verglichen werden, aber dann ein boolscher Wert zurückgegeben wird. Auch der Vergleich von Werten mit Datentyp `char` *wird numerisch interpretiert.*

Java unterstützt die folgenden relationalen Operatoren:

Operator	Boolsches Ergebnis
<	kleiner als
<=	kleiner oder gleich
>	größer als
>=	größer oder gleich

ACHTUNG

Die Priorität von relationalen Operatoren liegt unter der arithmetischer Operatoren, jedoch über der von Zuweisungsoperatoren.

Die Gleichheitsoperatoren

Die Gleichheitsoperatoren sind nicht zum Ordnen gedacht, sondern sie sagen nur aus, ob zwei Werte gleich sind oder nicht.

Operator	Boolsches Ergebnis
==	Ist gleich
!=	Ist ungleich

ACHTUNG

Die Gleichheitsoperatoren haben eine etwas niedrigere Priorität als relationale Operatoren.

Die Gleichheitsoperatoren können mit Operanden jeden Typs verwendet werden.

Logische Ausdrücke

Zur Kombination von Bedingungen dienen die logischen Operatoren AND, OR und ausschließliches OR (XOR). Java bietet zwei Arten von logischen Operationen:

- Operationen mit jedem Bit zweier ganzzahliger Operanden mit Hilfe der bitweisen Operatoren.
- Operationen nur mit boolschen Variablen mit Hilfe der sogenannten Short-turn-Operatoren.

Die Bitweise Operatoren

Die bitweisen Operatoren in Java ermöglichen Ihnen, logische Operationen mit zwei boolschen Operanden oder mit jedem Bit zweier ganzzahliger Operanden durchzuführen. Die drei schon bekannten binären bitweisen Operatoren führen die logischen Operationen AND, OR und XOR mit jedem Bit hintereinander durch:

- Bitweises AND: &
- Bitweises OR: |
- Bitweises ausschließliches OR: ^

Die Operanden bitweiser Operatoren können zusätzlich zu allen ganzzahligen Typen auch boolsche Variablen sein. Im Fall von Operanden ganzzahligen Typs wird die Operation mit jedem Bit der Operanden abwechselnd durchgeführt.

Die »Short-Turn«-Operatoren

Neben den bitweisen Operatoren gibt es zwei zusätzliche binäre logische Operatoren:

- Logisches AND: `&&`
- Logisches OR: `||`

Diese beiden Operatoren unterscheiden sich eigentlich nicht von den bitweisen Operatoren, bis auf zwei Ausnahmen.

1. Die logischen Operatoren können nur mit boolsche Operanden operieren.
2. Die Operanden werden von links nach rechts bewertet. Ob der rechte Operand überhaupt bewertet wird, hängt von der Bewertung des linken Operanden ab. Dabei verhalten sich das logisches AND und das logisches OR umgekehrt. Wenn beim logischen AND der linke Ausdruck `false` liefert, wird der rechte Operand nicht mehr bewertet. Nur beim Ergebnis `true` wird der rechte Operand überhaupt bewertet. Beim logischen OR wird der rechte Operand nicht mehr bewertet, wenn der linke Ausdruck `true` liefert. Nur beim Ergebnis `false` wird der rechte Operand überhaupt bewertet.

Die Höhe der Priorität der beiden logischen Operatoren ist direkt unterhalb der Priorität der bitweisen Operatoren.

Der Instanceof-Operator

Der Instanceof-Operator ist ein binärer Operator mit zwei Operanden: ein Objekt auf der linken und einen Klassennamen auf der rechten Seite. Wenn das Objekt auf der linken Seite des Operators tatsächlich eine Instanz der Klasse auf der rechten Seite des Operators ist (ohne einer ihrer Subklassen), dann gibt dieser Operator den boolschen Wert `true` zurück. Ansonsten wird `false` zurückgegeben.

Beispiel: `neuesObjekt instanceof BestehendeKlasse`

Die Java-Operatoren mit höchster Priorität

Java hat drei Operatoren, welche mit der höchsten Priorität versehen sind:

- Feldauswahl: .
- Datenfeldindizierung: []
- Methodenaufruf: ()

Eine Aufstellung der Operatoren nach der Priorität

In der folgenden Tabelle sollen nochmals sämtliche Operatoren von Java aufgelistet werden, wobei der Operator mit höchstem Vorrang ganz oben steht. Operatoren in der gleichen Zeile haben gleiche Priorität. Sämtliche Java-Operatoren bewerten mit Ausnahme der einstelligen Operatoren von links nach rechts.

Beschreibung	Operatoren
Hochvorrangig	. [] ()
Einstellig	+ - ~ ! ++ -- instanceof
Multiplikativ	* / %
Additiv	+ -
Relational	< <= >= > >
Gleichheit	== !=
Bitweises And	&
Bitweises Xor	^
Bitweises Or	|
Short-turn And	&&
Short-turn Or	||
Bedingung	?:
Zuweisung	= Operator=

Bewertung von Ausdrücken

Ausdrücke sind im wesentlich Kombinationen von Operatoren und Operanden. Da selbstverständlich dabei auch komplizierte Kombinationen vorkommen, muß Java diese komplizierten Kombinationen bewerten. Also eine Reihenfolge festlegen, wie diese komplexeren Ausdrücke auszuwerten sind. Wir werden uns nun mit drei Begriffen auseinandersetzen müssen:

- Operatorassoziativität
- Operatorvorrang
- Bewertungsreihenfolge.

Operatorassoziativität

Alle arithmetischen Operatoren bewerten (assoziieren) Ausdrücke defaultmäßig von links nach rechts. Das heißt, wenn derselbe Operator in einem Ausdruck mehr als einmal auftaucht – wie z.B. der +-Operator bei 1 + 2 + 3 – dann wird der am weitesten links erscheinende zuerst bewertet, gefolgt von dem rechts daneben und so weiter.

Operatorvorrang

Operatorvorrang bedeutet die Priorität von Java-Operatoren. Wenn Sie einen Ausdruck mit unterschiedlichen Operatoren haben, muß Java entscheiden, wie Ausdrücke bewertet werden. Java hält sich strikt an Regeln der Operatorvorrangigkeit. Je höher ein Operator priorisiert ist, desto eher wird er bewertet. Immer wenn Sie die Bewertungsreihenfolge von Operatoren in einem Ausdruck ändern wollen, müssen Sie Klammern benutzen. Klammern haben eine höhere Priorität als arithmetische Operatoren. Jeder Ausdruck in Klammern wird zuerst bewertet.

Bewertungsreihenfolge

Der Unterschied von Bewertungsreihenfolge und Operatorvorrang ist der, daß bei der Bewertungsreihenfolge die Operanden bewertet werden, also welche Operatoren in einem Ausdruck zuerst benutzt werden und welche Operanden zu welchen Operatoren gehören. Außerdem dienen die Regeln für die Bewertungsreihenfolge dazu festzulegen, wann Operanden bewertet werden. Es gibt drei plattformunabhängige Grundregeln in Java, wie ein Ausdruck bewertet wird:

- Bei allen binären Operatoren wird der linke Operand vor dem rechten bewertet.
- Zuerst werden immer die Operanden, danach erst die Operatoren bewertet.

- Wenn mehrere Parameter, die durch Kommata voneinander getrennt sind, durch einen Methodenaufruf zur Verfügung gestellt werden, werden diese Parameter immer von links nach rechts bewertet.

5.4 Anweisungen

Anweisungen in Java sind denen in C/C++ sehr ähnlich. Sie sind Kontrollfluß-Anweisungen oder Ausnahmeanweisungen und werden der Reihe nach ausgeführt.

Anweisungsarten in Java

Anweisungart	Beschreibung
Leere Anweisung	Sie tut nichts und dient als Platzhalter.
Blockanweisungen	Zusammenfassen von größeren Sourceteilen zu Blockstrukturen.
Bezeichnete Anweisung	Jede Anweisung kann mit einer Bezeichnung beginnen. Diese Bezeichnungen dürfen keine Schlüsselworte, bereits festgelegte lokale Variablen oder schon in diesem Modul verwendete Bezeichnungen sein.
Deklarationen	Einführung eines primitiven Datentyps, Datenfelds, Objektes, einer Klasse oder einer Schnittstelle.
Ausdrucksanweisungen	Ausdrucksanweisungen werden am häufigsten verwendet. Java verwendet sieben verschiedene Ausdrucksanweisungsarten: - Zuordnung - Pre-Inkrement - Pre-Dekrement - Post-Inkrement - Post-Dekrement - Methodenaufruf - Zuweisungsausdruck
Auswahlanweisung	Sie sucht einen von mehreren möglichen Kontrollflüssen aus. Es gibt in Java drei verschiedene Arten von Auswahlanweisungen: `if`, `if-else` und `switch-case-default`. Dies ist identisch mit C und C++.

Anweisungart	Beschreibung
Iterationsanweisung	Sie gibt an, wann und wie Schleifen gestartet werden. Es gibt in Java drei Arten von Iterationsanweisungen: `while`, `do` und `for`. Bis auf Sprünge und Bezeichnungen sind sie identisch zu den gleichnamigen Iterationsanweisungen in C und C++.
Sprunganweisungen	Sprunganweisungen geben die Steuerung entweder an den Anfang oder das Ende des derzeitigen Blocks, oder aber an bezeichnete Anweisungen weiter. Beachten Sie, daß es in Java keine `goto`-Anweisung gibt. Bei den vier Arten von Sprunganweisungen handelt es sich um: `break`, `continue`, `return`, `throw`.
Synchronisationsanweisung	Sie wird für den Umgang mit Multithreading benutzt. Die Schlüsselworte `synchronized` und `threadsafe` werden zum Markieren von Methoden und Blöcken benutzt, die eventuell vor gleichzeitiger Verwendung geschützt werden sollen.
Schutzanweisung	Schutzanweisungen werden zur sicheren Handhabung von Code, der Ausnahmen auslösen könnte (z.B. das Teilen durch Null), gebraucht. Diese Anweisungen benutzen die Schlüsselworte `try`, `catch` und `finally`.
Unerreichbare Anweisung	Sie erzeugt einen Fehler zur Kompilierzeit.

Blöcke und Anweisungen

Methoden und statische Initialisatoren werden in Java durch Anweisungsblöcke definiert. Bei einem Anweisungsblock handelt es sich um eine Reihe von Anweisungen, die in geschweiften Klammern (`{}`) stehen. Wenn im Source eine Anweisung oder eine Unteranweisung verlangt wird, kann jeder sinnvolle Block anstelle der Unteranweisung eingefügt werden. Ein Anweisungsblock hat seinen eigenen Geltungsbereich für die in ihm enthaltenen Anweisungen. Das bedeutet, daß lokale Variablen in diesem Block deklariert werden können, die außerhalb dieses Blocks nicht verfügbar sind, und deren Existenz erlischt, wenn der Block ausgeführt wurde. Blöcke können beliebig ineinander geschachtelt werden. Sie müssen allerdings die Schachtelung wieder sauber schließen.

Leere Anweisungen

In Java ist es erlaubt, leere Anweisungen (zur Kennzeichnung von Stellen oder Debugging-Informationen) zu erstellen. Für den Compiler sieht eine leere Anweisung nur wie ein zusätzliches Semikolon aus.

Bezeichnete Anweisung

Jede Anweisung kann in Java eine Bezeichnung bekommen. Die Benennung darf nicht den gleichen Namen wie ein Schlüsselwort oder ein anderer, bereits deklarierter lokaler Bezeichner haben. Der Benennung folgt immer ein Doppelpunkt. Die Benennungen werden nur von den Sprunganweisungen `break` und `continue` benutzt.

Deklarationen

Deklarationen definieren eine Variable. Dabei ist es egal, ob diese Variable eine Klasse, eine Schnittstelle, ein Datenfeld, ein Objekt oder ein primitiver Typ ist. Das konkrete Format einer solchen Anweisung hängt davon ab, welcher der fünf verschiedenen Typen deklariert wird.

Klassendeklaration

Eine Klassendeklaration besteht immer aus sechs Teilen, welche in der nachfolgend in der Tabelle angegebenen Reihenfolge zusammengesetzt werden.

Bestandteil	Status	Beschreibung
Klassenmodifier	Optional	Dies sind die Schlüsselworte `abstract`, `final`, oder `public`. Eine Klasse kann nicht sowohl `final` als auch `abstract` als Modifier haben.
Class	Zwingend	Das Schlüsselwort `class`.
Bezeichner	Zwingend	Ein normaler Bezeichner.
Super	Optional	Das Schlüsselwort `extends`, gefolgt von einem Typnamen. Der Typ muß eine verfügbare Klasse sein, die nicht `final` ist.

Bestandteil	Status	Beschreibung
Schnittstellen	Optional	Das Schlüsselwort `implements`, gefolgt von einer durch Kommata getrennten Liste mit Schnittstellen.
Klassenkörper	Zwingend	

Schnittstellendeklaration

Eine Schnittstellendeklaration besteht immer aus fünf Teilen, welche in der nachfolgend in der Tabelle angegebenen Reihenfolge zusammengesetzt werden.

Bestandteil	Status	Beschreibung
Schnittstellen-modifier	Optional	Dies sind die Schlüsselworte `abstract` oder `public`. Alle Schnittstellen sind abstrakt, der Modifier kann jedoch trotzdem aufgrund der Eindeutigkeit gesetzt werden.
Interface	Zwingend	Das Schlüsselwort `interface`.
Bezeichner	Zwingend	Ein normaler Bezeichner.
Schnittstellen-erweiterung	Optional	Das Schlüsselwort `extends`, gefolgt von einer durch Kommata getrennten Liste von Schnittstellenbezeichnern.
Schnittstellen-körper	Zwingend	

Datenfelddeklaration

Eine Datenfelddeklaration besteht immer aus fünf Teilen, welche in der nachfolgend in der Tabelle angegebenen Reihenfolge zusammengesetzt werden.

Bestandteil	Status	Beschreibung
Datenfeld-modifier	Optional	Dies sind die Schlüsselworte `public`, `protected`, `private` oder `synchronized`.
Typenname	Zwingend	Der Name des Typen oder der Klasse, die aufgestellt werden.
Klammern	Zwingend	`[ ]`.

Bestandteil	Status	Beschreibung
Initialisierung	Optional	
Semikolon	Zwingend	;

Objektdeklaration

Ein Objekt zu deklarieren bedeutet, eine Referenz zu erstellen. Diese Referenz verweist nur dann auf ein Objekt, wenn dieses Objekt initialisiert oder dieser Referenz zugeordnet wurde. Eine Objektdeklaration besteht aus den folgenden Teilen:

Bestandteil	Status	Beschreibung
Objektmodifier	Optional	Dies sind die Schlüsselworte `public`, `protected`, `private` oder `synchronized`.
Typenname	Zwingend	Der Name der Klasse, deren Instanz dieses Objekt ist.
Initialisierung	Optional	
Semikolon	Zwingend	;

Deklaration primitiver Typen

Eine Variable eines primitiven Typen zu deklarieren bedeutet, es wird Speicherplatz für diese Variable eingerichtet. Wenn ihr kein Wert bei einer expliziten Initialisierung zugewiesen worden ist, nimmt sie ihren spezifischen Grundwert an. Die Deklaration von primitiven Datentypen setzt sich aus den folgenden Teilen zusammen:

Bestandteil	Status	Beschreibung
Datenfeldmodifier	Optional	Dies sind die Schlüsselworte `public`, `protected`, `private` oder `synchronized`.
Typenname	Zwingend	Die Bezeichnung des Datentyps: `boolean`, `char`, `byte`, `short`, `int`, `long`, `float`,`double`.
Initialisierung	Optional	
Semikolon	Zwingend	;

Ausdrucksanweisungen

In Java gibt es, wie oben schon beschrieben, sieben verschiedene Arten von Ausdrucksanweisungen.

Ausdrucksanweisungen	Beispiel
Zuordnung	`a = 42`
Pre-Inkrement	`++wert`
Pre-Dekrement	`--wert`
Post-Inkrement	`wert++`
Post-Dekrement	`wert--`
Methodenaufruf	`System.out.println("Hello World!")`
Zuweisungsausdruck	`byte wert = new byte;`

Bevor wir die Ausdrucksanweisungen einzeln besprechen, ein paar allgemeine Hinweise:

- Alle Ausdrucksanweisungen müssen mit einem Semikolon beendet werden.
- Eine Ausdrucksanweisung wird immer vollständig durchgeführt, bevor die nächste Anweisung ausgeführt wird.
- Eine Zuweisungsanweisung kann einen Ausdruck rechts von dem Gleichheitszeichen (dem Zuweisungsoperator =) stehen haben. Dieser Ausdruck kann jeder der sieben Ausdrucksanweisungen sein. Es darf in Java immer nur die rechte Seite einer solchen Zuweisung festgelegt werden.
- U.U. kann der Rückgabewert einer Methode, die nicht leer ist, ohne Zuweisung aufgerufen werden kann. Dazu muß der Rückgabewert explizit als `void` festgelegt werden.
- Eine Ausdrucksanweisung kann natürlich aus komplexen Verschachtelungen bestehen. Klammern können zur Festlegung der Reihenfolge dienen, in der die einzelnen Unteranweisungen bewertet werden.

Auswahlanweisungen

Bei Auswahlanweisungen bleibt es gleichermaßen spannend, denn auch diese gehören zu den wichtigsten Anweisungen in einer Programmiersprache. Java unterstützt drei verschiedene Arten von Auswahlanweisungen:

- `if`
- `if-else`
- `switch`.

Die if-Anweisungen

Eine `if`-Anweisung testet eine boolsche Variable oder einen Ausdruck. Wenn die boolsche Variable oder der Ausdruck den Wert `true` hat, wird die nachstehende Anweisung oder der nachstehende Anweisungsblock ausgeführt. Wenn die boolsche Variable oder der Ausdruck den Wert `false` hat, wird die nachstehende Anweisung oder der nachstehende Anweisungsblock ignoriert und mit dem folgenden Block bzw. der folgenden Anweisung fortgefahren. Wir werden wieder ein Java-Programm schreiben, um eine `if`-Anweisung in der Praxis zu sehen.

Programmbeispiel:

```
class iftest{
public static void main (String args[])
{ boolean testvariable=false; // Eine boolsche Variable
if (testvariable)
   System.out.println("default");
   testvariable=true;
if (testvariable)
   System.out.println("testvariable true");
}}
```

Die Ausgabe wird nur »testvariable true« sein, denn die erste Ausgabe wird ignoriert, da zu dem Zeitpunkt die Testvariable auf `false` gesetzt ist. Dementsprechend wird die If-Struktur die folgende Anweisung nicht ausführen.

Die if-else-Anweisungen

Eine `if-else`-Anweisung ist eine Erweiterung der `if`-Anweisung. Sie hat zusätzlich nur noch einen else-Teil. Dieser else-Teil – eine Anweisung oder ein Block – wird dann ausgeführt, wenn der boolsche Wert im if-Teil der Anweisung den Wert `false` war. Wir können unser Beispiel von oben wieder heranziehen und ein bißchen umschreiben:

Programmbeispiel

```
class if_else_test{
public static void main (String args[])
{boolean testvariable=false; // Eine boolsche Variable
if (testvariable)
    System.out.println("If-Zweig");
else
    System.out.println("Der Else-Zweig");
}}
```

Die Ausgabe wird »Der Else-Zweig« sein, denn die erste Ausgabe wird ignoriert, da zu dem Zeitpunkt die Testvariable auf `false` gesetzt ist. Dementsprechend wird die If-Struktur in den Else-Zweig verzweigen und die dort folgende Anweisung ausführen. Wenn es bei fehlenden geschweiften Klammern nicht lösbare Zweideutigkeiten gibt, wird ein Kompilierfehler angezeigt.

Die if-else-if-Anweisungen als Spezialfall der if-else-Anweisungen

Es ist selbstverständlich denkbar und erlaubt, innerhalb des Else-Zweiges einer `if-else`-Anweisung als erstes eine weitere IF-Anweisung folgen zu lassen. Schreiben wir unser Beispiel entsprechend um.

Programmbeispiel

```
class if_else_test{
public static void main (String args[])
{boolean testvariable=false; // Eine boolsche Variable
if (testvariable)
    System.out.println("If-Zweig");
else if (testvariable = false)
    System.out.println("Der Else-Zweig");
}}
```

Auch hier wird die Ausgabe »Der Else-Zweig« sein, denn die erste Ausgabe wird ignoriert, da zu dem Zeitpunkt die Testvariable auf `false` gesetzt ist. Im Unterschied zu bisher erfolgt jedoch im Else-Zweig eine weitere Überprüfung, bevor der nachfolgende Block oder die Anweisung ausgeführt wird. Im Fall von nur zwei denkbaren Möglichkeiten macht ein solches Konstrukt wenig Sinn. Etwas anderes ist es jedoch, wenn mehr Varianten zur Verfügung stehen.

Programmbeispiel

```
class if_else_test{
public static void main (String args[])
{int testvariable=1; // Eine numerische Variable
   if (testvariable==0)
      System.out.println(0);
   else if (testvariable==1)
      System.out.println(1);
   else if (testvariable==2)
      System.out.println(2);
   else
      System.out.println("Kein Treffer");
}}
```

Die Ausgabe wird der Zweig (1) sein, denn für alle Vergleiche vorher wird `false` zurückgegeben. Ein solches Konstrukt kann für eine etwas größere Auswahl von Möglichkeiten durchaus Sinn machen. Es gibt jedoch eine noch etwas besser geeignete Auswahlanweisung – die switch-Anweisung.

Die switch-Anweisungen

Eine `switch`-Anweisung ermöglicht das Weitergeben des Kontrollflusses an eine von vielen Anweisungen in ihrem Block mit Unteranweisungen. An welche Anweisung innerhalb der `switch`-Anweisung der Kontrollfluß weitergereicht wird, hängt vom Wert des Ausdrucks in der Anweisung ab.

Es wird die erste Anweisung nach einer `case`-Bezeichnung ausgeführt, welche denselben Wert wie der Ausdruck hat. Wenn es keine entsprechenden Werte gibt, wird die erste Anweisung hinter der »default«-Bezeichnung ausgeführt. Wenn auch die nicht vorhanden ist, wird die erste Anweisung nach dem switch-Block ausgeführt. Die switch-Ausdrücke und case-Bezeichnungskonstanten müssen alle vom Typ `byte`, `short`, `char` oder `int` sein. Mit dieser Auswahlanweisung haben Sie eine handlichere Auswahlanweisung mit den gleichen Möglichkeit wie mit der Erweiterung der IF-Else-Anweisung. Mit einer Einschränkung: Es dürfen keine zwei case-Bezeichnungen im gleichen Block denselben Wert haben. So etwas ist in der `if-else-if`-Anweisung im Prinzip denkbar (mehrfacher Vergleich in verschiedenen Zweigen auf den gleichen Wert), wenn auch nicht sonderlich sinnvoll, denn nach dem ersten Treffer werden folgende Treffer nicht mehr entdeckt, weil der Kontrollfluß aus der `if-else-if`-

Anweisung herausspringt. Bezeichnungen beeinflussen den Kontrollfluß nicht. Die Kontrolle behandelt diese Bezeichnungen so, als wenn sie nicht vorhanden wären. Daher können beliebig viele Bezeichnungen vor derselben Codezeile stehen. Schreiben wir unser Beispiel für die `if-else-if`-Anweisung um (beachten Sie, daß die Testvariable auf 2 gesetzt wird).

Programmbeispiel:

```
class switchtest{
public static void main (String args[])
{int testvariable=2; // Eine numerische Variable
switch (testvariable)
{
   case 0:
      System.out.println(0);
   case 1:
         System.out.println(1);
   case 2:
         System.out.println(2);
   case 3:
         System.out.println(3);
   default:
         System.out.println("Kein Treffer");
   }
}}
```

Was wird die Ausgabe sein? Vielleicht werden Sie überrascht. Das Programm gibt folgendes aus:

```
2
3
Kein Treffer
```

Im Gegensatz zu der `if-else-if`-Anweisung springt der Kontrollfluß nicht automatisch aus der Struktur, sondern wird ohne eine `break`-Anweisung von dem ersten Treffer (in unserem Fall 2) an die Struktur bis zum Ende ausführen. Sinnvoll ist es in Java daher, eine break-Anweisung hinter jeden bezeichneten Codeabschnitt zu setzen. Damit vermeiden Sie die Ausführung von mehr als einem Block. Im letzten Block ist keine `break`-Anweisung notwendig, denn danach ist die Struktur ja ohnehin zu Ende.

Breaks gezielt auslassen.
Natürlich können Sie dieses Verhalten auch gezielt einsetzen, um durch Auslassen von `break`-Anweisungen den Durchlauf von mehreren Blöcken zu erreichen.

Iterationsanweisungen

Iterationsanweisungen erlauben die kontrollierte Wiederholung von Anweisungen zur Laufzeit. Es gibt in Java drei Arten von Iterationsanweisungen:

- `while`
- `do`
- `for`

Die while-Anweisungen

Die `while`-Anweisung testet eine boolsche Variable oder einen Ausdruck. Solange dieser den Wert `true` hat, wird die Unteranweisung oder der Block ausgeführt.

Die Syntax: `while(Bedingung) [Unteranweisung oder Block]`

Erstellen wir wieder ein kleines Testprogramm.

Programmbeispiel:

```
class whiletest{
public static void main (String args[])
{int testvariable=0; // Eine numerische Variable
   while (testvariable < 5)
   {
      System.out.println(testvariable);
      testvariable = testvariable + 1;
}
   System.out.println("Und Schluss");
}}
```

Die Ausgabe wird die Zahlenkolonne von 0 bis 4 und danach »Und Schluss« sein. Um die `while`-Schleife jemals verlassen zu können, wird der Wert der Testvariablen in jedem Schleifendurchgang um den Wert 1 erhöht.

Wenn der Ausdruck nicht von Anfang an `true` ist, wird der Block in der Unteranweisung niemals ausgeführt. Wenn er dahingegen `true` ist, dann wird dieser Codeblock so lange wiederholt, bis er nicht mehr `true` ist, oder eine Sprung-Anweisung ausgeführt wird, und er die Kontrolle an eine Anweisung außerhalb der Schleife weitergibt.

ACHTUNG

Eine `while`-Schleife ist ein guter Kandidat für Endlosschleifen.

Die do-Anweisungen

Auch die `do`-Anweisung testet eine boolsche Variable oder einen Ausdruck. Solange dieser den Wert `true` hat, wird die Unteranweisung oder der Block ausgeführt. Es gibt aber einen ganz wichtigen Unterschied zur `while`-Schleife: Der Codeblock innerhalb der `do`-Anweisung wird auf jeden Fall mindestens einmal ausgeführt. Dies geschieht immer, ob die Bedingung erfüllt ist oder nicht. Die Syntax sieht immer so aus: `do [Unteranweisung oder Block] while(Bedingung)`

Programmbeispiel:

```
class dotest{
public static void main (String args[])
{boolean testvariable=false; // Eine boolsche Variable
   do
{System.out.println(testvariable); }
while (testvariable == true);
   System.out.println("Und Schluss");
}}
```

Obwohl die Testbedingung nicht erfüllt ist, wird folgende Ausgabe erzeugt:

false
Und Schluss

Ganz offensichtlich ist die do-Schleife einmal durchlaufen worden.

Die for-Anweisungen

Die `for`-Anweisungen sind die komplexesten der drei Iterationsanweisungen und auch die meistgenutzten. Eine for-Anweisung sieht wie folgt aus:

```
for ([Initialisierungsteil]; [Testteil];[In- oder
Dekrementteil]) [Unteranweisung oder Block]
```

Einige Erklärungen zu der Syntax:

- Hinter `for` kann optional ein Leerzeichen folgen.
- Der Initialisierungsteil kann eine durch Kommata getrennte Reihe von Deklarations- und Zuweisungsanweisungen enthalten. Erst durch ein Semikolon wird der Initialisierungsteil beendet. Diese Deklarationen haben nur Gültigkeit für den Bereich der for-Anweisung und ihrer Unteranweisungen.
- Der Testteil enthält eine boolsche Variable oder einen Ausdruck, der einmal pro Schleifendurchlauf neu bewertet wird. Wenn der Vergleich den Wert `false` ergibt, wird die `for`-Schleife verlassen. Auch dieser Teil wird wieder durch ein Semikolon beendet.
- Auch der In- oder Dekrementteil kann eine durch Kommata getrennte Reihe von Ausdrücken sein, die einmal pro Durchlauf der Schleife bewertet werden. Diese mehrfachen Ausdrücke in diesem Teil der `for`-Schleife machen nur dann Sinn, wenn sie bereits im Initialisierungsteil deklariert wurden. Dieser Teil wird für gewöhnlich dazu verwendet, einen Index, der im Testteil überprüft wird, zu inkrementieren (hochzuzählen) oder zu dekrementieren (herabzuzählen). Auch hier steht am Ende ein Semikolon.

Nutzen wir zur praktischen Veranschaulichung der `for`-Schleife ein altbekanntes Beispiel, das nur leicht modifiziert werden soll.

Programmbeispiel:

```
/* Beispielprogramm 2 (zur Bildschirmausgabe von ASCII
bzw. Unicode-Zeichensatz)*/
class unicode {
public static void main (String args[])
{  int i;
   for (i=255; i <= 0;i--) // CountDown
   System.out.println((char)i);
}}
```

Die Ausgabe sind die Zeichen des ASCII-Codes in umgekehrter Reihenfolge.

Schleifenlokale Variablen

Die Zählvariablen in Schleifen müssen nicht unbedingt außerhalb der Schleife vereinbart werden. Solche schleifenlokalen Zählvariablen sind ein Sonderfall von lokalen Variablen und überdecken ggf. gleichnamige

Variablen im übergeordneten Programmblock. Die Variablen im übergeordneten Programmblock bleiben hierdurch unverändert.

Die Java-Sprung-Anweisungen

Java kennt vier Arten von Sprunganweisungen, mit denen an verschiedene Stellen im Programmablauf gesprungen werden kann:

- `break`
- `continue`
- `return`
- `throw`

Die break-Anweisungen

Die Unteranweisungsblöcke von Schleifen und Switch-Anweisungen können durch die Verwendung der `break`-Anweisung verlassen werden. Eine unbezeichnete `break`-Anweisung springt zu der nächsten Zeile nach der derzeitigen (innersten) Wiederholungs- oder `switch`-Anweisung.

Mit einer bezeichneten `break`-Anweisung am Anfang einer Schleife kann an eine Anweisung mit dieser Bezeichnung in der derzeitigen Methode gesprungen werden. Dazu müssen Sie vor dem Anfangsteil der Schleife ein Label (eine Beschriftung) mit einem Doppelpunkt eingeben. Sofern Sie ein falsch gesetztes oder nicht vorhandenes Label in einer Sprunganweisung angeben, wird der Compiler eine Fehlermeldung ausgeben. Wenn es in der `break`-Anweisung einen `finally`-Teil einer derzeit aktiven `try`-Anweisung gibt, wird immer dieser Teil zuerst ausgeführt, bevor die Kontrolle weitergegeben wird.

HINWEIS

Hinweise zu try, catch und finally:
Wir werden in diesem Unterkapitel einige Begriffe verwenden, die bisher noch nicht näher spezifiziert sind. Es handelt sich um die Schlüsselworte `try`, `catch` *und* `finally`*. Sie werden im Zusammenhang mit der Ausnahmebehandlung von Java von Bedeutung sein und in dem Kapitel darüber behandelt.*

Die continue-Anweisungen

Durch die Anweisung `continue` wird im Gegensatz zu `break` nicht die gesamte Schleife abgebrochen, sondern der aktuelle Schleifendurchlauf wird unterbrochen. Es wird zum Anfang der Schleife zurückgekehrt, falls hinter `continue` kein Bezeichner steht. Ansonsten wird zu einer äußeren Schleife zurückgekehrt, die eine Markierung gleichen Namens enthält.

Eine `continue`-Anweisung darf nur in einem Unteranweisungsblock einer Iterationsanweisung stehen (`while`, `do` oder `for`). Bei einer unbezeichneten `continue`-Anweisung werden die restlichen Anweisungen im innersten Block der Wiederholungsanweisung übersprungen und die Schleife wieder von vorne durchlaufen.

Auch bei der `continue`-Anweisung gibt es die Möglichkeit, die Schleife mit einem Bezeichnungsparameter zu versehen. Dies ermöglicht eine Kontrolle darüber, mit welcher Ebene der verschachtelten Iterationsanweisungen fortgefahren werden soll. Auch für die `continue`-Anweisung gilt, daß ein evtl. vorhandener `finally`-Teil einer derzeit aktiven `try`-Anweisung in der angezeigten verschachtelten Ebene immer zuerst ausgeführt wird. Wir wollen wieder ein Programmbeispiel zur Verdeutlichung heranziehen:

```
class contitest{
 public static void main (String args[])
 { int x=0;
   while (x<10)
   { if (++x <10) continue;
   System.out.println("x ist 10");
   }
}}
```

Im obigen Beispiel wird nur ein einziges Mal der String »x ist 10« ausgegeben. Nämlich genau dann, wenn x identisch mit 10 ist, da ansonsten vorher immer wieder zum Schleifenursprung zurückgekehrt wird.

Die return-Anweisung

Eine `return`-Anweisung gibt die Kontrolle an den Initiator der Methode, des Konstruktors oder des statischen Initialisators zurück, welcher die `return`-Anweisung enthält. Diese Rückgabewerte können dann von dem aufrufenden Programm weiter verarbeitet werden. Wenn es einen `finally`-Teil einer derzeit aktiven `try`-Anweisung gibt, wird dieser Teil zuerst ausgeführt, bevor die Kontrolle weitergegeben wird.

Die throw-Anweisungen

In Java ist es möglich durch die `throw`-Anweisung eine Laufzeitausnahme des Programms zu erzeugen. Dies bedeutet, daß der normale Programmablauf durch eine Ausnahme unterbrochen wird, die zuerst von dem Programm behandelt werden muß, bevor der normale Programmablauf weitergeht. Mehr dazu und sogenannte Schutzanweisungen folgen bei den Ausnahmen.

Synchronisationsanweisung

Die Synchronisationsanweisung wird für den Umgang mit Multithreading benutzt. Die Schlüsselworte `synchronized` und `threadsafe` werden zum Markieren von Methoden und Blöcken benutzt, die eventuell vor gleichzeitiger Verwendung geschützt werden sollen. Auch dieser umfangreiche Themenkomplex soll noch an anderer Stelle ausführlich behandelt werden.

Unerreichbare Anweisung

Es ist leider möglich, eine Methode zu schreiben, die Codezeilen enthält, welche nie erreicht werden können. Eine unerreichbare Anweisung. Sie ist nicht schädlich, aber unsinnig.

5.5 Klassen

Da Java absolut objektorientiert ist, können Sie keine prozedualen Programme schreiben. Man verwendet statt dessen Klassen als Teile der Objektmuster. Klassen definieren den Zustand und das Verhalten von Objekten. Bei den Elementen einer Klasse, die als *Felder* bezeichnet werden, handelt es sich im wesentlichen um Variablen, auf die die ganze Klasse und bei Bedarf auch andere Klassen zugreifen können. Die Ausführung einer Operation übernehmen die Objektmethoden. Soll eine bestehende Operation um eine neue Funktionalität erweitert werden, so werden die Veränderungen in der Klasse vorgenommen und die zugehörigen Methoden dort geschrieben. Die neue Form der Operation wird einfach als Erweiterung innerhalb der Klasse hinzugefügt. Nach außen erscheint das Objekt unverändert und läßt sich wie gehabt unter einem Namen ansprechen. Weitergehende Änderungen im Programm sind nicht notwendig. Daten und Methoden werden in Klassen gekapselt.

Die Zusammenfassung von ähnlichen Objekten zu Gruppierungen (Klassen) hat diverse Vorteile. Die Eigenschaften der Objekte werden in den Gruppierungen gesammelt und für eine spätere Erzeugung von realen Objekten verwendet. Klassen sind eine Art Beschreibung oder Baupläne für konkrete Objekte, die Objekte selbst sind im OO-Sprachgebrauch Instanzen dieser Klassen. Ein großer Teil der Attraktivität von Klassen basiert auf der Fähigkeit der Vererbung. Dies eröffnet die Möglichkeit, auf Basis alter Klassen (mit geringerem Aufwand als bei vollständiger Neuentwicklung) neue Klassen zu erstellen. Weil diese neuen Klassen die Eigenschaften einer anderen Klasse erben können, werden sie *Subklassen*, und die Klasse, aus der sie abgeleitet werden, *Superklasse* genannt.

Klassen unterscheiden sich sehr von Typen. Sie können aus einer gemischten Zusammenstellung von Typen und anderen Klassen bestehen. Sie können Eigenschaften von ihren übergeordneten Klassen erben. Sie können als Teil ihrer Definition ebenfalls Operationen (Methoden genannt) enthalten.

Klassen in Java

Jedes Java-Programm besteht aus einer Sammlung von Klassen. Der gesamte Code, der bei Java verwendet wird, wird in Klassen eingeteilt. Jede Klasse definiert das Verhalten eines Objektes durch verschiedene Methoden. Verhalten und Eigenschaft kann von der einen Klasse zur nächsten weitervererbt werden. Alle Klassen in Java haben eine gemeinsame Oberklasse, die Klasse `Object`. Diese wiederum verfügt nur über eine Metaklasse. Jede Klasse in Java besteht, was die Syntax angeht, aus zwei Teilen: der Deklaration und dem Body (Körper). Nehmen wir nur einmal ein einfaches Beispiel und sehen es unter dem Gesichtspunkt der Klassenstruktur an.

Programmbeispiel:

```
/* Beispielprogramm 2 (zur Bildschirmausgabe von ASCII
bzw. Unicode-Zeichensatz) */
class unicode {
public static void main (String args[])
{int i;
 for (i=0; i < 256;i++)
 System.out.println((char)i);
}}
```

Die Deklaration ist `class unicode`, der Rest innerhalb der geschweiften Klammern ist der Klassenkörper. Dies ist jedoch wirklich nur die einfachste Form einer Klasse.

Allgemeine Syntax einer Klassendeklarationen in Java

Generell haben Klassendeklarationen in Java folgendes Format:

[modifiers] class NeueKlasse [extends NamederSuperKlasse] [implements NamederSchnittstelle]

wobei alles in eckigen Klammern optional ist.

HINWEIS

Es können auch mehr als nur eine Schnittstelle implementiert werden. Dann müssen mehrere `implements`-Anweisungen hintereinander geschrieben werden.

Es gibt also vier Eigenschaften einer Klasse, die in einer Deklaration definiert werden können:

- der Modifier
- der Klassenname
- die Superklasse
- die Schnittstellen

Oft enthält die Klassendeklaration nur das Schlüsselwort `class` und den Namen der Klasse. Modifier sind jedoch üblich.

Modifier

Die Modifier beginnen eine Klassendeklaration und legen fest, wie die Klasse gehandhabt werden kann, wenn sie fertig ist. Klassen haben immer einen voreingestellten Defaultstatus. Nur wenn Sie davon abweichen wollen, müssen Sie explizit einen der drei erlaubten Modifier verwenden:

- `public`
- `final`
- `abstract`

Das Schlüsselwort `public` regelt die Sichtbarkeit der Klasse, während die anderen beiden Schlüsselworte den Benutzungsgrad festlegen. Insbesondere dürfen zwar die Sichtbarkeit mit jedem der beiden Schlüsselworte für den Benutzungsgrad kombiniert, die beiden Schlüsselworte für den Benutzungsgrad jedoch nicht zusammen verwendet werden.

Freundliche Klassen – der voreingestellte Defaultstatus

Der voreingestellte Defaultstatus einer Klasse ist immer *freundlich* und wird immer dann verwendet, wenn Sie keinen Modifier am Anfang einer Klassendeklaration setzen. Dies bedeutet, daß diese Klassen zwar erweitert und von anderen Klassen benutzt werden können, aber nur von Objekten innerhalb desselben Pakets.

Das Paket-Konzept von Java dient dazu, mehrere Klassen zu einem Paket über die Anweisung `package` zusammenzufassen. Durch die Anweisung `import` werden einzelne Pakete dann in einem Programm verfügbar gemacht. Wir haben das Paketkonzept bisher noch nicht weiter erläutert und werden im Anschluß an die Klassen intensiver darauf eingehen.

Öffentliche Klassen – der Modifier public

Eine Klasse wird als öffentlich deklariert, wenn man den Modifier `public` vor die Klassendeklaration setzt. Dies bedeutet, daß alle Objekte auf Public-Klassen zugreifen können. Die Erweiterung gegenüber freundlichen Klassen ist die, daß sie ebenfalls von allen Objekten benutzt und erweitert werden können, welche nicht zum eigenen Paket gehören.

HINWEIS

Die Deklaration des Klassennamens einer öffentlichen Klasse muß immer identisch sein zu dem Namen, unter dem der Source dieser Datei gespeichert wird (natürlich ohne die Erweiterung .java). Aber auch für nichtöffentliche Klassen macht es Sinn, eine Datei, in der die Klasse definiert ist, mit dem Klassennamen und der Erweiterung .java zu bezeichnen.

Finale Klassen – der Modifier final

Finale Klassen können nicht weiter abgeleitet werden, mit anderen Worten: sie dürfen keine Subklassen haben. Der Modifier `final` muß am Beginn der Klassendeklaration gesetzt werden. Beispiel: `final class unicode`

Abstrakte Klassen – der Modifier abstract

Unter einer abstrakten Klasse versteht man eine Klasse, von der nie eine direkte Instanz benötigt wird und von welcher auch keine Instanz gebildet werden kann. Sie dient zu einem oder mehreren allgemeinen Verweis(en). Java charakterisiert abstrakte Klassen mit dem Schlüsselwort `abstract`.

Beispiel: `abstract class unicode`

HINWEIS

An dieser Stelle nochmals der Hinweis, daß die Schlüsselwörter `final` und `abstract` nicht zusammen bei einer Klasse verwendet werden können.

Der Klassenname

Jede Klasse benötigt einen Namen. Damit ist fast schon das Wichtigste gesagt, was für den Klassennamen von Bedeutung ist. Es gibt jedoch noch einige wenige Regeln, die die Vergabe von Klassennamen beschränken. Wir kennen die Regeln schon von den Token im allgemeinen. Es gibt neben den zwingenden Regeln ein paar unverbindliche, aber gängige Konventionen für Klassennamen.

Übliche Konventionen für Klassennamen

- Man sollte möglichst sprechende Klassennamen zu verwenden.
- Die Identifier von Klassen sollten mit einem Großbuchstaben beginnen und anschließend klein geschrieben werden. Wenn sich ein Bezeichner aus mehreren Worten zusammensetzt, dürfen diese nicht getrennt werden. Die jeweiligen Anfangsbuchstaben werden jedoch innerhalb des Gesamtbezeichners jeweils groß geschrieben.

Superklassen und das Schlüsselwort extends

Wir wollen in Java nicht jedesmal das Rad neu erfinden, sondern bereits bestehende Funktionalitäten immer wieder nutzen und nur für unsere Zwecke anpassen. Mit dem Schlüsselwort `extends` spezifizieren Sie die Klasse, auf welche Ihre neue Klasse aufbaut (die Superklasse). Durch die Erweiterung einer Superklasse machen Sie aus Ihrer Klasse eine neue Kopie dieser Klasse und ermöglichen gleichzeitig Veränderungen an dieser neuen Kopie.

Ziehen wir wieder einmal ein Beispiel heran, wo wir eine Klasse als Ableitung einer Superklasse schon verwendet haben.

Programmbeispiel:

```
import java.awt.Graphics;
public class HelloJavaApplet extends java.applet.Applet
```

```
{
 public void paint(Graphics g) {
   g.drawString("Hello Java!", 5, 25); }
}
```

Das war unser erstes Applet. Es ist als Subklasse der Klasse `java.applet.Applet` definiert. Wir haben sie einfach ein bißchen erweitert.

HINWEIS

Bemerkung zur Vererbung in Java:
In Java gibt es keine Mehrfachvererbung. Deshalb können Java-Klassen, anders als in C++, immer nur eine Superklasse haben.

Schnittstellen und das Schlüsselwort implements

Statt Mehrfachvererbung gibt es unter Java ein sogenanntes Schnittstellenkonzept. Objekte können eine beliebige Anzahl an Schnittstellen implementieren. Schnittstellen sind im Prinzip Klassen sehr ähnlich, jedoch im Gegensatz dazu unterstützen sie Mehrfachvererbung und sind auch sonst flexibler in bezug auf Vererbung, als dies bei Klassen der Fall ist.

Eine Schnittstelle ist in der Java-Sprache eine Sammlung von Methoden-Namen ohne konkrete Definition. Schnittstellen ermöglichen das Erstellen von Pseudoklassen, die ganz aus abstrakten Methoden zusammengesetzt sind. Durch die Implementierung von Schnittstellen muß jede nicht-abstrakte Klasse alle in der Schnittstelle deklarierten Methoden überschreiben.

Überschreiben von Schnittstellenmethoden

Eine Schnittstellenmethoden kann nicht verwendet werden, bis sie nicht in der Klasse überschrieben worden ist, welche diese Methode implementiert.

Eine Methodendeklaration in einer Schnittstelle legt das Verhalten einer Methode insoweit fest, daß der Methodenname, der Rückgabetyp und Parametersignatur definiert werden. Wenn eine solche Methode überschrieben wird, dann gibt es auch mehrere Aspekte, die geändert werden können. Genaugenommen ist das einzige, was sich an der Methode nicht verändern darf, der Methodenname.

Wenn eine Schnittstelle implementiert werden soll, muß die entsprechende Klasse mit bestimmten Eigenschaften ausgestattet werden:

- Alle in einer Schnittstelle deklarierten Methoden sind als Grundeinstellung mit dem Zugriffslevel `public` ausgestattet. Deshalb müssen alle in einer Schnittstelle deklarierten und in einer Klasse überschriebenen Methoden mit dem Zugriffsmodifier `public` versehen werden. Von den übrigen Modifier, die auf Methoden angewendet werden können, dürfen nur `native` und `abstract` auf solche Methoden angewendet werden, die ursprünglich in einer Schnittstelle deklariert wurden.
- Schnittstellenmethoden können eine Parameterliste definieren, die an die Methode weitergegeben werden muß. Wenn in der Klasse eine neue Methode mit dem gleichen Namen, jedoch einer anderen Parameterliste deklariert wird, wird wie allgemein üblich die in der Schnittstelle deklarierte Methode überladen und nicht überschrieben. Dies ist zwar nicht falsch, aber dann muß noch zusätzlich die Methode überschrieben werden.

5.6 Methoden

Methoden sind das Java-Gegenstück zu Funktionen in anderen Programmiersprachen. Sie bilden das Kernstück jeder Klasse und sind für die Handhabung aller Aufgaben zuständig, die von dieser Klasse durchgeführt werden sollen. Zwar ist die eigentliche Implementierung der Methode im Body (Körper) der Methode enthalten. Zusätzlich gibt es wie bei den Klassen die Deklaration, welche einen großen Teil von Informationen über die Methode enthält.

Deklaration einer Methode

Die Deklarationen von Methoden sehen generell folgendermaßen aus:

[Zugriffsspezifizierer] [modifier] return_wert namedermethode ([Parameter])

[throws] [ExceptionListe]

Dabei ist alles in eckigen Klammern optional.

Die Methodenunterschrift

Unter der Unterschrift einer Methode versteht man eine Kombination aus Teilen der Definition: dem Namen der Methode, dem Rückgabetyp, und den verschiedenen Parametern. Oft wird für denselben Zusammenhang der Begriff Methodensignatur verwendet.

Die Zugriffsspezifizierung

Man kann bei Methoden wie bei Klassen den Zugriff beschränken. Es können zwar immer die Methoden innerhalb einer gegebenen Klasse auf alle anderen Methoden dieser Klasse zugreifen, jedoch für Methoden anderer Objekte können Beschränkungen aufgebaut werden. Beachten Sie dabei bitte, daß jede Klasse nur einen Zugriffsmodifier haben kann. Es macht wenig Sinn, wenn eine Methode als weniger streng deklariert ist, als die Klasse, zu welcher sie gehört. Eine Klassendeklaration sollte also nie mehr einschränken, als die darin enthaltenen Methoden an maximalen Rechten haben sollen.

Freundliche Methoden – der voreingestellte Defaultstatus

Der voreingestellte Defaultstatus einer Methode ist immer *freundlich*. Dies ist identisch zu Klassen. Die *freundliche* Grundeinstellung aller Methoden bedeutet, daß diese Methoden sowohl innerhalb der Klasse, als auch des zugehörigen Paketes benutzt werden können. Beispiel: `void speichNichtgeheimZahl()`

Öffentliche Methoden – der Zugriffsspezifier public

Eine Methode wird wie eine Klasse als öffentlich deklariert, wenn man den Zugriffsspezifier `public` vor die Methodendeklaration setzt. Dies bedeutet, daß alle Methoden auf `public`-Methoden zugreifen können, egal in welchen Klassen oder Paketen sie definiert sind. Die Erweiterung gegenüber freundlichen Methoden ist wieder die, daß sie auch von allen Methoden benutzt werden können, welche nicht zum eigenen Paket gehören. Beispiel: `public void speichNichtgeheimZahl()`

Geschützte Methoden – der Zugriffsspezifier protected

Geschützte Methoden sind im wesentlichen identisch mit öffentlichen Methoden, mit Ausnahme der Tatsache, daß sie nicht für Objekte außerhalb ihres Paketes verfügbar sind. Allerdings haben die Subklassen immer noch den vollen Zugriff auf ihre Superklassen. Realisiert werden geschützte Methoden mit dem vorangestellten Zugriffsspezifier `protected`. Beispiel: `protected void speichereGeheimzahl()`

Die privaten Methoden – der Zugriffsspezifier private

Die höchste auf eine Methode anwendbare Sicherheitsstufe kann durch die Benutzung des Zugriffsspezifiers `private` eingerichtet werden. Eine private Methode ist nur für die anderen Methoden in derselben Klasse verfügbar. Sogar eine Subklasse dieser Klasse kann auf eine private Methode nicht zugreifen.
Beispiel: `private void speichereGeheimzahl()`

Privat geschützt – die Zugriffsspezifier private und protected in Kombination

Methoden, welche mit einer Kombination der Zugriffspezifiere `private` und `protected` deklariert wurden, sind sowohl für eine Klasse, als auch für deren Subklassen verfügbar, aber nicht für den Rest des Pakets oder für Klassen außerhalb des Pakets. Das bedeutet, daß zwar Subklassen einer gegebenen Klasse Methoden, die `private protected` deklariert wurden, aufrufen können, Instanzen der Subklassen jedoch nicht.

Die Methodenmodifier

Methodenmodifier ermöglichen es Ihnen, genau wie Klassenmodifier, bestimmte Eigenschaften einer Methode bzgl. der Sichtbarkeit und der Interaktion mit Subklassen festzulegen.

Klassenmethoden – der Modifier static

Klassenmethoden oder statische Methoden sind enge Verwandte der sogenannten Klassenvariablen, auf die wir noch bei der Besprechung der Variablen intensiver eingehen. Beispiel: `static void toggleStatus();`

Java kennt zwei verschiedenen Arten von Methoden:

- Instanzmethoden
- Klassenmethoden

Es muß in Java zwischen den Eigenschaften einer spezifischen Instanz einer Klasse und der Klasse selbst unbedingt unterschieden werden. Die Klassenmethoden liegen außerhalb der konkreten Objekte, aber innerhalb der Klassen. Methoden einer Klasse sind global, betreffen also immer die gesamte Klasse inklusive sämtlicher Instanzen der Klasse. Sie sind dort und in anderen Klassen verfügbar. Klassenmethoden können deshalb an beliebigen Stellen genutzt werden, unabhängig davon, ob eine konkrete Instanz der Klasse existiert oder nicht.

Die Deklaration von Instanz- und Klassenmethoden unterscheidet sich nicht sonderlich. Es gibt nur einen Faktor, der eine Instanzmethode und eine Klassenmethode unterscheidet. Durch das Plazieren des Modifiers `static` vor eine Methodendeklaration machen Sie diese Methode zu einer statischen Methode.

Nicht-statische Methoden können zwar mit statischen Variablen (auf die wir noch zu sprechen kommen) arbeiten, statische Methoden demgegenüber nur mit statischen Variablen und anderen statischen Methoden.

Abstrakte Methoden – der Modifier abstract

Wir kennen den Modifier `abstract` ja schon von den Klassen. Im Falle von abstrakten Methoden handelt es sich um Methoden, die zwar deklariert sind, aber nicht in die aktuelle Klasse implementiert wurden. Daher muß eine abstrakte Methode in der Subklasse der aktuellen Klasse überschrieben und implementiert werden, bevor mit der Methode irgend etwas anzufangen ist. Sie deklarieren eine abstrakte Methode, indem Sie das Schlüsselwort `abstract` vor den Methodennamen setzen, und den Body (Körper) der Methode durch ein einfaches Semikolon (;) ersetzen. Beispiel: `abstract void toggleStatus();`

HINWEIS

Ein paar Bemerkungen:

Weder statische Methoden noch Klassen-Konstruktoren dürfen als abstrakt deklariert werden.

Abstrakte Methoden sollten nie als `final` deklariert werden, weil dadurch verhindert wird, daß diese Methoden überschrieben werden können. Sie wären nutzlos.

Sofern eine Subklasse nicht alle abstrakten Methoden überschreibt, muß auch sie als abstrakt deklariert werden.

Die finalen Methoden – der Modifier final

Das Schlüsselwort `final` vor eine Methodendeklaration verhindert, daß irgendwelche Subklassen der derzeitigen Klasse diese Methode überschreiben. Beispiel: `final void toggleStatus()`

Methoden, welche auf keinen Fall geändert werden sollen, sollten deshalb immer als `final` deklariert werden.

Native Methoden – der Modifier native

Native Methoden sind Methoden, die nicht in Java geschrieben sind, aber dennoch innerhalb von Java verwendet werden sollen.
Beispiel: `native void toggleStatus();`

Meist handelt es sich um Methoden in C/C++. Die Syntax zum Verwenden von nativen Methoden ist ähnlich zu abstrakten Methoden. Der Modifier `native` wird vor der Methode deklariert, und der Body (Körper) der Methode wird durch ein Semikolon ersetzt.

Es darf nicht vergessen werden, daß die Deklaration den Compiler über die Eigenschaften der Methode informiert. Deshalb ist es von höchster Wichtigkeit, daß Sie denselben Rückgabewert und dieselbe Parameterliste verwenden, wie sie auch im ursprünglichen Code vorhanden waren.

Methoden synchronisieren – der Modifier synchronized

Methoden zu synchronisieren bedeutet, eine Datenverletzung zu verhindern, welche passieren kann, wenn zwei Methoden gleichzeitig versuchen, auf dieselben Daten zuzugreifen. So etwas kann hauptsächlich dann vorkommen, wenn Sie mit Multithreading arbeiten. Indem Sie das Schlüsselwort `synchronized` vor eine Methodendeklaration setzen, können Sie die Datenverletzung verhindern. Beispiel: `synchronized void toggleStatus()`

Die Rückgabewerte von Methoden

Die Rückgabewerte von Methoden sind wichtige Informationen einer Methode, ob sie korrekt gearbeitet wurde oder was sie genau ausgeführt hat. Rückgabewerte von Java-Methoden können von jedem erlaubten Datentyp sein, nicht nur primitive Datentypen, sondern auch komplexe Objekten (z.B. Zeichenketten).

Eine Methode muß immer einen Wert zurückgeben (und zwar genau den Datentyp, welcher in der Deklaration angegeben wurde), es sei denn, sie ist mit dem Schlüsselwort `void` deklariert worden. Das Schlüsselwort `void` bedeutet gerade, daß sie explizit keinen Rückgabewert hat. Rückgabewerte werden mit der Anweisung `return()` definiert. Innerhalb der Klammer steht der gewünschte Rückgabewert.

Der Methodenname

Bzgl. der Methodennamen gelten die gleichen Regeln wie bei allen Token. Es gibt neben den zwingenden Regeln für Methodennamen ein paar unverbindliche, allerdings gängige Konventionen.

Übliche Konventionen für Methodennamen

- Man sollte möglichst sprechende Methodennamen verwenden.
- Die Methodennamen sollten mit einem Kleinbuchstaben beginnen und anschließend klein geschrieben werden. Wenn sich ein Bezeichner aus mehreren Worten zusammensetzt, dürfen diese nicht getrennt werden. Die jeweiligen Anfangsbuchstaben werden jedoch innerhalb des Gesamtbezeichners jeweils groß geschrieben.

Die Parameterliste

Eine Parameterliste ist eine Reihe von Informationen, welche als Parameter in Klammern eingeschlossen an die Methode weitergegeben werden. Sie hat immer folgende Struktur:

Datentyp Variablenname, Datentyp Variablenname, Datentyp Variablenname,...

Die Anzahl der Parameter ist beliebig und kann Null sein. In letzterem Fall lassen Sie die Klammern leer.

Beispiele:

```
public static int zurueck()
public static void vierParameter(int para1, int para2,
float para3, boolean para4)
```

Methoden überladen und überschreiben

Hier kommen wir zu zwei grundlegenden Techniken – Überladen und Überschreiben.

Überladen (Overloading)

Java erlaubt ein Überladen von Methoden. Überladen kann man so deuten, daß bei Namensgleichheit von Methoden in Superklasse und abgeleiteter Klasse die Methoden der abgeleiteten Klasse die der Superklasse überdecken. Dabei wird aber zwingend vorausgesetzt, daß sich die Parameter signifikant unterscheiden, sonst handelt es sich bei der Konstellation Superklasse-Subklasse um den Vorgang des Überschreibens. Das Überladen einer Methode ist hauptsächlich ein allgemeiner Prozeß zum Erstellen mehrerer Methoden (selbst in der gleichen Klasse) mit demselben Methodennamen, jedoch mit unterschiedlichen Parametersignaturen und wahrscheinlich auch unterschiedlichen Funktionalitäten im jeweiligen Methodenkörper. Zur Laufzeit wird das Programm dann automatisch bestimmen, welche Version der Methode aufzurufen ist. Die unterschiedlichen Parametersignaturen sind das Merkmal, nach dem die Auswahl erfolgt. Programmbeispiel:

```
class super_klasse{
   public static void gebeaus(int i)
   {
   System.out.println(i);
   }
}
class ueberlade extends super_klasse{
public static void gebeaus(int i, int j)
{
System.out.println(i + j);
}
public static void main (String args[])
{
gebeaus(2,2); //Aufruf der Methode in der Subklasse
/* Aufruf der Methode in der Superklasse auf Grund der
anderen Parametersignatur. */
gebeaus(1);
}}
```

Die Ausgabe wird 4 und dann 1 sein.

HINWEIS

Das Überladen funktioniert genauso innerhalb einer Klasse.

Unterschiede zwischen Parametersignatur und Parameterliste

Die Parametersignatur einer Methode ist das Merkmal, nach dem die Auswahl beim Überladen erfolgt. Sie gibt nur an, was für ein **Datentyp** von Parameter an eine Methode weitergereicht wird und die **Anzahl der Parameter**, jedoch nicht den Namen des Parameters. Der Unterschied zur

Parameterliste ist entscheidend, denn das Deklarieren einer Methode des gleichen Namens (in der gleichen Klasse oder in Super- und Subklasse), aber mit einer unterschiedlichen Parametersignatur, führt wie gesagt zum Überladen einer Methode, das Deklarieren einer neuen Methode mit der gleichen Parametersignatur, und nur maximal einer unterschiedlichen Parameterliste (das bedeutet nur maximal unterschiedliche Namen der Parameter bei unveränderten Typen) jedoch nicht.

Methoden, die mit dem Schlüsselwort `static` deklariert werden, können nicht überladen werden.

HINWEIS *Es genügt zum Überladen einer Methode nicht, wenn sich nur der Rückgabetyp der neuen Methode von dem der Ursprungsmethode unterscheidet.*

Overriding

Der Mechanismus des Überschreibens (engl. Overriding, was eigentlich Überdefinieren bedeutet) von Methoden ist dem Überladen ähnlich, sollte jedoch nicht mit ihm verwechselt werden. Überschreiben bedeutet, daß Methoden einer Subklasse die Methoden der Elternklasse komplett bzw. teilweise überschreiben.

Wir hatten schon angesprochen, daß das Erstellen zweier Methoden des gleichen Namens und der identischen Parametersignatur innerhalb derselben Klasse nicht gestattet ist, aber um eine Klasse zu erweitern, kann man sie in einer Subklasse überschreiben.

HINWEIS *Zur Verdeutlichung noch ein Beispiel für identische Parametersignaturen. Die Parametersignaturen der beiden folgenden Methoden sind gleich:*

```
meineMethode(int a, int b, double c)
meineMethode(int c, int d, double a)
```

Die Namen der Parameter spielen keine Rolle!

Um es noch mal zu verdeutlichen: Eine Methode der Superklasse wird überschrieben (Overriding), wenn die neue Methode in der Subklasse den gleichen Namen und die gleiche Parametersignatur hat wie die Methode in ihrer Superklasse. Wenn die Parametersignatur nicht gleich ist, wird die neue Methode die alte überladen, nicht überschreiben. Auch darf beim Überschreiben der Rückgabewert einer Methode nicht geändert werden.

Konstruktoren & der new-Operator

Bei Konstruktoren (engl. Constructors) handelt es sich um sehr spezielle Methoden, welche bei der Erstellung einer Instanz genutzt werden, um ein Objekt zu initialisieren und bestimmte Eigenschaften der Instanz festzulegen, Aufgaben auszuführen und Speicher für die Instanz zu allokieren.

Konstruktoren müssen immer den gleichen Namen wie die Klasse selbst haben! Weiterhin dürfen Konstruktoren (obwohl sie Methoden sind) keine Rückgabeparameter (nicht einmal die Deklaration als `void` ist erlaubt) haben, weil sie dazu benutzt werden, die Instanz der Klasse zurückzugeben.

Meist sind Konstruktoren übrigens `public`. Sie dürfen nicht als `native`, `abstract`, `static`, `synchronized`, oder `final` deklariert werden.

Wenn eine Instanz einer Klasse erstellt wird, ist es nötig, daß ein Speicherbereich für verschiedene Informationen reserviert wird. Wenn Sie nun eine Instanz am Anfang einer Klasse deklarieren, legen Sie nur einen Namen für diese Variable fest. Daher ist es notwendig, daß Sie die Variable zusätzlich unter Verwendung des Operators `new` erstellen. Die Syntax der Anweisung mit dem Operator `new` sieht folgendermaßen aus: `instKlas = new KlassenName(opt_param);`

`instKlas` ist die Variable, welche die Instanz der Klasse `KlassenName` aufnimmt. Achten Sie unbedingt auf die Klammern. Diese müssen auf jeden Fall vorhanden sein, während die Parameter darin optional sind. Wenn sie vorhanden sind, enthalten sie Anfangswerte von Instanzvariablen oder andere Anfangswerte des Objektes.

Mit dieser Befehlszeile wird der Compiler angewiesen, Speicherplatz für eine Instanz dieser Klasse zu reservieren und den Namen dieser Instanz der entsprechenden Speicheradresse zuzuordnen. Danach kommt der Konstruktor wieder ins Spiel. Der Compiler ruft durch diese Speicherzuordnung mit dem `new`-Operator ebenfalls eine sogenannte Konstruktor-Methode der Klasse dieser neuen Instanz auf, sofern eine solche Konstruktor-Methode explizit definiert wurde. Wenn also eine spezifische Konstruktor-Methode definiert wurde, dann werden die entsprechenden Parameter an sie weitergegeben, sofern die Konstruktor-Methode Parameter benötigt. Anzahl und Typ der Argumente legt die Konstruktor-Methode fest. Wenn keine Konstruktor-Methode definiert wurde, dann ruft Java eine Default-Konstruktormethode ohne Parameter auf.

Es kann in einer Klasse mehrere Konstruktor-Methoden geben. Konstruktoren verhalten sich da wie andere Methoden und können überladen werden. Damit ist es möglich, ein Objekt auf vielfältige Art und Weise zu erstellen, indem mehrere Konstruktoren mit unterschiedlichen Parametern erstellt werden. Die Konstruktoren müssen sich wie andere Methoden innerhalb einer Klasse irgendwo in der Methodenunterschrift unterscheiden, damit sie überladen werden können.

Die Methodenunterschrift bei Konstruktoren läßt dazu nicht viel Freiheiten, denn der Name des Konstruktors (ein Teil der Methodenunterschrift) ist zwingend zum Namen der Klasse identisch. Es kann also nur Unterschiede in der Parameterliste geben. Das nachfolgende Programmbeispiel soll die Verwendung des new-Operators mit drei verschiedenen Konstruktoren demonstrieren.

Programmbeispiel:

```
import java.util.Date;
class konstrukt {
 public static void main (String args[])
 {
 Date datum1, datum2, datum3;
 datum1 = new Date();
 System.out.println("Datum 1 ist " + datum1);
 datum2 = new Date(97, 8, 8);
 System.out.println("Datum 2 ist: " + datum2);
 datum3 = new Date("April, 17, 1963, 3:24, PM");
 System.out.println("Datum 3 ist " + datum3);
}}
```

Den drei Variablen `datum1`, `datum2` und `datum3` werden jeweils andere Konstruktoren der Klasse `Date()` mit dem `new`-Operator zugewiesen. Sie enthalten also drei verschiedene Instanzen der Klasse `Date()`, welche sich dann auch in unterschiedlichen Formaten in der Ausgabe äußern.

Im allgemeinen ist es üblich, daß die Deklaration einer Variablen und die konkrete Erzeugung einer Instanz in einer Zeile erledigt wird. Dies ist vielleicht erst etwas gewöhnungsbedürftig, weil zwei Schritte in einer Anweisungszeile ablaufen, aber man geht so fast immer vor. Im obigen Beispiel würde es so aussehen: `Date datum1 = new Date();`

usw. Schauen wir uns nun an, wie Konstruktoren innerhalb der Klasse erstellt werden. Erstellen wir dazu am besten eine eigene Klasse mit mehreren Konstruktoren zum Überladen und erzeugen dann davon mehrere Objekte.

Programmbeispiel:

```
class mehrerekonstruktoren{
int instanzvariable;
mehrerekonstruktoren() // Konstruktor 1 ohne Parameter
{instanzvariable = 5;
}
mehrerekonstruktoren(int i)// Konstr. 2 mit 1 Parameter
{instanzvariable = i;   // Typ int
}
mehrerekonstruktoren(double i)// Konstruktor 3 mit
{instanzvariable = (int)i;      // einem double-Parameter
}          // Achtung Casting notwendig
}
class konstrukt2 {
 public static void main (String args[])
{
/* 3 Instanzvariablen vom Typ mehrerekonstruktoren */
mehrerekonstruktoren vari1, vari2, vari3;
 /* Erzeugen Instanz mit dem ersten Konstruktor */
vari1 = new mehrerekonstruktoren();
/* Ausgabe der Instanzvariable, wie sie im ersten
Konstruktor initialisiert wurde. */
System.out.println("1. Konstruktor belegt Instanzvariable
mit dem Wert " + vari1.instanzvariable);
/* Erzeugen Instanz mit dem zweiten Konstruktor */
vari2 = new mehrerekonstruktoren(6);
/* Ausgabe der Instanzvariable, wie sie im 2. Konstruktor
initialisiert wurde. */
System.out.println("2. Konstruktor belegt Instanzvariable
mit dem Wert " + vari2.instanzvariable );
/* Erzeugen Instanz mit dem dritten Konstruktor */
vari3 = new mehrerekonstruktoren(4.0);
/* Ausgabe der Instanzvariable, wie sie im dritten
Konstruktor initialisiert wurde. */
System.out.println("3. Konstruktor belegt Instanzvariable
mit dem Wert " + vari3.instanzvariable );
}}
```

Die Ausgabe sieht folgendermaßen aus:

1. Konstruktor belegt Instanzvariable mit dem Wert 5
2. Konstruktor belegt Instanzvariable mit dem Wert 6
3. Konstruktor belegt Instanzvariable mit dem Wert 4

Konstruktoren überschreiben

Konstruktoren kann man zwar überladen, aber das Überschreiben funktioniert nicht. Allerdings ist es auch bei Konstruktoren möglich, die Methoden der Superklasse aufzurufen. Dazu folgt mehr bei der Beschreibung des Schlüsselworts super.

Komponenten von Klassen im Source ansprechen

Es geht nun darum, Komponeten in Java zu benutzen. Dabei muß man verschiedene Situationen unterscheiden.

Komponenten innerhalb der jeweilig eigenen Klasse kann man direkt ansprechen, indem man einfach den Bezeichner dafür angibt, beispielsweise einen Methodenaufruf. Programmbeispiel:

```
class methodenaufruf {
public static void variable ()
{// identsiche Variable zur Zählvariable, aber anderer
 // Namensraum
int i = 42;
System.out.println(i); //Ausgabe der überdeckten Variablen
}
public static void main (String args[])
{
variable(); //Aufruf der Methode
}}
```

Der Aufruf einer Methode oder einer Variablen wird immer soweit unten in einer Hierarchie wie möglich erfolgen. Wird ein Aufruf in einer tiefen Ebene nicht gefunden, wird die nächsthöhere Ebene durchsucht und so fort.

Noch nicht in Detail geklärt (obwohl schon oft verwendet) ist die Frage, wie Komponenten aus anderen Klassen benutzt werden können oder wie auf Komponenten verwiesen kann, welche in verschiedenen Hierarchieebenen mehrfach vorkommen und wo eine überdeckte Komponente gebraucht wird.

Java-Klassen können Instanzen anderer Klassen benutzen, die wie Variablen behandelt werden. Sie können aber auch die Felder und Methoden der Referenzvariablen dieses Klassentyps verwenden. Man nutzt dazu in Java die in den meisten OOP-Sprachen verwendete Punktnotation. Dabei steht auf der linken Seite des Punktes das Objekt (die Instanz), zu der die

Felder oder Methoden gehören, und auf der rechten Seite der Name der Felder oder Methoden. Im Rahmen der allgemeinen Behandlung der OO-Theorie haben wir diese Punktnotation schon einmal angesprochen.

Beispiele:

```
MeinObj.meineVar;          DeinObj.methode(arg1,arg2);
```

Auf beiden Seiten des Punktes steht ein Ausdruck (im Java-Sinn). Damit kann die Punktnotation ebenfalls verschachtelt werden. Wenn etwa die aufgerufene Methode selbst ein Objekt beinhaltet und dieses Objekt wiederum eine eigene Instanzvariable, so kann darauf über die Punktnotation Bezug genommen werden. Die Punktnotation wird dabei von links nach rechts bewertet. Das nachfolgende Beispiel werden Sie kennen. Beispiel: `System.out.println();`

`System` ist die Klasse (Teil des Paketes `java.lang`) und `out` die Klassenvariable, welche die Instanz `PrintStream` enthält. Diese Instanz zeigt auf die Standardausgabe es Computersystems und enthält die Methode `println()`, welche hier referenziert wird. Zuerst wird im dem Beispiel die Klassenvariable `System.out` bewertet. Diese zeigt auf das Objekt `PrintStream` mit der Methode `println()`, welche dann ausgeführt wird.

Die Variable this

Über die Punktnotation kann man auf andere Klassen zugreifen. Wie aber kann eine Klasse auf sich selbst zugreifen? Dafür stellt Java die Variable `this` zur Verfügung, welche es ja ebenso schon in C/C++ gab. Es gibt im allgemeinen zwei Situationen, die den Gebrauch dieser Variablen rechtfertigen:

1. Es gibt in einer Klasse zwei Variablen mit gleichem Namen – eine gehört zu der Klasse, die andere zu einer spezifischen Methode. Die Benutzung der Syntax `this.VariablenName` ermöglicht es, gleichermaßen auf diejenige Variable zuzugreifen, die zu der Klasse gehört. Es erfolgt also ein Zugriff auf die Instanzvariable des Objektes selbst.
2. Eine Klasse muß sich selbst als Parameter für eine Methode weiterreichen. Ein Beispiel sind Applets, die auf Methoden wie z.B. `showStatus()` zugreifen können.

Das Schlüsselwort `this` kann an jeder Stelle verwendet werden, an der das Objekt erscheinen kann, etwa als Argument einer Methode, als Ausgabewert, oder in Form der Punktnotation zum Zugriff auf eine Instanzvariable.

Programmbeispiel:

```
class ueberladen{
int x = 0;
ueberladen mitmethode(int x)
{//Zuweisung Instanzvariable mit Wert des Parameters
this.x = x;
   return this; //Rückgabe der Instanzvariable
}
ueberladen mitmethode(int x, int y)
{
   this.x = x + y;
   return this;
}
ueberladen mitmethode(int x, float y)
{
   this.x = (int)(x*y);
   return this;
}
 void printwas()
{
 System.out.print("Wert der Methode: " + x );
 System.out.println("");
 }
public static void main (String args[])
{
 ueberladen ueber = new ueberladen();
 System.out.println(
"Aufruf der Methode mit einem Parameter: ");
 ueber.mitmethode(1);
 ueber.printwas();
 System.out.println("----------");
 System.out.println(
   "Aufruf der Methode mit zwei int: ");
 ueber.mitmethode(1,2);
 ueber.printwas();
 System.out.println("----------");
 System.out.println(
```

```
"Aufruf der Methode mit einem int- und einem
float-Parameter: ");
 ueber.mitmethode(2, (float)2.5);
 ueber.printwas();
 System.out.println("----------");
}}
```

Die Ausgabe wird wie folgt aussehen:

Aufruf der Methode mit einem Parameter:
Wert der Methode: 1

———

Aufruf der Methode mit zwei int-Parametern:
Wert der Methode: 3

———

Aufruf der Methode mit einem int- und einem float-Parameter:
Wert der Methode: 5

———

Das Schlüsselwort `this` kann häufiger weggelassen werden, wenn Sie sich auf Instanzvariablen oder Methodenaufrufe in der aktuellen Klasse über den Namen beziehen. In diesem Fall wird `this` implizit in diesen Referenzen verwendet. Entscheidend bei Instanzvariablen ist, ob es im lokalen Bereich bereits Variablen mit dem gleichen Namen gibt.

super

Wenn man eine Methode, welche bereits in einer Superklasse implementiert war, sowohl in der überschriebenen Variante, als auch gleichzeitig in der Orginalversion nutzen möchte, verwendet man das Schlüsselwort `super`. Ein Methodenaufruf wird in der Hierarchie nach oben zur Superklasse weitergereicht. Schauen wir ein Beispiel mit dem Schlüsselwort `super` an.

Programmbeispiel

```
class super_klasse{
void gebeaus(int i) //Methode der Superklasse
{
System.out.println(i + 10);
}}
class ueberschreibe extends super_klasse{
/* gleicher Methodenname, aber anderer Parameter in der
Subklasse */
```

```
void gebeaus(int i) //Identische Deklaration
{
System.out.println(i - 10); //Ausgabe
super.gebeaus(42); //Methode der Superklasse
}
public static void main (String args[])
{
ueberschreibe u = new ueberschreibe();
u.gebeaus(42); // Methode der Subklasse wird aufgerufen
}}
```

Die Ausgabe wird 32 und in der nächsten Zeile 52 (das Ergebnis der Superklassen-Methode) sein.

Um eine Methode in einer Superklasse aufzurufen, wird also die folgende Syntax verwendet: `super.methodenname(Parameter);`

Besondere Methoden sind die Konstruktoren, welche man gleichfalls in der Superklasse aufrufen kann. Jedoch ist bei Konstruktoren der Methodenname überflüssig, denn der muß sowieso identisch zum Klassennamen sein. Deshalb wird bei Konstruktoren die folgende Syntax verwendet: `super(Parameter);`

Ebenso wie die Verwendung von `this` bewirkt der Einsatz von `super` in Konstruktor-Methoden den Aufruf der unmittelbaren Superklasse.

Das Speichermanagement

Immer wenn mit dem `new`-Operator eine neue Instanz einer Klasse erstellt wird, belegt das Laufzeitsystem von Java einen Teil des Speichers, in dem die zu der Klasse bzw. ihrer Instanz gehörenden Informationen abgelegt werden. Sie müssen zwar damit für jedes neue Objekt eine Zuweisung von Speicherplatz vornehmen, jedoch nicht mehr die benötigte Größe des Speicherplatzes spezifizieren, sondern nur noch den Namen des benötigten Objektes. Das bedeutet ebenfalls, daß der `new`-Anweisung bereits der richtige Datentyp zugewiesen wurde, wenn sie eine Referenz auf einen zugewiesenen Speicherbereich zurückgibt.

Wie soll aber dieser Speicher wieder freigegeben werden, wenn das Objekt nicht länger benötigt wird? Der unter C verwendete Destruktor als potentielles Gegenstück zum Konstruktor ist in Java nicht notwendig. Java gibt Speicherplatz immer automatisch mit einem Papierkorb frei. Dafür ist die Garbage Collection zuständig, mit der Java automatisch Objekte freigibt, wenn es keine Referenzen mehr auf diese Objekte gibt. Die explizite Speicherfreigabe ist schlicht und einfach überflüssig, obwohl theoretisch der Papierkorb mit der Methode `System.gc()` direkt manuell aufgerufen werden kann.

Der Finalisierer – die Methode finalize()

Es gibt Situationen, in denen es erforderlich ist, daß ein Objekt vor seiner Beseitigung noch gezielte Abschlußaktionen ausführt. Man nennt diesen Beendigungsvorgang Finalisierung und nimmt dazu die `finalize()`-Methode:

```
protected void finalize() throws Throwable
```

Die `finalize()`-Methode gehört zur Klasse `java.lang.Object` und ist somit in allen Klassen vorhanden. Sie ist der Grundeinstellung nach leer und wird normalerweise während der automatischen Speicherbereinigung vom Runtime-System in Java aufgerufen. Sie hat die Aufgabe, laufende Prozesse ordnungsgemäß zu beenden, bevor ein Objekt zerstört wird.

ACHTUNG

Für die Zerstörung von Applets sollten Sie nicht die `finalize()`-Methode, sondern die `destroy()`-Methode verwenden (`public void destroy() {...}`). Die allgemeinere `finalize()`-Methode ist hier nicht zu verwenden, da diese im Gegensatz zu der `destroy()`-Methode nicht immer beim Beenden von einem Browser oder dem Neuladen eines Applets automatisch ausgeführt wird.

Synchronisierte Blöcke

Bei der Technik des Multithreading muß es die Möglichkeit geben, genau wie bei Methoden ganze Blöcke, welche auf die gleiche Information zugreifen wollen, zu synchronisieren. Um Blöcke zu synchronisieren, kann man wieder das Schlüsselwort `synchronized` verwenden. Diesmal wird damit allerdings ein synchronisierter Block erstellt.

Ein skizziertes Java-Programm soll eine Verwendung des Schlüsselwort `synchronized` demonstrieren.

```
class Netzwerk {
Zugriff oeffneSchnittstelle;
...
synchronized (oeffneSchnittstelle) {
```

```
online(oeffneSchnittstelle.sende[1]);
online(oeffneSchnittstelle.sende[2]);
} }
```

Mehr dazu folgt bei dem Kapitel über Multithreading.

5.7 Schnittstellen

Schnittstellen (Interfaces) sind Klassen von der Syntax her sehr ähnlich. Genaugenommen können viele Aussagen bzgl. Klassen auf Schnittstellen übertragen werden. Eine Schnittstelle ist in der Java-Sprache eine Sammlung von Methodennamen ohne konkrete Definition.

Klassen definieren Objekte, und Schnittstellen helfen bei der Definition von Klassen. Während Klassen die Möglichkeit haben, ein Objekt zu definieren, können Schnittstellen lediglich ein paar Methoden und Konstanten definieren, die dann von einem Objekt implementiert werden. Schnittstellen können nur abstrakte Methoden und finale Felder definieren, eine Angabe der Implementierung dieser Methoden ist allerdings nicht möglich. Objekte können eine beliebige Anzahl an Schnittstellen oder abstrakten Klassen implementieren. Schnittstellen bilden in Java den Ersatz für die Mehrfachvererbung. Eine Klasse kann also nur eine Superklasse, jedoch dafür mehrere Schnittstellen haben.

Neben der Eigenschaft als Alternative zu der Mehrfachvererbung, werden Schnittstellen (gerade durch die Eigenschaft, keine konkrete Definition zu besitzen) dazu benutzt, eine bestimmte Funktionalität zu definieren, die in mehreren Klassen benutzt werden kann oder wenn die genaue Umsetzung einer Funktionalität noch nicht sicher ist (sie wird erst später in der auf die Schnittstelle aufbauenden Klasse realisiert). Sofern Sie derartige Methoden in einer Schnittstelle unterbringen, können Sie gemeinsame Verhaltensweisen definieren und die spezifische Implementierung dann den Klassen selbst überlassen. Daher liegt die Verantwortung für die Spezifizierung von Methoden dieser Implementierungen, ähnlich wie bei abstrakten Klassen, immer bei den Klassen, die eine Schnittstelle implementieren.

Die konkrete Syntax

Die Syntax zur Erstellung einer Schnittstelle und der konkrete Erstellungsprozeß sind denen von Klassen sehr ähnlich.

Die Implementierung von Schnittstellen in Klassen

Weil Schnittstellen nur abstrakte Methoden definieren, werden auf jeden Fall einige Klassen benötigt, die diese Methoden dann implementieren. Erst damit gelangen Schnittstellen zu einer konkreten Funktionalität. Das wird durch die Erstellung einer Klasse erreicht, die eine gegebene Schnittstelle implementiert. Die genaue Syntax haben wir bei der Klassendeklaration gesehen.

Das Erstellen von Schnittstellen

Die Syntax zur Erstellung einer Schnittstelle ähnelt der zur Erstellung einer Klasse sehr mit dem wichtigen Unterschied, daß keine Methode in ihrer Klasse einen Körper haben darf und keine Variablen deklariert werden dürfen, die nicht als Konstanten dienen. Nichtsdestotrotz gibt es einige wichtige Dinge, die in einer Schnittstellendefinition erledigt werden können.

Die Deklaration einer Schnittstelle

Schnittstellen-Deklarationen haben folgende Syntax:
[`public`*]* `interface` *NamederSchnittstelle [*`extends` *SchnittstellenListe]*

wobei alles in eckigen Klammern geschriebene optional ist.

Öffentliche (public-) Schnittstellen

Schnittstellen können als Voreinstellung von allen Klassen im selben Paket implementiert werden (freundliche Einstellung). Damit verhalten sie sich wie freundliche Klassen und Methoden. Indem Sie Ihre Schnittstelle explizit als public deklarieren, ermöglichen Sie es – wie auch bei Klassen und Methoden – den Klassen und Objekten außerhalb eines gegebenen Pakets, diese Schnittstelle zu implementieren.

ACHTUNG

Analog public-Klassen müssen `public`*-Schnittstellen zwingend in einer Datei namens < NamederSchnittstelle >.java definiert werden.*

Andere Zugriffsmodifier:

Vielleicht stellen Sie sich die Frage, was mit anderen Zugriffsmodifiern – etwa `protected` *– ist? Ganz einfache Antwort: sie sind nicht erlaubt! Warum? Na, dann versuchen Sie mal eine Schnittstelle mit einer sinnvollen Funktion zu versehen, wenn Sie die enthaltenen*

Komponenten nicht vernünftig weiterentwickeln und verwenden können. Eine Schnittstelle enthält ja nur abstrakte Methoden und finale Felder.

Namensregeln für Schnittstellen

Die Regeln für die Benennung von Schnittstellen sind die selben wie für Klassen und Token im allgemeinen. Es gibt wenige Regeln, die die Vergabe von Namen beschränken. Wie auch bei Klassen ist es üblich, den ersten Buchstaben jedes Schnittstellennamens groß zu schreiben.

Die Erweiterung anderer Schnittstellen

Java-Schnittstellen können andere Schnittstellen erweitern, um somit zuvor geschriebene Schnittstellen weiterentwickeln zu können. Die neue Subschnittstelle erbt dabei auf die gleiche Art und Weise wie bei Klassen die Eigenschaften von der Superschnittstelle(n). Vererbt werden alle Methoden und statischen Konstanten der Superschnittstelle.

Zwar können Schnittstellen andere Schnittstellen erweitern, aber weil diese keine konkreten Methoden definieren dürfen, dürfen auch die Subschnittstellen keine Methoden der Superschnittstellen definieren. Statt dessen ist dieses die Aufgabe jeder Klasse, welche die abgeleitete Schnittstelle verwendet. Die Klasse muß sowohl die in der Subschnittstelle deklarierten Methoden, als auch alle Methoden der Superschnittstellen definieren.

ACHTUNG

Schnittstellen können Klassen nicht erweitern (im Vererbungssinn).
Wenn Sie eine erweiterte Schnittstelle implementieren, müssen Sie sowohl die Methoden der neuen als auch die der alten Schnittstelle überschreiben.
Wenn Sie mehr als eine Schnittstelle erweitern wollen, müssen Sie die einzelnen Schnittstellennamen in der Schnittstellenliste der Schnittstellendeklaration durch ein Komma von dem anderen trennen.

Der Körper einer Schnittstelle

Da eine Schnittstelle nur abstrakte Methoden und finale Variablen enthalten darf, können im Körper einer Schnittstelle zwar keine bestimmten Implementierungen spezifiziert werden, aber ihre Eigenschaften können dennoch festgelegt werden. Ein großer Teil der Vorzüge von Schnittstellen resultiert aus der Fähigkeit, Methoden deklarieren zu können.

Methoden in Schnittstellen

Die Hauptaufgabe von Schnittstellen ist das Deklarieren von abstrakten Methoden, welche in anderen Klassen definiert werden. Bei diesem Prozeß müssen ein paar wichtige Dinge beachtet werden.

Der einzig signifikante Unterschied in der Syntax der Deklaration einer Methode in einer Schnittstelle und der Syntax für die Deklaration einer Methode in einer Klasse ist der, daß im Gegensatz zu Methoden, die in Klassen deklariert werden, die Methoden in Schnittstellen keinen Körper haben können. Eine Schnittstellen-Methode besteht nur aus einer Deklaration. Eine Deklaration einer Methode legt zwar nicht fest, wie diese sich verhalten wird. Nichtsdestotrotz wird definiert, welche Informationen sie als Übergabeparameter benötigt und welche (falls überhaupt) Informationen als Rückgabewert zurückgegeben werden.

HINWEIS

Weil die folgenden Implementierungen der Methoden in den Klassen von den Deklarationen der Methoden in den Schnittstellen abhängig sind, ist eine genaue Planung der nötigen Eigenschaften der Methoden – ihre Rückgabewerte, Parameter und Ausnahmelisten – extrem wichtig.

Die konkrete Syntax von Methodendeklarationen in Schnittstellen

Methodendeklarationen in Schnittstellen haben folgende Syntax:

```
[public] rückgabe_wert namederMethode ([Parameter]) [throws
ExceptionListe];
```

wobei alles in eckigen Klammern geschriebene optional ist.

ACHTUNG

Die Deklarationen einer Methode in Schnittstellen endet direkt mit einem Semikolon (anders als bei normalen Methodendeklarationen in Klassen).

Die Verwendung des Schlüsselworts `public` *bei Methodendeklarationen in Schnittstellen ist zwar bei der Deklaration einer Methode möglich, aber da alle Methoden in Schnittstellen defaultmäßig* `public` *sind, kann man diesen Modifier weglassen. Die anderen Standard-Methodenmodifier (*`native, static, synchronized, fi-`

*`nal, private, protected` oder `private protected`) dürfen bei der Deklaration einer Methode in einer Schnittstelle **nicht** verwendet werden.*

Variablen in Schnittstellen

Auch wenn Schnittstellen im allgemeinen zur abstrakten Implementierung von Methoden verwendet werden, so können sie dennoch zusätzlich einen bestimmten Typ von Variablen enthalten. Da Schnittstellenmethoden keinen Code im Körper enthalten können, müssen alle Variablen, die in einer Schnittstelle deklariert werden, außerhalb der Methodenkörper stehen. Es werden also globale Felder für die Klasse sein. Weiterhin sind alle Felder, die in einer Schnittstelle deklariert werden, unabhängig vom Modifier, der bei der Deklaration des Feldes benutzt wurde, immer `public`, `final` und `static`. Sie müssen das nicht explizit in der Felddeklaration angeben, obwohl es der besseren Lesbarkeit halber sinnvoll ist.

Felder in Schnittstellen werden, wie finale statische Felder in Klassen, dazu verwendet, Konstanten zu definieren, die allen Klassen zur Verfügung stehen, welche diese Schnittstellen implementieren.

Weil alle Felder final sind, müssen sie in der Schnittstelle unbedingt initialisiert werden, wenn sie von der Schnittstelle selbst deklariert werden.

Körper von Schnittstellenmethoden in Klassen

Da Körper von Schnittstellenmethoden leer sind, muß als wesentliche Aufgabe bei der Implementierung einer solchen Methode in eine Klasse ein Körper für die ursprünglich in der Schnittstelle deklarierten Methoden erstellt werden. Und zwar wie bereits mehrfach erwähnt für jede ursprünglich in Ihrer Schnittstelle deklarierten Methode, außer die Methode soll nativ oder die neue Klasse abstrakt sein.

Verwenden von Schnittstellen anderer Klassen

Es gibt mehrere Verfahren, mit denen Klassen, die Schnittstellen implementieren, von anderen Klassen benutzt werden können. Alle Anwendungen hängen von einer ganz bestimmten Bedingung ab: Es muß sichergestellt werden, daß die in der Schnittstelle deklarierten Felder und Methoden in der gegebenen Klasse definiert werden.

Das Verwenden eines Feldes einer Schnittstelle

Die Felder einer Schnittstelle müssen sowohl statisch als auch final sein. Der Zugriff auf ein Feld einer Schnittstelle erfolgt über die Benutzung der standardisierten Punktschreibweise (InterfaceName.feld).

Die Benutzung von Schnittstellen als Typen

Eine Eigenschaft von Schnittstellen ist die Tatsache, daß jede Instanz einer Klasse, die eine Schnittstelle implementiert, alle in der Schnittstelle deklarierten abstrakten Methoden enthalten muß. Daher ist es möglich, auf Typen von Objekten zuzugreifen, die eine Schnittstelle implementieren, weil sie alle eine Anzahl gemeinsamer Methoden besitzen. Man kann sowohl als Parameterliste, als auch als Referenz auf Schnittstellen zugreifen.

Bei Referenzen wird wie bei Klassen ein Verweis definiert, nur daß man einen Interface-Bezeichner angibt.

Beispiel: `InterfaceBezeichner irgendeinObjekt;`

Danach muß man der Referenz eine Instanz einer Klasse zuweisen, welche die Schnittstelle implementiert.

5.8 Pakete und die import-Anweisung

Pakete (engl. Packages) sind in Java Gruppierungen von Klassen und Schnittstellen, eine spezielle Art des Designs und der Organisation von Java im Großen. Sie sind das Java-Analogon zu Bibliotheken vieler anderer Computersprachen. Die Java-Laufzeitbibliothek, das Java-API, wird in Form von Paketen zur Verfügung stellt. Ein Paket von Java-Klassen enthält normalerweise logisch zusammenhängende Klassen und Schnittstellen.

Erstellung eines Paketes

Jedem Entwickler bleibt es selbst überlassen, wie er seine Klassen und Schnittstellen zu Paketen zusammenfaßt und gruppiert. Eine Java-Datei wird ganz einfach zu einem Paket, bzw. einem bestehenden Paket zugeordnet. Sie müssen nur ganz am Anfang der Datei als erste gültige Anweisung (auch vor der ersten Klassendefinition, aber abgesehen von Kommentaren) das Schlüsselwort `package` und den Namen des Paketes, gefolgt von einem Semikolon, setzen. Anschließend können Sie wie gewohnt Ihre Klassen definieren.

Beispiel:

```
package meinErstesPaket;
public class meineErsteKlasse
{...}
```

Wenn sich innerhalb einer Quelldatei mehrere Klassendefinitionen befinden, dann werden alle Klassen dem durch das Schlüsselwort `package` angegebenen Paket zugeordnet.

Wenn die `package`-Anweisung fehlt, wird die Klasse einem voreingestellten Paket ohne Namen (einem sogenannten anonymen Paket) zugeordnet. Die Klassen dieses Paketes können dann direkt von allen Klassen importiert werden, welche im gleichen Verzeichnis stehen (und nur von diesen). Hierbei wird dann die import-Anweisung ohne weitere Qualifizierung angegeben.

Pakete werden in der Regel so organisiert wie die Vererbungshierarchie. Die Java-Klassenbibliothek ist selbst so organisiert. Die oberste Ebene dort heißt `java`. Danach folgen Ebenen wie etwa `io`, `net`, `util` oder `awt`. Es können weitere Ebenen folgen (bei `awt` etwa das Paket `image`).

Namenskonventionen für Pakete

- Es gelten wieder die üblichen Regeln für Token.
- Die erste Ebene der Hierarchie spezifiziert normalerweise den eindeutigen Namen der Firma, welche das Paket entwickelt hat. Das Standardpaket java bildet da eine Ausnahme.

Verwendung von Paketen in Klassen

Wenn Sie in einer Java-Klasse auf Komponenten einer anderen Klasse verweisen wollen, können Sie diese explizit mittels der Punktnotation ansprechen. Etwa *Hauptpak.subpak1.subsub.subsubsub.subsubsubsub.subsubsubsubsub.subpak7.UndhiererstderKlassenname.*

Wenn Sie nun aus der angegebenen Klasse eine Methode benötigen, müssen Sie diese Pfadangabe um den Methodenname erweitern. Und zwar für jede Methode, welche Sie aus der Klasse benötigen. Beispielsweise

```
public class test{
```

```
Hauptpak.subpak1.subsub.subsubsub.subsubsubsub.subsub-
subsubsub.subpak7.UndhiererstderKlassnam.meth1();}
```

Sie werden sicher zustimmen, daß die Lesbarkeit und vor allem der Tipaufwand eine einfachere und schnellere Technik notwendig machen.

Um Komponenten einer fremden Klasse innerhalb von Klassen wie eine Bibliothek nutzen zu können, muß man sie vorher importieren. Das geschieht durch eine `import`-Zeile, die vor der Definition irgendeiner Klasse in der Datei stehen muß. Wenn Sie in einem Paket selbst eine andere Klasse importieren wollen, muß die `import`-Anweisung nach der `package`-Anweisung stehen.

Wir können also die obige Klasse importieren, indem wir die gesamte Punktnotation (das Paket, zu dem sie gehört, und die Klasse selbst) am Anfang einer Datei mit dem Schlüsselwort `import` angeben. Danach können wir Komponenten aus der Klasse direkt ansprechen. In unserem Beispiel würde es wie folgt aussehen:

```
import   Hauptpak.subpak1.subsub.subsubsub.subsubsubsub.subsubsub-
subsub.subpak7.UndhiererstderKlassnam;
public class test{
methode1();}
```

HINWEIS

Die `import`-Anweisung dient nur dazu, Java-Klassen über einen verkürzten Namen innerhalb der aktuellen Bezugsklasse zugänglich zu machen und damit den Code zu vereinfachen. Sie hat nicht den Sinn (wie die `include`-Anweisung in C) die Klassen zugänglich zu machen oder sie einzulesen.

Es kann durchaus mehrfache `import`-Anweisung innerhalb einer Klassendefinition geben (wenn Sie mehrere Klassen importieren wollen). Sie müssen hinter der optionalen Anweisung `package` (im Fall von Paketen selbst, sonst fehlt die `package`-Anweisung natürlich) stehen. Wenn Sie nun mehrere Klassen aus dem gleichen Paket verwenden wollen, können Sie diese nacheinander importieren.

Wenn sich `import`-Anweisungen nur in dem letzten Klassennamen befinden, arbeitet man mit Platzhaltern. Man kann mit Angabe eines Sterns (*) ein ganzes Paket in einer `import`-Anweisung importieren. Danach können wir alle Komponenten aus dem Paket direkt ansprechen. Beispiel: `import java.awt.*;`

ACHTUNG

*Das Sternchen importiert **keine** untergeordneten Pakete. Um also alle Klassen einer komplexen Pakethierarchie zu importieren, müssen Sie explizit auf jeder Hierarchieebene eine import-Anweisung erstellen.*

Der import-Befehl kennt im Prinzip 3 Varianten:

```
import package.klasse;
import package.*;
import package;
```

Wir kennen die beiden ersten Formen ja schon. Die erste Form wird immer dann eingesetzt, wenn man gezielt auf eine Klasse zugreifen möchte und nur diese Klasse aus einem Paket benötigt. Der Vorteil ist, daß eine Klasse innerhalb des Source-Codes direkt über ihren Namen angesprochen werden kann.

Bei Fall 2 kann eine Klasse innerhalb des Source-Codes ebenfalls direkt über ihren Namen angesprochen werden. Der Vorteil ist das Einbinden aller Klassen aus einem Paket mit einer Anweisung.

*Die dritte Form dient dazu, mit möglichst wenigen Anweisungen ein Paket oder sogar mehrere Pakete zu importieren. Allerdings kommt jetzt wieder zum Tragen, daß **keine** untergeordneten Pakete importiert werden. Deshalb kann in dem Fall eine Klasse innerhalb des Source-Codes **nicht** direkt über ihren Namen angesprochen werden. Statt dessen muß vor dem Klassenname das letzte Element aus dem Packagename per Punktnotation gesetzt werden. Dies ist sukzessive fortzusetzen, wenn es mehrere Paketebenen gibt, die nicht im `import`-Befehl angegeben wurden. In diesem Fall muß u.U. eine längere Pfadangabe die Klasse referenzieren.*

Zwar darf ein Paket viele unterschiedliche Klassen enthalten (egal, ob logisch zusammenhängend oder nicht), jedoch darf jede Datei, die etwas mit dem Aufbau von Paketen zu tun hat, maximal nur eine öffentliche Klassendefinition enthalten.

Sie müssen nicht unbedingt ein Paket importieren, um Klassen aus Paketen zu benutzen. Sie müssen lediglich kurz die Klasse aufrufen, die in dem Paket definiert ist. Um ein Objekt einer Klasse zu erzeugen, kann man mit dem `new`-Operator einen Aufruf erzeugen.

5.9 Variablen

Variablen sind Stellen im Hauptspeicher, in denen irgendwelche Werte gespeichert werden können. Dazu haben sie Namen, Datentyp und einen Wert. Wir kennen schon alle Java-Datentypen, die Namensregeln für Variablen und wissen bereits, daß vor einer Verwendung einer Variablen diese deklariert werden muß. Außerdem ist uns bekannt, daß Java keine Konstanten im üblichen Sinn kennt und diese über das Schlüsselwort `final` bei Variablen realisiert. Soweit wahrscheinlich nichts Neues. Die nachfolgende Aussage ist jedoch schon etwas interessanter.

Java kennt nur drei unterschiedliche Arten von Variablen:

- Instanzvariablen
- Klassenvariablen
- Lokale Variablen

Doch wie unterscheiden sich diese drei Arten von Variablen im Detail?

Instanzvariablen

Instanzvariablen werden zum Definieren von Attributen oder eines Zustandes eines bestimmten Objektes benutzt. Dazu werden Instanzvariablen innerhalb der Klasse – meist am Anfang – definiert. Man findet auch gelegentlich den Begriff Objektvariable anstatt Instanzvariable, welcher freilich dasselbe bezeichnet.

Beispiel:

```
public class{
int zaehler;
String str;
public void ersteMethode()
{... irgendwas ...}
}
```

Um einen Wert einer Instanzvariable i.a. zu holen, verwenden Sie die Punktnotation. Dabei steht auf der linken Seite des Punktes das Objekt (die Instanz), zu der die Variable gehört, und auf der rechten Seite der Name der Variablen. Beispiele:

```
MeinObj.meineVar;          DeinObj.dortigeInstanzVar;
```

Auf beiden Seiten des Punktes steht ein Ausdruck (im Java-Sinn). Damit können Instanzvariablen auch verschachtelt werden. Wenn die Instanzvariable selbst ein Objekt beinhaltet und dieses Objekt wiederum eine eigene Instanzvariable, so kann auf darauf über die Punktnotation Bezug genommen werden. Die Punktnotation wird dabei von links nach rechts bewertet.

Beispiel: `MeinObj.meineVar.enthaltInstanzVar;`

Zuerst wird im dem Beispiel die Variable `meineVariable` von dem Objekt `MeinObj` bewertet. Diese zeigt auf ein anderes Objekt mit der Variable `enthaltInstanzVar`. Deren Wert wird dann zurückgegeben.

Eine Wertveränderung einer Instanzvariablen erfolgt durch Zuweisung mit dem Zuweisungsoperator. Die Namen von Instanzvariablen werden wie oben behandelt.

Klassenvariablen

Klassenvariablen sind mit Instanzvariablen vergleichbar, außer der extrem wichtigen Tatsache, daß ihre Werte auf sämtliche Instanzen der jeweiligen Klasse und die Klasse selbst zutreffen. Jede Instanz einer Klasse bekommt eine Instanz der Klassenvariable vererbt. Von da aus kann auf die Klassenvariable direkt zugegriffen werden.

Klassenvariablen werden wie eine Instanzvariable innerhalb der Klasse definiert (meist am Anfang). Zusätzlich muß nur das Schlüsselwort `static` vorangestellt werden. Dies ist identisch zu dem Vorgang, mit dem Instanzmethoden zu Klassenmethoden geadelt werden.

Beispiel:

```
public class{
static int zaehler;
static String str;
public void ersteMethode()
{... irgendwas ...}}
```

Der Zugriff auf Klassenvariablen erfolgt wieder mit der Punktnotation. Dabei steht vor dem Punkt der Name der Klasse und nicht der einer Instanz.

Lokale Variablen

Lokale Variablen werden innerhalb von Methodendefinitionen deklariert und können auch nur dort benutzt werden. Dies können Indexvariablen von Schleifen (sogenannte schleifenlokale Variable) sein oder temporäre Variablen zur Aufnahme von Werten, welche nur innerhalb der Methodendefinitionen Sinn machen. Es gibt gleichfalls auf Blöcke beschränkte lokale Variablen.

Lokale Variablen existieren nur solange im Speicher, wie die Methode, die Schleife oder der Block existiert.

Wesentlicher Unterschied von lokalen Variablen zu Instanz- und Klassenvariablen ist, daß sie unbedingt einen Wert zugewiesen bekommen müssen, bevor sie benutzt werden können. Instanz- und Klassenvariablen haben einen typspezifischen Defaultwert. Es gibt einen Compilerfehler, wenn lokale Variablen nicht vor der ersten Verwendung initialisiert wurden.

Ein weiterer Unterschied von lokalen Variablen zu Instanz- und Klassenvariablen ist, daß man auf sie direkt und nicht über die Punktnotation zugreifen kann.Der Bereich Konstanten ist in Java sowieso eine Besonderheit. Lokale Variablen können **nicht** als Konstanten gesetzt werden. Das bedeutet, das Schlüsselwort `final` ist bei lokalen Variablen nicht erlaubt.

Java-Konstanten

Konstanten sind Speicherbereiche mit Werten, die sich nie ändern. In Java können solche Konstanten ausschließlich für Instanz- und Klassenvariablen, aber nie für lokale Variable erstellt werden.

Um eine Konstante in Java zu deklarieren, benutzen Sie nur das Schlüsselwort `final` und stellen es einer Variablendeklaration voran. Zusätzlich müssen Sie dieser Variablen einen Anfangswert zuweisen (der sich dann auch nie mehr ändert – sonst hätten wir ja keine Konstante).

Beispiele:

```
final int antwort = 42;
final string band = "Safety First";
```

HINWEIS

In der Java-API werden eine große Anzahl von Konstanten zur Verfügung gestellt, mit deren Hilfe Sie einfacher und übersichtlicher programmieren können.

6

Grundlagen Applet-Erstellung

Das World Wide Web (WWW) ist die wichtigste Säule des Internets. Das WWW ist nach wie vor im wesentlichen durch sogenannte Hypertexte aufgebaut, die mit der Internetsprache HTML entwickelt wurden (und werden). Ein Hypertext führt durch markierte Wörter (sogenannte Hyperlinks) zu weiteren Seiten im WWW.

HTML-Dateien bestehen aus reinem ASCII-Text. Dadurch bleiben HTML-Dokumente plattformunabhängig. Plattformabhängig ist immer nur die Software zum Interpretieren der HTML-Dateien (der Browser).

Ein in HTML geschriebenes Dokument kann außer Text ebenso Grafiken sowie multimediale Elemente (Sound, Video usw.) enthalten. Solche Elemente werden als Referenz auf eine entsprechende Grafik- oder Multimedia-Datei notiert. Oder Java-Applets (siehe Bild 6.1)!

HINWEIS

Wenn Sie sich gute Java-Applets als Beispiele suchen, ist Gamelan die Adresse im Internet (http://www.gamelan.com). Dort finden Sie ebenfalls zu Javascript und ActiveX diverse Informationen. Auch ist Gamelan die richtige Adresse, wenn Sie diverse Java-Tools wie beispielsweise Applet-Editoren benötigen.

6.1 Die Vorbereitung

Wir verwenden im folgenden die Verzeichnisstrukturen, in welchen für jedes Applet einzeln oder für alle Applets gemeinsam (hat beides Vor- und Nachteile) der Applet-Code und die zugehörigen HTML-Seiten, sowie eventuelle Tondateien und Bilder plaziert werden.

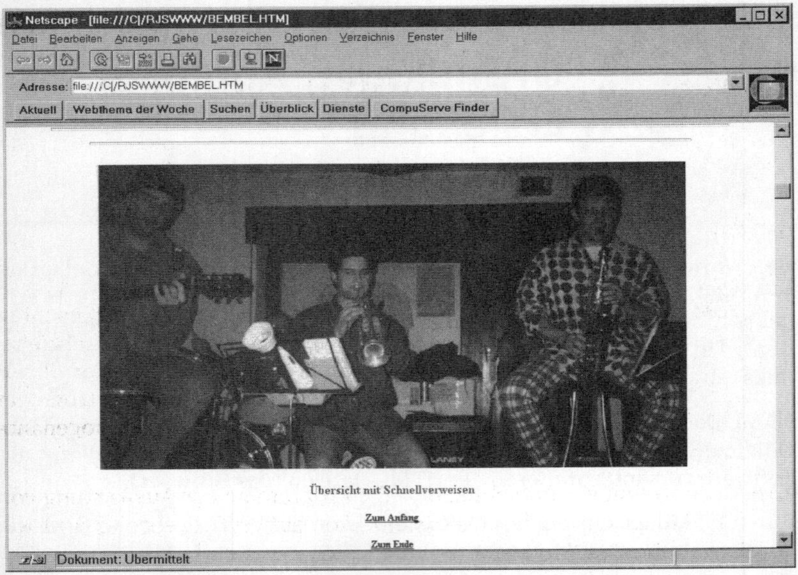

Bild 6.1: Eine einfache Webseite mit eingebundenem Foto.

Die folgenden Verzeichnis-Strukturen erscheinen dafür ganz angebracht:

/[NamederKlasse]	Für .HTML-Dateien
/[NamederKlasse]/audio	Für .au-Dateien
/[NamederKlasse]	Für .java- und .classes-Dateien
/[NamederKlasse]/images	Für .gif- oder .jpeg-Bilddateien

Wenn Sie alle Applets in einer gemeinsamen Struktur verwalten, können Sie vor allem eventuell vorhandene Tondateien und Bilder gemeinsam nutzen. Andererseits geht natürlich die Übersichtlichkeit verloren, weshalb so eine Verzeichnisstruktur innerhalb eines eigenen Appletverzeichnisses eigentlich sinnvoller ist.

6.2 Einbindung von Applets in HTML-Seiten

Java-Applets werden innerhalb von HTML-Seiten in Form von Referenzen eingebunden. Um nun ein Applet in eine HTML-Seite integrieren zu können, müssen wir uns ein wenig mit dem Aufbau einer solchen Webseite beschäftigen.

HTML-Grundlagen

Die Sprache HTML baut zwar auf der exakten und sehr restriktiven Sprache SGML auf, ist jedoch selbst eine äußerst fehlertolerante Beschreibungssprache. Selbst in Situationen, wo in anderen Sprachen geschriebene Dokumente oder Programmstrukturen einen Fehler oder einen Programmabbruch auslösen würden, werden HTML-Dokumente trotzdem oft noch brauchbare Resultate liefern. Der Grund dafür ist das sogenannte Prinzip der Fehlertoleranz von HTML.

Dies bedeutet im wesentlichen, daß die Programme zur Auswertung von HTML-Dokumenten auch syntaktisch unkorrekte Dokumente so weit wie möglich auswerten können.

Soweit korrekte HTML-Anweisungen vorgefunden werden, werden diese Anweisungen ausgeführt. Falsche oder unvollständige Anweisungen werden ganz einfach ignoriert. Für eine HTML-Seite gibt es jedoch dennoch immer ein Grundgerüst und gewisse Grundregeln. Dabei sind besonders zwei Begriffe besonders wichtig:

- Steueranweisungen
- Tags

HTML-Steueranweisungen

Die HTML-Befehle werden Steueranweisungen genannt. Die Steueranweisungen werden in Form einer Stapeldatei im Klartext erstellt. Sprünge und Schleifen – im Source – kommen nicht vor.

Tags

Alle HTML-Steueranweisungen werden in sogenannte »Tags« geschrieben, die von spitzen Klammern – dem »Kleiner« und dem »Größer«-Zeichen – begrenzt werden. Ein HTML-Tag sieht also von der Struktur her immer so aus: `<xyz>`

Dabei unterscheidet man zwischen Einleitungs- und Abschluß-Tags. Die Abschluß-Tags sind immer identisch zum Einleitungstag, haben dahingegen einen Slash (/) nach dem <-Zeichen. Der Abschlußtag zu einem Einleitungstag wie oben würde wie folgt aussehen: `</xyz>`
Muster: `<i>...</i>`

Bei den HTML-Steueranweisungen spielt es im Gegensatz zu Java-Token keine Rolle, ob sie groß oder klein geschrieben werden. Die Anweisung <h4> bewirkt das gleiche wie <H4>. Auch eine unterschiedliche Groß- und Kleinschreibung im Einleitungs- und Abschlußtag hat keine negativen Auswirkungen, erhöht jedoch nicht gerade die Lesbarkeit.

Das Grundgerüst einer HTML-Seite

Eine HTML-Seite wird immer in die Anweisung <html> am Anfang und </html> am Ende eingeschlossen. Die beiden Anweisungen bilden immer das äußere Gerüst einer HTML-Seite. Davor und natürlich überall im Inneren einer HTML-Seite dürfen höchstens Kommentarzeilen stehen. Die Steuerzeichen für Kommentarzeilen sind ein Ausrufezeichen und zwei Striche am Anfang und zwei Striche am Ende des Tags. Jeder in diesem Tag stehende Text wird vom interpretierenden Browser als Kommentar betrachtet. Ein Kommentar kann über mehrere Zeilen gehen und natürlich ebenfalls im Inneren einer HTML-Seite verwendet werden. Auch ein Kommentar-Tag muß von spitzen Klammern eingeschlossen werden, also sehen die Zeichenfolgen so aus: `<!-- ... -->`

Ein wichtiger Spezialfall der Kommentare ist die Einbindung von Script-Elementen in Webseiten.

Body & Header

Das weitere Grundgerüst einer HTML-Datei besteht grundsätzlich aus folgenden zwei Teilen:

- dem Header (Kopf)
- dem Body (Körper)

Nach der einleitenden HTML-Anweisung kommt auf einer Hyperseite normalerweise ein Header-Teil, das heißt ein Kopfteil, in dem die allgemeinen Informationen über die Seite zusammengefaßt werden, beispielsweise der Titel, welcher in die Zeichenketten <title> und </title> eingeschlossen wird.

Ein Header wird mit dem Steuerzeichen <head> begonnen und mit </head> entsprechend wieder geschlossen. Ein einfaches Headergerüst sieht wie folgt aus: {wo ist das Headergerüst???}

Die eigentlichen Daten, die der WWW-Browser einem Anwender auf dem Bildschirm anzeigen soll, werden in den Body geschrieben. Die Tags (<body> ... </body>) definieren den Body. In im sind der eigentliche Text mit Überschriften, Verweisen, Grafikreferenzen und auch die Referenz für Java-Applets zu notieren.

HINWEIS

Vor Beginn des HTML-Tags kann mit einem sogenannten DOCTYPE-Tag ein Verweis auf eine DTD-Datei integriert werden. Diese legt die HTML-Version fest, und im Prinzip muß jedem SGML-Dokument (so auch einer HTML-Seite) eine solche DTD-Datei zugeordnet sein. Die erste Zeile eines HTML-Dokumentes muß also von der Theorie her die Information darüber enthalten, welche DTD für das nachfolgende Dokument anzuwenden ist. Dieser Tag ist jedoch als optional zu sehen, da das WWW so funktioniert, daß alleine die Dateiendung HTML oder HTM bereits ausreicht, ein Dokument als HTML-Datei zu identifizieren.

Das vollständige Grundgerüst einer normalen HTML-Datei sieht also schematisch immer so aus.

Beispiel:

```
<!DOCTYPE HTML PUBLIC " ... ">
<!-- Kommentar -->
<html>
<head>
<title>Titel</title>
</head>
<body>
Überschriften, Text, Verweise, Grafiken, Applets usw.
</body>
</html>
```

HINWEIS

HTML-Strukturen können verschachtelt werden, das heißt zwischen einem einleitenden und einem abschließenden Tag können beliebige – sinnvolle – andere Steueranweisungen stehen. Auf diese werden wir hier jedoch nicht weiter eingehen. Wir wollen hier nur die konkrete Referenzierung eines Java-Applets beschreiben.

Referenzierung eines Applets in HTML

Sie leiten die konkrete Referenzierung eines Java-Applets mit dem Applet-Tag `<applet ... >` ein. Zwischen dem einleitenden Tag und dem abschließenden Applet-Tag `</applet>` können Sie gegebenenfalls benötigte Parameter, welche dem Applet beim Aufruf übergeben werden, oder auch beliebigen Text eingeben. Wie bereits angesprochen, wollen wir die ebenfalls ab dem HTML-Standard 4.0 erlaubte Referenzierung eines Applets über die alternativen Tags (Object und Embed) nicht so intensiv verfolgen, weil dieser Standard noch nicht von vielen Browsern unterstützt wird und der Applet-Tag sicher noch einige Jahre verwendet werden kann. Wir werden dennoch jeweils ein kurzes Beispiel angeben.

Die einfachste Form der Applet-Referenz

Ein Java-Applet in der einfachsten Form (das heißt ohne irgendwelche Parameter und optionale Optionen) wird mit folgender HTML-Syntax in eine HTML-Seite eingebunden:

```
<APPLET CODE="[classelement]" WIDTH=[Wert] HEIGHT=[Wert]></APPLET>
```

Dabei bezeichnet

- [classelement] die Applet-Klasse, also das Applet selbst
- WIDTH=[Wert] die Breite des Applets in Pixel.
- HEIGHT=[Wert] die Höhe des Applets in Pixel.

WIDTH und HEIGHT bestimmen also die Größe der Darstellung des Applets innerhalb der HTML-Seite. Diese Größenangabe hat nichts direkt mit der »echten« Größe des Applets zu tun. Es kann also durchaus zu Verzerrungen (auch gewollten) des Applets kommen, bzw. wird u.U. bei zu kleiner Wahl der Breite und Höhe nicht das vollständige Applet angezeigt.

Es folgt ein Beispiel für die Syntax zur Einbindung eines einfachen Java-Applets ohne weitere Angaben (nur die Breite und Höhe). Wir verwenden am Anfang ein Applet, welches wir ja sowieso noch haben sollten.

Beispiel:

```
<APPLET CODE="HelloJavaApplet.Class" WIDTH=150 HEIGHT=75></APPLET>
```

Die Angabe der Applet-Klasse erfolgt in Hochkommata. Das Applet wäre in obigem Beispiel 150 Pixel breit und 75 Pixel hoch.

Bild 6.2: Da fehlt was.

Die optionale Angabe des Quelltextes

Über die optionale Angabe SRC kann innerhalb der Applet-Referenzierung zusätzlich die Source-Datei (die Datei mit der Kennung java) eines Java-Applets angegeben werden. Diese wird jedoch im Prinzip nicht benötigt, um ein Applet in eine Webseite einzubauen oder zu starten, nur zur Dokumentation der Funktionalität und einer eventuellen Modifizierung des Applets.

Beispiel:

```
<APPLET CODE="HJA.Class" SRC="HJA.Java" WIDTH=100 HEIGHT=50></APPLET>
```

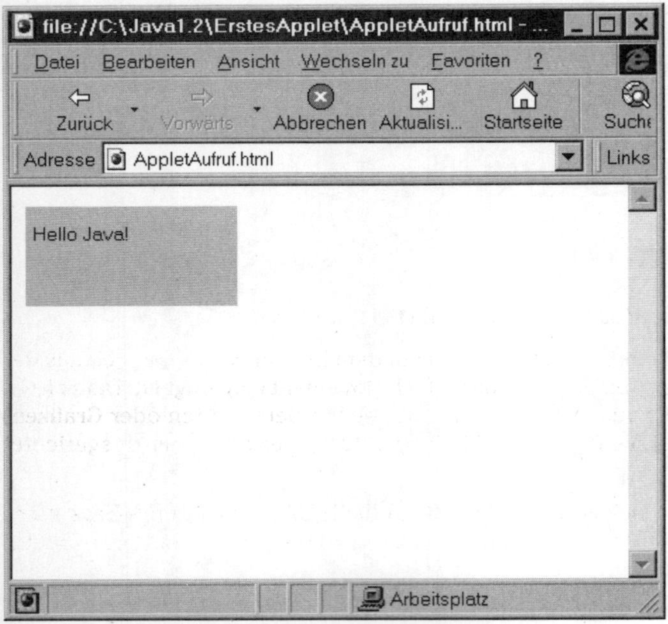

Bild 6.3: Unser Applet, 150 Pixel breit und 75 Pixel hoch.

Applet-Referenz mit Pfaden

Die bisherigen Beispiele funktionieren nur, wenn sich das Applet im gleichen Verzeichnis wie die aufrufende HTML-Datei befindet. Wenn sich das Applet in einem anderen Verzeichnis befindet, wird dieses über die Angabe CODEBASE bestimmt. Dies ist die Suchpfadangabe für das Applet. Hier ein Beispiel für die Einbindung eines Java-Applets mit zusätzlichen Pfadangaben (relativ) auf das Unterverzeichnis classes.

Beispiel:

```
<APPLET CODEBASE="classes" CODE="HJA.Class" WIDTH=100 HEIGHT=50></
APPLET>
```

Das Verzeichnis in der CODEBASE-Anweisung muß ebenfalls in Hochkommata stehen und kann vor oder nach der Codeanweisung stehen. In diesem Beispiel wird die Position des Applets relativ zur Position des HTML-Dokuments angegeben.

Ein Applet kann genauso gut mit einer absoluten Pfadangabe referenziert werden. Dabei spielt es keine Rolle, ob sich das Applet auf dem gleichen Rechner oder einem anderen Server befindet, wie das folgende Beispiel für die Einbindung eines Java-Applets mit absoluten Pfadangaben zeigt.

Beispiel:

```
<APPLET CODEBA-SE="http://ourworld.compuserve.com/homepages/RjSteyer"
CODE="HelloJavaApplet.Class" WIDTH=100 HEIGHT=50>
Dieses Applet befindet sich in der URL http://ourworld.compuserve.com/
homepages/RjSteyer </APPLET>
```

Die genaue Position des Applets in der Webseite

Die genaue Position eines Applets auf dem Bildschirm ergibt sich aus der Stelle, wo der Applet-Tag in das HTML-Dokument eingefügt ist. Dabei kann ein Applet genau wie andere Objekte (etwa Überschriften oder Grafiken) innerhalb der Seite mit allen üblichen HTML-Spezifikationen ausgerichtet werden.

Ein Applet, welches beispielsweise in die HTML-Zentrierungs-Tags `<center>` und `</center>` eingeschlossen ist, wird beim Anzeigen zentriert ausgegeben.

Beispiel (siehe Abbildung 6.4):

```
<center><applet code="HelloJavaApplet.class" width="500"
height="600"></applet></center>
```

Zusätzlich lassen sich bei einem Applet noch Angaben über den Textfluß um das Applet herum machen, wie das nachfolgende Beispiel für die Einbindung eines Java-Applets mit Angaben zum Textfluß zeigt.

Beispiel:

```
<APPLET CODE=HelloJavaApplet.Class WIDTH=100 HEIGHT=50 ALIGN=middle
VSPACE=25 HSPACE=30></APPLET>
```

Dabei bedeuten die verwendeten Erweiterungen des Applet-Tags folgendes:

Die Angabe ALIGN gibt die Ausrichtung von einem folgenden Text an (in dem Beispiel mittig). Der ALIGN-Wert kann u.a. folgende Werte annehmen:

- LEFT: linksausgerichtet
- RIGHT: rechtsausgerichtet

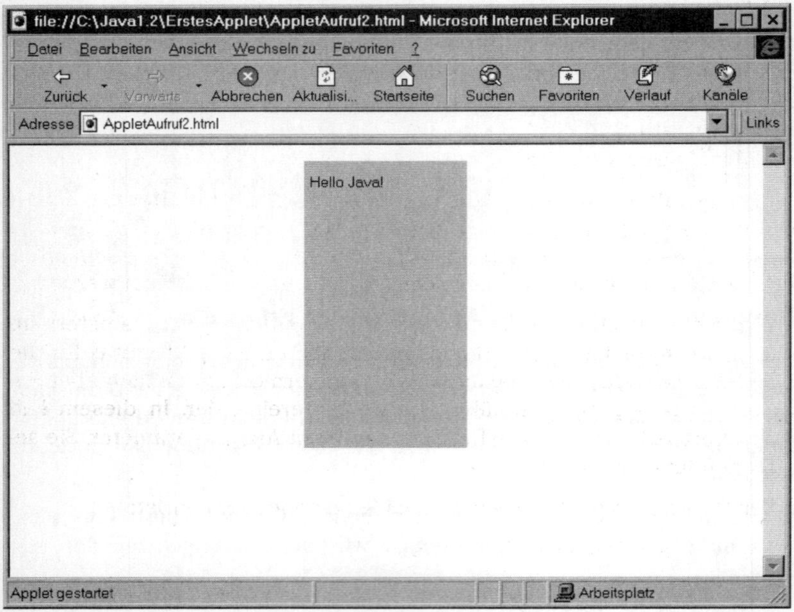

Bild 6.4: Das Applet zentriert.

- MIDDLE: zentriert in der horizontalen Ausrichtung am Applet.
- VSPACE definiert den vertikalen Abstand zwischen Applet und Text oberhalb und unterhalb des Applets.
- HSPACE definiert den horizontalen Abstand links und rechts vom Applet.

Der Raum dazwischen

Zwischen dem einleitenden Tag <applet...> und dem abschließenden </applet>-Tag kann unter anderem beliebiger Text stehen. Dies nutzt man hauptsächlich dafür, in einem nicht Java-fähigen Browser (oder bei deaktivierter Java-Option) deutlich zu machen, daß an dieser Stelle ein Java-Applet steht. Machen Sie doch einfach Surfer mit fehlender Java-Funktionalität im Browser neugierig, indem Sie mit einem netten Sätzchen locken.

Die Parameter

Eine weitere, ganz entscheidende Art von Angaben kann zwischen dem einleitenden Tag <applet...> und dem abschließenden </applet>-Tag stehen – die Parameter. Darunter versteht man Werte, die ein Programm – oder in diesem Fall das Applet – benötigt, um laufen zu können und die den Ablauf des Programms/Applets beeinflussen.

Wir kennen allerdings bereits einen Javafall, wo wir Parameter von außen an ein Java-Programm übergeben haben. Um Argumente auf Befehlszeilenebene an eine Java-Programm weiterzugeben, müssen diese einfach an den Programmaufruf – mit Leerzeichen abgetrennt – angehängt werden.

Wir kommen gleich zur Auswertung und Verwendung von Parametern im Source des Applets. Lassen Sie uns zuerst noch die HTML-Syntax für die Parameter beenden. Die Angabe von Parametern erfolgt einfach über Parameter-Tags – gegebenenfalls mehrere hintereinander. In diesem Fall spezifiziert jeder Parameter-Tag einen anderen Applet-Parameter. Sie sehen wie folgt aus: `<param ....>`.

In den Parameterangaben werden zwei Bezeichner verwendet:

- NAME – der Name des Parameters
- VALUE – der Wert des angegebenen Parameters.

Ein Beispiel für die Einbindung eines Java-Applets mit Parameter-Angaben folgt.

Beispiel:

```
<applet code="Ataxxlet.class" width=450 height=550>
<param name=Dim value=15>
<param name=ssize value=30>
</applet>
```

Das gesamte `<PARAM>`-Tag unterscheidet, außer bei dem VALUE-Wert, nicht zwischen Groß- und Kleinschreibung. Ob der VALUE-Wert Groß- und Kleinschreibung unterscheidet, hängt von nur dem Java-Code ab, der ihn verwendet.

Die EMBED-Syntax

Der `Embed`-Tag ist eine Netscape-Erweiterung von HTML 3.2 zur allgemeinen Einbindung von Multimediaelementen und auch Applets in eine Webseite. Er wird gelegendlich auch Java PlugIn-Tag genannt. Die Verwendung sollte mit Vorsicht geschehen, da die Technik im wesentlichen auf Netscape Browser ab der Version 4.x beschränkt ist. Java-Applets werden damit mit dem angegebenen Java-PlugIn von Sun gestartet.

Die allgemeine Syntax sieht so aus:

```
<embed type="[PlugIn]«
 PLUGINSPACE="[URL]"
 code="[NameApplet].class"
 object="[serializedObjectOderJavaBean]"
 codebase="[VerzeichnisclassFile]"
 width="[Breite]"
 height="[Höhe]"
>
 ...
</embed>
```

Über `type` geben Sie das verwendete PlugIn an. Diese Angabe kann das PlugIn noch genauer spezifizieren (etwa »`application/x-java-applet;version=1.2`«). Über die optionale Angabe `PLUGINSPACE` kann man eine Downloadmöglichkeit in Form einer URL angegeben, wovon ein lokal nicht vorhandenes PlugIn bei Bedarf automatisch geladen werden kann (etwa »`http://java.sum.com/products/plugin/1.1/plugin-install.html`«). Die Angaben `code` und `object` dürfen nicht gleichzeitig verwendet werden.

Die Einbindung von `HelloJavaApplet.class` funktioniert beispielsweise so:

```
<HTML>
<BODY>
<embed type="application/x-java-applet"
 code="HelloJavaApplet.class"
 width="100"
 height="100"
>
</embed>
</BODY>
</HTML>
```

Die OBJECT-Syntax

Der Object-Tag ist der neue Standard-Tag unter HTML 4.0 zum Einbinden von Applets und beliebigen Multimediaobjekten in eine Webseite. Eingeführt wurde das Tag ursprünglich als Erweiterung des Internet Explorers 4.x für HTML 3.2. Die Syntax sieht schematisch so aus:

```
<object
  classid="[ActiveX-ControlId des Java-PlugIn]"
  codebase="[URL PlugIn]"
 width="[Breite]"
 height="[Höhe]"
>
 <param name="code" value="[Applet].class">
 <param name="object" value="[serializedObjectOderJavaBean]">
 <param name="codebase" value="[VerzeichnisclassFile]">
 ... alternativer Text...
</object>
```

Schauen wir uns ein konkretes Beispiel an:

```
<HTML>
<BODY>
<object
  classid="clsid:8AD9C840-044E-11D1-B3E9-00805F499D93"
  codebase="http://java.sun.com/products/plugin/1.1/jinstall-11-
win32.cab#Version=1,1,0,0"
  width="100"
  height="100"
>
 <param name="type" value="application/x-java-applet">
 <param name="JAVA_CODE" value="HelloJavaApplet.class">
</object>
</BODY>

</HTML>
```

Interne Arbeitsweise eines Applets

Was passiert nun mit den Parametern, welche mit dem <PARAM>-Tag an das Applet weiter gereicht werden? Um diese Frage zu beantworten, sollten wir uns an den Aufbau eines Applets erinnern, wie wir ihn schon vor unserem ersten Applet angesprochen haben. Eine eigenständig lauffähige Java-Applikation benötigt – wie wir jetzt schon mehrfach gesehen haben –

immer nur eine `main()`-Methode. Ein Java-Applet besitzt im Gegensatz zu einem Java-Programm keine `main()`-Methode, die beim Laden gestartet wird und das Programm solange am Leben erhält, bis der Benutzer es beendet. Statt dessen sorgen bei voller Funktionsfähigkeit mindestens vier andere Methoden – die `init()`-Methode, die `start()`-Methode {...}, die `stop()`-Methode und die `destroy()`-Methode – im Programm dafür, daß sich das Applet in seiner Umgebung korrekt verhält.

Das Erstellen eines Applets

Um ein Applet zu erstellen, müssen Sie immer eine Subklasse der Klasse Applet (fundamentaler Bestandteil von Java) erzeugen. Diese Klasse beinhaltet bereits sämtliche Eigenschaften, welche die Kooperation mit dem Container sicherstellen, die Fähigkeiten für Oberflächenprogrammierung (Menüs, Button, Mausereignisse,...) nutzbar machen und auch die lebenswichtigen Grund-Methoden für ein Applet. Letzteres war auch der Grund, warum unser erstes Applet funktioniert hat, obwohl wir auf diese Methoden verzichtet haben. Sie wurden einfach aus der Superklasse gezogen. Normalerweise werden Sie diese jedoch überschreiben.

Jede Applet-Klasse wird mit folgender Syntax als Unterschrift erstellt:

```
public class [AppletName] extends java.applet.Applet
```

Java setzt übrigens zwingend voraus, daß eine Applet-Klasse als `public` deklariert wird.

HINWEIS

Alle Applets müssen java.applet.Applet in die Datei mit der Definition der Applet-Klasse importieren. Wenn Sie `java.applet.*` *verwenden, vereinfachen Sie sich die Sache ein wenig, denn dies zieht das Einbinden von java.applet.Applet automatisch nach. Fast alle Applets (die mit grafischen Schnittstellen) benötigen auch* `java.awt.*`.

Im Inneren des Appletcodes werden dann die notwendigen Methoden für die Funktionalität des Applets plaziert. Darunter natürlich ebenfalls die Grundmethoden, welche das Leben eines Applets festlegen.

Schauen wir uns nun diese vier Stationen im Leben eines Applets im Detail an. Sie werden normalerweise in einem Applet diese allesamt überschreiben.

Die Initialisierung

Der Einstieg in ein Applet-Leben ist immer die Initialisierung. Diese erfolgt immer mit der Funktion `init()`, welche automatisch aufgerufen wird, sobald das Applet in den Browser (oder einen anderen Container wie den Appletviewer) geladen wird. Hier wird das System zur Ausführung des Applets vorbereitet.

Hier ist auch die Stelle, wo die Parameter aus dem HTML-Code der Seite eingelesen werden. Sie können mit der Methode getParameter auf diese Parameter zugreifen. Über diese getParameter-Methode können Sie auf jedes Argument zugreifen, welches mit dem NAME-Wert spezifiziert wurde. Diese NAME ist eine Zeichenkette, die in der getParameter-Methode in den Klammern angeben werden muß. Die Rückgabe der getParameter-Methode ist der mit VALUE in der HTML-Datei spezifizierte Wert.

Beispiel: `String para1 = getParameter("htmlParameterName")`

Falls Sie einen Parameter spezifizieren, welcher in der HTML-Datei nicht angegeben wurde, gibt die getParameter-Methode Null zurück. Dies sollte man immer mit einer Abfrage auswerten und einen Standardwert einstellen.

Beispiel: `if (para1 == null) parameter1 = "Standardwert1"`

ACHTUNG *Der im `Param`-Tag angegebene Name und der in der `getParameter`-Methode spezifizierte Name müssen absolut identisch sein, auch in bezug auf Groß- und Kleinschreibung.*

Da die Ausgabe der `getParameter`-Methode immer eine Zeichenkette ist, müssen alle Übergabeparameter eines Java-Applets in Form von Zeichenketten übergeben und dann im Source ebenso behandelt werden.

Wenn Sie die Parameter in einem anderen Datentyp verwenden wollen, müssen Sie diese konvertieren. Sie können allerdings nicht per Casting vorgehen, sondern müssen die Instanzen der als Ersatz dafür im Java-Paket `java.lang` vorhandenen Sonderklassen verwenden. Diese sind für alle primitiven Datentypen vorhanden. Mit den in den Klassen definierten Klassenmethoden können Sie jeweils ein Gegenstück zu jedem primitiven Datentypen erstellen.

Beispiel: `Integer ObjektInt = new Integer(42);`

Das Objekt `ObjektInt` ist eine Instanz der Klasse `Integer` und bekommt direkt den Wert 42 zugewiesen.

Die Konvertierung in umgekehrter Richtung funktioniert ebenfalls. Das nachfolgende Beispiel extrahiert den Wert des Objektes als primitiven Datentyp `int` aus dem `Integer`-Objekt. Die verwendete Klassenmethode ist `intValue()`.

```
int intVariable = ObjektInt.intValue();
```

Durch die Eigenschaft, eine Klasse zu sein, stehen zusätzlich diverse andere Methoden zur Behandlung von Objekten zur Verfügung, beispielsweise die Methoden, welche das Analogon zum Casting bei Datentypen realisieren.

Der Start

Die Funktion `start()` startet das eigentliche Applet direkt nach der Initialisierung. Während die Initialisierung nur einmal erfolgt, kann (und wird normalerweise) der Start beliebig oft wiederholt werden. Beispielsweise wenn das Applet gestoppt wurde oder das Applet durch Scrollen des HTML-Dokumentes erneut in den sichtbaren Bereich des Browsers geholt wird.

Für das Startverhalten Ihres Applets überschreiben Sie die `start()`-Methode:

```
public void start()
{ ... irgendwelche Anweisungen ...}
```

In der `start()`-Methode können diverse Funktionalitäten stehen, beispielsweise das Starten eines Threads oder der Aufruf einer anderen Methode.

Das Ende eines Applets

Das Ende eines Applets hört sich schlimmer an, als es wirklich ist. Die Funktion `stop()` wird automatisch aufgerufen, sobald Sie die HTML-Seite, auf der das Applet läuft, verlassen. Fehlt diese Funktion, läuft das Applet weiter (Standardeinstellung). Ein gestopptes Applet ist jedoch noch weiter voll funktionsfähig und wird bei der Rückkehr auf die Seite automatisch durch die Funktion `start()` wieder zu neuem Leben erweckt.

Für das konkrete Stopverhalten Ihres Applets überschreiben Sie die `stop()`-Methode:

```
public void stop()
{ ... irgendwelche Anweisungen ...}
```

Das Zerstören eines Applets

Wenn ein Applet-Container beendet wird, ermöglicht die Funktion `destroy()` dem Applet, vernünftig hinter sich aufzuräumen und die letzten Systemressourcen, die es belegt hatte, freizugeben. Normalerweise müssen Sie die `destroy()`-Methoden nicht überschreiben, sofern Sie nicht explizit Ressourcen freigeben müssen. Falls Sie die Methode überschreiben wollen, verwenden Sie

```
public void destroy()
{ ... irgendwelche Anweisungen ...}
```

ACHTUNG

Noch einmal zur Erinnerung: Die allgemeinere `finalize()`-Methode ist hier nicht zu verwenden, da diese eher für ein einzelnes Objekt irgendeines Typs zum Aufräumen verwendet wird und vor allem, weil im Gegensatz zu der `finalize()`-Methode die `destroy()`-Methode immer beim Beenden von einem Browser oder dem Neuladen eines Applets automatisch ausgeführt wird.

Weitere wichtige Applet-Methoden

Selbst ein einfaches Applet besteht in der Regel aus mehr als nur diesen vier Grundmethoden. Da sind zum einen die selbstdefinierten Methoden, welche z.B. in der `start()`-Methode aufgerufen werden können. Es gibt jedoch zumindest eine Standardmethode, welche so wichtig ist, daß wir sie hier behandeln wollen. Wir haben sie in unserem ersten Applet verwendet.

Ausgabe in einem Applet mit der paint()-Methode

Erinnern Sie sich an die Ausgabe in unserem ersten Applet? Wir haben dazu nicht die println()-Methode, sondern die paint()-Methode verwendet. Wir haben unseren Text gezeichnet und nicht geschrieben. Um einem Applet das Zeichnen zu ermöglichen, müssen Sie die paint()-Methode überschreiben.

ACHTUNG

Die `paint()`-Methode wird automatisch aufgerufen, wenn Sie das Applet (wieder-) starten.

```
public void paint(Graphics g)
{ ... irgendwelche Anweisungen ...}
```

ACHTUNG

Es wird Ihnen sicher auffallen, daß die `paint()`*-Methode im Gegensatz zu den anderen Methoden einen Parameter hat: eine Instanz der Klasse* `Graphics`*. Deshalb müssen Sie sicherstellen, daß die* `Graphics`*-Klasse in Ihrem Applet-Code importiert wird. Die* `Graphics`*-Klasse ist Teil des Pakets* `java.awt` *und wird deshalb mit* `import java.awt.Graphics;` *am Anfang der Java-Datei importiert.*

Die Grafik-Ausgabe ist ein so wichtiges Thema, daß wir es hier abbrechen wollen und sie dafür in einem eigenen Kapitel gründlich durchsprechen wollen.

6.3 Die Applet-Klasse

Die Methoden der Applet-Klasse ermöglichen Applets diverse Grundfunktionen. Sie erlauben Applets

- Parameter zu handhaben.
- Bilder zu importieren.
- Sound-Clips zu importieren und abzuspielen.
- mit dem Browser oder dem Appletviewer zu interagieren.
- Lebenszyklen des Applets selbst zu verwalten.

Wir wollen uns ein paar wichtige Methoden ansehen.

Handhabung von Parametern

Wie ein Applet-Code Parameter aus einem HTML-Dokument erhält, haben wir bei der Einbindung von Java-Applets in HTML-Seiten gesehen. Was uns noch fehlt, ist wie man im Applet selbst die Parameter weiterverarbeitet.

Die Methode getParameter()

Die Methode `getParameter()` liest einen Parameter in eine Methode ein. Als Parameter muß genau der Name spezifiziert werden, der im Parameter-Tag des Applets in den Parameterangaben als NAME angegeben wurde.

Beispiel: `eingelesenesBild = getParameter("bild");`

ACHTUNG

Auch für Applets gilt (wie bei eigenständigen Applikationen), daß Parameter als Zeichenketten eingelesen werden. Eventuell in anderem Format benötigte Übergabeparameter müssen konvertiert werden, bevor sie in einem anderen Format verwendet werden können.

Die Methode getParameterInfo()

Die Methode `getParameterInfo()` gibt eine Zeichenkette wieder, die alle Parameter auflistet, welche das Applet interpretieren kann. Diese Zeichenkette spezifiziert für jeden Parameter den Namen, den Typ und eine Beschreibung.

Beispiel (mit zwei Parametern):

```
public String[][] getParameterInfo()
{String[][] info =
{
{ PARAM_Para1, "String", "Beschreibung 1. Parameter"},
{ PARAM_Para2, "String", "Beschreibung 2. Parameter"},
};
return info;
}
```

Bilder importieren – getImage

Selbstverständlich können Applets Bilder importieren und ausgeben. Dazu werden die folgenden Methoden aus dem Image/Graphics-Paket genutzt.

Die Methode `getImage(URL, String)` lädt Bild-Dateien in ein Applet.

Beispiel: `bild_1 = getImage(getCodeBase(), bild);`

lädt das Bild bild. `getCodeBase()` spezifiziert den Pfad (dazu kommen wir gleich).

Mit der Methode `drawImage(Image img, int x, int y, Color bgcolor, ImageObserver observer)` können Sie ein geladenes Bild anzeigen.

Beispiel: `g.drawImage(m_Images[m_nCurrImage], (size().width - m_nImgWidth) / 2, (size().height - m_nImgHeight) / 2, null);`

Dazu wollen wir ein kleines Applet erstellen, welches ein Bild lädt und auf dem Bildschirm wieder ausgibt (die nicht überschriebenen Methoden lassen wir aus Platzgründen weg).

Programmbeispiel:

```
import java.awt.Image;
import java.awt.Graphics;
public class Drawimage extends java.applet.Applet
{
Image samImage;
public Drawimage() // Der Konstruktor
{}
public void init()
{ // Bild wird geladen
samImage = getImage(getDocumentBase(), "images/img0001.gif");
resize(320, 240); // Größe des Applets
}
public void paint(Graphics g)
{
g.drawImage(samImage, 0, 0, this); // Ausgabe Bild
}}
```

Das Beispiel setzt natürlich voraus, daß im dem Unterverzeichnis images die entsprechende Grafik vorhanden ist.

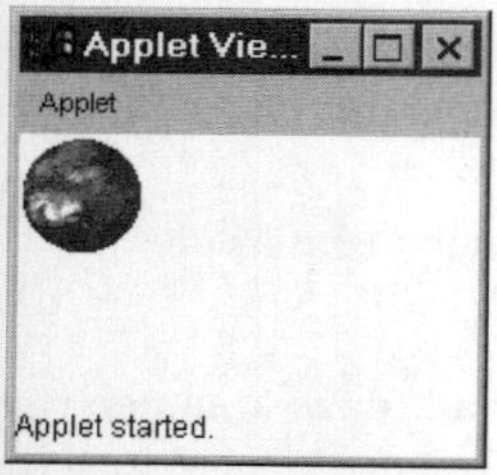

Bild 6.5: Ein Bild, ein Bild!

Sound

Ab der Javaversion 1.2 können Sie in Applets MIDI-Dateien (Typ 0 und Typ 1), sowie RMF-, WAVE-, AIFF-, und AU-Dateien in hoher Tonqualität abspielen und zusammenmischen. Mehr dazu behandeln wir bei Kapitel über Grafik.

Interaktion und Lebenszyklus eines Applets

Jedes Applet kann mit seiner Umgebung in Kontakt treten und auf sie reagieren. Dies ergibt sich in einfacher Form schon allein deshalb, weil es eine Ableitung der Klasse `Applet` ist.

Die einfachsten (und grundlegendsten) Funktionalitäten eines Applets sind, daß es sich starten läßt und – hier kommt die Interaktion zur Laufzeit ins Spiel – vernünftig beenden läßt (es reagiert auf Schließbefehle des Fensters).

Java besitzt dazu einen Mechanismus, durch den Applets in Schlüsselmomenten, in denen bestimmte Ereignisse eintreten, die Kontrolle übernehmen können. Die Methoden `init()`, `start()`, `stop()` und `destroy()` werden entsprechend aufgerufen, wenn das Applet geladen wird, mit der Ausführung beginnt, mit der Ausführung stoppt und zerstört wird. Wenn ein Applet zu einem dieser Schlüsselmomente etwas ausführen soll, dann müssen Sie nur die entsprechende Methode überschreiben, indem Sie Ihre eigene Implementierung davon in das Applet einbauen.

Interaktionen gehen jedoch selbstverständlich noch weiter. Ein etwas komplizierteres Applet wird entweder auf Button, Mausaktionen im allgemeinen, Menübefehle oder Tastatureingaben reagieren (oft alles). Dies ist sicher nicht überraschend. So etwas nennt man ein Programm mit einer (sinnvollen) Anwenderschnittstelle. Die Applet-Klasse und ihre Superklassen stellen Ihnen Methoden zur Verfügung, die das System bei bestimmten Ereignissen aufrufen kann. Wenn Sie irgendeine Aufgabe als Reaktion auf ein Ereignis erledigen wollen, müssen Sie nur die entsprechende Methode überschreiben.

Interaktionen betreffen jedoch auch die Plattform, unter der das Applet läuft (Zugriffe auf Ressourcen, soweit dies erlaubt ist), sowie Kontakte über Netzwerkverbindungen hinweg.

Interaktion ist also ein recht weit gefaßter Begriff. Schauen wir uns ein paar Methoden an, mit denen ein Applet auf seine Umwelt reagiert und darauf Einfluß nimmt.

HINWEIS

Wir beziehen uns im folgenden auf Verhaltensweisen und Methoden, welche mit dem Java-Eventmodell 1.0 korrespondieren. Die Gründe dafür werden im Kapitel über das AWT und das Eventhandling erläutert.

Die Methode getAppletContext()

Die Methode `getAppletContext()` gibt ein Objekt zurück, das Sie dazu verwenden können, Informationen und Kontrolle über die Umgebung zu erlangen. Ganz spezifisch wird `AppletContext` (eine Schnittstelle) zurückgegeben. `AppletContext`-Methoden ermöglichen es Ihnen herauszufinden,

- welche Applets außer Ihrem noch auf derselben Seite laufen.
- den Kontext eines anderen Applets zu importieren und dessen Methoden laufen zu lassen.
- Meldungen an andere Applets weiterzugeben.
- Bild- und Ton-Clips zu importieren.

Die Methode getAppletInfo()

Mit der Methode `getAppletInfo()` können Sie Informationen über ein Applet zur Verfügung stellen. Sie überschreiben diese Methode, indem Sie beispielsweise den Applet-Namen, die Version, Datum, Autor, Copyright mit Datum u.ä. in den Code in Ihr Applet einbauen.

Beispiel:
```
public String getAppletInfo()
{
return "Name des Applets: Grundfunktionen\r\n" +
"Autor: R. Steyer\r\n" +" v1.0" +"copyright 18.05.98" ;
}
```

Die Methode getCodeBase()

Die Methode `getCodeBase()` importiert die URL des aktuellen Verzeichnisses.

Die Methode getDocumentBase()

Die Methode `getDocumentBase()` funktioniert ähnlich wie `getCodeBase()`, außer daß `getDocumentBase()` die URL des Verzeichnisses mit dem HTML-Dokument des Applets wiedergibt.

Die Methode isActive()

Die Methode `isActive()` stellt fest, ob ein Applet aktiv ist. Sie können diese Methode zum Überprüfen des Zustands eines anderen Applets mit dem Aufruf von `AppletContext()`, durch das Aufrufen von `getApplets()` im Kontext und durch den Aufruf von `isActive()` für ein bestimmtes Applet benutzen.

Die Methode resize()

Mit dieser kann man sich aus dem Applet heraus darum kümmern, daß das Applet genug Platz im Anzeigebereich des Containers bekommt. Die Methode resize(Dimension) verändert die Größe eines gesamten Applets dort. Dabei ist zu beachten, daß die äußeren Größenangaben der HTML-Datei die ursprünglich angezeigte Größe eines Applets beeinflussen, d.h. ohne die `resize()`-Methode gelten die dort festgelegten Größenangaben.

Maus- und Tastaturaktionen

Zu den wichtigsten Interaktionen eines Applets (und natürlich eines gewöhnlichen Programms) zählt die Reaktion auf Mausereignisse. Dabei soll hier nicht die Auswertung von Button und Menüeinträgen im Blickpunkt stehen, sondern die Reaktion auf Mausereignisse, welche sich irgendwo im Bereich des Applets abspielen. Wir werden Mausaktionen im Kapitel über das AWT behandeln.

Die Java Klassenbibliothek

7

Sie finden in diesem Abschnitt einen knappen Überblick über die Standard-API von dem JDK 1.2 Final. Wir werden uns auf eine sehr kurz gefaßte Übersicht beschränken, was bedeuten soll, daß für eine vollständige Information über die einzelnen Klassen, Schnittstellen, die enthaltenen Felder, Kontruktoren und Methoden, sowie die Ausnahmen auf weiterführende Literatur und vor allem die 1.2-API-Dokumentation[1] der Java-Webseite von Sun (`http://java.sun.com`) verwiesen sei.

7.1 Das Java 1.2-API (Final)

ACHTUNG

Das Java 1.2-API wurde erheblich gegenüber dem 1.1-API erweitert. Es hat sich aber nicht nur zwischen der Version 1.1 mit den diversen Zwischenversionen und der Version 1.2 verändert. Gravierende Modifikationen fanden über die einzelnen Betaversionen der 1.2-API statt. Das API wurde in der Struktur teilweise vollkommen umsortiert. Wir stellen daher zuerst das 1.2-API der Beta 2/3 dem Final direkt gegenüber.

Die nachfolgende Tabelle stellt die einzelnen Pakete des Java 1.2-Standard-APIs dar. Dabei ist die bisherige Paketstruktur der neuen Struktur gegenübergestellt. Die Zuordnungsnummer in der ersten Spalte soll die Orientierung erleichtern, wenn Sie ein Paket der einen Version in der jeweils anderen Struktur suchen. »*« steht dafür, daß eine eindeutige Zuordnung zu einem Paket in der anderen Struktur nicht eindeutig möglich ist. Entweder ist die Funktionalität dort nicht vorhanden oder es ist auf andere Pakete aufgeteilt.

---

1. **Wieder einmal der Hinweis – auch unter der Java-2-Plattform reden wir von dem 1.2-API. Interessanterweise aber auch offiziell von der Java Platform 1.2. Wieder ein Hinweis, daß der Name Java-2-Plattform nicht ganz abgestimmt war.**

Nr	1.2-API Beta	1.2-API Final
1	java.applet	java.applet
2	java.awt	java.awt
3	java.awt.accessibility	52
4	java.awt.color	java.awt.color
5	java.awt.datatransfer	java.awt.datatransfer
6	java.awt.dnd	java.awt.dnd
7	java.awt.event	java.awt.event
8	java.awt.font	java.awt.font
9	java.awt.geom	java.awt.geom
10	java.awt.im	java.awt.im
11	java.awt.image	java.awt.image
12	*	java.awt.image.renderable
13	java.awt.print	java.awt.print
14	java.awt.swing	53
15	java.awt.swing.basic	59
16	java.awt.swing.beaninfo	*
17	java.awt.swing.border	54
18	java.awt.swing.event	56
19	java.awt.swing.jlf	*
20	java.awt.swing.motif	*
21	java.awt.swing.multi	61
22	java.awt.swing.plaf	58
23	java.awt.swing.table	62
24	java.awt.swing.target	*
25	java.awt.swing.text	63
26	java.awt.swing.tree	67
27	java.awt.swing.undo	68
28	java.beans	java.beans

Nr	1.2-API Beta	1.2-API Final
29	java.beans.beancontext	java.beans.beancontext
30	java.io	java.io
31	java.lang	java.lang
32	java.lang.ref	java.lang.ref
33	java.lang.reflect	java.lang.reflect
34	java.math	java.math
35	java.net	java.net
36	java.rmi	java.rmi
37	java.rmi.activation	java.rmi.activation
38	java.rmi.dgc	java.rmi.dgc
39	java.rmi.registry	java.rmi.registry
40	java.rmi.server	java.rmi.server
41	java.security	java.security
42	java.security.acl	java.security.acl
43	java.security.cert	java.security.cert
44	java.security.interface	java.security.interfaces
45	java.security.spec	java.security.spec
46	java.sql	java.sql
47	java.text	java.text
48	java.util	java.util
49	java.util.jar	java.util.jar
50	java.util.mime	*
51	java.util.zip	java.util.zip
52	3	javax.accessibility
53	14	javax.swing
54	17	javax.swing.border
55	*	javax.swing.colorchooser
56	18	javax.swing.event

Nr	1.2-API Beta	1.2-API Final
57	*	javax.swing.filechooser
58	22	javax.swing.plaf
59	*	javax.swing.plaf.basic
60	*	javax.swing.plaf.metal
61	21	javax.swing.plaf.multi
62	23	javax.swing.table
63	25	javax.swing.text
64	*	javax.swing.text.html
65	*	javax.swing.text.html.parser
66	*	javax.swing.text.rtf
67	26	javax.swing.tree
68	27	javax.swing.undo
69	org.omg.CORBA	org.omg.CORBA
70	*	org.omg.CORBA.DynAnyPakkage
71	org.omg.CORBA.ContainedPackage	*
72	org.omg.CORBA.ContainerPackage	*
73	org.omg.CORBA.InterfaceDefPackage	*
74	org.omg.CORBA.ORBPackage	org.omg.CORBA.ORBPackage
75	org.omg.CORBA.portable	org.omg.CORBA.portable
76	org.omg.CORBA.TypeCodePakkage	org.omg.CORBA.TypeCodePakkage
77	org.omg.CosNaming	org.omg.CosNaming
78	org.omg.CosNaming.NamingContextPackage	org.omg.CosNaming.NamingContextPackage

Die neue Java 2.0-Plattform beinhaltet also einen großen Komplex von Paketen. Nach Aussage von Sun sei damit der Funktionsumfang der Kernplattform weitgehend komplett. Von diesen vielen Paketen bilden fünfzehn Pakete (die sogenannten Basisklassen) das Rückgrad der Java-2.0-Technologie:

- `applet`
- `awt`
- `beans`
- `io`
- `lang`
- `math`
- `net`
- `rmi`
- `security`
- `sql`
- `text`
- `util`
- `accessibility`
- `swing`
- `corba`

7.2 Beschreibung der Pakete

Hier folgt nun eine knappe Beschreibung der Pakete, welche zum offiziellen Umfang von Java 1.2 zählen.

`java.applet`	Die appletspezifischen Elemente welche ein Applet braucht, um mit seiner Umwelt zu kommunizieren.
`java.awt`	Die Klassen und Schnittstellen des Abstract Windowing Toolkit. Seit der Version 1.0 haben sich gerade hier massive Erweiterungen und Veränderungen ergeben.

`java.awt.color`	Dieses Paket (neu eingeführt in Java 1.2) beschreibt verschiedene Systeme um Farben zu identifizieren und die Konvertierung zwischen den Systemen zu ermöglichen.
`java.awt.datatransfer`	Dieses Paket (vorhanden seit Java 1.1) erlaubt den Datenaustausch von Informationen innerhalb eines oder verschiedener Programme mittles cut, copy, und paste. Dazu wird ein Speicherbereich genutzt, Clipboard oder Zwischenablage genannt.
`java.awt.dnd`	Dieses Paket (neu eingeführt in Java 1.2) behandelt beide Seiten von einer Drag&Drop-Operation.
`java.awt.event`	Dieses Paket (vorhanden seit Java 1.1) stellt ein vollständig überarbeitetes Ereignisbehandlungssystem dar.
`java.awt.font`	Unterstütztung der Zusammenstellung, Anzeige und individuellen Gestaltung von Schriftarten (neu eingeführt in Java 1.2). ACHTUNG Dieses Paket wurde gegenüber seinen Vorgängern in den Betaversionen erheblich verändert (was leider unzureichend dokumentiert wurde). So finden Sie dort beispielsweise die folgenden Klassen nicht mehr: `GlyphSet`, `StyledString`, `StyledStringIterator`
`java.awt.geom`	Hierbei handelt es sich um ein Paket (neu eingeführt in Java 1.2) zur Unterstützung von 2D-Geometrie.
`java.awt.im`	Unterstützung der Internationalisierung von Java (neu eingeführt in Java 1.2). Unterstützt werden Eingabemethoden, welche tausende von verschiedenen Zeichen interpretieren können.
`java.awt.image`	Hierbei handelt es sich um ein Paket, um Bitmap-Bilder zu handhaben. ACHTUNG Dieses Paket wurde gegenüber den Vorgängern der Betaversionen 1.2 erheblich umstrukturiert. So fehlen zahlreiche Schnittstellen und Klassen, welche dort noch vorhanden waren.

java.awt.image. renderable	Ein Paket mit unterstützenden Klassen und Schnittstellen für die Produktion von rendering-unabhängigen Bildern. Neu im Final 1.2 eingeführt.
java.awt.print	Ein Druck-Package, welches neu inJava 1.2 eingeführt wurde.
java.beans	Ein Paket (eingeführt in Java 1.1), welches wiederverwendbare Softwarekomponenten – die sogenannten Beans – generiert und Programme zur Manipulation zur Verfügung stellt.
java.bean.beancontext	Unterstützung von allgemeinen Diensten für Beans (neu eingeführt in Java 1.2).
java.io	Ein- und Ausgabeklassen, sowie Schnittstellen für Ströme und Dateien.
java.lang	Das wohl wichtigste Paket von Java, denn dieses Paket beinhaltet den Kern der Java-Sprache.
java.lang.ref	Hierbei handelt es sich um ein Paket (neu eingeführt in Java 1.2), um Objektreferenzen wie jedes anderes Objekt zu behandeln.
java.lang.reflect	Unterstützung von Reflection (eingeführt in Java 1.1) , d.h. Informationen über geladene Klassen zu bekommen (beispielsweise ihre Attribute).
java.math	Unterstützung von großen Zahlen (eingeführt in Java 1.1).
java.net	Ein Package für die Durchführung von Netzwerkoperationen.
java.rmi	Unterstützung von verteilten Java-to-Java-Applikationen (eingeführt in Java 1.1).
java.rmi.activation	Dieses Paket (neu eingeführt in Java 1.2) unterstützt persistente (beständige) Referenzen auf Remote-Objekte und die automatische Objekt-Reaktivierung über diese Referenzen.
java.rmi.dgc	Dieses Paket (vorhanden seit Java 1.1) unterstützt den **d**istributed **g**arbage **c**ollection-Algorithmus.
java.rmi.registry	Hierbei handelt es sich um ein Paket (eingeführt in Java 1.1) zum Behandeln von entfernten Methoden-Aufrufen.

`java.rmi.server`	Hierbei handelt es sich um ein Paket (eingeführt in Java 1.1) für den serverseitigen Aufruf von entfernten Methoden.
`java.security`	Unterstützung der Implementation von Zertifikaten und digitalen Signaturen in Java Komponenten (eingeführt in Java 1.1) .
`java.security.acl`	Hierbei handelt es sich um ein Paket, welches nur Schnittstellen enhält, mit denen Zugriffe auf Ressourcen durch Wächterfunktionen kontrolliert werden können.
`java.security.cert`	Ein Package (neu eingeführt in Java 1.2) für die Identity-Zertifikation.
`java.security.interfaces`	Hierbei handelt es sich um ein Paket (eingeführt in Java 1.1) für die RSA- und DSA-Technologie.
`java.security.spec`	Ein Package (neu eingeführt in Java 1.2) zur Unterstützung von Verschlüsselung.
`java.sql`	Hierbei handelt es sich um ein Paket (eingeführt in Java 1.1), um mittels Structured Query Language (SQL) auf Datenbanken zuzugreifen. Sie finden darin die vollständige JDBC-Funktionalität von Java.
`java.text`	Hierbei handelt es sich um ein Paket zur Erstellung von Strings aus anderen Objekten und der Konvertierung von Strings in andere Objekte. Auch dieses Paket hatte einige neue Elemente und Strukturen in den Betaversionen des JDK 1.2 eingeführt, welche für die Finalversion wieder verworfen wurden.
`java.util`	Hierbei handelt es sich um ein Paket mit verschiedenen Utility-Klassen und -Schnittstellen, etwa Zufallszahlen oder Systemeigenschaften.
`java.util.jar`	Hierbei handelt es sich um ein Paket (neu eingeführt in Java 1.2) für die Behandlung von Java Archive Resource (JAR)-Dateien.
`java.util.zip`	Dieses Paket enthält Klassen für den Zugriff auf komprimierte Dateiarchive (Zip- und gZip-Algorithmus).

`javax.accessibility`	Dieses Paket (ehemals `java.awt.accessibility`), eingeführt in Java 1.2, beinhaltet Möglichkeiten, um mit innovativen Hilfstechnologien (etwa Spracheingabesystemen, Touchscreens oder Blindensprache-Terminals) interagieren können. Die daraus resultierenden Applikationen sind nicht auf bestimmte technische Plattformen beschränkt, sondern können auf jeder Maschine eingesetzt werden, welche die virtuelle Javamaschine unterstützt.

javax.swing & Co

Hierbei handelt es sich um ein ganzes Konzept – (neu eingeführt in Java 1.2), welches ein ganzes Set von neuen grafischen Benutzerschnittstellen-Komponenten und andere Interface-Erweiterungen enthält. Swing Komponenten können automatisch das »look und feel« von einer Plattform (beispielsweise Windows 95, Macintosh, und Solaris) annehmen.

ACHTUNG

Wurde das Swing-Paket in den Vorgängerversionen des JDK 1.2 Final noch unter `java.awt.swing` *geführt, ist es jetzt – wie zahlreiche damit verbundene Pakete – in der* `javax`*-Struktur eingeordnet. Insgesamt ist die Struktur des Swing-APIs vollkommen überarbeitet worden und hat vielfach nichts mehr gemein mit dem Konzept der Betaversionen. Zahlreiche Klassen und Schnittstellen, welche in den Beta-Ausführungen vorgestellt wurden, sind im Finalrelease nicht realisiert. Entweder ist deren Funktionalität in anderen Paketen und Klassen aufgegangen, oder die Realisierung hat sich als nicht sinnvoll herausgestellt. Es wird deshalb zu vielen Inkompatibilitäten kommen, wenn Applikationen, welche mit einem Beta-JDK 1.2 erstellt wurden, mit dem neuen JDK ausgeführt oder überarbeitet werden sollen.*

Die Swing-Komponenten beinhalten Duplikate von **allen** AWT Komponenten von Java 1.1 und unzählige zusätzliche Komponenten. Das Konzept umfaßt neben dem Hauptpaket `javax.swing` die folgenden Unterpakete:

- `javax.swing.border`
- `javax.swing.colorchooser`
- `javax.swing.event`
- `javax.swing.filechooser`

- `javax.swing.plaf`
- `javax.swing.plaf.basic`
- `javax.swing.plaf.metal`
- `javax.swing.plaf.multi`
- `javax.swing.table`
- `javax.swing.text`
- `javax.swing.text.html`
- `javax.swing.text.html.parser`
- `javax.swing.text.rtf`
- `javax.swing.tree`
- `javax.swing.undo`

Die CORBA-Pakete

Neben den bisher behandelten Paketen der Java 1.2-Standard-API zählen noch die folgenden Pakete zum Java 1.2-Kern:

- `org.omg.CORBA`
- `org.omg.CORBA.DynAnyPackage`
- `org.omg.CORBA.ORBPackage`
- `org.omg.CORBA.portable`
- `org.omg.CORBA.TypeCodePackage`
- `org.omg.CosNaming`
- `org.omg.CosNaming.NamingContextPackage`

Diese realisieren die CORBA-Funktionalität von Java.

Nicht mehr enthalten – Servlets

Die bisher zum Standard-API des JDK gehörenden Pakete `javax.servlet` und `javax.servlet.http`) zur Realisierung von Servlet-Funktionalität sind nun in ein eigenständiges API ausgelagert. Das eigenständiges Produkt – das Java Servlet Development Kit wird wie das JDK frei von Sun zur Verfügung gestellt und kann von der Servlet Product Page auf den Java Softwarewebseiten geladen werden.

7.3 Die veralteten Elemente des Java-API 1.2 (Final)

Die nachfolgenden Schnittstellen, Klassen, Methoden, Konstruktoren und Felder werden mittlerweile von Sun als veraltet bzw verworfen (deprecated) bezeichnet, werden aber dennoch in der 1.2 API mit aufgenommen, um die Kompatibilität mit den vorangegangenen Versionen sicherzustellen. Es gibt jedoch für fast jedes der veralteten Elemente mittlerweile neuere Lösungen oder die Funktionalität wird nicht mehr benötigt. Auch dazu finden Sie detailiertere Informationen unter der API-Dokumentation.

Um die Veränderungen in der Java API auf einen Blick zur Verfügung zu haben, folgt hier die Auflistung der als veraltet oder verworfen gekennzeichneten Elemente – die Deprecated APIs.

ACHTUNG

Bitte beachten Sie:
Um es noch einmal deutlich zu machen – die Verwendung dieser veralteten Elemente ist keinenfalls ***verboten*** *(und in vielen Fällen sogar noch notwendig – beispielsweise für Applets, denn viele Browser unterstützten den 1.2-Standard oder gar den 1.1-Standard von Java noch nicht). Eine als »deprecated« gekennzeichnete API ist eine Klasse oder ein Klassenbestandteil einer Vorgängerversion von der aktuellen Java-Plattform, für die es in der neuen API eine bessere Lösung gibt und die – wenn es geht – nicht mehr verwendet werden* ***soll****.*

Hier folgt die Liste von »deprecated« gekennzeichneten Elementen der 1.2-API (Final):

Deprecated – Klassen

- `javax.swing.text.DefaultTextUI`
- `java.security.Identity`
- `java.security.IdentityScope`
- `java.io.LineNumberInputStream`
- `java.rmi.server.LogStream`
- `java.rmi.server.Operation`

- org.omg.CORBA.Principal
- org.omg.CORBA.PrincipalHolder
- java.security.Signer
- java.io.StringBufferInputStream

Deprecated – Interfaces

- java.security.Certificate
- java.rmi.server.LoaderHandler
- java.rmi.registry.RegistryHandler
- java.rmi.server.RemoteCall
- java.rmi.server.Skeleton

Deprecated – Exceptions

- java.rmi.RMISecurityException
- java.rmi.ServerRuntimeException
- java.rmi.server.SkeletonMismatchException
- java.rmi.server.SkeletonNotFoundException

Deprecated – Felder

- java.awt.Frame.CROSSHAIR_CURSOR
- java.awt.Frame.DEFAULT_CURSOR
- java.awt.Frame.E_RESIZE_CURSOR
- java.awt.Frame.HAND_CURSOR
- java.lang.SecurityManager.inCheck
- java.awt.Frame.MOVE_CURSOR
- java.awt.Frame.N_RESIZE_CURSOR
- java.awt.Frame.NE_RESIZE_CURSOR
- java.awt.Frame.NW_RESIZE_CURSOR
- java.awt.Frame.S_RESIZE_CURSOR

- java.awt.Frame.SE_RESIZE_CURSOR
- java.awt.Frame.SW_RESIZE_CURSOR
- java.awt.Frame.TEXT_CURSOR
- java.awt.Frame.W_RESIZE_CURSOR
- java.awt.Frame.WAIT_CURSOR

Deprecated – Methoden

- java.awt.Component.action(Event, Object)
- java.awt.List.addItem(String)
- java.awt.List.addItem(String, int)
- java.awt.CardLayout.addLayoutComponent(String, Component)
- java.awt.BorderLayout.addLayoutComponent(String, Component)
- java.awt.List.allowsMultipleSelections()
- java.lang.ThreadGroup.allowThreadSuspension(boolean)
- java.awt.TextArea.appendText(String)
- java.awt.Component.bounds()
- java.lang.SecurityManager.classDepth(String)
- java.lang.SecurityManager.classLoaderDepth()
- java.awt.List.clear()
- java.awt.Container.countComponents()
- java.awt.Choice.countItems()
- java.awt.Menu.countItems()
- java.awt.List.countItems()
- java.awt.MenuBar.countMenus()
- java.lang.Thread.countStackFrames()
- org.omg.CORBA.ORB.create_recursive_sequence_tc(int, int)
- javax.swing.JTable.createScrollPaneForTable(JTable)
- java.lang.SecurityManager.currentClassLoader()

- java.lang.SecurityManager.currentLoadedClass()
- java.lang.ClassLoader.defineClass(byte[], int, int)
- java.awt.List.delItem(int)
- java.awt.List.delItems(int, int)
- java.awt.Component.deliverEvent(Event)
- java.awt.Container.deliverEvent(Event)
- java.awt.Component.disable()
- java.awt.MenuItem.disable()
- java.rmi.server.Skeleton.dispatch(Remote, RemoteCall, int, long)
- java.rmi.server.RemoteCall.done()
- java.rmi.server.RemoteRef.done(RemoteCall)
- java.awt.Component.enable()
- java.awt.MenuItem.enable()
- java.awt.Component.enable(boolean)
- java.awt.MenuItem.enable(boolean)
- java.security.SignatureSpi.engineGetParameter(String)
- java.security.SignatureSpi.engineSetParameter(String, Object)
- org.omg.CORBA.ServerRequest.except(Any)
- java.rmi.server.RemoteCall.executeCall()
- org.omg.CORBA.Any.extract_Principal()
- org.omg.CORBA.ORB.get_current()
- java.security.Security.getAlgorithmProperty(String, String)
- java.sql.ResultSet.getBigDecimal(int, int)
- java.sql.CallableStatement.getBigDecimal(int, int)
- java.sql.ResultSet.getBigDecimal(String, int)
- java.awt.Polygon.getBoundingBox()
- java.lang.String.getBytes(int, int, byte[], int)

- java.awt.Graphics.getClipRect()
- java.awt.CheckboxGroup.getCurrent()
- java.awt.Frame.getCursorType()
- java.sql.Time.getDate()
- java.util.Date.getDate()
- java.sql.Time.getDay()
- java.util.Date.getDay()
- java.rmi.server.LogStream.getDefaultStream()
- java.lang.System.getenv(String)
- java.awt.Toolkit.getFontList()
- java.awt.Toolkit.getFontMetrics(Font)
- java.awt.Toolkit.getFontPeer(String, int)
- java.sql.Date.getHours()
- java.util.Date.getHours()
- java.lang.SecurityManager.getInCheck()
- java.rmi.server.RemoteCall.getInputStream()
- javax.swing.KeyStroke.getKeyStroke(char, boolean)
- javax.swing.AbstractButton.getLabel()
- java.awt.Scrollbar.getLineIncrement()
- java.lang.Runtime.getLocalizedInputStream(InputStream)
- java.lang.Runtime.getLocalizedOutputStream(OutputStream)
- java.sql.DriverManager.getLogStream()
- java.awt.FontMetrics.getMaxDecent()
- javax.swing.JInternalFrame.getMenuBar()
- javax.swing.JRootPane.getMenuBar()
- java.sql.Date.getMinutes()
- java.util.Date.getMinutes()
- java.sql.Time.getMonth()

- java.util.Date.getMonth()
- java.rmi.server.Operation.getOperation()
- java.rmi.server.Skeleton.getOperations()
- java.rmi.server.LogStream.getOutputStream()
- java.rmi.server.RemoteCall.getOutputStream()
- java.awt.Scrollbar.getPageIncrement()
- java.security.Signature.getParameter(String)
- java.awt.Component.getPeer()
- java.awt.MenuComponent.getPeer()
- java.awt.Font.getPeer()
- java.rmi.server.RemoteCall.getResultStream(boolean)
- java.sql.Date.getSeconds()
- java.util.Date.getSeconds()
- java.rmi.server.LoaderHandler.getSecurityContext(ClassLoader)
- java.rmi.server.RMIClassLoader.getSecurityContext(ClassLoader)
- javax.swing.JPasswordField.getText()
- javax.swing.JPasswordField.getText(int, int)
- java.util.Date.getTimezoneOffset()
- java.net.MulticastSocket.getTTL()
- java.net.DatagramSocketImpl.getTTL()
- java.sql.ResultSet.getUnicodeStream(int)
- java.sql.ResultSet.getUnicodeStream(String)
- javax.swing.ScrollPaneLayout.getViewportBorderBounds(JScrollPa-ne)
- java.awt.Scrollbar.getVisible()
- java.sql.Time.getYear()
- java.util.Date.getYear()
- java.awt.Component.gotFocus(Event, Object)

- java.awt.Component.handleEvent(Event)
- java.awt.Component.hide()
- java.lang.SecurityManager.inClass(String)
- java.lang.SecurityManager.inClassLoader()
- org.omg.CORBA.Any.insert_Principal(Principal)
- java.awt.TextArea.insertText(String, int)
- java.awt.Container.insets()
- java.awt.Component.inside(int, int)
- java.awt.Polygon.inside(int, int)
- java.awt.Rectangle.inside(int, int)
- java.rmi.server.RemoteRef.invoke(RemoteCall)
- java.lang.Character.isJavaLetter(char)
- java.lang.Character.isJavaLetterOrDigit(char)
- java.awt.List.isSelected(int)
- java.lang.Character.isSpace(char)
- java.awt.Component.keyDown(Event, int)
- java.awt.Component.keyUp(Event, int)
- java.awt.Component.layout()
- java.awt.Container.layout()
- java.awt.ScrollPane.layout()
- java.rmi.server.LoaderHandler.loadClass(String)
- java.rmi.server.RMIClassLoader.loadClass(String)
- java.rmi.server.LoaderHandler.loadClass(URL, String)
- java.awt.Component.locate(int, int)
- java.awt.Container.locate(int, int)
- java.awt.Component.location()
- java.rmi.server.LogStream.log(String)
- java.awt.Component.lostFocus(Event, Object)

- java.awt.Component.minimumSize()
- java.awt.Container.minimumSize()
- java.awt.TextField.minimumSize()
- java.awt.TextArea.minimumSize()
- java.awt.List.minimumSize()
- java.awt.TextField.minimumSize(int)
- java.awt.List.minimumSize(int)
- java.awt.TextArea.minimumSize(int, int)
- javax.swing.text.View.modelToView(int, Shape)
- java.awt.Component.mouseDown(Event, int, int)
- java.awt.Component.mouseDrag(Event, int, int)
- java.awt.Component.mouseEnter(Event, int, int)
- java.awt.Component.mouseExit(Event, int, int)
- java.awt.Component.mouseMove(Event, int, int)
- java.awt.Component.mouseUp(Event, int, int)
- java.awt.Component.move(int, int)
- java.awt.Rectangle.move(int, int)
- org.omg.CORBA.Principal.name()
- org.omg.CORBA.Principal.name(byte[])
- java.rmi.server.RemoteRef.newCall(RemoteObject, Operation[], int, long)
- java.awt.Component.nextFocus()
- java.awt.datatransfer.DataFlavor.normalizeMimeType(String)
- java.awt.datatransfer.DataFlavor.normalizeMimeTypeParameter(String, String)
- org.omg.CORBA.ServerRequest.op_name()
- org.omg.CORBA.ServerRequest.params(NVList)
- java.util.Date.parse(String)
- java.rmi.server.LogStream.parseLevel(String)

- java.awt.Component.postEvent(Event)
- java.awt.MenuComponent.postEvent(Event)
- java.awt.Window.postEvent(Event)
- java.awt.MenuContainer.postEvent(Event)
- java.awt.Component.preferredSize()
- java.awt.Container.preferredSize()
- java.awt.TextField.preferredSize()
- java.awt.TextArea.preferredSize()
- java.awt.List.preferredSize()
- java.awt.TextField.preferredSize(int)
- java.awt.List.preferredSize(int)
- java.awt.TextArea.preferredSize(int, int)
- org.omg.CORBA.portable.InputStream.read_Principal()
- java.io.DataInputStream.readLine()
- java.io.ObjectInputStream.readLine()
- java.rmi.registry.RegistryHandler.registryImpl(int)
- java.rmi.registry.RegistryHandler.registryStub(String, int)
- java.rmi.server.RemoteCall.releaseInputStream()
- java.rmi.server.RemoteCall.releaseOutputStream()
- java.awt.TextArea.replaceText(String, int, int)
- java.awt.Component.reshape(int, int, int, int)
- java.awt.Rectangle.reshape(int, int, int, int)
- java.awt.Component.resize(Dimension)
- java.awt.Component.resize(int, int)
- java.awt.Rectangle.resize(int, int)
- org.omg.CORBA.ServerRequest.result(Any)
- java.lang.Thread.resume()
- java.lang.ThreadGroup.resume()

- java.lang.Runtime.runFinalizersOnExit(boolean)
- java.lang.System.runFinalizersOnExit(boolean)
- java.util.Properties.save(OutputStream, String)
- java.awt.CheckboxGroup.setCurrent(Checkbox)
- java.awt.Frame.setCursor(int)
- java.sql.Time.setDate(int)
- java.util.Date.setDate(int)
- java.rmi.server.LogStream.setDefaultStream(PrintStream)
- java.awt.TextField.setEchoCharacter(char)
- java.sql.Date.setHours(int)
- java.util.Date.setHours(int)
- javax.swing.AbstractButton.setLabel(String)
- javax.swing.ToolTipManager.setLightWeightPopupEnabled(boolean)
- java.awt.Scrollbar.setLineIncrement(int)
- java.sql.DriverManager.setLogStream(PrintStream)
- javax.swing.JInternalFrame.setMenuBar(JMenuBar)
- javax.swing.JRootPane.setMenuBar(JMenuBar)
- java.sql.Date.setMinutes(int)
- java.util.Date.setMinutes(int)
- java.sql.Time.setMonth(int)
- java.util.Date.setMonth(int)
- java.awt.List.setMultipleSelections(boolean)
- java.rmi.server.LogStream.setOutputStream(OutputStream)
- java.awt.Scrollbar.setPageIncrement(int)
- java.security.Signature.setParameter(String, Object)
- java.rmi.server.RemoteStub.setRef(RemoteStub, RemoteRef)
- java.sql.Date.setSeconds(int)
- java.util.Date.setSeconds(int)

- java.net.MulticastSocket.setTTL(byte)
- java.net.DatagramSocketImpl.setTTL(byte)
- java.sql.PreparedStatement.setUnicodeStream(int, InputStream, int)
- java.sql.Time.setYear(int)
- java.util.Date.setYear(int)
- java.awt.Component.show()
- java.awt.Component.show(boolean)
- java.awt.Component.size()
- javax.swing.JTable.sizeColumnsToFit(boolean)
- java.lang.Thread.stop()
- java.lang.ThreadGroup.stop()
- java.lang.Thread.stop(Throwable)
- java.lang.Thread.suspend()
- java.lang.ThreadGroup.suspend()
- java.util.Date.toGMTString()
- java.util.Date.toLocaleString()
- java.rmi.server.LogStream.toString()
- java.rmi.server.Operation.toString()
- java.io.ByteArrayOutputStream.toString(int)
- java.util.Date.UTC(int, int, int, int, int, int)
- javax.swing.text.View.viewToModel(float, float, Shape)
- org.omg.CORBA.portable.OutputStream.write_Principal(Principal)
- java.rmi.server.LogStream.write(byte[], int, int)
- java.rmi.server.LogStream.write(int)

Deprecated Constructors

- java.sql.Date(int, int, int)
- java.util.Date(int, int, int)

- java.util.Date(int, int, int, int, int)
- java.util.Date(int, int, int, int, int, int)
- java.util.Date(String)
- java.rmi.server.Operation(String)
- java.rmi.RMISecurityException(String)
- java.rmi.RMISecurityException(String, String)
- java.rmi.ServerRuntimeException(String, Exception)
- java.rmi.server.SkeletonMismatchException(String)
- java.net.Socket(InetAddress, int, boolean)
- java.net.Socket(String, int, boolean)
- java.io.StreamTokenizer(InputStream)
- java.lang.String(byte[], int)
- java.lang.String(byte[], int, int, int)
- java.sql.Timestamp(int, int, int, int, int, int, int)

8

Multithreading

Multithreading bedeutet im wesentlichen, daß mehrere Aufgaben oder Prozesse quasi gleichzeitig ausgeführt werden können. Dabei bedeutet es nicht die quasi gleichzeitige Ausführung von mehreren Programmen wie beim Multitasking, sondern die gleichzeitige, parallele Ausführung von mehreren einzelnen Programmschritten (oder *zusammenhängenden* Prozessen). Dies kann ebenso bedeuten, daß innerhalb eines Programms mehrere Dinge gleichzeitig geschehen. Bei Java ist das Multithreading-Konzept vollintegrierter Bestandteil der Philosophie. Der hochentwickelte Befehlssatz in Java, um Threads zu synchronisieren, ist in die Sprache integriert, macht diese stabil und einfach in der Anwendung. Java verwendet hochintelligente Synchronisationsanweisungen für den Umgang mit Multithreading. Die Schlüsselwörter `synchronized` und `threadsafe` werden zum Markieren von Blöcken und Methoden benutzt, die eventuell vor gleichzeitiger Verwendung geschützt werden sollen.

8.1 Methoden synchronisieren

Methoden zu synchronisieren bedeutet, eine Datenverletzung zu verhindern, welche passieren kann, wenn zwei Methoden gleichzeitig versuchen, auf dieselben Daten zuzugreifen. Indem Sie in Java das Schlüsselwort `synchronized` vor eine Methodendeklaration setzen, können Sie die Datenverletzung verhindern.

Beispiel: `synchronized void toggleStatus()`

Um Datenverletzungsprobleme zu vermeiden, deklarieren Sie am besten alle betreffenden Methoden als `synchronized`. In einem bestimmten Objekt dürfen keine zwei synchronisierten Methoden gleichzeitig laufen. Wenn eine Methode aufgerufen wird, erhält sie ein »Schloß« für das Objekt. Wenn dann eine weitere synchronisierte Methode aufgerufen wird, muß die zweite so lange warten, bis die erste fertig ist und das Schloß für dieses Objekt wieder geöffnet wurde.

Vorsicht, Deadlock

Beim Synchronisieren ist Sorgfalt angebracht, weil sich mehrere synchronisierte Methoden gegenseitig blockieren können, indem die eine Methode auf ein Ereignis wartet, welches nur von der synchronisierten und deshalb gerade blockierten Methode abhängt. Synchronisierte Threads dürfen auf keinen Fall so gebaut werden, daß sie auf ein Ereignis warten, welches sie selbst blockieren. Man nennt eine solche Pattsituation zwischen Threads einen *Deadlock*.

8.2 Synchronisierte Blöcke

Bei der Technik des Multithreadings muß es die Möglichkeit geben, genau wie bei Methoden ganze Blöcke, welche auf die gleiche Information zugreifen wollen, zu synchronisieren.

Um Blöcke zu synchronisieren, kann man auch hier wieder das Schlüsselwort `synchronized` verwenden. Diesmal wird damit allerdings ein synchronisierter Block erstellt.

Ein skizziertes Java-Programm soll eine Verwendung des Schlüsselworts `synchronized` demonstrieren.

```
class Netzwerk {
Zugriff oeffneSchnittstelle;
...
synchronized (oeffneSchnittstelle)
{ online(oeffneSchnittstelle.sende[1]);
online(oeffneSchnittstelle.sende[2]); }
}
```

Genau wie synchronisierte Methoden verschließen synchronisierte Blökke ein spezifisches Objekt, solange sie laufen. Damit werden auch verschiedene synchronisierte Blöcke nicht gleichzeitig abgearbeitet, solange ein anderer synchronisierter Prozeß abläuft.

Es gibt jedoch in der Tat Unterschiede zwischen synchronisierten Methoden und synchronisierten Blöcken. Synchronisierte Methoden verschließen die derzeitige Klasse, während synchronisierte Blöcke nur die spezifizierte Methode während der Ausführung verschließen. Im obigen Beispiel wird die Instanz namens >>offene Schnittstelle<< verschlossen, nicht jedoch die Klasse Netzwerk.

8.3 Thread-sicheren Zugriff auf Datenstrukturen und Objekte

Das Multithreading-Konzept erzwingt zudem einen Thread-sicheren Zugriff auf Datenstrukturen und Objekte, welcher viel zur allgemeinen Stabilität eines Java-Systems beiträgt. Dazu verwendet Java einen neuen und einzigartigen Ansatz, um Methoden aufzurufen. Normalerweise rufen PC-Programme Funktionen über eine numerische Adresse auf. Da diese Adresse eine numerische Folge ist und diese Folge so programmiert werden kann, wie der Programmierer es sich wünscht, kann eine beliebige Zahl genommen werden, um dem Programm zu sagen, wie es eine Funktion ausführen soll. Damit wird eine Anonymität aufrechterhalten, mit der es unmöglich ist, herauszufinden, welche Funktionen tatsächlich verwendet werden, wenn das Programm läuft.

Java seinerseits verwendet Namen zum Aufruf von Methoden und Variablen. Auf Methoden und Variablen kann allein mit dem Namen zugegriffen werden. Zu bestimmen, welche Methoden und Funktionen verwendet werden, ist also einfach. Diese Verifizierung wird u.a. dazu verwendet, sicherzustellen, daß der Bytecode nicht beschädigt oder verändert wurde und der die Anforderungen von Java als Sprache erfüllt.

8.4 Klassen Thread-fähig machen

Es gibt zwei Wege, wie Sie Ihre Anwendungen und Klassen in separaten Threads laufen lassen können. Einmal, indem Sie die `Thread`-Klasse erweitern oder indem Sie die Schnittstelle `Runnable` implementieren.

Erweiterung der Klasse Thread

Sie können eine Klasse als Thread lauffähig machen, indem Sie die Klasse `java.lang.Thread` erweitern. Dies gibt Ihnen direkten Zugriff auf alle Thread-Methoden.

Beispiel: `public class MeineThreadKlasse extends Thread`

Eine Klasse durch Runnable als Thread lauffähig machen

Wenn Sie eine Klasse in die Lage versetzen, als eigener Thread zu laufen, werden Sie normalerweise auch die Fähigkeiten einiger anderer Klassen erweitern wollen. Da Java keine Mehrfachvererbung unterstützt, können Sie dazu das Alternativkonzept der Schnittstellen verwenden. Sie implementieren einfach die Schnittstelle `Runnable`. Tatsächlich implementiert sogar die Klasse `Thread` selbst `Runnable`. Die `Runnable`-Schnittstelle hat nur eine Methode: `run()`.

Es ist die Methode, die all diejenige Arbeit erledigt, die Sie von einem bestimmten Thread getan haben wollen.

Beispiel:

```
public class DatumThread extends java.applet.Applet implements
Runnable
```

8.5 Applets Multithreading-fähig machen

Applets sind ja nur spezielle Klassen. Deshalb ist hier nicht viel zu beachten, was nicht schon für beliebige Klassen gilt. Durch die Verwendung von Threads können Sie in Java Applets so erstellen, daß alle oder auch einzelne Codeteile in ihrem eignen Thread laufen, ohne andere Teile des Systems zu beeinflussen.

Wir haben im vorherien Kapitel über die Grundlagen der Applet-Erstellung bereits gesehen, daß ein Applet im wesentlichen über vier Schritte Multithreading-fähig gemacht wird:

1. Erweitern der Unterschrift des Applets um `implements Runnable`.
2. Hinzufügen einer Instanzvariablen, welche den Thread des Applets enthält.
3. Reduzieren der `start()`-Methode, so daß sie außer dem Start des Threads keinen weiteren Aufruf enthält.
4. Hinzufügen der `run()`-Methode, die den eigentlichen Code enthält, welchen das Applet ausführen soll.

Wir werden im nächsten Kapitel von der Multithreading-Fähigkeit eines Applets noch ausführlich Gebrauch machen.

8.6 Allgemeines Erstellen eines Threads

Sie müssen nicht unbedingt eine Klasse als Thread deklarieren, Sie können einen Thread auch direkt erstellen. Dazu nutzen Sie einen leeren Konstruktor: `public Thread()`. Wenn Sie einen Thread erstellen, ohne eine `Runnable`-Schnittstelle zu spezifizieren, benutzt der Thread sich selbst als `Runnable`-Schnittstelle. Die Grundimplementierung der `run`-Methode in der Thread-Klasse kehrt einfach wieder zurück, ohne etwas zu tun. Um eine andere `Runnable`-Schnittstelle zu spezifizieren, müssen Sie einen etwas veränderten Thread-Konstruktor verwenden: `public Thread(Runnable target)`. Wenn der Thread gestartet wird, ruft er die `run()`-Methode in `target` auf. Wenn Sie einen Thread erstellen, wird er der Thread-Gruppe der derzeitigen Threads hinzugefügt.

Wenn Sie den Thread einer anderen Thread-Gruppe (zu Thread-Gruppen mehr am Ende des Kapitels) hinzufügen wollen, müssen Sie diese bei seiner Erstellung angeben: `public Thread(ThreadGroup group, String name)`. Über den Parameter `name` können Sie einen optionalen Thread-Namen vergeben, der zum Unterscheiden der einzelnen Threads verwendet werden kann. Wenn der Thread nicht benannt wird, kann der Threadname Null angegeben werden.

8.7 Thread-Zustände ermitteln und beeinflussen

Außer dem Thread-fähig-Machen von Klassen und dem Ausführen derselben können Sie Thread-Zustände ermitteln und in verschiedener Weise beeinflussen.

Priorität verändern

Es gibt zwei Methoden in `java.lang.Thread`, die für die Priorität eines Threads zuständig sind:

- `public final void setPriority(int newPriority) throws IllegalArgumentException`
- `public final int getPriority()`

Die Methode `getPriority()` wird benutzt, um die aktuelle Priorität eines Threads zu ermitteln.

Die Methode `setPriority() )` erlaubt es, die Priorität für einen Thread festzulegen. In der Methode `setPriority()` können Sie Werte zwischen 1 (niedrig) und 10 (hoch) verwenden. Andere Angaben lösen die Ausnahme `IllegalArgumentException` aus.

Man kann mittels der beiden Methoden Threads so beeinflussen, daß der Computer diese Threads in der Priorität unterschiedlich behandelt und die höher priorisierten Threads schneller abgearbeitet werden.

Den Laufstatus von Threads verändern

Threads haben nicht nur einen möglichen Status. Sie können den Laufstatus auf vielfältige Weise verändern.

start() und stop()

Die Methoden

```
public void start() throws IllegalThreadStateException
```

und

```
public final void stop()
```

sind relativ einfache Operationen für einen Thread und eigentlich klar.

`start()` teilt einem Thread mit, mit der `run()`-Methode von seinem zugeordneten Objekt *Runnable* zu beginnen. Die Methode wirft die Ausnahme `IllegalThreadStateException` aus, wenn der Thread bereits läuft.

Normalerweise halten Sie einen Thread durch das Aufrufen der `stop()`-Methode ohne weitere Anweisungen an. `stop()` veranlaßt den Thread zu stoppen. So ist die Erklärung allerdings stark vereinfacht, aber ausreichend.

HINWEIS

Die `stop()`-Methode ist von Sun mittlerweile als deprecated erklärt worden.

sleep()

Die Methode `sleep()` versetzt einen Thread in einen Wartezustand. Dies hat zur Folge, daß Threads mit einer geringeren Priorität eine Chance zur Ausführung ihrer Aufgaben bekommen. Die `sleep`-Methode gibt es in zwei Varianten. Die erste ist

```
public static void sleep(long millis) throws InterruptedException,
```

die dem Interpreter mitteilt, daß er für eine bestimmte Zeit in Millisekunden in den Wartezustand übergehen will.

Beispiel: `thisThread.sleep(100);`

Die zweite Form,

```
public static void sleep(long millis, int nanos) throws
InterruptedException,
```

kann für den Thread für eine Anzahl von Millisekunden plus einigen Nanosekunden angeben, die er in den Wartezustand versetzt wird.

Beispiel: `thisThread.sleep(99,259);`

destroy()

Eine der wichtigsten Methoden zur Änderung des Laufstatus von Threads ist

```
public void destroy().
```

Im Allgemeinen sollten Sie `destroy()` nicht anwenden. `destroy()` führt keine Säuberungen am Thread durch, sondern zerstört lediglich den aktuellen Thread.

Anzahl der laufenden Threads ermitteln

`Java.lang.Thread` stellt Ihnen eine Methode zur Verfügung, welche die Anzahl der laufenden Threads ermittelt:

```
public static int activeCount()
```

`Thread.activeCount()` gibt als Integer-Wert die Anzahl der laufenden Threads in der aktuellen ThreadGroup zurück.

Beispiel: `int anzahlThreads = Thread.activeCount();`

Alle laufenden Threads herausfinden

Sie können sich alle laufenden Threads ansehen. Dazu gibt es in Java drei Methoden, die in `java.lang.Thread` verankert sind:

- `public static int enumerate(Thread[] threadArray)`
- `public final String getName()`
- `public final void setName(String name)`

enumerate(Thread [])

Die Methode `enumerate(Thread [])` wird benutzt, um eine Liste von allen laufenden Threads in der aktuellen ThreadGroup zu erhalten. Die Methode `enumerate` füllt ein Datenfeld mit allen Thread-Objekten der derzeitigen Thread-Gruppe.

getName()

Die Methode `getName()` wird benutzt, um den Namen herauszufinden, der einem Thread zugewiesen ist.

setName(String)

Das Gegenstück zu `getName()` ist `setName(String)`. Die Methode wird benutzt, um den Namen zu setzen. Standardmäßig wird kein Name bei der Konstruktion eines Threads angegeben. Ihm wird ein Standardname `Thread-x` zugewiesen, wobei x eine eindeutige Nummer für diesen Thread ist.

8.8 Dämonen

Der Name Dämon-Thread bzw. Daemon-Thread stammt einigen Quellen zufolge aus der Unix-Welt und könnte die Abkürzung für »Disk And Execution Monitor« sein. Darauf deutet ebenso die Aufgabe hin, für die Dämonen hauptsächlich verwendet werden. Java-Threads können einem von zwei Typen angehören:

- Benutzer-Threads
- Dämon-Threads

Die Dämon-Threads haben einige nette Eigenschaften, die sie gegenüber Benutzer-Threads für manche Aufgaben priorisieren. Sie müssen sich beispielsweise niemals darum kümmern, ob ein einmal ins Rennen geschickter Dämon-Thread wieder zurückkommt. Nachdem ein Dämon-Thread gestartet wurde, muß er auch nicht gestoppt werden. Wenn der Thread das Ende seiner Aufgabe erreicht, wird er automatisch stoppen und sein Status wird deaktiviert.

Ein weiterer sehr wichtiger Unterschied (und der wahrscheinliche Grund für den Namen) zwischen Dämon-Threads und Benutzer-Threads ist der, daß Dämon-Threads die ganze Zeit laufen können. Wenn der Java-Interpreter feststellt, daß nur noch Dämon-Threads laufen, beendet er, ohne sich darum zu kümmern, ob die Dämon-Threads fertig sind. Das ist sehr nützlich, da es gestattet, Threads zu starten, die Dinge wie Verwaltungsaufgaben, Beobachtung und Säuberungen im Hintergrund auszuführen; sie werden von alleine sterben, wenn nichts anderes mehr läuft. Normalerweise endet ein Java-Programm erst, wenn alle seine (normalen) Threads beendet sind. Die Daemon-Eigenschaft veranlaßt die JVM von Java, diese Threads beim Überprüfen aller Threads vor Beendigung eines Programms zu ignorieren.

Ab Java 1.2 und dem JDK 1.2 haben Dämonen eine beträchtliche Aufwertung erfahren und sind nicht nur auf grafische Aufgaben beschränkt (wie vorher weitgehend). Die Erweiterung des RMI-Konzeptes 1.2 erlaubt es nun, Objekte anhand einer Referenz zu reaktivieren, wenn diese zuvor persistent gemacht wurden (Remote Object Activation). Die Umsetzung erfolgt mit dem neu im JDK 1.2 eingeführten Tool `rmid` – Java RMI Activation System Daemon. Dieses Tool startet den sogenannten »activation system daemon«, einen speziellen Dämon, mit dessen Hilfe Objekte in einer JVM registriert und aktiviert werden können. Die intensive Behandlung sprengt den Rahmen dieses Buchs, aber Sie finden dazu in der Dokumentation des Tools eine umfangreiche Anleitung.

Zwei Methoden in `java.lang.Thread` sind für dem Dämonen-Status eines Threads zuständig. Dies sind:

- `public final boolean isDaemon()`
- `public final void setDaemon(boolean on)`

isDaemon()

Die Methode `isDaemon()` wird benutzt um den Status eines bestimmten Threads zu testen. Gelegentlich ist dies für ein als Thread laufendes Objekt nützlich, um festzustellen, ob es als Dämon oder als regulärer Thread läuft. `isDaemon()` liefert `true` zurück, wenn der Thread ein Dämon ist und `false` im anderen Fall.

setDaemon(boolean)

Die Methode `setDaemon(boolean)` wird benutzt, um den Dämonen-Status eines Threads zu verändern. Um einen Thread zu einem Dämon zu machen, setzen Sie den Eingangswert auf `true`. Um wieder zurück zu einem Benutzer-Thread zu wechseln, setzen Sie den Wert auf `false`.

Beispiel: `meinThread.setDaemon(true);`

8.9 Threadgruppen

Threads können ebenfalls in sogenannte Threadgruppen eingeteilt werden, die im wesentlichen eine Sicherheitsstrategie für Threads festlegen. Sie können damit vermeiden, daß ein Thread andere Threads ruhigstellt oder deren Reihenfolge ändert. Thread-Gruppen werden hierarchisch so angeordnet, daß jede Thread-Gruppe eine Ursprungsgruppe (parent group) hat. Ein Thread darf nur Threads innerhalb seiner eigenen Threadgruppe oder einer seiner Untergruppen verändern.

Über die Klasse `ThreadGroup`, welche zu dem Paket `java.lang` gehört (`public class java.lang.ThreadGroup extends java.lang.Object`), können Sie eine Gruppierung von Threads vornehmen. So ermöglicht es beispielsweise das Ausführen von Operationen auf mehrere Threads. Ein Objekt dieser Klasse kann sowohl Threads als auch weitere Thread-Gruppen als Elemente enthalten, womit eine Hierarchie innerhalb der Threads erzeugt werden kann.

Eine Thread-Gruppe erstellen

Sie können eine Thread-Gruppe ganz einfach über die Anweisung `ThreadGroup()` erstellen, indem Sie ihr einen Namen geben:

```
public ThreadGroup(string groupName)
```

Sie können eine Thread-Gruppe ebenso als Untergruppe einer bereits existierenden ThreadGroup erstellen:

```
public ThreadGroup(ThreadGroup existingGroup, String groupName) throws
NullPointerException
```

ThreadGroup-Operationen

Viele der ThreadGroup-Operationen sind mit normalen Thread-Operationen identisch, außer, daß sie für alle Threads ihrer Gruppe gültig sind:

```
public final synchronized void suspend()
public final synchronized void resume()
public final synchronized void stop()
public final void setDaemon(boolean daemonFlag)
public final boolean isDaemon()
```

Die maximale Priorität eines jeden Threads einer Gruppe können Sie durch das Aufrufen der `setMaxPriority()`-Methode beschränken:

```
public final synchronized void setMaxPriority(int priority)
```

Die maximale Priorität einer Thread-Gruppe können Sie mit `getMaxPriority()` abfragen:

```
public final int getMaxPriority()
```

Die übergeordnete Gruppe einer Thread-Gruppe können Sie mit `getParent()` herausfinden:

```
public final ThreadGroup getParent()
```

Die unterschiedlichen `enumerate()`-Methoden ermöglichen es Ihnen, herauszufinden, welche Threads und Thread-Gruppen zu einer bestimmten Thread-Gruppe gehören:

```
public int enumerate(Thread[] threadListe)
public int enumerate(Thread[] threadListe, boolean
rekursivEinstellung)
public int enumerate(ThreadGroup[] groupListe)
public int enumerate(ThreadGroup[] groupListe, boolean
rekursivEinstellung)
```

Der Parameter `rekursivEinstellung` der `enumerate`-Methoden sorgt dafür, daß die `enumerate()`-Methode bei dem Wert `true` all seine Untergruppen durchforstet, um eine komplette Liste seiner Nachkommen zu erhalten.

Die Anzahl der aktiven Threads und Thread-Gruppen dieser Gruppe erhalten Sie durch die Verwendung von `activeCount()` and `activeGroupCount()`:

```
public synchronized int activeCount()
public synchronized int activeGroupCount()
```

9 Grafik und Animation

Einer der wichtigsten Fähigkeiten von Java ist die Grafikfähigkeit. Dies betrifft sowohl Java-Applets, als auch normale Programme.

HINWEIS

Einige Hinweise vorab zu den Java-Versionen:
Die meisten der schon von Anfang an vorhandenen Grafikfähigkeiten von Java sind in der `Graphics`*-Klasse untergebracht, welche ein Bestandteil des Paketes* `java.awt` *ist. Andere finden Sie in der* `Image`*-Klasse, welche ebenso zu diesem Paket gehört. Diese Klassen oder am besten das ganze Paket sollte auf jeden Fall am Anfang jeder Sourcedatei importiert werden, bevor man die Grafikfähigkeiten von Java vollständig nutzen kann. Seit Java 1.2 gibt es noch einige weitere Pakete, die insbesondere für 2D-Java und Swing wichtig sind. Auch diese müssen Sie natürlich importieren, wenn Sie damit arbeiten wollen.*

Wir werden am Beginn des Kapitels die Grafikmöglichkeiten von Java ansprechen, welche schon in der ersten Variante vorhanden waren. Dies sind grundlegende Grafikvorgänge, die auch die Basis für die neuen Grafik-Techniken wie 2D-Java (diese folgen im 2. Abschnitt) sind. Zum einen muß berücksichtigt werden, daß die neuen Grafikmöglichkeiten noch einige Zeit nicht in allen Darstellungplattformen – insbesondere den Browsern – wiedergegeben werden können. Java 1.0x ist immer noch relevant für die Programmierung von Applets und stellt dort den Standard dar. Der Grund ist, daß die Browser-Hersteller die Integration der Java-Versionen nach Java 1.0x entweder noch gar nicht vollzogen haben oder zumindest sehr unterschiedlich angehen. Die Version 1.0x ist deshalb der kleinste gemeinsame Nenner, welcher von allen Java-fähigen Browsern verstanden werden sollte. Java 1.1 bzw. 1.2 werden dagegen im wesentlichen für die Programmierung von neuen Applikationen verwendet.

Aber sogar bei Applikationen wird oft noch nach dem 1.0x-Standard programmiert, entweder, um dem Integrationskrieg um die Java-Versionen nach 1.0x zu entgehen oder wenn bereits zuviele Bestandteile in diesem Standard erstellt wurden.

Zum anderen werden die grundlegenden Techniken zur Verwendung der Grafikmöglichkeiten von Java an Hand dieser einfachen Methoden leichter deutlich. Festhalten sollte man aber schon jetzt, daß es unter der neuen JFC und dem Swing-Konzept für sämtliche der Methoden, welche das `java.awt.Graphics` *nutzen, einen Ersatz gibt und dessen Anwendung sich direkt ableiten läßt.*

Wir werden aus der Vielzahl von Grafikmethoden nur eine kleine Auswahl präsentieren können, welche aber die wichtigsten Grundtechniken beschreiben sollten. Insbesondere sollten Sie beachten, daß es für viele der vorgestellten Methoden mehrere Varianten des gleichen Namens gibt, von denen wir dann nur eine ausgewählte Version präsentieren. Weitergehende Informationen finden Sie in der Beschreibung der Java-Klassenbibliotheken.

Wir kennen bereits einige Fähigkeiten zur Darstellung von Bildern und Text. Dazu kommen freilich noch reichlich weitere Möglichkeiten, welche das Zeichnen von Zeilen, Gebilden, Bildern und Text in verschiedenen Schriften, Stilen und Farben ermöglichen.

HINWEIS

Wenn Sie von der Klasse `Graphics` *keine explizite Instanz erstellen, steht Ihnen in einem Applet über die automatisch ausgeführte* `paint(Graphics g)`*-Methode dennoch eine Gelegenheit zur Verfügung, wo Sie die Grafik-Möglichkeit – dann begrenzt auf die Methode – nutzen können.*

9.1 Zeichnen, Update und Neuzeichnen

Allgemeine Zeichnenvorgänge in Java erfolgen, indem eine beliebige Grafikmethode innerhalb einer Methode aufgerufen wird. Dies muß nicht zwingend die uns bereits bekannte `paint()`-Methode sein. Diese ist »nur« eine ganz besondere Methode, um bestimmte Grafik-Vorgänge im Applet auszulösen.

Im allgemeinen Fall können Sie über die Syntax

```
Graphics m_Graphics;
m_Graphics = getGraphics();
```

eine Instanz von `Graphics` erstellen, welche zur Ausgabe verwendet wird. Sie können anschließend z.B. mit

```
m_Graphics.drawString("Melde irgendwas", 10, 40);
```

auf sämtliche Grafikmethoden zugreifen. Die in der Klasse `Component` als

```
public Graphics getGraphics()
```

definierte Methode gibt den `Graphics`-Kontext von der Komponente zurück, bzw. Null, wenn die Komponente keinen aktuellen Grafikbezug hat.

Die meisten Zeichenoperationen werden jedoch in der `paint()`-Methode durchgeführt werden und vom Syntaxtyp

```
g.irgendeineMethode([irgendwelcheParameter]);
```

sein.

Wir wissen bereits, daß Java-Applets sich selbst neu zeichnen, indem sie die `paint`-Methode überschreiben. Wie jedoch wird die `paint`-Methode aufgerufen? Es gibt dazu drei verschiedene Methoden, die verwendet werden, um das Applet neu zu zeichnen.

- Die Methode `public void paint(Graphics g)` selbst. Sie zeichnet tatsächlich die Grafiken des Applets in den Zeichenbereich. Sie wird immer dann aufgerufen, wenn ein Applet gezeichnet werden muß. Dies ist immer beim ersten Aufruf des Applets der Fall, aber auch jedesmal dann, wenn das Applet-Fenster verschoben oder zwischenzeitlich von einem anderen Fenster überlagert wurde. Der `paint`-Methode wird eine Instanz der `Graphics`-Klasse weitergegeben, die sie für das Zeichnen verschiedener Formen und Bilder weitergeben kann. Sie können übrigens auch Java jederzeit dazu veranlassen, ein Applet unabhängig von solchen oben beschriebenen Standardereignissen nachzuzeichnen. Dies erfolgt jedoch nicht mit einem direkten Aufruf von `paint()`, wie man sich vielleicht zuerst denkt. Es muß die folgende `repaint()`-Methode verwendet werden.
- Die Methode `public void repaint()`. Sie kann jederzeit aufgerufen werden, wann auch immer das Applet neu gezeichnet werden muß, unabhängig von einem Standardereignis. Sie ist der Auslöser, der Java veranlaßt, die `paint()`-Methode so bald wie möglich aufzu-

rufen und das Applet neu zu zeichnen. » so bald wie möglich« weist bereits darauf hin, daß die `paint()`-Methode u.U. mit einer gewissen Verzögerung ausgeführt werden kann, wenn andere Ereignisse zuerst zu Ende geführt müssen. Die Verzögerung ist jedoch meist sehr gering.

- Die Methode `public void update(Graphics g)`. Sie wird von `repaint()` aufgerufen. Die Standard `update`-Methode löscht den vollständigen Zeichenbereich des Applets (oft ruft das den unangenehmen Flimmereffekt bei schnellen Bildsequenzen hervor) und ruft anschließend die `paint()`-Methode auf, welche dann das Applet vollständig neu zeichnet. Es ist also genaugenommen so, daß nicht die `repaint()`-Methode direkt die `paint()`-Methode aufruft, sondern nur indirekt über die `update()`-Methode.

Punkte, Linien, Kreise und Bögen

Die `Graphics`-Klasse verfügt über verschiedene Arten von Methoden zum Zeichnen von Grafiken, unter anderem über die nun folgenden Arten :

- Methoden zum Zeichnen von Linien
- Methoden zum Zeichnen von Kreisen und Ellipsen
- Methoden zum Zeichnen von Bögen
- Methoden zum Zeichnen von Rechtecken und Polygonen
- Methoden zum Zeichnen von Bildern
- Methoden zum Zeichnen von Text in verschiedenen Schriften, Farben und Schriftstilen

Das Koordinatensystem

Bevor wir unsere künstlerische Ader testen wollen, müssen wir uns mit dem Begriff Koordinatensystem beschäftigen. Ein Koordinatensystem läßt durch die Angabe von (in unserem 2-dimensionalen Fall) 2 Werten (sogenannte Vektoren, welche vom Ursprung des Koordinatensystems ausgehen) ein beliebiger Punkt in dem Koordinatensystem eindeutig festlegen. Um in dem bei Java verwendeten einfachen, 2-dimensionalen, kartesischen Koordinatensystem einen Punkt festlegen zu können, sind zwei Angaben notwendig – ein x-Wert und ein y-Wert. Wir müssen allerdings bei Java aufpassen, denn das dort verwendete Koordinatensystem unterscheidet sich ein wenig von dem sonst meist verwendeten System. Die **obere linke** Ecke des Bildschirms (genauer: des Bildschirmbereichs eines Applets oder dem Fenster einer Applikation) wird mit (0, 0) – also dem Koordinatensystem-Ursprung – abgebildet (sonst ist es meist die **untere** linke Ecke). Dabei ist der x-Wert die Anzahl der Bildschirm-Pixel von links ausgehend, also in der Waagrechten, und y ist die Zahl der Pixel, von oben angefangen, also in der Senkrechten.

Das Koordinaten-Tupel (42,10) beschreibt z.B. einen Punkt, der 42 Pixel vom linken Rand des Bildschirmbereichs und 10 Pixel vom oberen Rand des Bildschirmbereichs entfernt ist.

Jede Grafik-Methode von Java verwendet irgendwelche Koordinatenangaben, denn es muß ja festgelegt werden, wo eine Ausgabe beginnt und oft noch bis wohin die Ausgabe erfolgen soll.

Eine Linie zeichnen – die drawLine-Methode

Die einfachste Technik der `Graphics`-Klasse zum Zeichnen sind gezeichnete Linien. Dies geschieht mit der Methode

```
public abstract void drawLine(int x1, int y1, int x2, int y2).
```

Sie hat zwei Koordinatenpaare:

- Das Tupel (x1,y1), welches den Anfangspunkt einer Linie bestimmt.
- Das Tupel (x2,y2), welches den Endpunkt einer Linie bestimmt.

Zwischen den beiden Tupeln wird eine Linie gezogen.

Beispiel:

```
public void paint(Graphics g){
g.drawLine(42,42,100,100);
}
```

Ein Rechteck zeichnen – die drawRect-Methode

Zum Zeichnen von Rechtecken gibt es eine eigene `Graphics`-Methode:

```
public void drawRect(int x, int y, int width, int height).
```

Sie verwendet wieder zwei Koordinaten-Tupel, welche jedoch anders als die `drawLine`-Tupel zu verstehen sind.

- Das Tupel (x1,y1), welches die linke obere Ecke eines Rechtecks bestimmt.
- Das Tupel (x2,y2), welches die Breite und die Höhe des Rechtecks festlegt.

Um z.B. ein Rechteck bei dem Punkt (150, 100) zu beginnen, das 200 Pixel breit und 120 Pixel hoch ist, würde der Methoden-Aufruf folgendermaßen aussehen.

```
Beispiel: g.drawRect(150, 100, 200, 120);
```

Ein gefülltes Rechteck zeichnen – die fillRect-Methode

Die `drawRect`-Methode zeichnet nur die Umrandung einer Box. Wenn Sie einen gefüllten Kasten zeichnen wollen, können Sie die `public abstract void fillRect(int x, int y, int width, int height)`-Methode verwenden, die die gleichen Parameter wie `drawRect` verwendet.

Das Löschen eines Bereichs – die clearRect-Methode

Ganz wichtig ist die Möglichkeit, einen rechteckigen Bereich wieder löschen zu können. Sie können dazu mit der `public abstract void clearRect(int x, int y, int width, int height)`-Methode arbeiten. Sie verwendet die gleichen Parameter wie `drawRect`.

Um einen vollständigen Bereich eines Applets zu löschen, macht die folgende Syntax Sinn, denn sie beinhaltet die exakten Größenangaben eines beliebigen Applets als Eckpunkte des zu löschenden Bereichs.

```
g.clearRect(0, 0, this.size.width(), this.size.height());
```

Abgerundete Rechtecke – die drawRoundRect-Methode

Neben normalen Rechtecken können Sie ebenso Rechtecke mit abgerundeten Ecken zeichnen. Die Syntax der `public abstract void drawRoundRect(int x, int y, int width, int height, int arcWidth, int arcHeight)`-Methode ist `drawRect` ähnlich, nur daß sie noch über zwei weitere Parameter verfüget: `arcWidth` und `arcHeight`. Diese Parameter zeigen an, wie stark die Ecken abgerundet werden sollen.

Das erste Argument `arcWidth` bestimmt den Winkel der Abrundung auf der horizontalen und der zweite Parameter `arcHeight` den Winkel auf der vertikalen Ebene. Das bedeutet, je größer die Winkelwerte sind, desto stärker gerundet erscheint das Rechteck.

Beispiele:

```
g.drawRoundRect(10, 100, 50, 42,5,5);
g.drawRoundRect(110, 200, 100, 42,5,50);
g.drawRoundRect(150, 250, 25, 42,50,25);
```

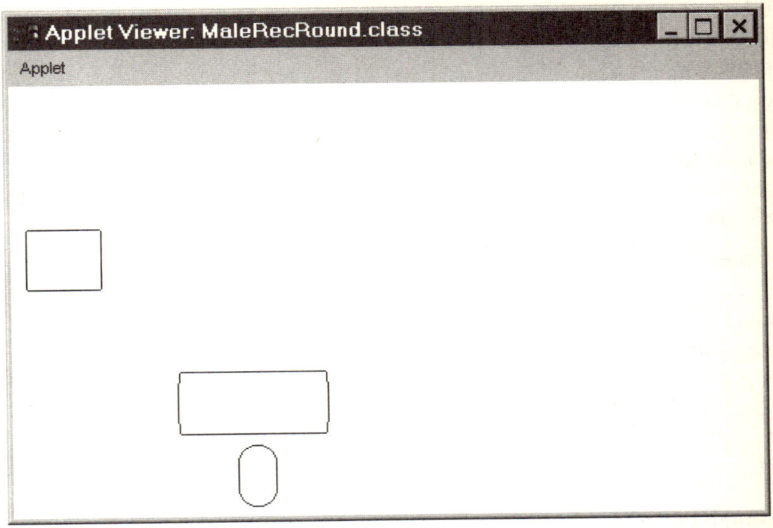

Bild 9.1: Abgerundete Ecken.

Das Zeichnen von Polygonen – die drawPolygon-Methode

Unter einem Polygon oder Vieleck versteht man eine grafische Form mit einer nicht zwingend vorgebenden Anzahl von Ecken und Kanten und beliebigen Winkeln zwischen den Kanten. Die Summe der Winkel muß bei einem geschlossenen Vieleck immer 360 Grad sein, und die letzte Linie muß in diesem Fall den Anfangspunkt der ersten Linie berühren. Ein Polygonzug kann aber auch offen sein. Dies bedeutet, daß der Endpunkt der letzten Linie nicht mit dem Anfangspunkt der ersten Linie übereinstimmt. In dem Fall kann (und wird meist) die Summe der Winkel von 360 Grad abweichen.

Ein Rechteck ist der Spezialfall eines geschlossenen Vierecks. Dreiecke, Fünfecke usw. sind besondere Vielecke. Besonderheit ist bei Vielecken, daß im Regelfall **keine** Symmetrie zwischen den Kanten (wie etwa beim Rechteck oder Quadrat) herrscht. Um ein Vieleck zu zeichnen, gibt es eine eigene `Graphics`-Methode:

```
public abstract void drawPolygon(int[] xPoints, int[] yPoints, int
nPoints).
```

Die fehlende Symmetrie macht jedoch mehr Angaben über den Verlauf eines Vielecks notwendig, als es bei dem Spezialfall eines Rechtecks notwendig war.

Sie haben zwei Optionen, wenn Sie Polygone zeichnen. Sie können entweder die zwei Datenbereiche (Arrays), welche die x- und die y-Koordinaten der Punkte enthalten, weitergeben, oder Sie können eine Instanz einer Polygon-Klasse weitergeben. Machen wir uns das an einem Beispiel das erste Verfahren deutlich.

Beispiel:

```
import java.awt.Graphics;
public class ZeichnePolygon extends java.applet.Applet
{// Definiere ein array mit X-Koordinaten
int xCoords[] = { 10, 40, 60, 30, 10 };
// Definiere ein array mit Y-Koordinaten
int yCoords[] = { 20, 0, 10, 60, 40 };
public void paint(Graphics g)
{
g.drawPolygon(xCoords, yCoords, 5); // Zeichne 5-Eck
}}
```

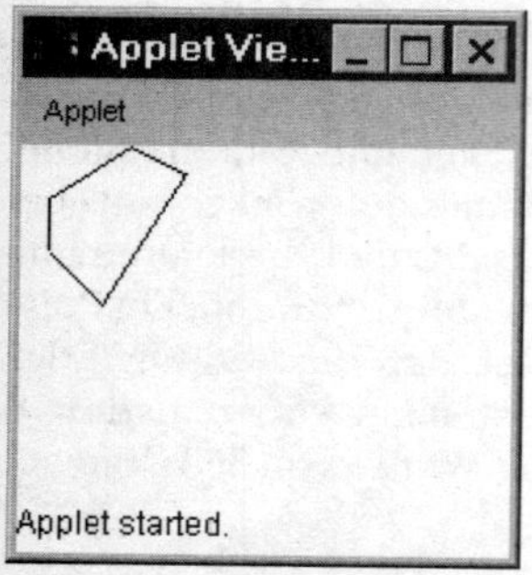

Bild 9.2: Ein Polygonzug.

Es wird eine Linie von dem Tupel (`xCoords[0],yCoords[0]`) zu dem Tupel (`xCoords[1],yCoords[1]`), dann zu dem Tupel (`xCoords[2],yCoords[2]`) usw. gezogen. Die Figur wird automatisch mit einem Strich zwischen letztem und erstem Punkt geschlossen, wenn sich der letzte und erste Punkt unterscheiden.

Wenn Sie eine Instanz einer Polygon-Klasse erstellt haben, können Sie die `public Rectangle getBoundingBox()`-Methode verwenden, um den Bereich zu ermitteln, der von diesem Polygon abgedeckt wird (die Minimum und Maximum x- und y-Koordinaten):

```
Rectangle boundingBox = myPolygon.getBoundingBox();
```

Die `Rectangle`-Klasse, die von `getboundingBox` zurückgegeben wird, enthält Variablen, die die x- und y-Koordinaten, die Höhe und die Breite des Rechtecks anzeigen.

Ab der JDK-Version 1.1 ist die Methode `getboundingBox` durch `getBounds` ersetzt.

Sie können auch bestimmen, ob ein Punkt in einem Polygon liegt oder sich außerhalb befindet, indem Sie `public boolean inside(int x, int y)` mit den x und y-Koordinaten des Punktes aufrufen:

```
if (myPolygon.inside(5, 10))
{ // der Punkt (5, 10) ist innerhalb diese Polygons
}
```

Sie können diese Polygon-Klasse anstatt des Punktdatenfeldes für die `drawPolygon` oder die `fillPolygon`-Methode verwenden.

Auch hier ist wieder zu beachten, daß `inside()` wieder als deprecated bezeichnet wird und ab der JDK-Version 1.1 durch eine neue Methode ersetzt wurde – die Methode `public boolean contains(int x, int y)` welche die identische Funktionalität bietet.

Beachten Sie bitte, daß die beiden Arrays für die x- und y-Koordinaten gleich groß sein sollten. Wenn dies nicht der Fall ist, kann nur ein n-Eck gezeichnet werden, dessen maximale Anzahl der Ecken dem Index des kleineren Arrays entspricht.

Sie müssen natürlich nicht den vollständigen Index der Arrays ausschöpfen.

Das Zeichnen von Kreisen und Ellipsen – die drawOval-Methode

Es gibt im Prinzip keinen Unterschied zwischen einem Kreis und einer Ellipse, außer daß der Kreis eine ganz spezielle Ellipse ist. Wenn die beiden

Brennpunkte der Ellipse in einen Punkt fallen, hat man einen Kreis. Folgerichtig hat die `Graphics`-Klasse keine extra Methode für einen Kreis, sondern nur eine Methode für Ellipsen – die `drawOval`-Methoden. Diese besitzt die gleichen Koordinaten-Angaben wie die `drawRect`-Methode. Sie geben die Koordinaten der oberen linken Ecke eines umschreibenden Rechtecks im ersten (x,y)-Tupel an die Methode

```
public abstract void drawOval(int x, int y, int width, int height)
```

weiter. Das zweite (x,y)-Tupel legt die Breite und die Höhe des umschreibenden Rechtecks und damit auch des Ovalkörpers fest. Wenn Breite und Höhe gleich sind, ziehen Sie einen Kreis.

```
Beispiel: g.drawOval(150, 100, 200, 120);
```

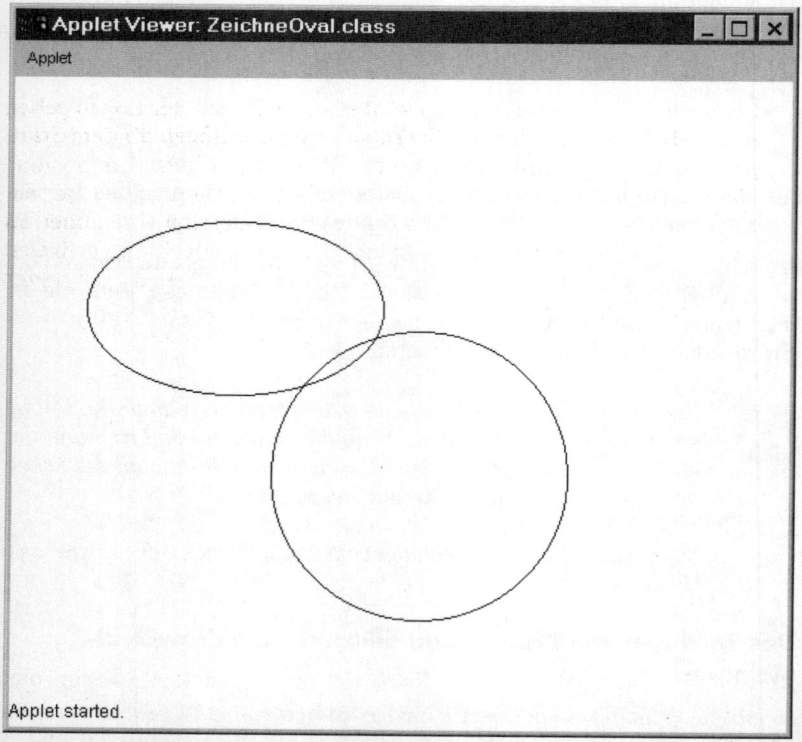

Bild 9.3: Eine Ellipse und ein Kreis.

Das Zeichnen von Bögen – die drawArc-Methode

Ein Bogen ist Teil einer Ellipse oder eines Kreises. Der Unterschied ist eigentlich nur, daß die Figur nicht geschlossen wird. Im Prinzip ist die Geschichte jedoch auch nicht viel schwerer als das Zeichnen der vollständigen Figuren. Java stellt die folgende Methode dafür zur Verfügung:

```
public abstract void drawArc(int x, int y, int width, int height, int
startAngle, int arcAngle)
```

Man muß der Methode nur zusätzlich mitteilen, ab wo und bis wo man die Figur gezeichnet haben möchte. Dazu muß man nur wissen, daß ein Kreis (oder auch Oval im allgemeinen Sinn) in 360 Grad unterteilt werden kann.

- Die ersten vier Parameter sind identisch zur `drawOval`-Methode.
- Der fünfte Parameter der `drawArc`-Methode bestimmt den Anfangswinkel von einer gedachten vertikalen Mittellinie aus gesehen, ab dem der Bogen gezeichnet werden soll.
- Der sechste Parameter legt den Winkel fest, wie weit der Bogen gehen soll. Dabei bedeutet der Gradwert, wie weit der Bogen ab dem Startpunkt gezeichnet wird und in welche Richtung er geht. Die positive Richtung in Java ist entgegen dem Uhrzeigersinn. Mit Angabe eines negativen Parameters wird in Richtung des Uhrzeigersinn gezeichnet. Es handelt sich also **nicht** um den Winkel von der gedachten vertikalen Mittellinie, wie bei Parameter 5. Ein Halbkreis wird also als Parameter 6 die Angabe 180 haben.

Beispiele:

```
g.drawArc(50, 150, 50, 50, 90, 180);
g.drawArc(50, 150, 150, 50, 120, -90);
```

(siehe Bild 9.4)

Das Zeichnen von gefüllten Bögen – die fillArc-Methode

Das Analogon für gefüllte Bögen ist die Methode

```
public abstract void fillArc(int x, int y, int width, int height, int
startAngle, int arcAngle).
```

Die Syntax ist identisch zu der `drawArc`-Methode. Zwischen Anfangs- und Endpunkt wird ein gerade Linie gezogen und die Figur ausgefüllt.

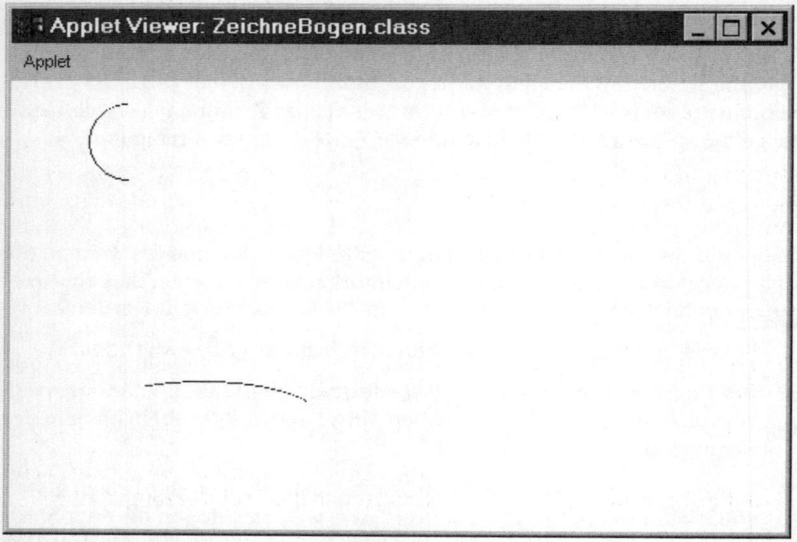

Bild 9.4: Bögen.

Beispiele:

```
g.fillArc(50, 150, 50, 50, 90, 90);
g.fillArc(50, 150, 50, 50, 120, 180);
```

9.2 Farbangaben

Java setzt in seinem ursprünglichen Konzept (wir werden noch das neue Konzept kennenlernen) sämtliche Farben aus sogenannten Primärfarben des Lichts zusammen. Dies sind die Farben Rot, Grün und Blau. Man nennt dieses Farbmodell das RGB-Modell (**R**ed-**G**reen-**B**lue). Das bedeutet, daß Farben aus der Summe von rotem, grünem und blauem Licht zusammengesetzt werden.

Einige der üblichen Kombinationen sind:

- rot + grün = braun (oder gelb, je nach Helligkeit)
- grün + blau = cyan (hellblau)

- Schwarz entsteht, wenn es kein Licht gibt, weiß wird mit der Kombination aller Primärfarben gebildet: Rot + grün + blau (in gleicher Menge) = weiß.

Sie definieren eine Farbe im RGB-Modell, indem Sie angeben, wieviel rotes, grünes und blaues Licht in der Farbe enthalten ist. Sie können dies entweder mit einer Zahl zwischen 0 und 255 oder mit Gleitkommazahlen zwischen 0,0 und 1,0. Kommen wir nun zu den Objekten und Methoden, mit denen unter Java die Farben verändert und für die diversen Grafik-Methoden gesetzt werden können.

Die Color-Klasse

Um ein Objekt in einer bestimmten Farbe zeichnen und darstellen zu können, können Sie eine Instanz der `Color`-Klasse erzeugen.

Wir schauen uns drei Arten an, mit denen Sie eine Farbe erzeugen können:

- `public Color(int red, int green, int blue)`. Damit wird eine Farbe mit Rot-, Grün- und Blau-Werten zwischen 0 und 255 erzeugt.
- `public Color(int rgb)`. Damit wird eine Farbe mit Rot-, Grün- und Blau-Werten zwischen 0 und 255 erzeugt, bei der jedoch alle Werte zu einem einzigen Integerwert kombiniert werden. Die Bits 16-23 enthalten den Rot-Wert, die Bits 8-15 enthalten den Grün-Wert und 0-7 enthalten den Blau-Wert. Diese Werte werden normalerweise in hexadezimaler Schreibweise notiert, damit Sie die Farbwerte ganz einfach sehen können. 0x123456 würde z.B. einen Rot-Wert von 0x12 (18 dezimal) ergeben, einen Grün-Wert von 34 (52 dezimal)) und einen Blau-Wert von 56 (96 dezimal). Denken Sie daran, daß jede Farbe in hexadezimaler Schreibweise genau 2 Zeichen einnimmt.
- `public Color(float red, float green, float blue)`. Damit wird eine Farbe mit Rot, Grün und Blau-Werten von 0.0 and 1.0 erzeugt.

Eine Instanz einer Farbe erstellen Sie also z.B. so:

```
Color pinkColor = new Color(255, 192, 192);
```

Eine gängige Farbe können Sie noch schneller zur Verfügung haben, denn die `Color`-Klasse definiert verschiedene in Klassenvariablen gespeicherte Standardfarbobjekte, auf die Sie per Punktnotation zugreifen können.

```
Beispiel: Color.pink
```

Auch zu den Standardfarbobjekten finden Sie mehr Informationen im Anhang bei dem Abschnitt zu Farben.

Farben setzen – setColor

Wenn Sie einmal eine Farbe erstellt haben oder ein Standardfarbobjekt verwenden wollen, können Sie die Zeichenfarbe mit der Methode `public abstract void setColor(Color c)`verändern.

Als Parameter geben Sie das gewünschte Farbobjekt an.

Hintergrundfarben setzen – setBackground

Normalerweise ist die Hintergrundfarbe eines Applets weiß oder dunkelgrau (je nach Container). Wenn Sie einmal eine Farbe erstellt haben oder ein Standardfarbobjekt verwenden wollen, können Sie damit ebenso die Hintergrundfarbe eines Applets individuell mittels der `public void setBackground(Color c)`-Methode setzen. Die hier spezifizierte Variante gehört zu Klasse `java.awt.Component`. Als Parameter geben Sie wieder das gewünschte Farbobjekt an.

Beispiel:

```
public void paint(Graphics g){
/* Rosa Hintergrund mit grünem Rechteck*/
Color pinkColor = new Color(255, 192, 192);
setBackground(pinkColor);
g.setColor(Color.green);
g.drawRect(40,40,100,20);}
```

Vordergrundfarben setzen – setForeground

Wenn Sie die Farbe für alle Zeichenobjekte innerhalb eines Applets in einem Schritt festsetzen wollen, können Sie die `public void setForeground(Color c)`-Methode verwenden. Auch die hier angegebene Variante gehört zu Klasse `java.awt.Component`. Als Parameter geben Sie wieder das gewünschte Farbobjekt an.

Beispiel:

```
public void paint(Graphics g)
{ /* Hier wird auf einem rosa Hintergrund ein grünes Rechteck
gezeichnet und ein grünes Oval*/
Color pinkColor = new Color(255, 192, 192);
setBackground(pinkColor);
setForeground(Color.green);
g.drawRect(40,40,100,20);
}
```

Abrufen von Farbinformationen

Wenn Sie eine Farbe haben, können Sie sowohl die Rot-, Grün- und Blau-Werte einzeln ermitteln, als auch die Farbangabe als Ganzes oder die Vordergrund- und Hintergrundfarben. Dazu dienen die folgenden Methoden:

- Die Methode `public int getRed()`liefert den Rotanteil einer Farbe als Integer-Wert zurück.
- Die Methode `public int getGreen()`liefert den Grünanteil einer Farbe als Integer-Wert zurück.
- Die `public int getBlue()`Methode liefert den Blauanteil einer Farbe als Integer-Wert zurück.
- Die Methode `public static Color getColor(String nm)` ermittelt die aktuelle Grafikfarbe.
- Die Methode `public Color getBackground()`ermittelt die aktuelle Hintergrundfarbe.
- Die Methode `public void setBackground(Color c)`ermittelt die aktuelle Vordergrundfarbe.

Man kann solche Informationen dazu nutzen, um Farben auf die Grundlage von bereits bestehenden Farben zu setzen. Beispiel: `setForeground(g.GetColor());`

9.3 Textausgabe über den Zeichnen-Modus

Die `Graphics`-Klasse enthält auch Methoden, um Textzeichen und Zeichenketten zu zeichnen. Wir kennen ja bereits die `drawString`-Methode. Zusätzlich spielen die `Font`-Klasse und die `FontMetrics`-Klasse beim Textzeichnen eine Rolle. Die `Font`-Klasse stellt bestimmte Fonts dar (Name, Stil, Punktgröße), während `FontMetrics` Informationen über den Font enthält wie die tatsächliche Höhe und Breite eines bestimmten Zeichens.

Allgemeine Textzeichnung mit der drawString.

Um nun mit der `Graphics`-Klasse ein paar Zeichen zu zeichnen, rufen Sie `public abstract void drawString(String str, int x, int y)` auf und übergeben die Zeichenkette, die Sie zeichnen wollen, samt der x- und y-Koordinaten für den Anfang der darzustellenden Zeichen. Die Koordinaten definieren genaugenommen den Beginn einer gedachten Grundlinie, auf der der darzustellende Text aufsitzt.

Darstellung von Zeichen

Sie können auch Zeichen aus einem Zeichen- oder einem Byte-Datenfeld darstellen. Dazu dienen die Methoden `drawChars` und `drawBytes`. Das Format für drawChars und drawBytes lautet dabei:

```
void drawChars(char charArray[], int offset, int numChars, int x, int y)
void drawBytes(byte byteArray[], int offset, int numChars, int x, int y)
```

- Der erste Parameter bezeichnet dabei eine Reihe von Zeichen/Byte.
- Der zweite Parameter – der offset-Parameter – bezieht sich auf die Position des ersten Zeichens oder Bytes in dem zu zeichnenden Datenfeld. Diese wird oft Null sein, da Sie gewöhnlich vom Anfang des Datenbereiches aus zeichnen wollen.
- Der dritte Parameter ist eine Ganzzahl für die Position des letzten zu zeichnenden Zeichens.
- Parameter 4 und 5 sind die bekannten Anfangskoordinaten.

Erstellen von Fontobjekten

Um Text auf dem Bildschirm ausgeben zu können, ist ein Weg, daß Sie zuerst eine Instanz der Klasse `Font` erstellen. Fontobjekte stellen einen einzelnen Font dar. Fontnamen sind Zeichenketten, welche die Familie der Schrift bezeichnen (Arial, TimesRoman,...). Fontstile sind Konstanten, welche in der `Font`-Klasse definiert sind und die Sie über die übliche Punktnotation ansprechen können. Die Punktgröße ist die Größe der betreffenden Schriftart, entsprechend der im Schrifttyp enthaltenen Definition. Wenn Sie eine Schrift auswählen, müssen Sie die Punktgröße der Schrift angeben. Die Punktgröße ist ein Begriff aus dem Druckwesen, der sich auf die Größe der Schrift bezieht. Es gibt 100 Punkte pro Inch (dots per inch = dpi) bei einem Drucker, diese Größe gilt aber nicht zwangsläufig auch für den Bildschirm. Ein typischer Punktgrößenwert für Drucktext ist 12 oder 14. Die Punktgröße zeigt nicht die Anzahl der Pixel in der Höhe oder der Breite an. Es handelt sich vielmehr um einen vergleichenden Begriff. Eine Punktgröße von 24 ist zweimal so groß wie die von 12.

Um nun ein Fontobjekt zu erstellen, verwenden Sie die drei beschriebenen Fonteigenschaften als Argumente. Sie können also eine Schrift zuweisen, indem Sie den Schriftnamen, die Schriftformatierung und die Punktgröße auswählen. Es gilt folgende Syntax:

```
Font f = new Font([Fontname],[ Fontstil],[Punktgröße])
```

Sie können in Java aus einer Vielzahl verschiedener Schriften auswählen. Es handelt sich um die auf den meisten Plattformen unterstützten Zeichensätzen.

Sie können, wie wir schon gesehen haben, nicht nur zwischen verschiedenen Schriften auswählen, Sie können ebenso mehrere Schriftformatierungen auswählen, z.B. `Font.PLAIN` (normale Schrift), `Font.BOLD` (fette Schrift) und `Font.ITALIC` (kursive Schrift). Diese Formatierungen können auch kombiniert werden, so daß Sie eine Schrift fett und kursiv machen können: `Font.BOLD + Font.ITALIC`.

Die folgende Deklaration erstellt eine Times Roman Schrift, die fett und kursiv ist und eine Punktgröße von 12 hat:

```
Font myFont = new Font("TimesRoman", Font.BOLD + Font.ITALIC, 12);
```

Abfragen der zur Verfügung stehenden Fonts

Mit einer speziellen Methode der `Toolkit`-Klasse können Sie die auf einem Computersystem zur Verfügung stehenden Fonts abfragen. Die `public abstract String[] getFontList()`-Methode gibt ein Datenfeld zurück, das die Namen der verfügbaren Schriften enthält.

```
Beispiel: fontList = getToolkit().getFontList();
```

Es kann allerdings sein, daß diese Methode nicht ganz zuverlässig arbeitet. Außerdem sollten Sie beachten, daß die folgenden Fontnamen mittlerweile als deprecated gelten und durch die zweitgenannten ersetzt werden sollten:

- `TimesRoman` (neu `Serif`)
- `Helvetica` (neu `SansSerif`)
- `Courier` (neu `Monospaced`)

9.4 Java-Zeichenmodi

Die `Graphics`-Klasse verfügt über zwei verschiedene Modi, um Figuren zu zeichnen:

- den paint-Modus
- den XOR-Modus

Der Paint-Modus

Das Arbeiten im Paint-Modus bedeutet, daß eine neue Zeichnung alle Punkte einer bereits dort vorhandenen Abbildung überschreibt. Dies muß aber nicht zwingend so sein. Es gibt noch einen weiteren Zeichenmodus namens XOR, was für eXclusive OR steht.

Der XOR-Zeichenmodus

Den XOR-Zeichenmodus kombiniert das Pixel, das Sie zeichnen möchten, und das Pixel, das sich an der Stelle auf dem Bildschirm befindet, an der Sie zeichnen möchten. Wenn Sie ein weißes Pixel an einer Stelle zeichnen möchten, wo sich gegenwärtig ein schwarzes Pixel befindet, werden Sie dort ein weißes Pixel zeichnen. Wenn Sie ein weißes Pixel an einer Stelle zeichnen möchten, wo bereits ein weißes Pixel ist, werden Sie ein schwarzes Pixel zeichnen.

Um den Zeichenmodus in den XOR-Modus zu verändern, rufen Sie den setXOR-Modus auf und geben Sie an ihn die Farbe weiter, die Sie als XOR-Farbe verwenden wollen. Dazu dient die Methode

```
public abstract void setXORMode(Color c1)
```

9.5 Das Zeichnen von Bildern

Wie sind nun bei einem ganz spannenden Abschnitt der Java-Grafikfähigkeiten angelangt. Dabei besteht der Vorgang aus zwei getrennten Schritten:

- Das Laden von Bildern
- Das Ausgeben von Bildern

Laden von Bildern – getImage

Um ein Bild anzeigen zu können, müssen Sie sich zuerst das Bild von irgendwo holen. Irgendwo kann ein lokaler Rechner, aber ebenso das Netz sein.

Dies wird nicht von der `Graphics`-Klasse erledigt, sondern mit der Methode `public Image getImage(URL url)`, die zur Applet-Klasse gehört. Wir haben diese Methode auch schon im Rahmen eines Beispiels im Kapitel über die Appleterstellung verwendet. Die Methode lädt ein Bild und erstellt automatisch eine Instanz der `Image`-Klasse. Um sie zu verwenden, brauchen Sie nur die Klasse `java.awt.image` importieren und der `getImage`-Methode die Adresse (URL) des Bildes übergeben. Von dieser Methode gibt es diverse Varianten – sogar in der `Applet`-Klasse. Einmal mit einem Argument (ein Objekt vom Typ url) und einmal mit zwei Argumenten (ein Objekt vom Typ url und eine Zeichenkette, welche den Pfad oder Dateiname des Bildes in bezug zu einer Basis enthält).

Die einfachere Variante mit einem Argument entspricht einer hartcodierten Pfadangabe auf das Bild und ist deshalb ziemlich unflexibel. Wenn z.B. das Projekt in ein anderes Verzeichnis kopiert wird oder sich das Projektverzeichnis sonst ändert, muß das Projekt neu kompiliert werden.

Die zweite Variante mit den zwei Argumenten läßt sich in Verbindung mit zwei weiteren Methoden der `Applet`-Klasse äußerst anpassungsfähig einsetzen, die wir bereits kennen

- Die Methode `getDocumentBase()` zur Ausgabe eines Objekts vom Typ url, welche das Verzeichnis der HTML-Datei enthält, die das Applet eingebunden hat.
- Die Methode `getCodeBase()` zur Ausgabe des URL in einer Zeichenkette, welcher das Verzeichnis des Applets enthält.

Wir können nun die `getImage`-Methode zum Holen von Bildern sehr flexibel einsetzen.

Beispiele:

```
image bild = getImage(getDocumentBase(), "Bild1.gif").
image bild = getImage(getCodeBase(), "Bild2.gif").
```

Das erste Beispiel lädt das Bild aus dem Verzeichnis, wo sich die HTML-Datei befindet, das zweite Beispiel sucht das Bild in dem Verzeichnis, wo das Applet plaziert ist. Kann Java eine angegebene Datei nicht finden, gibt die Methode `getImage` Null aus. Dies ist im Prinzip kein Problem, das Programm läuft weiter, es wird nur kein Bild angezeigt.

Anzeigen von Bildern – drawImage

Die Graphics-Klasse ermöglicht es, Bilder mit der drawImage-Methode zu darzustellen. Wir haben diese Methode schon verwendet. Auch die drawImage-Methode besitzt zwei Konstruktoren.

```
boolean drawImage(Image img, int x, int y, ImageObserver observer)
boolean drawImage(Image img, int x, int y, int width, int height,
ImageObserver observer)
```

- Der erste Parameter in beiden Varianten ist das Bild selbst.
- Parameter 2 und 3 sind die Koordinatenangaben für die linke obere Ecke des Anzeigebereichs.
- Der observer-Parameter aus der drawImage-Methode hat die Aufgabe, zu beobachten, wann das Bild gezeichnet werden kann. Wenn Sie drawImage innerhalb Ihres Applets aufrufen, können Sie es als Observer (mit dem this-Operator) übergeben, da die Applet-Klasse die ImageObserver-Schnittstelle eingebaut hat. Dazu gleich noch etwas mehr.
- Die Parameter width und height in der zweiten Variante dienen dazu, die Breite und die Höhe des Kastens festzulegen, in dem das Bild gezeichnet wird. Sind die Argumente für diese Größenangaben der Bildbox kleiner oder größer als das Bild selbst, wird das Bild automatisch skaliert, d.h., es wird an die Größe der Bildbox angepaßt. Man kann diese Parameter zu einer bewußten Verzerrung von Bildern nutzen, um damit Effekte zu erzielen.

  Beispiel: `g.drawImage(Bild1 ,10 , 10, this);`

Programmbeispiel:

```
import java.awt.Image;
import java.awt.Graphics;
public class Drawimage2 extends java.applet.Applet
{Image samImage;
 public void init()
 {// Bild laden - hier mal ein jpg-File
  samImage = getImage(getDocumentBase(),
 "images/karin.jpg");
  resize(550, 400);
  }
public void paint(Graphics g){
g.drawImage(samImage, 0, 0, this); }
}
```

Imageobserver und MediaTacker

Der Imageobserver hat die Aufgabe, zu beobachten, wann das Bild gezeichnet werden kann. Aber was bedeutet das eigentlich? Es kann häufig vorkommen, daß zu ladende Bilder über das Netzwerk sehr langsam transportiert werden. Da wir Multithreading zur Verfügung haben, kann es passieren, daß Sie anfangen, das Bild zu zeichnen, obwohl es möglicherweise noch nicht vollständig angekommen ist. Um zu sehen, ob ein Bild schon bereit ist, um angezeigt zu werden, steht Ihnen die Hilfsklasse MediaTracker zur Verfügung.

Um einen solchen MediaTracker zu verwenden, müssen Sie zuerst einen für Ihr Applet erzeugen. Das passiert mit der folgenden Syntax.

```
MediaTracker myTracker = new MediaTracker(this);
```

Wenn Sie im nächsten Schritt das Bild laden, verwenden Sie den `getImage`-Befehl. Z.B.: `Image myImage = getImage("Image1.gif");`

Um den MediaTracker nun anzuweisen, das Bild zu beobachten, übergeben Sie dem MediaTracker das Bild über eine numerische id. Diese id kann für mehrere Bilder verwendet werden. Sie können so mit einer einzigen id sehen, ob eine ganze Gruppe von Bildern zur Anzeige bereit ist. Im einfachsten Fall können Sie einem Bild die id Null geben: `myTracker.addImage(myImage, 0);`

Damit ist das Bild dem MediaTracker zu Beobachten zugewiesen. Wenn Sie einmal begonnen haben, ein Bild zu suchen, können sie es laden und mit der Methode `public void waitForID(int id) throws InterruptedException` warten, bis es fertig geladen ist:

```
myTracker.waitForID(0);
```

Sie können auch mit der `public void waitForAll() throws InterruptedException`-Methode auf alle Bilder warten: `myTracker.waitForAll();`

Sie wollen vielleicht nicht die ganze Zeit warten, bis ein Bild geladen ist, bevor Ihr Applet startet. Sie können dann mit der Methode `public int statusID(int id, boolean load)` bereits anfangen, zu laden. Wenn Sie `statusID` aufrufen, übergeben Sie die ID, für die Sie einen Status haben wollen, und einen boolschen Operator, der angibt, ob der Ladevorgang für das Bild starten soll oder nicht. Wenn Sie `true` übergeben, wird das Bild geladen: `myTracker.statusID(0, true);`

In Verbindung mit `statusID` steht `public int statusAll(boolean load)`, das den Status aller Bilder im MediaTracker überprüft: `myTracker.statusAll(true);`

Die `statusID`- und die `statusAll`-Methoden geben einen Integerwert zurück, der aus den folgenden Flags erstellt wird:

- `MediaTracker.ABORTED` wenn das Laden von Bildern abgebrochen wurde.
- `MediaTracker.COMPLETE` wenn Bilder komplett geladen wurden.
- `MediaTracker.LOADING` wenn Bilder noch im Prozeß des Ladens stehen.
- `MediaTracker.ERRORED` wenn ein Fehler beim Laden der Bilder aufgetreten ist.

Sie können auch mittels `checkID` und `checkAll` überprüfen, ob ein Bild vollends geladen worden ist. Alle Variationen von `checkAll` und `checkID` geben einen boolschen Wert zurück, der `true` ist, wenn alle überprüften Bilder geladen worden sind: `boolean checkID(int id);`

Diese Zeile gibt den Wert `true` zurück, wenn alle Bilder mit einer spezifischen id geladen worden sind. Sie startet den Ladevorgang nicht, wenn die Bilder nicht schon geladen werden: `boolean checkID(int id, boolean startLoading);`

In dieser Zeile wird `true` zurückgegeben, wenn alle Bilder mit einer spezifischen id geladen worden sind. Wenn startLoading `true` ist, wird es den Ladevorgang für alle Bilder starten, die noch nicht geladen worden sind: `boolean checkAll();`

Hier wird `true` zurückgegeben, wenn alle Bilder, die der MediaTracker überprüft, geladen worden sind. Der Ladevorgang wird nicht gestartet, wenn ein Bild nicht schon geladen wird: `boolean checkAll(boolean startLoading);`

Hier wird `true` zurückgegeben, wenn alle Bilder, die der MediaTracker überprüft, geladen worden sind. Wenn `startLoading` den Wert `true` hat, wird es alle Bilder laden, deren Ladevorgang noch nicht gestartet worden ist.

9.6 Animationen

Unter einer Animation versteht man erst einmal nur ein Aneinanderreihen von Bildern, welche so schnell angezeigt werden, daß für das menschliche Auge der Eindruck von Bewegung entsteht.

Eine Animation umfaßt zwei wesentliche Schritte.

- Aufbau eines Animationsrahmens
- Abspielen der Animation

Aufbau eines Animationsrahmens

Hierunter ist alles das zu verstehen, was die Animation vorbereitet, z.B.

- Ermitteln der Größe des Ausgabebereichs.
- Farbeinstellungen.
- Positionieren der Animation.
- Erstellen oder Laden der einzelnen Animationsbilder.
- Aufbau von einzelnen Animationssequenzen.

Außer dem letzten Punkt ist nichts dabei, was neu für uns ist. Und auch der letzte Punkt der Aufzählung läßt sich als das Zusammenfassen von einzelnen Bildern in Gruppen leicht erklären.

Das Abspielen einer Animation ist jedoch wirklich neu und damit werden wir uns jetzt beschäftigen.

Abspielen einer Animation

Eine Animation kann ganz einfach aufgebaut sein. Wenn wir z.B. die Position eines Bildes in kleinen Schritten über den Ausgabebereich verschieben, haben wir bereits eine – zugegeben nicht sonderlich innovative – Animation. Wenn wir dabei zusätzlich die Größe noch (geringfügig, sonst wird es zu viel ruckeln) verändern (größer, wenn sich das Objekt auf den Betrachter zubewegt und kleiner, wenn sich das Objekt von dem Betrachter wegbewegt), wird die Sache schon etwas spannender. Bauen wir ein Applet entsprechend zusammen.

Programmbeispiel:

```
import java.awt.Image;
import java.awt.Graphics;
public class Animation1 extends java.applet.Applet
{Image bild;
 public Animation1() // Konstruktor
   {  }
 public void init()
 {
   // Bild laden
 bild = getImage(getCodeBase(),"images/img0001.gif");
 resize(600, 200);
 }
 public void paint(Graphics g){
 int bildbreite = bild.getWidth(this);
 int bildhoehe = bild.getHeight(this);
 int xpos = 10; // Startposition X
 int ypos = 10; // Startposition Y
 for (int i=0; i < 1000; i++)
 { // Positions- + Größenveränderung
 g.drawImage(bild, (int)(xpos + (i/2)) ,
 (int)(ypos + (i/10)),
 (int)(bildbreite * (1 + (i/1000))),
 (int) (bildhoehe * (1 + (1/1000))), this);
 }}}
```

Wenn Sie das Applet laufen lassen, werden Sie sehen, daß sich die Erdkugel von links nach rechts über den Bildschirm bewegt. Allerdings werden Sie gleich bemerken, daß sich dabei ein paar Effekte einstellen, die wahrscheinlich so nicht gewünscht sind. Das Flimmern werden wir später betrachten, zuerst kümmern wir uns darum, die jetzt noch gezogene Spur zu beseitigen. Wie das geht, wissen Sie bereits. Wir benötigen die `repaint()`-Methode. Allerdings werden Sie beim Umbau des Applets schnell bemerken, daß der Aufruf der `repaint()`-Methode nirgends so richtig reinpaßt. Wir müssen offensichtlich noch mehr tun.

Der erste Schritt könnte sein, die For-Schleife in die Startmethode zu verlegen. Zusätzlich müssen dann die Variablen `bildbreite`, `bildhoehe`, `xpos` und `ypos` aus der `paint()`-Methode an zentrale Stellen verlagert werden.

Der zweite Denkansatz ist okay, der erste nicht. Zwar kann man das Applet tatsächlich so umkonstruieren. Der Aufruf der `repaint()`-Methode innerhalb der `for`-Schleife wird jedoch enttäuschend sein.

Die Lösung liegt auf der Hand. Wir müssen zum einen die For-Schleife abarbeiten lassen, zum anderen während jedes Schleifendurchgangs über die `repaint()`-Methode eine Ausgabe aufrufen. Das sind zwei Vorgänge, welche quasi gleichzeitig ablaufen. Und wie nennt man sowas? Multithreading. Wir haben hier eine klassische Anwendung von Multithreading. Viele Animationen lassen sich nur als Multithreading-Anwendung vernünftig konstruieren.

Machen wir also unser Applet Multithreading-fähig und verlagern die For-Schleife in die dann notwendige `run()`-Methode.

Programmbeispiel

```
import java.awt.Image;
import java.awt.Graphics;
public class Animation2 extends java.applet.Applet implements Runnable
{Image bild;
int b_breit;
int b_hoeh;
int xpos = 10; // Startposition X
int ypos = 10; // Startposition Y
Thread MeinThread;
public Animation2() //Konstruktor
   {  }
public void init()
{
// Bild laden
bild = getImage(getCodeBase(), "images/img0001.gif");
// Danach bestimmen der Bildbreite und Bildhöhe
b_breit = bild.getWidth(this);
b_hoeh = bild.getHeight(this);
resize(750, 350);
}
public void paint(Graphics g){
// Einfache Ausgabe des Bildes mit den in den
// Variablen gespeicherten Position und Größen
g.drawImage(bild, xpos, ypos ,b_breit, b_hoeh, this);}
public void run() {
for (int i=0; i < 1000; i++)
{
```

```
xpos = (int)(xpos + (i/4)); // Position X
ypos=(int)(ypos + (i/10)); // Position Y
b_breit = (int)(b_breit * (1 + (i/500))); //Breite
b_hoeh= (int) (b_hoeh * (1 + (1/500))); //Höhe
repaint(); // Aufruf der Paint()-Methode
pause(100); // kurze Pause
}}
public void start() {
if (MeinThread == null); {
 MeinThread = new Thread(this);
 MeinThread.start(); }
}
public void stop() {
 if (MeinThread != null) {
 MeinThread.stop();
 MeinThread = null; }
}
void pause(int time) {// Eine Pausenfunktion, damit die
 try { Thread.sleep(time); }// Bilder nicht zu schnell
 catch (InterruptedException e) { } //abgespielt werden
 }}
```

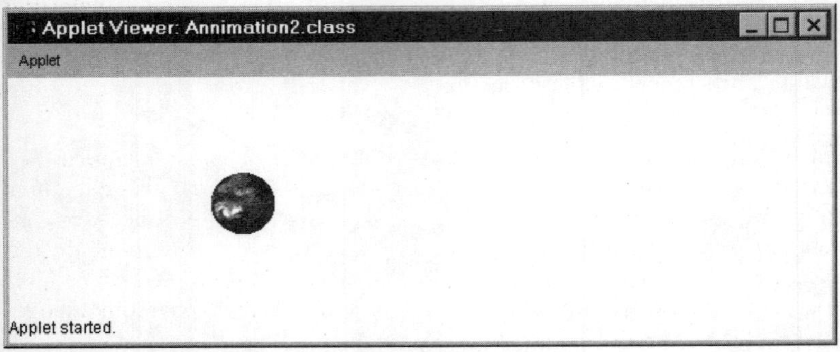

Bild 9.5: Die Erdkugel läuft von links oben nach rechts unten.

Sie werden sehen, daß hier schon eine recht vernünftige Bewegung zu erkennen ist.

Flimmereffekte in Animationen reduzieren

Unter Umständen werden Ihnen bei Animationen Flimmereffekte auffallen. Der Hauptgrund für das Flimmern bei Animationen hängt oft – nicht immer – an der `repaint()`-Methode. Diese ruft vor der Ausführung der `paint()`-Methode die `update()`-Methode auf (welche genaugenommen erst die `paint()`-Methode anschließend aufruft) und da ist das Flimmerproblem häufig angesiedelt. Die `update()`-Methode leert in der Orginalform den ganzen Bildschirm (genauer – den Anzeigebereich des Applets). Die Teile des Bildschirms, welche sich nicht ändern, werden danach schneller aufgebaut, als diejenigen, welche neu gezeichnet werden müssen. Daraus resultiert der Flimmereffekt.

Um die `update()`-Methode daran zu hindern, den Bildschirm jedesmal zu leeren, können wir sie überschreiben und erreichen damit in vielen Fällen eine Reduzierung des Flimmereffektes.

Das Überschreiben der update()-Methode

Bei Animationen, wo es nicht notwendig ist, den Bildschirm vor einer neuen Ausgabe zu leeren (dies ist dann der Fall, wenn sich keine grundlegenden Angaben wie die Farbe verändern oder Bereiche geleert werden müssen), führt die folgende kleine Aktion zu einer erheblichen Reduzierung des Flimmerns.

```
public void update(Graphics g){
paint(g);}
```

Mit dieser kleinen Veränderung wird der Bildschirm vor dem Aufruf der `paint()`-Methode überhaupt nicht mehr geleert. Man erreicht aber schnell die Grenze des Überschreibens der `update()`-Methode – es können ungewollte Spuren in den Bildschirmbereichen zurückbleiben, die nach einer Zeitspanne explizit gelöscht werden müßten. Es gibt jedoch noch eine andere Optimierungstechnik, um das Flimmerproblem anzugehen. Diese Lösung heißt Clipping.

Das Clipping

Clipping bezeichnet eine Technik bei grafischen Systemen, welche beim Zeichnen von grafischen Objekten verhindern soll, daß ein Bereich den anderen überschreibt. Normalerweise wird der ganze Bildschirmbereich geleert, oder der ganze Bereich ohne zu leeren überschrieben.

Sie können über die Clipping-Technik den Bereich, der geleert werden soll, begrenzen, um festzulegen, wo Sie innerhalb des Applet-Fensters etwas zeichnen wollen. Obwohl der ganze Bildschirm die Anweisung zum Nachzeichnen bekommt, wird nur der Teil innerhalb des Clipping-Bereichs neu gezeichnet.

Bei einer sich in der Position nicht verändernden Animation umrahmen Sie einfach die Animation so knapp wie möglich. Aber was ist, wenn sich das Animationsobjekt über den Bildschirm bewegt?

Sie müssen dabei den sich verändernden Bereich während der Animation verfolgen und den Clipping-Rahmen immer um das sich bewegende Objekt halten. Die Koordinaten des sich während der Animation verändernden Bereichs verwenden Sie dann in einer Methode, welche der `drawRect()`-Methode zum Zeichen eines Rechtecks sehr ähnlich ist. Um die Grenzen für Ihren Clipping-Bereich zu setzen, verwenden Sie die Methode `public abstract void clipRect(int x, int y, int width, int height)`.

Sie verwendet dazu wieder zwei Koordinaten-Tupel, welche wie bei den `drawRect`-Tupeln zu verstehen sind.

- Das Tupel (x1,y1), welches die linke obere Ecke eines Rechtecks bestimmt.
- Das Tupel (x2,y2), welches die Breite und die Höhe des Rechtecks festlegt.

Um z.B. einen Clipping-Bereich bei dem Punkt (150, 100) zu beginnen, der 200 Pixel breit und 120 Pixel hoch ist, würde der Methodenaufruf folgendermaßen aussehen. `g.clipRect(150, 100, 200, 120);`

HINWEIS

Sie können die Clipping-Technik ebenso dazu verwenden, ein zu zeichnendes Objekt abzuschneiden, d.h. obwohl der eigentliche Zeichenbereich des Objektes größer ist, wird auf dem Bildschirm nur innerhalb des Clipping-Rechtecks gezeichnet. Der restliche Bereich des Bildschirms bleibt unberührt.

Bei einer Animation müssen Sie also immer genau wissen, wo im Bildbereich ein Neuzeichnen Sinn macht. Wenn Sie dies im Griff haben, ergänzen Sie die `paint()`-Methode vor den eigentlichen Ausgaben. Das Flimmern wird sich merklich verringern. Die Animation ist von einem `clipRect`-Kasten umgeben und nur der wird bei einem `repaint()`-Aufruf neu gezeichnet.

Diese Methode hat aber auch Grenzen. Dummerweise funktioniert die mehrfache Verwendung der `clipRect`-Methode nicht. Clipping ist kein Allheilmittel, wenn Ausgaben in weit von einander entfernten Bereichen des Bildschirms notwendig werden. Da muß man u.U. Flimmern in Kauf nehmen.

Es gibt jedoch noch eine alternative Optimierungstechnik für Animationen, welche wir uns anschauen wollen.

Double-Buffering

Double-Buffering (doppeltes Puffern) heißt, daß Sie bereits vor dem Zeichnen ein Bild erstellen oder es laden und es in einem Off-Screen-Bereich (also einem nicht angezeigten Bildschirmbereich) zwischenspeichern (puffern), um es dann nur noch mit einem schnellen Kopierbefehl in den Zeichenbereich zu verschieben.

Sie erzeugen sozusagen eine zweite, nicht-sichtbare Oberfläche, in der bereits alles vorgezeichnet ist und dann auf einmal im sichtbaren Bereich angezeigt wird.

Um Double-Buffering ausführen zu können, müssen Sie fünf Schritte durchführen.

1. Es müssen eine Offline-Oberfläche und ein Grafikkontext in Instanzvariablen gespeichert werden, damit sie an die `paint()`-Methode übergeben werden können. Dies funktioniert so: `Image OfflineOberflaeche; Graphics OffScreenBereich;`
2. Es müssen in der `init()`-Methode des Applets ein `Image`- und ein `Graphics`-Objekt erstellt werden, die diese Instanzvariablen zugewiesen bekommen. Allerdings können Sie diese Objekte erst dann erstellen, wenn Sie die Größe davon kennen. Dies funktioniert wie folgt mit der `public abstract Image createImage(byte[] imagedata, int imageoffset, int imagelength)` Methode, welche eine Instanz von `Image` liefert:

   ```
   OfflineOberflaeche =
   createImage(this.size().width,this.size().height);
   ```

   Die so entstandene Instanz übergeben Sie dann der `getGraphics()`-Methode, um einen neuen Grafikkontext für das Bild zu erhalten:

   ```
   OffScreenBereich = OfflineOberflaeche.getGraphics();
   ```

Die als `public abstract Graphics getGraphics()` definierte Methode der Klasse `Image` kann nur in diesem Zusammenhang aufgerufen werden, um einen neuen Grafikkontext für einen Off-Screen-Bereich zu generieren. Sie ist nicht mit der in `Component` als `public Graphics getGraphics()` definierten Methode zu verwechseln, welche den `Graphics`-Kontext von dieser Komponente zurückgibt, bzw. Null, wenn die Komponente keine aktuellen Grafikbezug hat.

3. Alle Ausgaben, welche bisher über die `paint()`-Methode erfolgt sind, werden jetzt mittels der Instanz *OffScreenBereich* in die Off-Screen-Oberfläche geschrieben. Z.B. mit `OffScreenBereich.drawLine(0,0,100,100);`
4. Als nächstes überschreiben Sie die `update()`-Methode wie folgt:

```
public void update(Graphics g){paint(g);}
```

5. Im letzten Schritt fügen Sie am Ende der `paint()`-Methode einen Kopierbefehl ein, welcher die Off-Screen-Oberfläche auf dem realen Bildschirm ausgibt: `g.drawImage(OffIOberflae,0,0,this);`

Diese Technik macht vor allem dann Sinn, wenn die Erstellung einer Sequenz zeitaufwendig ist. Wenn also die Zeit zum eigentlichen Zeinchen länger ist, als auf Grund der Zeitintervalle zwischen den einzelnen Bildsequenzen zur Verfügung steht. Durch Multithreading kann eine Folgesequenz schon im Hintergrund erstellt werden, während die Vorgängersequenz noch auf dem Bildschirm ist.

Beispiele sind aufwendige Zeichenoperationen oder ein relativ langsames Laden von Bildern zur Laufzeit der Animation (etwa aus dem Netz). Das Resultat kann gut sein, aber wenn Sie diese Technik auf eine Animation anwenden, kann das Resultat ebenso – je nach Konstellation – ein erheblich **verstärktes** Flimmern sein.

Oft macht also auch diese Technik keinen Sinn und es kann sogar zu einer Verschlechterung des Ergebnisses kommen. Auch die anderen Techniken sind keine Wundermittel. Try and Error ist vielfach angesagt, um eine Animation zu optimieren. Die drei beschriebenen Techniken können Ihnen gleichwohl oftmals dabei helfen.

9.7 Das neue 2D-API

Wir wollen uns nun mit den speziellen Grafik-Neuerungen von Java 1.2 beschäftigen. 2D-Java ist Bestandteil der Java Foundation Classes (JFC) und ein Teil dessen, was Sun Swing nennt und sämtliche Techniken umfaßt, welche die GUI-Fähigkeit von Java ausmachen (insbesondere die AWT-Erweiterungen). Java 1.2 hat im Bereich der Grafik gegenüber seinen Vorgängerversionen erhebliche Erweiterungen erfahren. Das neue Java 2D-API ist ein Satz von Klassen für erweiterte 2D-Grafik und die Bildbearbeitung. Es beinhaltet zahlreiche neue Stricharten (unterschiedliche Dicke, Endformen, Typen), Texte und Bilder. Das API unterstützt die allgemeine Bilderstellung und sogenannte Alphachannel-Bilder, einen Satz von Klassen zur Unterstützung von exakten, einheitlichen Farbdefinitionen und -konvertierungen, sowie zahlreiche anzeigeorientierte Bildoperatoren. Mit dem Java 2D-API sind Sie in der Lage, das gleiche Bildmodell sowohl für die Bildschirmausgabe, als auch den Ausdruck zu verwenden. Dies ermöglicht nun auch unter Java WYSIWYG (What You See Is What You Get), d.h. die exakte Bildschirmanzeige dessen, was im Ausdruck zu sehen sein wird (Druckvorschau).

Die neuen Klassen werden als Ergänzung zu den bisherigen Klassen `java.awt` und `java.awt.image` ausgeliefert. Im weiteren Teil des Kapitels sind die neuen Klassen dokumentiert.

Java 2D-API-Grundlagen

Das Java 2D-API behandelt Formen, Text, und Bilder und unterstützt einen einheitlichen Mechanismus für Bildveränderungen (etwa Rotation und Skalierung). Neben der Font- und Farbunterstützung kann man über das Java 2D-API sogenannte Grafikprimitive (grafische Objekte wie ein Linienobjekt oder ein Kreisobjekt) kontrollieren, d.h. wie sie sich in einem 2D-Grafik-Kontext verhalten. Man kann spezifische Charakteristiken wie Höhe und Breite, Farbe, Füllmuster usw angegeben, aber auch Überblendungen und ähnlich Effekte.

Der Koordinatenraum

Das Java 2D-API definiert 2 Koordinatensysteme:

1. den Anwender Koordinatenraum
2. den Ausgabe-Koordinatenraum.

Der Ursprung des Ausgabe-Koordinatenraumes liegt in der oberen linken Ecke, wobei die x-Koordinate nach rechts zeigt und in diese Richtung gezählt wird. Die y-Koordinate wächst nach unten, hat also eine Orientierung von oben nach unten.

Das Übersetzungskonzept eines `Graphics2D`-Objekts beinhaltet Transformationsmöglichkeiten, um das Objekt in den Ausgabe-Koordinatenraum zu konvertieren. Normalerweise wird die Standardtransformation von einem Anwender-Koordinatenraum in einen Ausgabe-Koordinatenraum ohne Veränderung der Orientierung erfolgen.

9.8 Zeichnen unter der Java 2D-API

Das Java 2D-API verwendet ein Zeichenmodell, welches von dem neuen `java.awt`-Package zum Zeichnen auf dem Bildschirm (AWT Drawing Model) definiert wird. In diesem Modell implementiert jedes Komponentenobjet eine `paint`-Methode, welche automatisch herangezogen wird, wenn irgendetwas zu zeichnen ist. Wenn dies geschieht, wird ein `Graphics`-Objekt weitergegeben, das genau weiß, wie in der Komponente zu zeichnen ist.

Zeichnen unter dem AWT Drawing Model

Die Technik des grundsätzlichen Zeichnens unter dem AWT Drawing Model haben wir bisher in dem Kapitel verwendet. Dort ist die grundsätzliche Vorgehensweise für jede Komponente wie folgt aufzusplitten:

1. Spezifizieren Sie die notwendigen Attribute für die Form, welche Sie zeichnen wollen, indem Sie eines (oder auch mehrere) der Grafikattribute über die passende-Methode verwenden, etwa `setColor`.
2. Definieren Sie die Form, welche Sie zeichnen wollen.
3. Legen Sie das genaue Aussehen der Form fest, indem Sie eine passende Grafikmethode verwenden – etwa zum Füllen.

Grundsätzliches Zeichnen mit der Java 2D-API

Schauen wir uns nun an, wie mit der Java 2D-API gezeichnet wird. Die grundsätzlichen Zeichenprozesse sind identisch, wenn Sie die Java 2D-API-Features verwenden. Das Java 2D-API fügt einfach zusätzliche unterstützende Features zur Spezifizierung von Zeichenstilen, komplexen Formen und diverser Zeichenprozesse hinzu.

Um diese weitergehende Möglichkeiten zu nutzen, implementieren Sie die `paint`-Methode wie gehabt, müssen aber zusätzlich den `Graphics`-Parameter in ein `Graphics2D`-Objekt casten. Dies geht z.B. so:

```
Graphics2D g2d = (Graphics2D) g;
```

Wir wollen nun ein rotes Rechteck mit dem Java 2D-API zeichnen. Dazu müssen Sie nur die `paint`-Methode entsprechend modifizieren:

```
public void paint(Graphics g) {
// Graphics-Parameter in ein Graphics 2D-Objekt casten,
// damit Graphics2D-Funktionalitäten genutzt werden
// können.
 Graphics2D g2d = (Graphics2D) g;
// 1. Spezifizieren der Attribute
 g2d.setColor(Color.red);
// 2. Definieren der Form. (Verwende Even-Odd-Regel)
 GeneralPath path = new GeneralPath(GeneralPath.EVEN_ODD);
 path.moveTo(300.0f, 400.0f); // untere linke Ecke
 path.lineTo(500.0f, 400.0f); // untere rechte Ecke
 path.lineTo(500.0f, 300.0f); // obere rechte Ecke
 path.lineTo(300.0f, 300.0f); // obere linke Ecke
 path.closePath(); // Schließen des Rechtecks
// 3. Füllen der Form
 g2d.fill(path);
}
```

Der Basisprozeß zum Zeichnen des Rechtecks mit den Java 2D-API-Klassen ist identisch zu dem mit dem `java.awt`, außer daß Sie die neue Java 2D-API-Klasse `GeneralPath` zum Definieren des Rechtecks verwenden. Sie ist ein Bestandteil des neuen `geom`-Paketes, welches Sie über `import java.awt.geom.*;` natürlich importieren müssen.

Die Java 2D-API versetzt Sie in die Lage, die gleichen Mechanismen wie beim Zeichnen einer einfachen Form für viel komplexere Zeichenoperationen zu verwenden. Wie auch immer, um die Erstellung von Standardformen wie Rechtecke, Ellipsen, Bögen und Kurven zu vereinfachen, stellt das Java 2D-API diverse Subklassen von der Klasse `Shape` in Verbindung mit `GeneralPath` zur Verfügung. So können Sie z.B. anstatt von `GeneralPath` `Rectangle2D.Double` zum Definieren des Rechtecks in unserem Beispiel verwenden:

```
Rectangle2D.Double rect = new Rectangle2D.Double(300, 300, 200, 100);
```

HINWEIS

Dieses Rechteck ist nicht exakt identisch zu dem Rechteck, welches über `GeneralPath` definiert wird. Der Ursprung des `General-`

> *`Path`-Objekts, welches wir in dem ersten Beispiel konstruiert haben, ist der Startpunkt (300,400), die untere linke Ecke des Rechtecks. Der Ursprung von dem über das `Rectangle2D.Double`-Objekt konstruierten Rechteck ist (300, 300), die obere linke Ecke des Rechtecks. Wenn Sie ein `Rectangle2D.Double`-Objekt konstruieren, das mit einer negativen Dimension arbeitet, wird ein leeres Rechteck mit der Größe (0,0) generiert. Da der Ursprung des Koordinatenraumes die obere linke Ecke des Koordinatenraumes ist, können Sie `Rectangle2D.Double` nicht verwenden, um ein Rechteck zu kreieren, dessen Ursprung im Punkt (300, 400) liegt.*

Im allgemeinen läuft das Zeichnen mit den Java 2D-API-Klassen folgendermaßen ab:

1. Spezifizieren der notwendigen beschreibenden Attribute. Zusätzlich zu den Ihnen schon aus dem »klassischen« Fall bekannten Attributen wie feste Farbfüllungen stellen die Java 2D API-Klassen Möglichkeiten für komplexere Füllungen (etwa Verläufe und Muster) zur Verfügung. Für diese komplexere Füllungen können Sie die `setPaint`-Methode verwenden (wir kommen in Kürze noch einmal genauer darauf zurück).
2. Definieren einer Form, eines Textstrings, oder eines Bildes. Das Java 2D-API behandelt Pfade bzw. Positionsangaben, Texte, und Bilder gleichartig; sie können rotiert, skaliert, verzerrt, und mit diversen-Methoden zusammengesetzt werden. Das `Shape`-Interface definiert einen ganzen Satz von-Methoden zur Beschreibung von geometrischen Path-Objekten. Das Java 2D-API unterstützt eine Vielzahl von Implementationen von `Shape`, welche gemeinsame Formen wie Rechtecke, Bögen und Ellipsen definieren. `GeneralPath` ist eine Implementation von dem `Shape`-Interface, welches Sie zur Definition von beliebigen, komplexen Formen verwenden können, indem Sie eine Kombination von Linien und quadratischen, sowie kubischen Beziér-Kurven nutzen.

   Der `GeneralPath`-Konstruktor nimmt einen Parameter, welcher die sogenannten *winding rule* für das jeweilige Objekt spezifiziert. Dabei handelt es sich um Regeln zum Bestimmen, ob ein Zeichenobjekt innerhalb einer From liegt oder nicht, wenn ein Path-Segment die Form kreuzt. Zwei verschiedene winding rules können für ein `GeneralPath`-Objekt spezifiziert werden:

   - even-odd winding rule
   - nonzero winding rule.

HINWEIS

Die erste Regel spezifiziert, wie derinnere Teil eines Pfades behandelt wird, wenn ein Pfad alterniert zwischen Innen und äusseren Gebieten, d. h. er durchquert den Rand. Die 2. Regel basiert auf der gedachten Zeichnung von Strahlen von einem gegebenen Punkt aus bis Unendlich in jede Richtung und dann durch Prüfen all der Orte , wo die Strahlen und der Pfad sich schneiden. Die even-odd Regel wird in unserem Beispiel verwendet, hatte aber keinen Effekt, da das Path-Segment in dem Rechteck nicht kreuzt.

3. Festlegen des Aussehens der Form, des Textstrings, oder des Bildes. Dazu können Sie eine der passenden `Graphics2D`-Methoden verwenden (für das Rechteck in dem Beispiel wird die-Methodee `fill` verwendet).

Bevor ein Java 2D-API-Objekt gezeichnet wird, wird es meist über eine zu dem `Graphics2D`-Objekt gehörende Transformation manipuliert. Eine solche Transformation nimmt einen Punkt oder Pfad und transformiert ihn in einen neuen Punkt oder Pfad. Das Defaulttransformobjekt kreiert eine einfache Skala von Ausgabekoordinaten, wenn das `Graphics2D`-Objekt konstruiert wird. Um dann solche Effekte wie Rotation, Translation, oder benutzerdefinierte Skalierung zu erhalten, kreieren Sie ein `Transform`-Objekt und verwenden es mit dem `Graphics2D`-Objekt.

Die Standardtransformation, welche in der Java 2D-API implementiert ist, ist die sogenannte affine Transformation, welche lineare Transformationen wie Translation, Rotation, Skalierung, und Verzerrungen unterstützt (auch darauf werden wir noch eingehen).

Komplexere Zeichenoperationen im 2D-API

Die Technik für komplexere Zeichenoperationen im 2D-API ist nahezu identisch mit dem bisherigen einfachen Beispiel. Dies ist einer der großen Stärken der 2D-API. Nehmen wir eine kleine Erweiterung unseres bisherigen Beispiels vor und zeichnen ein zweites Rechteck hinzu, das einen Teil des ersten Rechtecks überdeckt, sowie blockweise um 45° gedreht ist. Wir füllen das 2. Rechteck mit einer Farbe (nehmen wir blau) und verwenden zusätzlich eine der neuen 2D-Techniken – die Transparenz. Das neue Rechteck soll zusätzlich zu 50% transparent sein, so daß das erste Rechteck im überdeckten Bereich immer noch sichtbar ist. Was bisher unter Java ein erhebliches Problem darstellte, kann mit dem Java 2D-API leicht realisiert werden. Das Beispiel sieht dann aus wie folgt:

```
public void paint(Graphics g) {
 Graphics2D g2d = (Graphics2D) g;
 g2d.setColor(Color.red);
 GeneralPath path = new GeneralPath(GeneralPath.EVEN_ODD);
 path.moveTo(0.0f, 0.0f); // untere linke Ecke
 path.lineTo(200.0f, 0.0f); // untere rechte Ecke
 path.lineTo(200.0f, -100.0f);// obere rechte Ecke
 path.lineTo(0.0f, -100.0f); // obere linke Ecke
 path.closePath(); // Schließen des Rechtecks
 AffineTransform at = new AffineTransform();
 at.setToTranslation(300.0, 400.0);
 g2d.transform(at);
 g2d.fill(path);
 // Hinzufügen eines 2. Rechtecks
 g2d.setColor(Color.blue); // Definieren der Farbe
 AlphaComposite comp
=AlphaComposite.getInstance(AlphaComposite.SRC_OVER, 0.5f);
 g2d.setComposite(comp); //setzen des composite-Modus
 // Rotatation um 45 Grad gegen den Uhrzeigersinn
 at.setToRotation(-Math.PI/4.0);
 g2d.transform(at);
 g2d.fill(path);
}
```

HINWEIS

Wenn Sie die Beispiele ausprobieren, fällt Ihnen u.U. auf, daß die Rasterung um die grafischen Primitive nicht zu sehen ist. So ist das dann auch korrekt. In den Screenshots verdeutlicht die Rasterung nur die jeweilige Aktion und den umgebenden Bereich der dargestellten grafischen Primitiven.

Der Zeichenprozeß ist für beide Rechtecke identisch:

- Das Rechteck wird über die Verwendung eines `GeneralPath`-Objektes definiert.
- Die Attribute zur Festlegung des Aussehens werden gesetzt, indem die Methode `setColor` für die Farbe und die Methode `setComposite` zur Spezifizierung der 50%-Transparenz für das blaue Rechteck.{Satz unvollständig!}
- Die Transformationen werden angewandt, bevor die Rechtecke erstellt werden (`Graphics2D.transform` wird verwendet, um beide Rechtecke am Punkt (300, 400) zu positionieren und das blaue Rechteck um 45º gegen den Uhrzeigersinn zu rotieren).

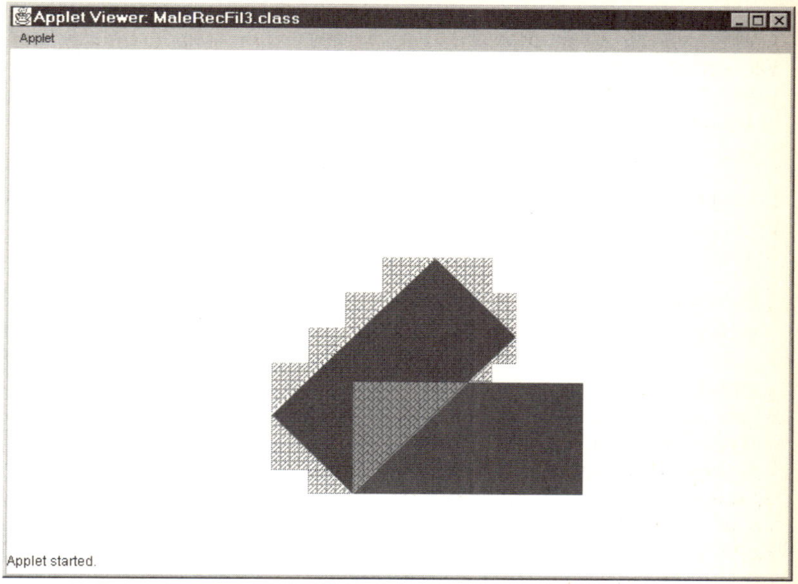

Bild 9.6: Zwei Sich teilweise überdeckende Rechtecke.

- Die Rechtecke werden endgültig durch den jeweiligen Aufruf von `fill` dargestellt.

Wir haben in dem Beispiel auf einige Java-Techniken vorgegriffen, die gleich noch näher beleuchtet werden. Wichtig ist, daß das eben durchgesprochene Beispiel die grundsätzliche Vorgehensweise zur Definition von neuen Farbattributen, Transformationsprozessen und der Darstellung des Objektes zeigt:

Definition der beschreibenden Attribute:

1. Definition der Farbe. In unserem Beispiel muß zur Zeichung des 2. Rechtecks mit einer zu 50% transparenten, blauen Farbe zuerst die Farbe gesetzt werden: `g2d.setColor(Color.blue);`
2. Definition der Gestaltungsoperation. Dabei müssen Sie festlegen, wie die neuen Farben bei Überlagerungen mit bereits existierenden Farben zusammenspielen sollen. Dazu kreiern Sie ein sogenanntes `AlphaComposite`-Objekt. Ein solches `AlphaComposite`-Objekt definiert eine Kompositionsoperation, die spezifiziert, wie Farben ineinander über-

gehen, d.h. verschmelzen. In unserem Fall haben wir ein AlphaComposite-Objekt kreiert, das die Transparenz auf 50% setzt und die neue Farbe über die alte Farbe legt. Um so etwas zu tun, spezifizieren Sie die SRC_OVER-Operation und einen alpha-Wert von 0.5 bei der Erstellung eines AlphaComposite-Objektes. Um das neue Composite-Objekt aufzurufen, verwenden Sie folgenden Source:

```
Graphics2D.setComposite.AlphaComposite comp =
 AlphaComposite.getInstance(AlphaComposite.SRC_OVER, 0.5f);
g2d.setComposite(comp);
```

3. Definition der Rotation. Die Rotation wird über die Erstellung einer neuen Instanz der Klasse AffineTransform und Aufruf deren Methode setToRotation zum Spezifizieren der Rotation um 45 Grad entgegen des Urzeigersinns bewerkstelligt. Die Transformation wird dann mit der vorangehenden Transformation zusammengefügt, indem die Transformation des Graphics2D-Objektes (Translation auf (300,400)) wie folgt über die Methode transform aufgerufen wird:

```
at.setToRotation(-Math.PI/4.0);
g2d.transform(at);
```

HINWEIS

Die Effekte von aufeinanderfolgenden Transformationsaufrufen sind anwachsend. Dies bedeutet, jeder aufeinanderfolgende Transformationsaufruf wird zu der aktuellen Position eine weitere Drehung entgegen dem Uhrzeigersinn fortführen.

9.9 Text unter Java 2D

Auch im Bereich des Texthandlings hat das neue Java 2D API einige Erweiterungen gebracht. Diese reichen von der einfachen Verwendung von Schriftarten bis zum professionellen Management von Zeichenlayouts und Schriftartenfeatures.

Im wesentlichen wird über die neue Fontklasse des Java 2D API gegenüber der existierenden Klasse zur Verwendung von verschiedenen Schriftarten eine bessere Kontrolle über Schriftarten gewährleistet. Es ist nun möglich, mehr Informationen über eine Schriftart, etwa den Beziér-Pfad von individuellen Zeichenformen, mit den Schriftarten zu verwalten. Die Java 2D API-Font-Klasse löst die alte Klasse vollständig ab, was bedeutet, daß sie natürlich all das kann, was diese auch konnte.

Konkretes Zeichnen von Text

Die Technik zum Zeichnen von Text ist unter der 2D API identisch zu dem gleichen Prozeß mittels der Verwendung von einem `GeneralPath`-Objekt zum Definieren einer Form. Sie können unsere bisherigen Ausführungen zum Zeichnen eines Textes nahezu unverändert übernehmen, nur kreieren Sie ein `Font`-Objekt und verwenden es durch den Aufruf von `Graphics2D.drawString`.

Wir werden ein Beispiel durchsprechen, welches auch auf Text zusätzlich noch eine der neuen 2D-Erweiterungen verwendet – die Rotation eines beliebigen `Graphics2D`-Objektes (wie eben auf ein primitves Rechteck angewandt). Der Buchstabe »E« soll gegen den Uhrzeigersinn um 45° gedreht und außerdem in der Größe von 220 Punkten dargestellt werden. Danach wird er oben in unserem Beispiel mit den Rechtecken plaziert. Dazu muß einfach der nachfolgende Sourcecode in die `paint`-Methode hinter dem bisherigen Quelltext hinzugefügt werden (und natürlich `java.awt.font.*` importiert werden):

```
// eine 220 point-Version von Helvetica-BoldOblique
 Font myFont = new Font("Helvetica-BoldOblique", Font.PLAIN, 220);
 // Anzeige von "E" in grün
 g2d.setColor(Color.green);
 g2d.setFont(myFont); // Setzen der Schriftart
// Das E ist undurchsichtig gezeichnet, daher wird es hier
// leicht transparent gesetzt
 g2d.setComposite(AlphaComposite. getInstance(AlphaComposite.SRC_OVER,
0.7f));
// E zeichnen
 g2d.drawString("E", 100f, 150f);
```

HINWEIS

Einige Spezialitäten der Java 2D API Font-Klasse:
Die Java 2D API `Font`-Klasse unterstützt eine Methode mit Namen `getGlyphOutline`. Diese gibt den Character-Pfad zurück, den man für die Technik des Clippings nutzen kann (etwa zur Limitierung des Bereichs, welcher ausgegeben werden soll). Man kann einen Textstring so auch in einem Clipping-Pfad nutzen.

Sie können auch aus Gründen der Übersichtlichkeit mit verschiedenen `Graphics2D`-Objekten arbeiten, die Sie vorher casten.

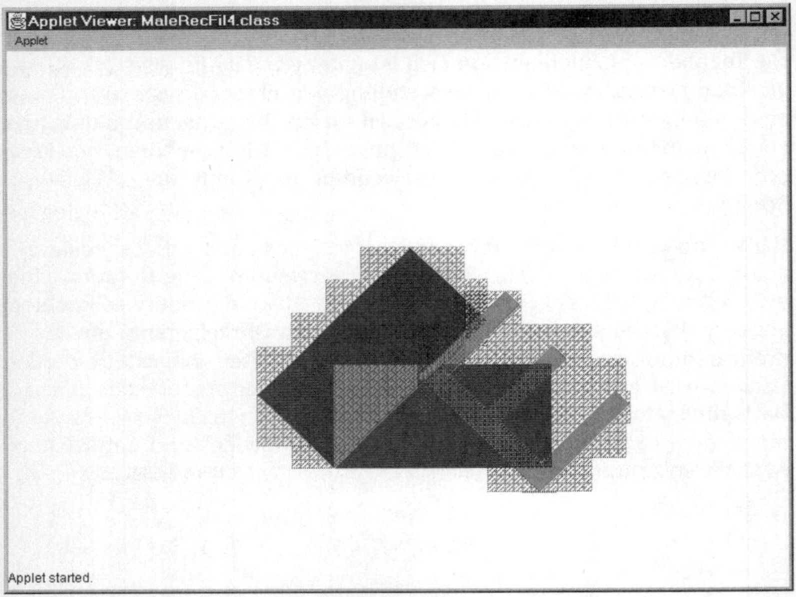

Bild 9.7: Ein Buchstabe inmitten der Rechtecke.

9.10 Bilder unter Java 2D

Zur Bildverarbeitung stehen Ihnen unter der Java 2D API alle Möglichkeiten der bisherigen Klassen in `java.awt` und `java.awt.image` zur Verfügung. Zusätzlich gibt es eine Vielzahl von neuen Klassen, inklusive `BufferedImage`, `ComponentColorModel`, und `ColorSpace`.

Damit erhalten Sie eine erweiterte Kontrolle über Bilder. So können Sie in gleicher Weise Bilder kreieren, die über das RGB-Modell hinausgehen und absolut genaue Farbdefinitionen zur Reproduktion beinhalten. Darüber hinaus lassen sich nun Pixel direkt in Speicher verwalten.

Wie alle andere grafischen Elemente werden Bilder mit einer Transformation bearbeitet, welche dem `Graphics2D`-Objekt zugeordnet ist. Dies bedeutet, auch Bilder können skaliert, rotiert, verzerrt oder sonst wie transformiert werden. Darüber hinaus beinhalten Bilder ihre eigenen Farbinformationen.

Anzeige von Bildern unter Java 2D

Die Anzeige eines Bildes unter Java 2D ist unkompliziert und wie fast immer eine einfache Übertragung der bisherigen Technik. Wenn Sie ein Bild haben, rufen Sie einfach `Graphics2D.drawImage` mit einer gewünschten Transformation auf. Dabei können Sie – je nach verwendetem Konstruktor – das Bild über das Netz mit einer URL laden (`Image image = applet.getImage(url);`) oder auch lokal mit einer Pfadangabe als String wie in dem folgenden Beispiel:

```
public void paint(Graphics g) {
Graphics2D g2d = (Graphics2D) g;
Image image = getImage(getDocumentBase(),"images/Img1.jpg");
AffineTransform at = new AffineTransform();
at.setToTranslation(100.0, 100.0);
g2d.drawImage(image, at, this);}
```

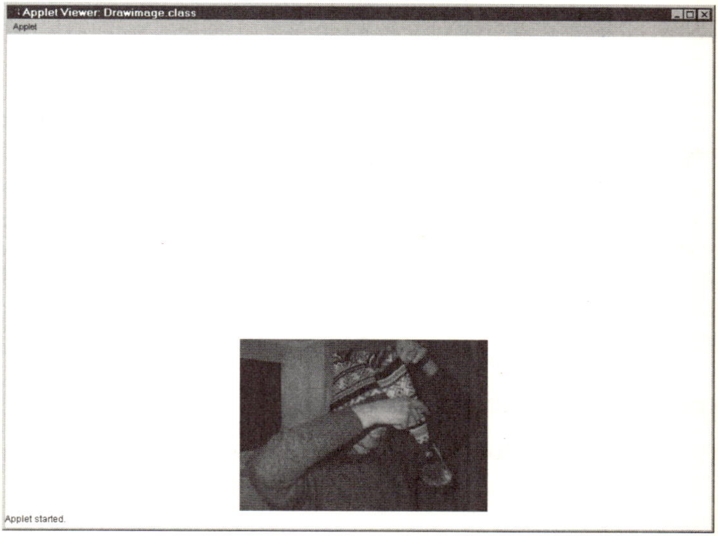

Bild 9.8: Ein Bild wird wie jedes andere Grafikobjekt behandelt.

Sie können ein Bild ganz einfach rotieren. Dazu müssen Sie vor der Ausgabe mit `g2d.drawImage(image, at, this);` nur folgendes einfügen:

```
at.rotate(Math.PI/4.0);
```

Transparenz und Bilder

Wir haben eben angedeutet, daß Bilder unter Java 2D weitergehende Informationen zu jedem Pixel verwalten können. Dazu zählen auch Informationen über die Transparenz für jedes Pixel in einem Bild. Diese Informationen werden ein Alphachannel genannt und werden in Verbindung mit der aktuellen Komposition mit einem anderen Objekt verwendet, um Überblendeffekte mit der aktuellen Zeichnung zu realisieren. Daraus resultieren viele interessante Effekte, wie man sie mittlerweile oft in Webseiten sieht.

Wir kennen bereits die notwendige Technik, um diese Transparenz bzw. Übergangeffekte zu realisieren – das `AlphaComposite`-Objekt, welches `SRC_OVER` für die Kompositionsoperation verwendet.

9.11 Rendering als Bestandteil von Java 2D

Eine neue Technik in Java 2D nennt sich Rendering, was in deutsch Übersetzung oder Übertragung bedeutet. Darunter versteht man einen Prozeß, ein grafisches Objekt auf einem (beliebigen) Ausgabegerät wiederzugeben. Dazu ist eine Serie von Schritten notwendig, die in manchen Literaturquellen als *rendering pipeline* benannt wird.

Wenn Sie das 2D API zur Ausgabe verwenden, wird der Rendering-Prozeß über ein `Graphics2D`-Objekt und seine Statusattribute kontrolliert. Mit diesen Statusattributen können Sie einen Clippingpfad zur Limitierung des Bereichs, welches ausgegeben werden soll, setzen, oder Farben und Füllungen definieren. Diese Attribute werden bei der Steuerung des Ausgabeprozesses dann angewandt.

Der konkrete Rendering-Prozeß

Der konkrete Rendering-Prozeß kann in vier Grundschritte aufgeteilt werden.

1. Das grafische Objekt wird in grafische Primitive konvertiert und in den Ausgaberaum transformiert – unter Verwendung der Transformation des `Graphics2D`-Objekts. Dies legt fest, wo das grafische Objekt ausgegeben werden sollte. Wie dies dann aber exakt geschieht, hängt von dem Typ des auszugebenden grafischen Objektes ab:
2. Wenn eine Form auszugeben ist, wird der `PathIterator` zum Holen der Elemente in dem Pfad der Form verwendet. Wenn der Pfad gezeichnet

wird, wird das `Stroke`-Objekt in dem `Graphics2D`-Objekt verwendet, um den Pfad in einen gezeichneten Pfad zu konvertieren. Die Geometrie der Form wird in die Ausgabekoordinaten transformiert, welche mit `Graphics2D` assoziiert sind.

3. Wenn ein Text auszugeben ist, wird das Layout der Figuren (Glyphs genannt), welche den auszugegebenden Textstring enthalten, über die Information in dem String-Font festgelegt. Die Glyphs werden in Umrisse konvertiert, die von dem `Shape`-Objekt festgelegt werden. Diese `Shape`-Objekte, welche die Glyphs repräsentieren, werden wie normale Formen ausgegeben.
   - Wenn ein Bild auszugeben ist, wird die begrenzende Box (in Anwender-Koordinaten) in Ausgabekoordinaten transformiert, indem die mit `Graphics2D` assoziierte Transformation verwendet wird.
4. Bei der Ausgabe wird der aktuelle Clipping-Pfad zur Begrenzung der Ausgabeoperation verwendet.
5. Die auszugebende Farbe wird nach folgenden Kriterien festgelegt:
   - Für Bilder wird die Farbe von den Imagedaten selbst genommen.
   - Für Text und Pfade wird das aktuelle `Paint`- oder `Color`-Objekt in `Graphics2D` bezüglich der Farbe abgefragt.
6. Wenn das Objekt konkret auf dem Ziel ausgegeben werden soll, wird das aktuelle `Composite`-Objekt verwendet.

Kontrolle der Ausgabequalität

Java 2D gibt Ihnen vielfältige Möglichkeiten zur Kontrolle der Ausgabequalität eines beliebigen grafischen Objektes auf einem gerasterten grafischen Ausgabegerät. Dabei muß jedoch immer bedacht werden, daß einigen Kurvenformen und diagonale Linien immer approximiert werden müssen und dabei Stufeneffekte entstehen. Dies werden Sie vor allem dann bemerken, wenn die Auflösung des Ausgabegeräts nur sehr niedrig ist. Um diese Effekte zu reduzieren, stellt Java nun eine Technik zur Verfügung, welche *Antialiasing* genannt wird und zum Glätten von Ecken führt (auf Kosten der Geschwindigkeit der Ausgabe). Sie können in der Java 2D API festlegen, ob Objekte bei der Ausgabe so schnell wie möglich, oder möglichst glatt ausgegeben werden sollen (soweit die Plattform dies unterstützt).

Sie können die Ausgabepräferenz für ein `Graphics2D`-Objekt spezifizieren, indem Sie die Methode `setRenderingHints` aufrufen. Es gibt 2 Typen von Ausprägungen:

- Die erste indiziert, ob ein Objekt bei der Ausgabe antialiasiert werden soll oder nicht.
- Der zweite dient zum Festlegen einer Präferenz zwischen Geschwindigkeit und Qualität.

9.12 Transformation von 2D Objects

Das Java 2D API unterstützt eine spezielle Transformationsklasse – `AffineTransform`. Diese unterstützt sämtliche klassische Grafikoperationen wie Skalierung, Rotation und Zusammensetzen.

Affine Transformationen

Affine Transformation bedeutet eine lineare Transformation auf einem Satz von grafischen Primitiven. Es werden immer gerade Linien in gerade Linien transformiert und parallele Linien gehen wieder in parallele Linien über. Verändert werden jedoch die Abstände zwischen den einzelnen Punkten und die Winkel zwischen nicht-parallelen Linien. Dies mag vielleicht sehr abstrakt klingen, ist aber genau das, was wir auch bisher schon in unseren Beispielen getan haben. Außerdem ist es nur die abstrakte Beschreibung dessen, was Sie bei einer solchen Aktion auch sicher erwarten. Z.B. erwarten Sie sicher, daß bei einer reinen Rotation (einer typischen affinen Transformation) das grafische Objekt nur gedreht und nicht deformiert wird. Falls dies zusätzlich gewünscht wird, muß man mehrere affine Transformationen hintereinander ausführen. Eine einzelne affine Transformation wird immer nur eine lineare Aktion durchführen.

Eine affine Transformation basiert immer auf einer 2-dimensionalen Matrix, die in der `AffineTransform`-Klasse enthalten ist und die Sie niemals direkt aufrufen müssen (eine erhebliche Erleichtung gegenüber vielen anderen Programmiersprachen und auch dem bisherigen Java-Konzept). Sie müssen bloß die gewünschte Sequenz von Rotationen, Translationen, oder anderen Transformation auswählen und anwenden.

Die mit dem `Graphics2D`-Objekt assoziierten Transformationen stehen in allen Formen, Texten, und Bildern zur Verfügung, die Sie von dem Anwenderraum in den Ausgaberaum zeichnen (die meistverwendete Aktion). `Graphics2D` implementiert eine Version von `drawImage`, die eine Instanz von `AffineTransform` als Parameter verwendet. Wenn Sie diese Version von `drawImage` verwenden, wird das Bild genau so gezeichnet, wie Sie es mit der Transformation von dem `Graphics2D`-Objekt verkettet haben.

Neue Formen kreieren

Mittels der `Shape`-Schnittstelle können Sie in Java 2D eine Klasse kreieren, die einen neuen Typ von Form definiert (z.B. ein spezielles Polygon). Dazu müssen Sie bloß die folgenden Methoden der `Shape`-Schnittstelle implementieren:

- `contains`
  - `getBounds`
  - `getBounds2D`
  - `getPathIterator`
  - `intersects`

Stroking Paths

Zeichnen (Stroking) einer Form wie ein `GeneralPath`-Objekt ist äquivalent dazu, als ob ein logischer Stift über die Segmenten des `GeneralPath` geführt wird. Das `Stroke`-Objekt schließt die Eigenschaften von dem verwendeten Strich durch diesen Stift mit ein. Das Java 2D API unterstützt diverse BasicStroke-Klassen für die verschiedensten Basisstrichformen und -stile.

Füllen von Formen

Das Java 2D API beinhaltet eine Vielzahl von einfachen Füllmechanismen, aber auch komplexe Mechanismen zum Ausfüllen von Formen (etwa Farbverläufe). Zur Vereinfachung dieser komplexen Vorgänge definiert das 2D API eine neue `Graphics2D`-Methode, die `setPaint` heißt, sowie ein Interface mit Namen `Paint`. Zwei Implementationen des `Paint`-Interface werden unterstützt:

1. `GradientPaint`
2. `TexturePaint`

Sämtliche Zeichenvorgänge erfolgen mit einem `Paint`-Objekt. Ein `Color`-Objekt ist z.B. ein sehr einfacher Typ von einem `Paint`-Objekt, und die `setColor`-Methode ist ein Spezialfall von `setPaint`. Daraus folgt, daß `setColor` ein `Paint`-Objekt mit nur einer Farbe installiert.

Komposition von Bildern

Für die komplexere Komposition verwendet Java 2D die `AlphaComposite`-Klasse, eine Implementation des `Composite`-Interface. Diese Klasse unterstützt eine ganze Anzahl von verschiedenen Stilen zur Zusammenfügung von Bildern. Instanzen dieser Klasse beinhalten Kompositionsregeln, die exakt beschreiben, wie eine neue Farbe in eine bereits bestehende Farbe geblendet werden soll. Der alpha-Wert wird von einem `Color`, `Paint`, oder `Image`-Objekt genommen und mit Pixelinformationen kombiniert.

Transparenz

Eine der wichtigsten und am meisten verwendeten Regeln in der `AlphaComposite`-Klasse ist `SRC_OVER` – die Angabe, wie Objekte durchscheinend angezeigt werden können. Wenn `AlphaComposite.SRC_OVER` verwendet wird, wird indiziert, wie die neue Farbe (source color) in die existierende Farbe (destination color) eingeblendet wird.

`AlphaComposite`-Objekte können mittels extra alpha-Werte angegeben werden, welche die Tranparenz von Objekten beim Zeichnen festlegen. Diese extra alpha-Werte werden mit den alpha-Werten des Grafikobjektes kombiniert. Diese kombinierten alpha-Werte legen fest, wie viel von der existierenden Farbe durch die neue Farbe hindurch angezeigt werden soll. Man kann das Durchscheinen vollständig unterbinden (alpha=1.0), oder auch die neue Farbe vollständig durchscheinen lassen (alpha=0.0). Werte dazwischen entsprechen den verschiedenen Abstufungen.

Schauen wir uns mal wieder ein Beispiel an, welches 2 Rechtecke so überlappt, daß eine Transparenz von alpha = 0.8 gegeben ist und Text darüber gelegt wird. Dazu werden an verschiedenen Stellen die Farben verändert und ein Rechteck – diesmal eine andere Gradanzahl – gedreht (wir kennen das Beispiel schon teilweise).

```
public void paint(Graphics g) {
Graphics2D g2d = (Graphics2D) g;
Font myfont = new Font ("Helvetica-Bold", Font.PLAIN, 50);
```

```
StyledString myString1 = new StyledString("Billy G.", myfont);
g2d.setColor(Color.blue);
g2d.drawString(myString1, 270f, 280f);
StyledString myString2 = new StyledString("mag Java!", myfont);
g2d.setColor(Color.red);
g2d.drawString(myString2, 320f, 340f);
AlphaComposite comp =
 AlphaComposite.getInstance(AlphaComposite.SRC_OVER, 0.8f);
g2d.setComposite(comp);
g2d.setColor(Color.yellow);
GeneralPath path = new GeneralPath(GeneralPath.EVEN_ODD);
path.moveTo(0.0f, 0.0f);
path.lineTo(200.0f, 0.0f);
path.lineTo(200.0f, -100.0f);
path.lineTo(0.0f, -100.0f);
path.closePath();
AffineTransform at = new AffineTransform();
at.setToTranslation(300.0, 400.0);
g2d.transform(at);
g2d.fill(path);
g2d.setColor(Color.green); // Farbe
// neue Rotatation
at.setToRotation(-Math.PI/3.0);
g2d.transform(at);
g2d.fill(path);}
```

HINWEIS

Benutzerdefinierte Kompositionsregeln:
Indem Sie die `Composite` *und* `CompositeContext`*-Interfaces verwenden, können Sie einen neuen Typ von Kompositionsregeln erstellen. Ein* `Composite`*-Objekt unterstützt dazu ein* `CompositeContext`*-Objekt.*

9.13 Text und Fonts unter 2D-Java

Jegliche Transformations- und Zeichentechnik der Java 2D API kann auf Textstrings angewendet werden. Dazu erhalten Sie zahlreiche Klassen für das Textlayout und feinabgestimmte Schriftkontrolle.

Text-Management

Mit dem Java 2D API erhalten Sie eine erweiterte `Font`-Klasse, die erheblich weitergehende Möglichkeiten zur Kontrolle von Schrifarten bereitstellt, als die originale Klasse (d.h. der Vorgängerversionen) zum Verwalten der Schriftart. Dazu zählen die Spezifikation von detaillierten Fontinformationen, sowie deren Zugriff.

Characters, Glyphs und Fonts

Ein String wird durch die enthaltenen Zeichen festgelegt, aber es gibt natürlich noch andere Informationen über ihn – etwa die ausgewählte Schriftart. Diese Vereinigung von dem Zeichen selbst und seinem exakten Aussehen wird Glyph genannt. Wie auch immer, ein String läßt sich auf Ebene der einzelnen Zeichen manipulieren, auf vielfältige Art und Weise:

- verschiedene Formatierungen
- Ausrichtung
- Position
- Schriftart
- Metrik
- Größe
- Umrisse

Jedes Font-Objekt beinhaltet diese Attribute, die man direkt über die Methoden ansprechen kann, welche von der `Font`-Klasse zur Verfügung gestellt werden. Die Font-Klasse erlaubt zusätzlich den Zugriff auf Metrik- und Umrißinformationen über die `getGlyphMetrics` und `getGlyphOutline`-Methoden. Die Form, welche durch `getGlyphOutline` zurückgegeben wird, ist skaliert, indem die Fontgröße und -transformation verwendet wird, aber reflektiert nicht die Transformation, welche einem `Graphics2D`-Objekt zugeordnet ist.

Zugriff auf Textpfade

Über die `Font.getGlyphOutline`-Methode können Sie beliebig auf die Form von jedem Glyph in einem Font zugreifen. Die `StyledString`-Klasse stellt Ihnen darüber hinaus die `getStringOutline`-Methode zur Verfügung, die Konversion von einem Block von Text in einen Umriß vereinfacht.

Text-Transformation

Über die Font.deriveFont-Methode können Sie ein neues Font-Objekt mit veränderten Attributen erstellen. Wir werden als Beispiel einen Text um einen zentralen Punkt rotieren lassen (siehe Bild 9.9).

```
public void paint(Graphics g) {
Graphics2D g2d = (Graphics2D) g;
// Transformation für den font.
AffineTransform fontAT = new AffineTransform();
fontAT.setToScale(72.0, 72.0);
// Beschreibung des font und instantiziere ihn
Font theFont = new Font("Helvetica", Font.PLAIN, 50);
g2d.setColor(Color.blue); // Setzen Farbe
g2d.setFont(theFont); // Setzen der Schriftart
Font theDerivedFont = theFont.deriveFont(fontAT);
// Definieren der Renderingtransformation
AffineTransform at = new AffineTransform();
at.setToTranslation(300.0, 300.0);
g2d.transform(at);
at.setToRotation(Math.PI / 4.0);
// Kreiere ein StyledString-Objekt zur Spezifizierung
// von Text und transformiertem font.
StyledString ss = new StyledString("Ei gude wie", theDerivedFont);
// Zeichnen von 8 Kopien von dem string
for (int i = 0; i < 8; i++)
{
g2d.drawString(ss, 0.0f, 0.0f);
g2d.transform(at);
}}
```

9.14 Farbmanagement unter 2D-Java

Zur Verwaltung von Farben finden Sie in der Java 2D API viele Erweiterungen und vor allem Erleichterungen für die Anwendung.

Spezifizieren von Farben

Zur Anzeige einer Form in einer bestimmten Farbe benötigen Sie einen Weg, um diese Farbe beschreiben zu können. Dazu gibt es eine Vielzahl von Wegen.

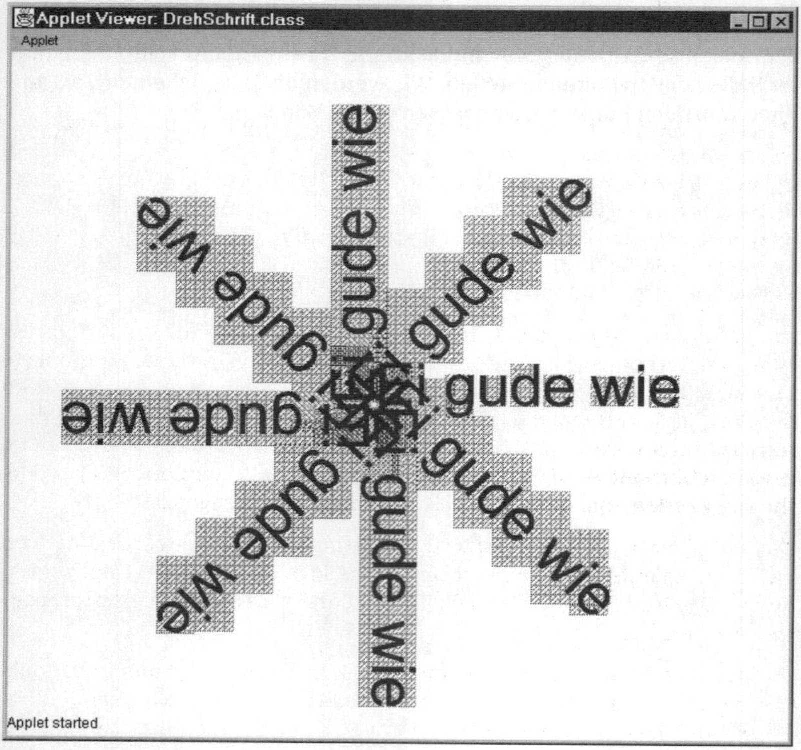

Bild 9.9: Drehschrift

Wir kennen bereits das RGB-Modell (Standard). Eine Alternative ist die Verwendung der Farben Cyan, Magenta, Gelb (yellow), und Schwarz (black) in dem CMYK-Konzept. Beide Modelle – RGB und CMYK – haben spezifische Vor- und Nachteile, auf die wir nicht genauer eingehen wollen, sind aber als wesentlichste Eigenschaft weitgehend Ausgabe-unabhängig. Die verschiedenen Techniken zur Spezifizierung von Farben werden Farbraum genannt.

Das Java 2D API referenziert auf das RGB- und das CMYK-Modell als Farbraum-Typen. Dies ist eine Erweiterunge des bisherigen Modells, welches nur das RGB-Modell nutzt.

Die Farb-Klassen von Java 2D

Die Schlüssel-Farbmanagementklassen in der Java 2D API sind `Color`, `ColorModel`, und `ColorSpace`.

Die `Color`-Klasse beschreibt eine Farbe als Zusammensetzung der beteiligten Farbkomponenenten in dem speziellen Farbraum. Die `Color`-Klasse hat eine Vielzahl von Methoden und Konstruktoren, welche den Standard-RGB-Farbraum (sRGB – Informationen dazu gibt es unter http://www.w3.org/pub/WWW/Graphics/Color/sRGB.html) unterstützen. sRGB ist der Default-Farbraum von Java 2D. Wichtige Methoden der `ColorSpace`-Klasse sind z.B. `toRGB` und `fromRGB`.

Die `ColorModel`-Klasse stellt Informationen bereit, die für die Konvertierung der Komponenten eines Pixel von einem Image oder BufferedImage in die Farbkomponenten in dem Farbraum notwendig sind. Dazu werden die Pixel in dem Bild einzeln bezüglich der Farbinformationen ausgewertet. Dies setzt voraus, daß bekannt ist, wie Farbinformationen in jedem Pixel verschlüsselt werden. Diese Informationen und die notwendigen Methoden werden vom der `ColorModel`-Klasse zusammengefaßt.

Die `ColorSpace` Klasse besitzt u.a. Methoden zur Konvertierung von Farbkomponenten in einen Farbraum. Das Java 2D API unterstützt zusätzlich zu den im JDK 1.1 definierten `DirectColorModel` und `IndexColorModel` zwei weitere Farbmodelle:

- Das `ComponentColorModel` kann einen beliebigen Farbraum behandeln und stellt ein Array von Farbkomponenten zum entsprechenden Anwenden des Farbraums zur Verfügung. Dieses Modell kann verwendet werden, um die meisten Farbmodelle auf den meisten Typen von GraphicsDevices zu verwenden.
- Das `PackedColorModel` ist eine Basisklasse für Modelle, die Pixel-Werte repräsentieren, welche ihre Farbkomponenten direkt in den Bits von einem Integerpixel verankert haben. Ein `PackedColorModel` speichert die gepackten Informationen, welche beschreiben, wie Farbe und Alpha-Komponenten aus dem Kanal zu extrahieren sind. Auch das `DirectColorModel` in dem JDK 1.1 ist ein `PackedColorModel`.

9.15 2D-Bildbearbeitung

Bildbearbeitung beinhaltet die Manipulation von Rasterbildern. Fast jeder der bekannten Effekte von Photo-editierenden Programmen können über die Java 2D API-Bildbearbeitungsklassen oder deren Erweiterungsklassen realisiert werden.

Operationen auf Bildern

Das Java 2D API beinhaltet einen Satz von Klassen, welche Operationen mit `BufferedImage` und `Tile`-Objeken durchführen lassen.

- `BufferedImage extends java.awt.Image` erlaubt, auf jedes Pixel in einem Bild zuzugreifen.
- `Tile` definiert die Daten und das Datenlayout in einem Bild.

Für affine Transformationen sind diverse Klassen vorhanden. Im wesentlichen sind es `AffineTransformOp` und Subklassen, `BilinearAffineTransformOp` und `NearestNeighborAffineTransformOp`, `BandCombineOp`, `ColorConvertOp`, `ConvolveOp`, `LookupOp`, `RescaleOp`, und `ThresholdOp`. Diese Klassen können für die verschiedensten geometrischen Transformationen verwendet werden.

Offscreen-Puffer unter 2D-Java

Wir haben uns im Laufe unserer Grafikbehandlung bereits mit der Technik des Offscreen-Puffers auseinandergesetzt. Es handelt sich um eine Technik, mit der ein grafisches Element außerhalb des sichtbaren Bereichs eines Bildschirms (offscreen) erstellt und dann auf den Bildschirm kopiert wird. Dies ist bei sehr zeitintensiven Erstellungsvorgängen von Grafiken sehr nützlich und konnte auch schon in früheren Java-Versionen durchgeführt werden.

Das `java.awt`-Package erleichert die Verwendung von Offscreen-Puffern, indem es das Zeichnen in so einen Puffer vollkkommen identisch macht, wie das Zeichnen in einem Fenster. Alle von den Java 2D API-Zeichnenfeatures können wie gewohnt verwendet werden. Zum Kopieren eines Offscreen-Puffers auf den Bildschirm wird einfach `drawImage` aufgerufen.

Erstellen eines Offscreen-Puffers

Der einfachste Weg zur Erstellung eines Offscreen-Puffers unter Java 2D ist die Verwendung der `Component.createImage`-Methode. Diese Methode kreiert ein Offscreen-zeichenbares Bild mit den angegebenen Dimensionen. Das Bild ist undurchsichtig und hat die Vordergrund- und Hintergrundfarben der Komponente.

HINWEIS

Die Transparenz läßt sich nicht verändern.

Manipulation von Offscreen Bilder

Die `BufferedImage`-Klasse erlaubt die direkte Manipulation von Pixeln in einem Bild. Diese Klasse unterstützt eine absolute Kontrolle über ein Bild, indem sowohl das Farbmodell, die Bilddaten allgemein und das Datenlayout zu beeinflußen sind. Dies funktioniert auch ohne Einschränkung mit einem `BufferedImage`-Objekt, denn dieses enthält wie jedes andere Bild einen Alphachannel.

9.16 2D-Graphics Devices

Alle grafischen Ausgabemedien (graphics devices) – Monitore und Drukker – werden durch ein `GraphicsDevice`-Objekt repräsentiert, das alle notwendigen Informationen einschließt. Das Java 2D API erlaubt die Abfrage sämtlicher Attribute der Umgebung, wo eine Applikation läuft. Dazu dienen die `GraphicsEnvironment`-Klasse, sowie die `GraphicsDevice`-Objekts und ihre zugehörigen `GraphicsConfiguration`-Objekte.

Graphics Environment

Sie haben Zugriff auf alle notwendigen Informationen der Laufzeitumgebung über die `GraphicsEnvironment`-Klasse, die eine Liste von `GraphicsDevice`-Objekten beinhaltet, die Ausgabegeräte repräsentieren. Diese kann man zwar abfragen, aber dies ist so gut wie nie notwendig.

GraphicsDevice-Klasse

Die Java 2D API verwendet die `GraphicsDevice`-Klasse zur Repräsentation eines aktuellen Ausgabegeräts. Normalerweise werden Sie auf diese Klasse nie zugreifen müssen. `GraphicsDevice`-Objekte werden standardmäßig mit dem aktuellen Ausgabegerät verbunden.

Jedes `GraphicsDevice`-Objekt hat eine Liste von `GraphicsConfiguration`-Objekten zugeordnet. Sie können eine Referenz auf ein `GraphicsDevice`-Objekt entweder von `GraphicsEnvironment` oder `GraphicsConfiguration` bekommen, indem Sie die Methode `getDeviceConfiguration` aufrufen.

GraphicsConfiguration

Um eine Liste der `GraphicsConfiguration`-Objekte zu bekommen, welche dem jeweiligen `GraphicsDevice` zugeordnet sind, können Sie analog `GraphicsDevice.getConfigurations` verwenden.

9.17 Sound & Töne in Java

Zum Abschluß wollen wir uns noch mit den akustischen Möglichkeiten von Java beschäftigen. Viele gute Multimedia-Animationen verfügen über eine Soundunterstützung, jedoch selbstverständlich gibt es gleichfalls genügend eigenständige Anwendungsgebiete für Sound. Java gibt Ihnen ebenfalls dazu die Mittel.

Unterstützt wurde ursprünglich nur das AU-Format. Dies ist ein extrem hochkomprimiertes Klangformat, welches leider nicht allzu gute Tonqualität liefert. Allerdings konnten Sie schon länger bei Applets über Verknüpfungen zu externen Dateien auch andere Klangformate einbinden. Unter der neuen Javaversion wird die Audio-Unterstützung erweitert. Sowohl in Applikationen, als auch in Applets lassen sich nun MIDI-Dateien (Typ 0 und Typ 1), sowie RMF-, WAVE-, AIFF-, und AU-Dateien in hoher Tonqualität abspielen und zusammenmischen.

Das Abspielen von Sound wird mit Mitteln bewerkstelligt, welche wie die Unterstützung von Bildern in den `Applet`- und `awt`-Klassen integriert sind. Die Methoden und deren Syntax ähnelt sehr stark der Situation bei Bildern (wir sind bei der Behandlung von Applets schon darauf eingegangen).

Einem Applet Klang hinzufügen – getAudioClip

Sie können einem Applet jederzeit Klang hinzufügen, indem Sie die `getAudioClip()`-Methode verwenden. Wir schauen uns die Methode an, die zur `Applet`-Klasse (`Applet.getAudioClip`) gehört . Es gibt zwei Konstruktoren. Die Syntax ist folgende:

```
public AudioClip getAudioClip(URL url):
public AudioClip getAudioClip(URL url, String name)
```

Dies ist wieder die gleiche Situation wie bei der `getImage()`-Methode. Mit einem Argument (ein Objekt vom Typ url) ist es die einfachere Variante mit einer hartcodierten Pfadangabe auf die Klangdatei und deshalb ziemlich unflexibel. Wenn z.B. das Projekt in ein anderes Verzeichnis kopiert wird oder sich das Projektverzeichnis sonst ändert, muß das Projekt neu kompiliert werden.

Die zweite Variante mit den zwei Argumenten (ein Objekt vom Typ url und eine Zeichenkette, welche den Pfad oder Dateiname der Klangdatei in Bezug zu einer Basis enthält) läßt sich in Verbindung mit den zwei weiteren – uns schon bekannten – Methoden `getDocumentBase()` und `getCodeBase()` – Bestandteile der Applet-Klasse – äußerst anpassungsfähig einsetzen.

In der Regel verwendet man die Methode wie folgt:

```
getAudioClip(getDocumentBase(), clipName);
Beispiel: Audioclip clip = getAudioClip(getDocumentBase(), "audio/
history.au");
```

Kann Java eine angegebene Datei nicht finden, gibt die Methode `getAudioClip` Null aus.

Abspielen eines Audio-Clips – play

Sie können einen Audio-Clip mit der `play`-Methode abspielen. Auch hier schauen wir uns die Methode der `Applet`-Klasse (`Applet.play`) an . Es gibt wieder zwei Konstruktoren. Die Syntax ist folgende:

```
public void play(URL url)
public void play(URL url, String name)
```

Verwendet wird die `play()`-Methode auf unser Beispiel bezogen so:

```
clip.play();
```

Wenn eine Klangdatei an der angegebenen URL nicht zu finden ist, passiert einfach nichts.

Anhalten eines Audio-Clips – stop

Einen mit der `play()`-Methode gestarteten Audio-Clip können Sie jederzeit mit der `stop`-Methode anhalten.

Verwendet wird die `stop()`-Methode auf unser Beispiel bezogen so:

```
clip.stop()
```

Permanentes Wiederholen eines Audio-Clips – loop

Einen mit der `play()`-Methode gestarteten Audio-Clip können Sie mit der `loop`-Methode immer wieder und wieder abspielen. Verwendet wird die `loop()`-Methode auf unser Beispiel bezogen so:

```
clip.loop()
```

ACHTUNG

Sie können in einem Applet beliebig (d.h. bis auf Plattformbegrenzungen) viele Klangdateien verwenden. Wenn Sie diese alle zusammen starten, werden sie gleichfalls gleichzeitig abgespielt. Ob das dann im Sinne des Erfinders ist, mag bezweifelt werden.

Die Situation ist gar nicht so abwegig. Denken Sie nur an einen andauernd laufenden Hintergrundklang und Tondateien, welche bei Aktionen vom Anwender in Gang gesetzt werden. Sie sollten – sofern eine solche Überlagerung nicht gewünscht ist – zum einen Multithreading verwenden (eigentlich klar), und zum anderen mit Kontrollschleifen über aktive Threads, welche eine Tondatei abspielen, die nicht gewünschten Klangwiedergaben anhalten und erst bei Beendigung einer zwischenzeitlich zu spielenden Klangdatei wieder starten.

10 Das AWT

Kommen wir nun zu einem der wichtigsten Thema einer Programmiersprache – der Kommunikation mit dem Anwender. In Java wird das hauptsächlich über ein eigenes Konzept realisiert – dem AWT (Abstract Windowing Toolkit).

10.1 Was ist das AWT?

Das AWT beinhaltet zur Kommunikation mit dem Anwender im wesentlichen ein API (Application Programming Interface), über welche allgemeine Komponenten der Anwenderschnittstelle wie Buttons oder Menüs **plattformunabhängig** genutzt werden können. Damit hat Java ein erhebliches Problem zu lösen. Eine Benutzerschnittstelle kann ziemlich unterschiedlich aussehen und zu bedienen sein. Wie sollte nun eine gemeinsame API aussehen, auf der sich Anwender aller Welten zurechtfinden können? Für das AWT hat sich Sun alle Plattformen, die unterstützt werden sollen, angesehen, die besten Komponenten identifiziert und dann diejenigen realisiert, welche auf allen Plattformen Sinn machen und ein vollständiges API gewährleisten. Natürlich kann man sich bei einem solchen Ansatz nicht 100% für ein bestehendes »Look and Feel« entscheiden, sondern muß ein eigenes »Look and Feel« erzeugen, welches die besten Ideen aus den zugrundeliegenden Plattformen beinhaltet. Diese Lösung hat Sun jedoch nicht nur Lob eingebracht. Da die Windows-Klassenbibliothek AWT von Java in der Version 1.0 relativ klein und allgemein gehalten wurde, konnten die Java-Applikationen am Anfang nur eine Auswahl der unter Windows bekannten Elemente bieten. Dem AWT 1.0 wird gerne unterstellt, daß es recht rustikal aussieht.

Ob dieser Kritikpunkt nun berechtigt war oder nicht – das AWT hat in der Version 1.1 sehr weitreichende Erweiterungen erfahren. Darunter fallen im wesentlichen eine einheitliche Druckerschnittstelle, die prinzipiell schnellere Reaktion auf verschiedene Events, bessere Grafikmöglichkeiten und eine Unterstützung von Pop-up-Menüs und der Zwischenablage. Die 1.2-API hat viele weitere neue Funktionalitäten und Erweiterungen folgen lassen. Die Java Foundation Classes (JFC) beinhalten nun Java 2D, UI (UI steht für User Interface – Benutzerschnittstelle) Components (Swing Package), Zugriffsmöglichkeiten auf Fremdtechnologien (Accessibility), Drag & Drop und Application Services. Nicht zuletzt hat sich Sun dabei der Kritik angenommen, daß eine überall einheitlich aussehende Oberfläche nicht unbedingt sinnvoll ist und mit dem Swing-Konzept eine Erweiterung des bisherigen Aussehens der Oberfläche geschaffen. Dieses Konzept ist zentraler Bestandteil der JFC und implementiert einen neuen Satz von GUI-Komponenten mit anpassungsfähigem Look and Feel.

Swing ist vollständig in 100% purem Java implementiert und basiert auf dem JDK 1.1 Lightweight UI Framework. Das Aussehen und die Reaktionen von GUI Komponenten passen sich automatisch an jedes unterstützte Betriebssystem (Windows, Solaris, Macintosh) an und erweitern die bisherigen AWT-Möglichkeiten um einem Satz von Oberflächen-Interaktionselementen (Baumansichten, Listboxen, usw.). Sie können ab sofort entscheiden, ob Sie sich der ursprünglichen Idee von Sun anschließen (also eine Oberfläche ohne Swing erstellen), oder sich der automatisch anpassungsfähigen Oberfläche widmen.

HINWEIS

Was versteht man unter einem Framework?
Der Begriff Framework umfaßt einen ganzen Satz von Elementen für eine grafische Oberfläche. Neben den Elementen, welche die eigentliche Kommunikation mit dem Anwender regeln (UI-Elemente), wird ein vollständiger Rahmen (Bibliotheken) für eine Applikation bereitgestellt.

Ein wichtiger und berechtigter Kritikpunkt an dem AWT 1.0 was das sehr starr ausgelegte Event-Handling (also die Reaktion auf Ereignisse). Es wurde ab der Version 1.1 völlig überarbeitet und damit wesentlich flexibler.

Ein jedoch ebenfalls nicht zu unterschätzendes Problem des neueren Event-Handlings ist der gänzlich unterschiedliche Aufbau zu dem Modell 1.0. Was geschieht mit komplexen Entwicklungen, die bereits nach dem alten Verfahren erstellt wurden und nur mit viel Aufwand auf das neue Konzept umgestellt werden können? Sun unterstützt diesen Umstieg zwar mit einer umfangreichen Dokumentation (wir gehen noch darauf ein), aber viele Entwickler und Unternehmen werden den Aufwand scheuen. Des weiteren unterstützen noch nicht alle Browser und Interpreterplattformen das neue Eventmodell und die damit assoziierten neuen Methoden bzw. neuen Varianten von bereits vorhandenen Methoden (wir sind im Kapitel über Grafik und Animation darauf eingegangen). Wer eine maximale Verbreitung anvisiert und vor allem bei Applets auf Nummer sicher gehen will, muß noch einige Zeit bei dem alten Eventmodell bleiben. Es läßt sich also nicht leugnen, daß es derzeit noch für beide Eventmodelle entscheidente Argumente gibt, sodaß wir uns auch mit beiden Modellen beschäftigen werden und sie gegenüberstellen.

Es gibt übrigens noch weitere Verbesserungen des AWTs. Die Win-32-Implementation des AWTs wurde ebenfalls komplett überarbeitet, da die alte Version zu langsam war und viele Inkonsistenten im Vergleich zu anderen Plattformen hatte. Damit war schon das AWT 1.1 insgesamt erheblich schneller und stabiler geworden, die Variante 1.2 hat auch hier noch ein paar Körner zugegeben.

Ganz neu ist das *input method framework*. Darunter versteht man die Eingabe und Verwendung von Text, der in beliebigen Sprachen (etwa Japanisch, Chinesisch oder Koreanisch) geschrieben wird. Das Besondere daran ist, daß diese Zeichen über Tastenkombinationen eingegeben werden können. Die Technik ist wichtig, um Geräte zu unterstützen, welchen oft einige Tasten fehlen (etwa Handheld-Computern).

HINWEIS

Wir werden – wie bei dem Kapitel über Grafik und Animation – im ersten Abschnitt des Kapitels das AWT und vor allem das Eventhandling der ersten Generation als Basis verwenden. Zum einen hat diese Technik – wie wir gerade gesehen haben – noch eine massive Existenzberechtigung, zum anderen sind diese die Grundlage für die neuen Techniken, und die Erweiterungen werden sich ganz einfach ableiten lassen. Bestehende Methoden werden oft unverändert übernommen oder einfach durch eine neue Variante erweitert. Andere Methoden erhalten (etwa für das Swing-Konzept) eine direkte Partnermethode für das neue Konzept. In diesem Fall werden die »alten« Methoden als deprecated bezeichnet (in der Dokumentation erhalten Sie immer einen Verweis auf die neue Lösung). Dies bedeutet jedoch nicht, daß sie nicht mehr verwendet werden dürfen, sondern daß es dafür eine andere Methode oder Variante der Methode gibt, die nun verwendet werden soll (allerdings setzt dies voraus, daß der Browser oder Interpreter auf dem neuen Stand ist). In Swing wird beispielsweise oft einfach eine neue Klasse geschaffen, die bis auf ein vorangestelltes J mit dem Namen der Klasse identisch ist, die im bisherigen Konzept die Auf-

gaben erledigte. Die direkten Partnermethoden für das neue Konzept müssen dann aus dieser neuen Klasse verwendet und evtl. etwas veränderte Argumente genommen werden. Das war es in vielen Fällen. Da wir hier konsequent das ältere Modell am Anfang des Kapitels verfolgen werden, wird am Ende des 1.0-Abschnittes eine Auflistung der wichtigsten als deprecated gekennzeichneten Methoden und ihrer neueren Variationen erfolgen. Das veränderte Eventhandling ist ein anderer Aspekt. Dieser ist jedoch grundsätzlich beim Gesamtkonzept zu berücksichtigen (wir werden auch darauf intensiv eingehen).

10.2 Woraus besteht das AWT?

Das AWT besteht vorwiegend aus Komponenten, die der Endanwender benutzt. Daneben gibt es Container, in denen die Komponenten integriert werden müssen, damit eine vollständige und sinnvolle Anwenderschnittstelle erstellt werden kann. Ein dritter bedeutender Bestandteil des AWTs ist die Technik der Layout-Manager. Und last but not least muß das AWT einen Mechanismus zur Verfügung stellen, um auf Ereignisse reagieren zu können, welche von dem Anwender über Komponenten ausgelöst werden.

Das AWT basiert auf dem Grundkonzept, daß jedes Java-Fenster mehrere verschachtelte Ebenen besitzt, welche aus Komponenten aufgebaut sind. Dies beginnt mit dem äußersten Fenster und endet mit dem kleinsten eigenständigen Bestandteil der Benutzeroberfläche. Diese Verschachtelung bildet eine Hierarchiestruktur. Die Klassen des AWT-Paketes sind so entwickelt worden, daß deren Struktur eine vollständige Benutzeroberfläche abbilden kann. Die Wurzel von fast allen AWT-Komponenten ist die Klasse `Component`. Darin enthalten sind die grundlegenden Anzeige- und Event-Handling-Funktionalitäten.

Was sind AWT-Komponenten?

Die Komponenten sind die Elemente, über die eine Interaktion mit dem Endanwender konkret realisiert wird. Sie kennen sie aus den unterschiedlichen grafischen Benutzerschnittstellen.

Die von Anfang an vorhandenen Komponenten des AWT sind folgende:

- Schaltflächen (Button)
- Label

- Kontrollkästchen (Checkbutton)
- Optionsfelder (Radiobutton)
- Listen
- Auswahlfelder
- Textfelder
- Textbereiche
- Menüs
- Zeichenbereiche
- Bildlaufleisten

Die hier aufgeführten Komponenten kann man nach ihrer Funktion in 3 logische Bereiche unterteilen.

1. Komponenten der Benutzeroberfläche: Dazu zählen alle typischen Elemente einer Benutzeroberfläche (etwa Schaltflächen, Kontrollfelder,...).
2. Zeichenbereiche: Dabei handelt es sich um die Fläche auf dem Bildschirm, auf der in der Regel Zeichnungen ausgegeben werden.
3. Fensterkomponenten: Dies sind alle Komponenten, welche sich um den Aufbau und die Struktur der Fenster kümmern, also Bildlaufleisten, Rahmen, Menüleisten und Dialogfelder. Diese Komponenten trennt man logisch von den Komponenten der Benutzeroberfläche, da sie logisch unabhängig von der integrierten Anwendung betätigt werden (das Verschieben von Fensterinhalt über Bildlaufleisten beispielsweise löst noch keine Aktion aus).

Was versteht man unter AWT-Container?

Die Container sind eine Ordnungsstruktur für Gruppen von Komponenten, die gemeinsam verwaltet werden. Eine Schaltfläche ohne ein Fenster, in der sie integriert ist, macht beispielsweise wenig Sinn. Die Komponenten müssen mittels den Containern in verwaltbaren Gruppen organisiert werden. In Java können nur die Komponenten im AWT verwendet werden, wenn diese dann auch in einem Container enthalten sind. Strenggenommen enthalten Container auch keine Komponenten, sie sind selbst die allgemeinste Form von Komponenten. Das bedeutet, daß ein Container neben »normalen« Komponenten durchaus auch andere Container enthalten kann. Die Container im AWT sind:

- Fenster (Windows)
- Panels
- Frames
- Dialoge

HINWEIS

Container und Applets:
Die `Applet`*-Klasse ist eine Unterklasse der* `Panel`*-Klasse und damit ein Container. Insbesondere stellt bei Applets der Browser das Hauptfenster und die Menüleiste (also die Fensterkomponenten) bereit.*

Was ist ein AWT-Layout-Manager?

Die Verwaltung von Komponenten in Containern meint großenteils die gemeinsame Abspeicherung der Komponenten. Was nicht darunter fällt, ist die Anordnung der Komponenten innerhalb eines Containers. Sie müssen sich aber darum kümmern, wo die Komponenten innerhalb eines Containers dargestellt werden.

Wer bisher mit anderen Sprachen programmiert hat, kennt wahrscheinlich die übliche Technik. Über Koordinatenangaben werden die einzelnen Elemente einer Struktur plaziert, evtl. auch visuell.

Unter Java werden Sie nicht mehr genau angeben, wo eine hinzugefügte Komponente in einem Container plaziert werden soll. Die genaue Plazierung regeln die Layout-Manager. Sie weisen das AWT darüber nur noch an, wo Ihre Komponenten im Verhältnis zu den anderen Komponenten stehen sollen. Der Layout-Manager findet – angepaßt an die jeweilige Situation – automatisch heraus, an welche Stelle die Komponenten am besten passen.

Dieses Wegnehmen der absoluten Kontrolle vom Programmierer hat ganz massive Vorteile. Es erleichtert die Erstellung von plattformunabhängiger Software erheblich. Wenn Sie Komponenten mit absoluten Koordinaten positionieren, kann in unterschiedlichen Auflösungen ein völliges Chaos entstehen. Layout-Manager fangen dies genial und einfach ab.

Das AWT stellt fünf verschiedene Typen von Layout-Managern zur Verfügung:

- Flow
- Border
- Grid
- Card
- GridBag

Reaktionsmöglichkeiten im AWT – Eventmodell 1.0

Eine Komponente soll meist eine Interaktion mit dem Anwender realisieren. Zu einer solchen Interaktion zählt vor allen Dingen, daß die Applikation auf Aktionen des Anwenders reagieren kann. Das Betätigen einer Komponente muß mit einer Aktion des Systems verknüpft werden.

Damit eine Komponente eine Aktion ausführen kann, wird in Java u.a. eine extra Methode zur Verfügung gestellt – die Methode `public boolean action(Event evt, Object what)`.

Den ganzen Mechanismus zum Behandeln von Ereignissen nennt man Event-Handling und er beinhaltet auch solche Ereignisse wie etwa die Reaktion auf Mausklicks.

10.3 Container

Wir beschränken uns bei der Abhandlung des AWTs meist darauf, AWT-Komponenten in Applets einzufügen oder abstrakt von Containern zu sprechen. Aber was bedeuten Container grundsätzlich? Die Beschränkung auf Applets hat nur rein didaktische Gründe oder dient der einfacheren Beschreibung.

Ein Container ist im weitesten Sinn ein Objekt, das darin enthaltenen Komponenten gewisse Grundfunkionalität zur Verfügung stellt und die in ihm enthaltenen Komponenten gemeinsam verwaltet.

Wir haben den Begriff in etwas anderem Zusammenhang Applets/Browser schon früher kennengelernt. Im AWT sind Container zwar etwas anders zu verstehen, erfüllen indes im wesentlichen den gleichen Zweck. Ein Applet ist im Sinn des AWTs auf jeden Fall ein Container.

Das AWT verfügt neben dem Applet über 3 weitere Container.

- Panels
- Frames
- Dialoge

Panels

Bei einem Panel handelt es sich um einen reinen Container. Es ist kein eigenes Fenster. Einziger Zweck eines Panels ist es, Komponenten in einem Fenster anzuordnen. Es gibt also nur sehr wenig, was Sie mit einem Panel machen können, ohne es in einem anderen Container (etwa einem Applet) einzusetzen. Dennoch sind Panels äußerst wichtig, wie wir gleich sehen werden.

Erzeugen von Panels

Sie erzeugen ein neues Panel mit: `Panel meinPanel = new Panel();`

Hinzufügen von Panel in andere Container

Da Panels wie gesagt kein eigenes Fenster besitzen, machen sie hauptsächlich Sinn innerhalb eines anderen Containers, der selbst eine Fensterstruktur aufweist. Sie können ein Panel einem anderen Container mit der `public Component add(Component comp)`-Methode hinzufügen. Beispiel:

```
add(meinPanel);
```

HINWEIS

Die add()-Methode:
Uns begegnet hier zum ersten Mal die `add()`*-Methode. Von dieser werden Sie eine Vielzahl von Varianten finden. Beachten Sie bitte, daß Sie den korrekten Konstruktor aufrufen, wenn wir sie verwenden (besonders, wenn nicht explizit der Konstruktor angegeben ist).*

Verschachteln von Panels

Sie können Panels ebenfalls verschachteln (wo wir bei der extremen Wichtigkeit von Panels angelangt sind). Dies gilt auch für viele andere Komponenten. Ein Panel kann eines oder mehrere weitere Panels enthalten.

Beispiel:

```
Panel hptPan, subPanel1, subPanel2;
subPanel1 = new Panel(); // 1. verschachteltes Panel
subPanel2 = new Panel(); // 2. verschachteltes Panel
hptPan = new Panel(); // Hauptpanel
hptPan.add(subPanel1); // 1. Kind vom Hauptpanel
hptPan.add(subPanel2); // 2. Kind vom Hauptpanel
```

Panels lassen sich in beliebig viele Ebenen verschachteln. Sinn machen solche verschachtelten Panels vor allem in Verbindung mit den verschiedenen Layouts, auf die wir gleich noch eingehen.

Frames bzw. Fenster

Die Verwendung von Frames (oder Rahmen) bedeutet eine Aufteilung des Anzeigebereichs in verschiedene, frei definierbare Segmente. Ein Frame ist ein voll funktionsfähiges Fenstersegment bzw. Fenster mit eigenem Titel und Icon. Frames können Pulldown-Menüs haben und verschieden gestaltete Mauszeiger verwenden. Jedes Frame kann eigene Inhalte enthalten.

Erzeugen von Frames

Zum Erzeugen von Frames stehen Ihnen wieder verschiedene Konstruktoren zur Verfügung.

- Die einfachste Variante sieht so aus: `public Frame()`. Sie können damit einen Frame erzeugen, der anfangs nicht sichtbar ist und keinen Titel hat. Beispiel: `Frame mFram = new Frame();`
- Die nächstkompliziertere Version vergibt für den Rahmen des Frames einen Titel bei der Erzeugung, jedoch das Frame ist anfänglich immer noch unsichtbar: `public Frame(String title)`. Beispiel: `Frame mFram = new Frame("Titel des Frames");`

Frames anzeigen, wegblenden und löschen

Beide Konstruktoren zum Erzeugen von Frames haben diese unsichtbar gelassen. Damit sind die Frames bisher noch nicht zu gebrauchen. Frames müssen vor dem Gebrauch noch sichtbar gemacht werden.

Dimensionieren

Der erste Schritt besteht darin, einem Frame eine Größe zu geben. Dazu dient die schon mehrfach untergekommene Methode `public void resize(int width, int height)`.

Das erste Argument gibt die Breite des Frames in Pixel an, das zweite Argument die Höhe in Pixel.

Beispiel: `mFram.resize(400, 200); // 400 breit, 200 hoch`

Sichtbar machen

Sichtbar ist der Frame immer noch nicht. Das erfolgt nun mit der uns auch schon bekannten `show()`-Methode. Beispiel: `mFram.show();`

Verstecken

Mit der `public void hide()`-Methode können Sie den Frame wieder unsichtbar machen. Dies bedeutet nicht, daß er damit zerstört worden ist.

Beispiel: `mFram.hide();`

Beenden

Wenn Sie mit einen Frame endgültig beseitigen wollen, können Sie ihn mit der `public void dispose()`-Methode beenden. Damit werden dann alle vom Frame belegten Ressourcen freigegeben.

Beispiel: `mFram.dispose();`

Überprüfen, ob bereits angezeigt

Wenn Sie einen Frame anzeigen oder schließen wollen, ist es sinnvoll vorher zu überprüfen, ob das Fenster bereits angezeigt wird. Dies können Sie mit der `public boolean isShowing()`-Methode machen. Diese gibt einen boolschen Wert zurück, den Sie wie üblich auswerten können.

Beispiel:

```
if (!mFram.isShowing())
{... tue etwas sinnvolles};
```

Frames beeinflussen und überprüfen

Selbstverständlich lassen sich Frames beeinflussen, bzw. Eigenschaften von Frames abfragen:

- Die Methode `public void setTitle(String title)` ändert den Titel des Frames, der oben in einem Rahmen angezeigt wird.

  Beispiel: `mFram.setTitle("Neuer Titel");`

- Mit der Schwester-Methode `public String getTitle()` können Sie den Titel eines Frames einlesen.

  Beispiel: `String frameTitel = mFram.getTitle();`

- Sie können die Größenanpassung eines Frames durch den Anwender an- oder abstellen. Dazu gibt es die Methode `public void setResizable(boolean resizable)`. Das Argument `true` läßt den Frame in der Größe veränderbar, `false` deaktiviert diese Möglichkeit.

  Beispiel: `mFram.setResizable(false);`

Zum Abschluß werden wir noch ein Beispiel anführen, welches ein wenig vorgreift, da wir dort zwei Schaltflächen in einen Container einfügen und diesen Vorgang erst im folgenden genauer behandeln. Außerdem wird die `action()`-Methode verwendet. Auch dieser Vorgang wird noch genauer beleuchtet. Das Beispiel dürfte dennoch leicht zu verstehen sein. Probieren Sie es einfach mal aus.

Beispiel:

```
import java.awt.*;
public class fenster1 extends java.applet.Applet
{
 Frame mFram;
 public void init()
 { // Füge zwei Schaltflächen dem Container hinzu
 add(new Button("Öffne Fenster"));
 add(new Button("Schließe Fenster"));
// Erstelle Frame
 mFram = new Frame("Sub-Fenster");
// Lege Framegröße fest
 mFram.resize(250,150);
 }
// Reaktionen auf Schaltflächen. Die ist bisher noch
// nicht erklärt worden.
 public boolean action(Event evt, Object arg)
 { if (evt.target instanceof Button)
 { String label = (String)arg;
// Wenn Schaltfläche "Öffne Fenster"
 if (label.equals("Öffne Fenster"))
```

```
 {
// Überprüfe, ob Frame noch nicht angezeigt
   if (!mFram.isShowing())
    mFram.show(); // Zeige Frame
 }
// Wenn Schaltfläche "Schließe Fenster"
 else if (label.equals("Schließe Fenster"))
 {
// Überprüfe, ob Frame angezeigt
 if (mFram.isShowing())
    mFram.hide(); // Verstecke Frame
 }
return true;
}
else return false;}

}
```

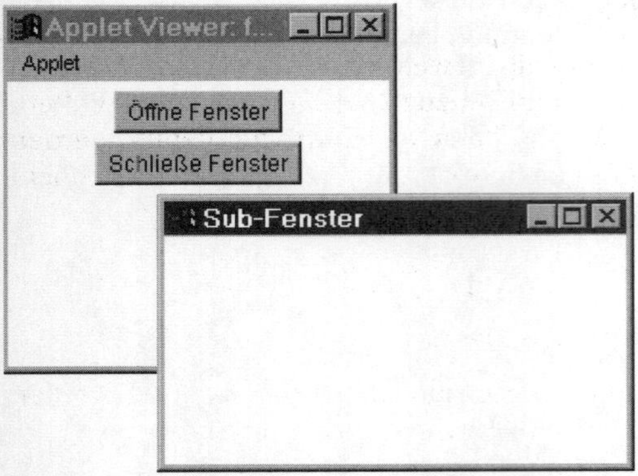

Bild 10.1: Ein Applet mit Child-Frame.

Menüs

Da jedes Fenster/Frame eine eigene Menüleiste besitzen kann, müssen wir uns natürlich damit beschäftigen. Immerhin zählen Menüs in grafischen Oberflächen zu den wichtigsten Interaktionselementen.

Jede Menüleiste in Java kann mehrere Menüs enthalten und dort jedes Menü wieder beliebige Einträge (halt so, wie man Menüs kennt). Das AWT – alte Variante – enthält dafür die Klassen `MenuBar`, `Menu` und `MenuItem`.

Erzeugen von Menüleisten

Das Erzeugen einer Menüleiste für ein bestimmtes Fenster erfolgt, indem Sie mit dem Konstruktor `MenuBar()` eine Instanz der Klasse `MenuBar` erstellen.

Beispiel: `MenuBar mMenlst = new MenuBar();`

Eine Menüleiste als Menü eines Fensters definieren

Um eine Menüleiste als Standardmenü eines Fensters zu definieren, dient die `public void setMenuBar(MenuBar mb)`-Methode.

Beispiel: `mFram.setMenuBar(mMenlst);`

Erzeugen von Menüeinträgen

Bevor man eine Menüleiste sinnvoll verwenden kann, müssen Menüeinträge erzeugt und dann dem Menü hinzugefügt werden. Anschließend müssen noch die einzelnen Menüs dann mit Einträgen gefüllt werden. Aber beginnen wir mit dem ersten Schritt. Das Erzeugen eines Menüeintrags erfolgt mit dem Konstruktor `Menu(String)`.

Beispiel: `Menu mMenpkt = new Menu("Hilfe");`

Menüeinträge in einer Menüleiste plazieren

Der erzeugte Menüeintrag muß nun in der Menüleiste plaziert werden. Dazu dient wieder die `add()`-Methode. Beispiel: `mMenlst.add(mMenpkt);`

Menüeinträge aktivieren und deaktivieren

Sie können einen Menüeintrag zur Laufzeit aktivierbar machen (default) oder ihn für den Anwender sperren.

- Die Methode `public void disable()`sperrt den Menüeintrag.

  Beispiel: `mMenpkt.disable();`

- Die Partnermethode `public void enable()` macht einen gesperrten Menüeintrag wieder auswählbar.

  Beispiel: `mMenpkt.enable();`

Das Standardhilfemenü

Es gibt eine Methode, mit der auf verschiedenen Plattformen ein spezielles Standardhilfmenü erzeugt wird. Der Hilfeeintrag wird damit auf der rechten Seite der Menüleiste angezeigt. Die Methode heißt `public void setHelpMenu(Menu m)`. Beispiel:

```
mMenlst.setHelpMenu(mMenpkt);
```

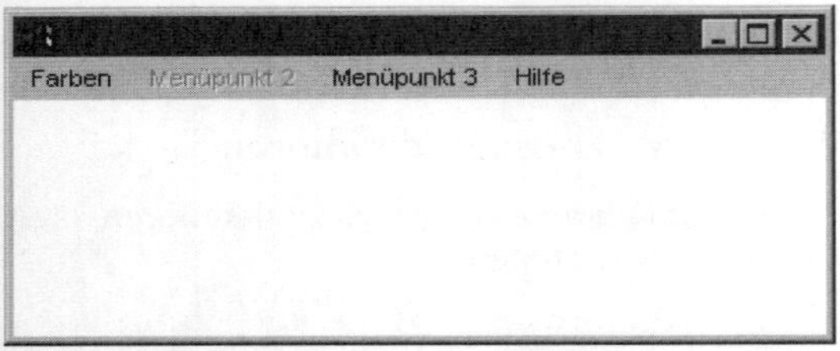

Bild 10.2: Rechts im Menü sehen Sie den Hilfeeintrag. Der Menüpunkt 2 ist deaktiviert.

Die Abhängigkeit von der Plattform erstreckt sich ebenso auf die Version von Java. Unter der Javaversion 1.0 wird diese Methode nicht unterstützt, erzeugt jedoch auch keinen Fehler bzw. Ausnahme bei der Compilierung oder zur Laufzeit. Das Menü wird einfach nicht angezeigt.

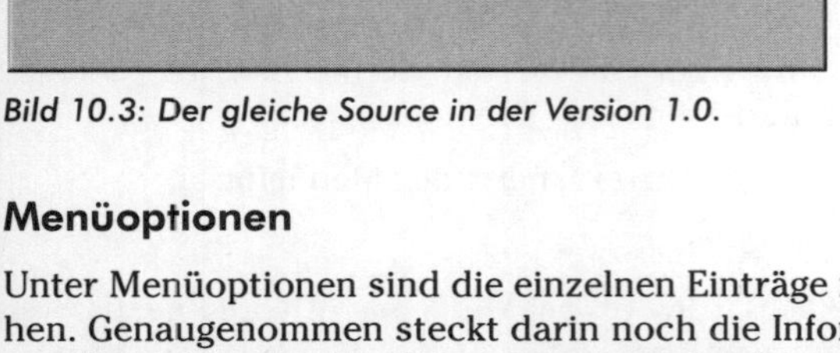

Bild 10.3: Der gleiche Source in der Version 1.0.

Menüoptionen

Unter Menüoptionen sind die einzelnen Einträge in den Menüs zu verstehen. Genaugenommen steckt darin noch die Information, um welche Art von Eintrag es sich handelt. Java unterscheidet vier Optionsarten, welche allesamt in ein Menü eingefügt werden können.

1. Instanzen der Klasse MenuItem. Dies sind die gewöhnlichen (regulären) Menüeinträge.
2. Weitere Menüs mit eigenen Menüoptionen.
3. Trennlinien.
4. Instanzen der Klasse `CheckboxMenuItem`. Damit werden umschaltbare (aus/an) Menüeinträge eingefügt.

Reguläre Menüeinträge erzeugen und hinzufügen

Reguläre Menüeinträge werden mit der MenuItem-Klasse erzeugt und mit der `add()`-Methode eingefügt. Beispiel:

```
mMenpkt.add(new MenuItem("About"));
```

Natürlich geht es wieder in zwei Schritten. Beispiel:

```
MenuItem mMenEintr = new MenuItem("About";)
mMenpkt.add(mMenEintr);
```

Dies gilt ebenso für Einträge in das Hilfemenü.

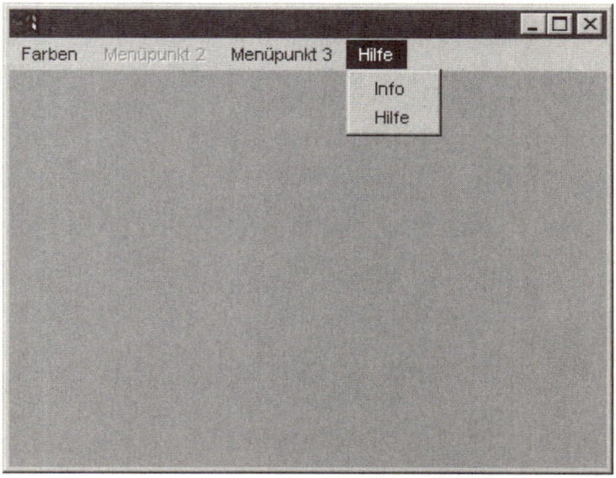

Bild 10.4: Die hinzugefügten regulären Menüeintrage.

Untermenüs

Untermenüs werden hinzugefügt, indem eine neue Instanz von Menu erstellt und diese dann in das Obermenü eingefügt wird. Danach wird die Option in dieses Menü eingefügt. Beispiel:

```
Menu umenu = new Menu("Untermenü 1");
mMenpkt.add(umenu);
umenu.add(new MenuItem("Untereintrag 1"));
```

Trennlinien

Trennlinien bilden ein wichtiges Gestaltungsmittel, um Optionsgruppen optisch von einander zu trennen. Mehr Funktionalität haben sie nicht und daher ist der Einbau sehr einfach gehalten. Genaugenommen ist er identisch zu der Vorgehensweise bei regulären Menüeinträgen. Sie verwenden nur das Argument »-« als Label. Dabei ist auffällig, daß sich der Trennstrich über die gesamte Breite des Menüs erstreckt, obwohl nur ein Zeichen – der Strich – als Argument verwendet wird (dies ist auch der deutliche Unterschied zu regulären Menüeinträgen). Beispiel:

```
MenuItem mTrennlin = new MenuItem("-");
mMenpkt.add(mTrennlin);
```

Bild 10.5: Im Menü erkennen Sie gut die Trennlinie und das Untermenü.

CheckboxMenuItem

Die Klasse `CheckboxMenuItem` erzeugt umschaltbare Menüeinträge mit einem Kontrollzeichen. Das Anklicken mit der Maus schaltet einen Eintrag an, erneutes Anklicken wieder aus. Auch bei CheckboxMenuItems ist die Vorgehensweise analog wie bei regulären Menüeinträgen (es handelt sich um eine Subklasse von `MenuItem`). Es wird nur ein anderer Konstruktor – `CheckboxMenuItem(String)` – verwendet. Beispiel:

```
CheckboxMenuItem mSchalt = new CheckboxMenuItem("Licht an/aus");
```

Anschließend wird der Eintrag wie üblich dem Menü mit der `add()`-Methode zugefügt. Beispiel: `mMenpkt.add(mSchalt);`

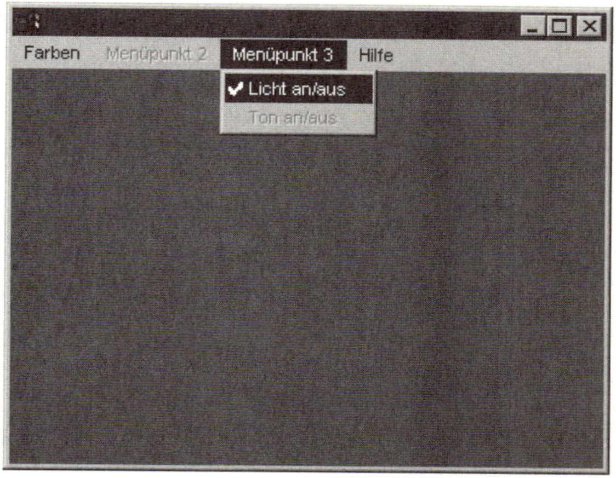

Bild 10.6: Ein CheckboxMenuItem.

HINWEIS

Die Verwendung dieser Einträgen ist nicht unkritisch. Im nachfolgenden Beispiel werden wir sie benutzen. Je nach genutzter Javaversion wird ein Klick auf ein CheckboxMenuItem jedoch in der `action()`-Methode eine Ausnahme zur Laufzeit auswerfen, bei einer anderen Javaversion dagegen einwandfrei funktionieren.

Menüoptionen aktivieren und deaktivieren

Sie können – wie bei Menüeinträgen – zur Laufzeit eine Menüoption aktivierbar machen (default) oder für den Anwender sperren.

- Die schon bekannte Methode `disable()` sperrt die Menüoption.

  Beispiel: `mMenEintr.disable();`

- Die uns ebenfalls schon bekannte Methode `enable()` macht eine gesperrte Menüoption wieder auswählbar.

  Beispiel: `mMenEintr.enable();`

In dem vorherigen Bild ist einer der CheckboxMenuItem deaktiviert.

Menüaktionen

Ein Menü macht nur Sinn, wenn damit eine Aktion ausgelöst werden kann. Diese Aktion kann wie jede andere Aktion mit der `action()`-Methode gehandelt werden. Sowohl reguläre Menüoptionen, als auch CheckboxMenuItem besitzen eine Beschriftung, die als Argument bei der `action()`-Methode ausgewertet werden kann. Beispiel:

```
public boolean action(Event evt, Object arg)
{
if (evt.target instanceof MenuItem) {
String label = (String)arg;
if (label.equals("About"))
{... tue etwas sinnvolles}
else
{... tue etwas sinnvolles}
}
```

Auch am Ende des Menüabschnittes wollen wir ein vollständiges Beispiel durchspielen. Es wird nicht sonderlich umfangreich, jedoch die wichtigsten Schritte zu Erstellung einer Menüstruktur werden durchgeführt. Beispiel:

```
import java.awt.*;
public class menu1 extends java.applet.Applet
{
Frame mFram;
public void init()
{
// Füge zwei Schaltflächen dem Container hinzu
 add(new Button("Öffne Fenster"));
 add(new Button("Schließe Fenster"));
// Erstelle Frame
 mFram = new Fenster("Sub-Fenster");
// Lege Framegröße fest
```

```
 mFram.resize(350,150);
}
// Die action-Methode der Klasse menu1
// Reaktionen auf Schaltflächen
public boolean action(Event evt, Object arg)
{
 String label = (String)arg;
 if (evt.target instanceof Button) // Buttonereignis
{
   // Wenn Schaltfläche "Öffne Fenster"
 if (label.equals("Öffne Fenster"))
{
   // Überprüfe, ob Frame noch nicht angezeigt
if (!mFram.isShowing())
   mFram.show(); // Zeige Frame
}
   // Wenn Schaltfläche "Schließe Fenster"
else if (label.equals("Schließe Fenster"))
{
   // Überprüfe, ob Frame angezeigt
if (mFram.isShowing())
   mFram.hide(); // Verstecke Frame
}
 return true;
}
 else return false;
 }// Ende der action-Methode vom Applet
} // Ende der menu1-Klasse
class Fenster extends Frame
{
Fenster(String title)
{
// Menüleiste erzeugen
 MenuBar mMenlst = new MenuBar();
// Menüleiste am Rahmen verankern
 setMenuBar(mMenlst);
// Menüpunkte erzeugen
 Menu mMenpkt1 = new Menu("Farben");
 Menu mMenpkt2 = new Menu("Menüpunkt 2");
 Menu mMenpkt3 = new Menu("Menüpunkt 3");
// Ein Untermenü erzeugen
 Menu umenu = new Menu("Farbanpassung");
// Menüeinträge in der Menüleiste plazieren
```

```
 mMenlst.add(mMenpkt1);
 mMenlst.add(mMenpkt2);
 mMenlst.add(mMenpkt3);
// Einträge in Menüpunkt 1
 mMenpkt1.add(new MenuItem("Rot"));
 mMenpkt1.add(new MenuItem("Blau"));
 mMenpkt1.add(new MenuItem("Grün"));
 mMenpkt1.add(new MenuItem("Gelb"));
// Trennlinie
MenuItem mTrennlin = new MenuItem("-");
 mMenpkt1.add(mTrennlin);
// Untermenü dem ersten Menü hinzufügen
 mMenpkt1.add(umenu);
 umenu.add(new MenuItem("Farbe"));
 umenu.add(new MenuItem("Mono"));
// Menüeintrag 2 in der Menüleiste deaktivieren
 mMenpkt2.disable();
// Einträge in Menüpunkt 3 - CheckboxMenuItems
 CheckboxMenuItem meinSchalter2 = new CheckboxMenuItem("Ton an/aus");
 mMenpkt3.add(new CheckboxMenuItem("Licht an/aus"));
 mMenpkt3.add(meinSchalter2);
// 2. Eintrag im 3. Menüpunkt deaktivieren
 meinSchalter2.disable();
// Das Hilfemenü
 Menu mHilf = new Menu("Hilfe");
 mMenlst.setHelpMenu(mHilf);
// Einträge im Hilfemenü
 mHilf.add(new MenuItem("Info"));
 mHilf.add(new MenuItem("Hilfe"));
}
// Die Reaktion auf Ereignisse in der Klasse Fenster
public boolean action(Event evt, Object arg)
{
String label = (String)arg;
if (evt.target instanceof MenuItem)
{// Reaktionen auf reguläre Menüeinträge
 if (label.equals("Rot")) setBackground(Color.red);
 else if (label.equals("Blau")) setBackground(Color.blue);
 else if (label.equals("Grün")) setBackground(Color.green);
 else if (label.equals("Gelb")) setBackground(Color.yellow);
// Reaktionen auf CheckboxMenuItem - der Test
// (instanceof CheckboxMenuItem) wäre nicht unbedingt
// notwendig, ist aber der Übersichtlichkeit halber
```

```
// sinnvoll
 if (evt.target instanceof CheckboxMenuItem)
 {
 if (getBackground() != Color.black)
   setBackground(Color.black); // Licht aus
 else setBackground(Color.white); // Licht an
 }
 repaint();
 return true;
 }
 else return false;
}// Ende der action-Methode des Frames
}// Ende der fenster-Klasse
```

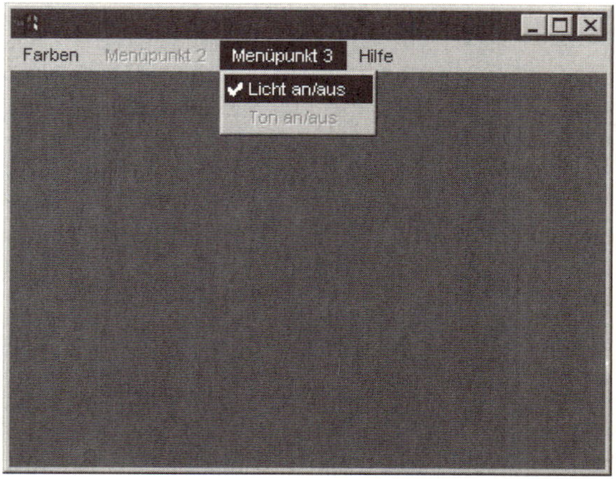

Bild 10.7: Der CheckboxMenuItem ist deaktiviert.

HINWEIS

Wenn wir die Komponenten, die Layout-Manager und den AWT-Event-Handler behandelt haben, werden wir noch einige umfangreichere Beispiele durchsprechen.

Dialoge

Unter einem Dialog versteht man in fast allen grafischen Benutzeroberflächen ein Popup-Fenster. So auch unter Java. Dialoge werden im wesentlichen für standardisierte Eingaben oder Meldungen eingesetzt.

Dialoge werden entweder »modal« oder »non-modal« erzeugt: Der Begriff »modal« bedeutet, daß das Dialogfeld andere Fenster blockiert, während es angezeigt wird.

Das AWT 1.0 stellt zwei Arten von Dialogfeldern zur Verfügung:

- Ein allgemeines Dialogfeld.
- Ein plattformspezifisches Dialogfeld zum Speichern und Öffnen von Dateien.

Erzeugen eines allgemeinen Dialogfeldes

Um ein allgemeines Dialogfeld zu erzeugen, stehen Ihnen zwei Konstruktoren zur Verfügung. Beide geben an, ob der Dialog zum Zeitpunkt der Erstellung modal oder non-modal ist. Dies kann nach der Erstellung nicht mehr geändert werden.

- Der Konstruktor `Dialog(Frame, boolean)` erzeugt ein Dialogfeld ohne Titel, das mit dem aktuellen Rahmen (das erste Argument) verbunden ist. Das zweite Argument gibt an, ob der Dialog modal (Wert `true`) oder non-modal (Wert `false`) ist.

  Beispiel: `Dialog meinDialog = new Dialog(mFram, true);`

- Der Konstruktor `Dialog(Frame, String, boolean)` erzeugt ein Dialogfeld mit einem Titel, das mit dem aktuellen Rahmen (das erste Argument) verbunden ist. Das zweite Argument ist nun der Titel, das nunmehr dritte Argument gibt an, ob der Dialog modal (Wert `true`) oder non-modal (Wert `false`) ist.

  Beispiel: `Dialog meinDialog = new Dialog(mFram, "Stop"; false);`

HINWEIS

Sie müssen immer zuerst einen Rahmen haben, um einen Dialog zu schaffen. Ein Dialog kann also nicht direkt zu einem Applet gehören (der Konstruktor benötigt jedesmal ein Frame als Argument). Ein Applet kann jedoch einen Rahmen erstellen, zu dem der Dialog gehören kann. Da ein Dialog nicht direkt zu einem Applet gehören kann, können sie nur dann an einem Rahmen »aufgehängt« werden, wenn Sie in dem Applet einen »Dummy«-Rahmen als Elternteil des Dialogs einsetzen. Damit können allerdings keine modalen Dialoge erzeugt werden.

Erzeugen eines Dateidialogfeldes

Für den Zugriff auf das Dateisystem eines Rechner verwendet man am besten das Dateidialogfeld. Es ist im Prinzip systemunabhängig, kann sich jedoch optisch von Plattform zu Plattform unterscheiden.

HINWEIS

Das Dateidialogfeld macht meist nur bei eigenständigen Java-Applikationen Sinn. Bei Applets behindert die Sicherheitsbeschränkung des Java-Sandkastens in der Regel die Funktionalität. Zwar läßt sich das Dateidialogfeld anzeigen, die konkreten Dateizugriffe werden jedoch abgefangen. Dies gilt aber nicht immer, denn wenn das Applet maximale Rechte hat (sollte nicht oft vorkommen), kann man auch mit Applets Dateioperationen durchführen.

Um ein Dateidialogfeld zu erzeugen, stehen Ihnen zwei Konstruktoren zur Verfügung.

- Der Konstruktor `FileDialog(Frame, String)` erzeugt ein Dialogfeld vom Typ »Datei öffnen« mit dem durch `String` bezeichneten Titel, das mit dem aktuellen Rahmen (das erste Argument) verbunden ist. Es wird also ein Dateidialogfeld zum Laden einer Datei erzeugt.

  Beispiel: `FileDialog meinDialog = new FileDialog(mFram, "Datei öffnen");`

- Der Konstruktor `FileDialog(Frame, String, int)` erzeugt ebenfalls ein Dateidialogfeld mit einem Titel, das mit dem aktuellen Rahmen (das erste Argument) verbunden ist. Der wesentliche Unterschied ist, daß das dritte Argument benutzt wird, um zu bestimmen, ob das Dateifeld zum Laden oder Speichern einer Datei dient. Die möglichen Ausprägungen für das dritte Argument sind `FileDialog.LOAD` und `FileDialog.SAVE`.

  Beispiel: `FileDialog meinDialog = new FileDialog(mFram, "Datei öffnen", FileDialog.LOAD);`

HINWEIS

*Das Dateidialogfeld besitzt **nicht** die Funktionalität, daß bei Auswahl einer Datei und Betätigen der entsprechenden Schaltfläche eine Datei geöffnet oder gespeichert wird. Statt dessen passiert folgendes: wenn eine Datei ausgewählt wird, kann die ausgewählte Datei mit den Methoden `getDirectory()` und `getFile()` bestimmt werden. Beide Methoden haben als Rückgabewerte Zeichenketten, welche die ausgewählte Datei angeben. Konkret öffnen oder spei-*

chern müssen Sie die Dateien dann mit den Methoden, die wir im Kapitel »Die Ein- und Ausgabe in Java« behandeln. Wir werden dies beim umfangreichen Beispiel am Ende des AWT-1.0-Abschnittes in diesem Kapitel in der Praxis durchführen.

Einen Dialog sichtbar und wieder unsichtbar machen

Ein Dialog ist solange unsichtbar, bis Sie ihn mit der uns bereits bekannten `show()`-Methode sichtbar machen. Dies gilt sowohl für allgemeine Dialogfelder, als auch Dateidialogfelder. Beispiel: `meinDialog.show();`

Mit der `hide()`-Methode (sicher nicht überraschend) können Sie ihn wieder verstecken. Beispiel: `meinFileDialog.hide();`

Eigenschaften der Dialog-Klasse

Die `Dialog`-Klasse besitzt verschiedene Methoden mit der `Frame`-Klasse gemeinsam:

- `void setResizable(boolean);`
- `boolean isResizable();`
- `void setTitle(String);`
- `String getTitle();`

Zusätzlich gibt die

```
public boolean isModal()
```

-Methode den Wert `true` aus, wenn der Dialog modal ist (andernfalls `false`).

Kommen wir zu einem vollständigen Beispiel für einen Dialog. Aus dem Frame kann per Menü ein Dialogfenster geöffnet, dort ein Text eingegeben und es per Schaltfläche »Alles klar« geschlossen werden.

Beispiel:

```
import java.awt.*;
public class dialog1 extends java.applet.Applet
{Frame mFram;
 public void init()
{
// Füge zwei Schaltflächen dem Container hinzu
 add(new Button("Öffne Fenster"));
 add(new Button("Schließe Fenster"));
// Erstelle Frame
```

```
mFram = new Fenster("Sub-Fenster");
 // Lege Framegröße fest
 mFram.resize(350,150);
}
// Die action-Methode der Klasse menu1
// Reaktionen auf Schaltflächen
public boolean action(Event evt, Object arg)
{
 String label = (String)arg;
 if (evt.target instanceof Button)
{
   // Wenn Schaltfläche "Öffne Fenster"
 if (label.equals("Öffne Fenster"))
{
   // Überprüfe, ob Frame noch nicht angezeigt
if (!mFram.isShowing())
   mFram.show(); // Zeige Frame
}
   // Wenn Schaltfläche "Schließe Fenster"
else if (label.equals("Schließe Fenster"))
{
   // Überprüfe, ob Frame angezeigt
if (mFram.isShowing())
   mFram.hide(); // Verstecke Frame
}
 return true;
}
 else return false;
 }// Ende der action-Methode vom Applet
} // Ende der menu1-Klasse
class Fenster extends Frame
{
 String eingabeText = "Vorbelegung des Textfeldes";
 TextDialog meinDialogFenster;
 Fenster(String title)
{
 super(title);
 MenuBar mMenlst = new MenuBar();
 Menu mMenpkt = new Menu("Dialog");
 mMenpkt.add(new MenuItem("Öffne Dialogfenster..."));
 mMenlst.add(mMenpkt);
 setMenuBar(mMenlst);
   // Erstelle Dialog für dieses Fenster
```

```
 meinDialogFenster = new TextDialog(this, "Texteingabe", true);
 meinDialogFenster.resize(250,100);
}
 public boolean action(Event evt, Object arg)
{
 String label = (String)arg;
 if (evt.target instanceof MenuItem) {
 if (label.equals("Öffne Dialogfenster...")) meinDialogFenster.show();
}
else return false;
repaint();
return true;
 }
public void paint(Graphics g) {
 g.drawString(eingabeText, 20, 20);
 }
// Reaktion auf Fensterbutton
 public boolean handleEvent(Event evt) {
 if (evt.id == Event.WINDOW_DESTROY) hide();
 return super.handleEvent(evt);
 }
}
// Dialogklasse
class TextDialog extends Dialog {
 TextField textFeld;
 Fenster dasFrame;
 TextDialog(Frame aufrufendesFenster, String title, boolean modal)
{
 super(aufrufendesFenster, title, modal);
 dasFrame = (Fenster)aufrufendesFenster;
 setLayout(new BorderLayout(10,10));
 textFeld = new TextField(dasFrame.eingabeText,25);
 add("North", textFeld);
 add("South", new Button("Alles klar"));
 resize(200,75);
 }
 public Insets insets()
{ // Festlegung von Abständen vom Rand des Dialogfensters
 return new Insets(40,10,10,10);
 }
// action()-Methode des Dialogs
 public boolean action(Event evt, Object arg)
{
```

```
String label = (String)arg;
  if (evt.target instanceof Button)
 {
 if (label == "Alles klar") {
    hide(); // Dialog schließen
    dasFrame.eingabeText = textFeld.getText();
    dasFrame.repaint();
   }
 }
else return false;
return true;
 } // Ende action()-Methode des Dialogs
}
```

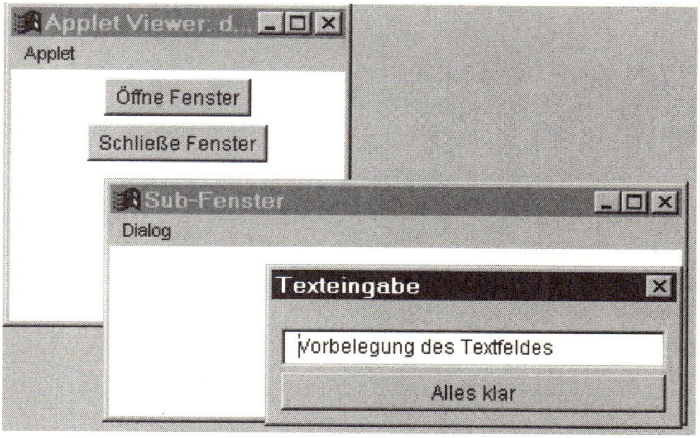

Bild 10.8: Im Vordergrund befindet sich das Dialogfenster.

Fensterereignisse

Bei dem Dialog-Beispiel wird Ihnen aufgefallen sein, daß ein Fensterereignis (`WINDOW_DESTROY`) abgefangen wird. Es handelt sich um ein Standardereignis der `Event`-Klasse. Schauen wir uns einmal ein paar dieser Standardereignisse an.

Ereignis	Beschreibung
WINDOW_DESTROY	Das Fenster wird geschlossen, etwa mit dem Schließbutton oder durch Beenden des Containers.
WINDOW_EXPOSE	Das Fenster wird in den Vordergrund geholt.
WINDOW_MOVED	Das Fenster wird verschoben.
WINDOW_ICONIFY	Das Fenster wird zum Symbol verkleinert.
WINDOW_DEICONIFY	Das Fenster wird auf Normalgröße wiederhergestellt.

10.4 AWT-Komponenten im Detail

Schauen wir uns nun die AWT-Komponenten im Detail an. Dabei werden zugleich sicher einige Techniken klar, auf die wir im vorherigen Abschnitt vorgegriffen haben.

Schaltflächen

Schaltflächen oder Button sind die elementarsten Komponenten zu Interaktion zwischen Anwender und Anwendung. Es gibt keine ernst zunehmende interaktive Anwendung, die auf Button verzichten kann (und wenn es nur die Bestätigung des Beenden-Vorgangs ist).

Erzeugen von Schaltflächen

Schaltflächen werden in Java ganz einfach erzeugt. Sie benötigen nur folgende Syntax: `Button mBut = new Button();`

Mit dieser Syntax wird eine Schaltfläche ohne Label (d.h. **ohne** eine Beschriftung innerhalb der Schaltfläche) erzeugt. Normalerweise benötigen Sie jedoch eine Schaltfläche, die ein Label besitzt. Dies funktioniert ähnlich einfach. Sie müssen nur als Argument in Hochkommata eingeschlossen die Beschriftung mitgeben:

```
Button mBut = new Button("Alles klar!");
```

Das war es! Mehr ist nicht notwendig, um eine Schaltfläche in Java zu erzeugen. Es gibt keine weiteren Optionen.

Fertig sind Sie jedoch noch nicht. Die so erzeugte Schaltfläche muß noch in einem Container plaziert werden und sollte normalerweise eine gewisse Funktionalität haben (Selbstzweck ist für einen Button meist nicht ausreichend). Plazieren wir zuerst den Button in einem Container.

Schaltflächen in einem Container plazieren

An dieser Stelle werden wir mit einem kleinen Problem konfrontiert: wir wissen noch nicht, wie wir einen Container erzeugen können. Oder etwa doch?

Wir kennen zumindest einen Fall, wo wir bereits einen Container zur Verfügung haben – bei einem Applet als Ableitung der `Panel`-Klasse. Ohne Einschränkung der Allgemeinheit ziehen wir uns erst einmal auf Applets zurück. Die einfache Syntax `add(mBut);` reicht aus, um die eben erzeugte Schaltfläche dem Applet (oder allgemein dem Container, wenn es dort eingefügt wird) hinzuzufügen.

Sie können also entweder zwei Schritte nacheinander ausführen:

```
Button mBut = new Button("Alles klar!");
add(mBut);
```

Alternativ funktioniert es ebenso in einer Zeile:

```
add(new Button("Alles klar!"));
```

HINWEIS

Der wesentliche Unterschied zwischen den Varianten in ein und zwei Schritten besteht darin, daß bei der expliziten Benennung einer Variablen (2 Schritte) diese im folgenden über ihren Namen beeinflußt werden kann.

Das vollständige Beispiel eines (einfachsten) Applets, dem ein Button hinzugefügt wurde, sieht folgendermaßen aus.

Programmbeispiel:

```
import java.awt.*;
public class ButtonTest extends java.applet.Applet {
public void init()
{
Button mBut = new Button("Alles klar!");
add(mBut);
}
}
```

Bild 10.9: Eine erste Schaltfläche

Bezeichnung eines Buttons ändern oder abfragen

Gerade der Fall, wo Sie eine Schaltfläche ohne Beschriftung erzeugen, ist prädestiniert, um die Bezeichnung eines Buttons zu ändern. Wenn Sie in einem Container eine gewisse Anzahl von Button verwenden, können Sie diese dynamisch zur Laufzeit setzen und wieder verändern. Dazu dient die Methode `public void setLabel(String label)`.

Beispiel: `mBut.setLabel("Doch nicht OK!");`

Vollkommen analog können Sie die Bezeichnung für einen Button einlesen. Dazu gibt es die Methode `public String getLabel()`.

Beispiel: `String LabelvomButton = mBut.getLabel();`

Wir werden uns in Kürze dazu ein Beispiel ansehen. Zuvor sollten wir uns jedoch kurz mit dem Mechanismus beschäftigen, der erst eine Reaktion der Applikation auf Ereignisse von Komponenten erlaubt.

Reaktionen auf Schaltflächen

Sinn machen Schaltflächen (und natürlich ebenso die anderen Komponenten) erst, wenn deren Betätigung etwas bewirkt. Alle Komponenten innerhalb einer AWT-Oberfläche der 1.0-Version besitzen eine `action()`-Methode, die aufgerufen wird, wenn bei einer Komponente eine Aktion ausgeführt wird.

Bei einer Schaltfläche wird diese `action()`-Methode aufgerufen, wenn sie ausgelöst (angeklickt) wird. Die `action()`-Methode gleicht einigen der Ereignisbehandlungsmethoden, die wir schon behandelt haben und die ebenfalls zu dem großen Komplex des Event-Handlings zählen (etwa der Methode `mouseDown()`).

Wenn eine Aktion bei einer Komponente ausgeführt wird, ruft das AWT die `handleEvent()`-Methode auf. Dabei wird bei einer Schaltfläche Ereignistyp von `ACTION_EVENT` übergeben. Die Standard-`handleEvent()`-Methode ruft die `action()`-Methode bei der Komponente auf.

Standardmäßig kann die Komponente selbst keine Aktion bearbeiten. Deshalb wird jedes Ereignis an die `handleEvent()`-Methode im Eltern-Container übergeben. Dort wird die `action()`-Methode dann aufgerufen und entweder bearbeitet oder von dem nächst höchsten Container in der Hierarchie ignoriert. Eine Komponente signalisiert mit der Weitergabe des Wertes `true` aus der event-handling-Methode, daß sie das Ereignis bearbeitet hat. Der Wert `false` bedeutet bei der event-handling-Methode, daß die Komponente das Ereignis nicht verarbeiten konnte. In diesem Fall sollte das Ereignis dann in der Elternhierrachie weiter nach oben gegeben werden.

Die Syntax der `action()`-Methode ist bei allen Komponenten identisch:

```
public boolean action(Event ereignis, Object welcheAktion)
```

- `ereignis` steht für das Ereignis, das bei der Komponente aufgetreten ist
- `welcheAktion` steht für das, was geschehen ist.

Bei Schaltflächen ist die Art der Aktion (welcheAktion) ganz einfach auszuwerten. Es ist das Label – die Beschriftung – der Schaltfläche, die ausgelöst worden ist. Der event-Parameter enthält weitere Informationen, die für die Aktion spezifisch sind. Darunter fallen Informationen wie z.B. über die Komponente, bei der die Aktion aufgetreten ist (`event.target`), oder den Zeitpunkt, zu dem die Aktion geschehen ist (`event.when`).

Mit dem `instanceof`-Operator können Sie die `event.target`-Variable überprüfen, um sicherzustellen, daß die Aktion auch für das Objekt erfolgt, welches gewünscht wird. Dazu kontrolliert man, daß `event.target instanceof Button` den Wert `true` ergibt.

Sie wissen nun, wie Sie einen Button erzeugen und kennen die `action`-Methode.

Gehen wir nun ein konkretes Beispiel an. Dabei wollen wir die vorher besprochenen Methoden zum Setzen und Abfragen der Button-Beschriftung anwenden. Das Beispiel verändert die Beschriftung eines Buttons in einer Switch. Im Detail passiert folgendes:

- Zuerst wird ein leerer Button erzeugt.
- Danach wird er in dem Container plaziert.
- Schritt 3 weist dem Button eine Beschriftung zu.
- Wenn die Schaltfläche gedrückt wird, wird die Methode `public boolean action(Event evt, Object welcheAktion)` aufgerufen.

- Zuerst überprüft die Methode, ob die Aktion, welche die `action()`-Methode ausgelöst hatte, auch vom dem Button ausgelöst wurde.
- Danach wird über die Informationen der Komponente, bei der die Aktion aufgetreten ist (`evt.target`), eine neue Instanz von Button in der `action()`-Methode erzeugt, um darüber die Beschriftung ändern zu können. Dies ist zwingend, da sonst (in unserem Fall) nicht direkt auf die Beschriftung des Buttons über `setLabel()` zugegriffen werden kann.
- Über die Angabe »welcheAktion« kann jedoch direkt die Beschriftung ausgewertet werden. Dies folgt im nächsten Schritt. Es ginge aber ebenso, mit `getLabel()` zu arbeiten. In diesem Fall kann man vollständig auf die Angabe »welcheAktion« verzichten. Statt dessen muß man diese Zeile verwenden: `String butBeschr = mButinActionmet.getLabel();`.
- Im letzten Schritt wird je nach aktueller Beschriftung die Beschriftung der Schaltfläche wechselweise umbenannt.

Programmbeispiel:

```
import java.awt.*;
public class ButtonTest2 extends java.applet.Applet {
public void init()
{
Button mBut = new Button();
add(mBut);
mBut.setLabel("Alles klar!!");
}
public boolean action(Event evt, Object welcheAktion)
{
if (!(evt.target instanceof Button))
{
return false;
}
Button mButinActionmet = (Button)evt.target;
String butBeschr  = (String) welcheAktion;
if (butBeschr  == "Alles klar!!")
{
mButinActionmet.setLabel("Doch nicht?");
}
else
{
```

```
mBut inActionmet.setLabel("Alles klar!!");
}
return true;
}
}
```

Bild 10.10: Das frisch gestartete Applet.

Bild 10.11: Die Schaltfläche hat sich verändert.

Schaltflächen aktivieren und deaktivieren

Schaltflächen können wie die meisten Komponenten zur Laufzeit aktivierbar gemacht (default) oder für den Anwender gesperrt werden.

- Die Methode `disable()` sperrt den Button. Beispiel: `mBut.disable();`
- Die Methode `enable()` macht einen gesperrten Button wieder auswählbar. Beispiel: `mBut.enable();`

Labels

Ein Label ist die wohl einfachste Form einer Komponente in einer Benutzeroberfläche. Es handelt sich um Textketten, die ausschließlich dafür benutzt werden, um andere Komponenten zu beschriften.

Zwar besitzen alle Komponenten als Ableitung der `Component`-Klasse eine `action()`-Methode, aber da sie nur angezeigt werden, wird die `action`-Methode eines Labels niemals aufgerufen.

Labels sind normalen Textketten auf Panels sehr ähnlich, haben jedoch den Vorteil, daß Labels neben dem reinen Text Layoutangaben des jeweiligen Panels einhält und daß es nicht jedesmal nachgezeichnet werden muß, wenn das Panel neu gezeichnet wird. Ferner können Labels sehr leicht ausgerichtet werden.

Erzeugen von Labels

Es gibt verschiedene Möglichkeiten, ein Label zu erstellen. Dazu stehen Ihnen drei Konstruktionen zur Verfügung.

Die einfachste Variante ist, ein leeres, linksausgerichtetes Label zu erzeugen. Dies funktioniert wie bei den Schaltflächen – hier nur über den Konstruktor `Label()`:

```
Label leeresLabel = new Label();
```

Ein leeres Label ist normalerweise kaum sonderlich dienlich, weil es einfach nichts zu sehen gibt. Dennoch kann es Sinn machen, wenn man zur Laufzeit das Label erst dynamisch füllen möchte.

Wenn Sie ein Label bereits vorher mit Text versehen wollen, gehen Sie wieder vor wie bei Schaltflächen – nur mit dem Konstruktor `Label(String)`:

```
Label mLab = new Label("Labeltext");
```

Labels können links, rechts oder zentriert ausgerichtet sein. Der dritte Konstruktor `Label(String, int)` erzeugt ein Label mit einer Textkette und einer bestimmten Ausrichtung. Die verfügbaren Ausrichtungen sind als Klassenvariablen in Label gespeichert und heißen `Label.LEFT`, `Label.RIGHT` und `Label.CENTER`. Dabei entsprechen die Klassenvariablen den Integerwerten 0 (`Label.LEFT`), 1 (`Label.CENTER`) oder 2 (`Label.RIGHT`), die natürlich ebenfalls verwendet werden kann. Die Sache sieht also so aus:

```
Label mLab = new Label("Labeltext", Label.LEFT);
Label mLab = new Label("Labeltext", Label.RIGHT);
Label mLab = new Label("Labeltext", Label.CENTER);
```

Label in einem Container plazieren

Auch Label müssen nach der Erzeugung erst in einem Container plaziert werden. Dazu dient wieder die einfache Syntax `add(mLab);`

Sie können also wieder zwei Schritte nacheinander ausführen:

```
Label mLab = new Label("Labeltext");
add(mLab);
```

Alternativ funktioniert es wieder wie bei dem Schaltflächen in einer Zeile:

```
add(new Label("Labeltext"));
```

Bezeichnung eines Labels ändern, abfragen oder nachträglich ausrichten

Wie bei Schaltfläche ist der Fall prädestiniert, wo Sie ein Label ohne Beschriftung erzeugen, um den Text zu ändern. Sie können den Text dynamisch zur Laufzeit setzen und wieder verändern. Dazu dient die Methode

```
public void setText(String text).
```

Beispiel: `mLab.setText("Neuer Text für das Label");`

Sie können den Text des Label mit `public String getText()` ebenso einlesen: `String labelText = mLab.getText();`

Auch die Ausrichtung eines läßt Labels läßt sich dynamisch ausrichten. Mit der Methode `public void setAlignment(int alignment)` können Sie das Label ausrichten:

```
mLab.setAlignment(Label.CENTER);
mLab.setAlignment(Label.RIGHT);
mLab.setAlignment(Label.LEFT);
```

Mittels der Methode `public int getAlignment()` können Sie die Ausrichtung des Labels ebenso einlesen:

```
int labelAusrichtung = mLab.getAlignment();
```

Schauen wir uns die Label-Technik nun einmal in einem Beispiel an. Das Beispiel fügt drei Labels mit unterschiedlichen Techniken in den Container ein. Label 3 (als Klassenvariable definiert) wird mittels 2 verschiedener Button manipuliert. Eine Schaltfläche verändert den Labeltext, die andere Schaltfläche die Ausrichtung.

Programmbeispiel:

```
import java.awt.*;
public class Label1 extends java.applet.Applet
{
Label mLab1 = new Label();
public void init()
{
add(new Label("Text 1"));
Label mLab2 = new Label("Text 2");
add(mLab2);
mLab1.setText("Text 3");
add(mLab1);
Button mBut1 = new Button("Wechsel Label3");
add(mBut1);
Button mBut2 = new Button("Label3 rechts ausrichten");
add(mBut2);
}
public boolean action(Event evt, Object welcheAktion)
{
if (!(evt.target instanceof Button))
{
return false;
}
Button mButinActionmet = (Button)evt.target;
String butBeschr  = (String) welcheAktion;
if (butBeschr  == "Wechsel Label3")
{
mLab1.setText("Text 4");
}
if (butBeschr  == "Label3 rechts ausrichten")
{
mLab1.setAlignment(Label.RIGHT);
}
return true;
}
}
```

Zu Verdeutlichung sehen wir uns die drei Situationen im Appletviewer an.

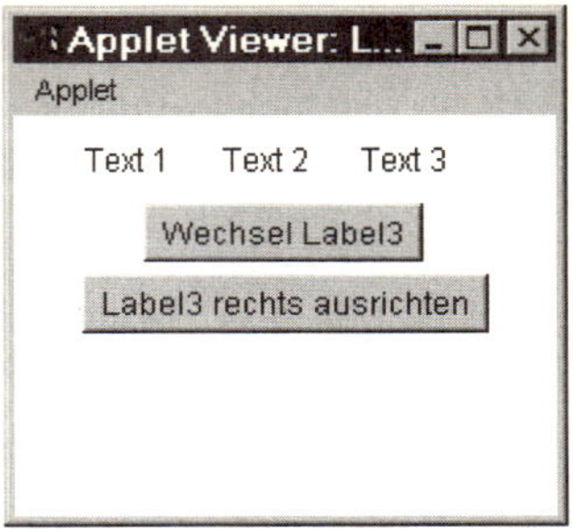

Bild 10.12: Das Aussehen vor Betätigung einer Schaltfläche.

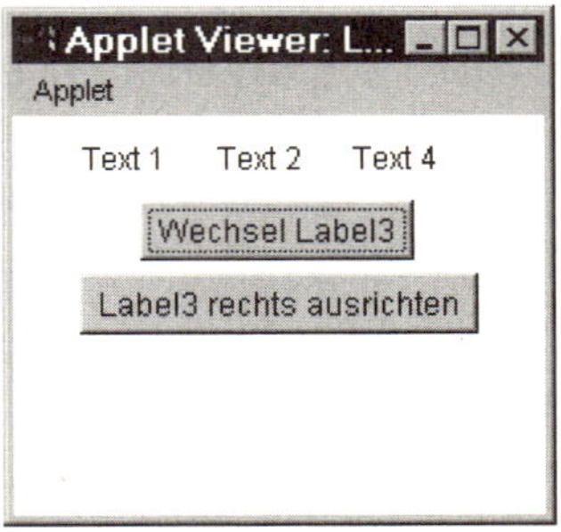

Bild 10.13: Der Text von Label 3 hat sich geändert.

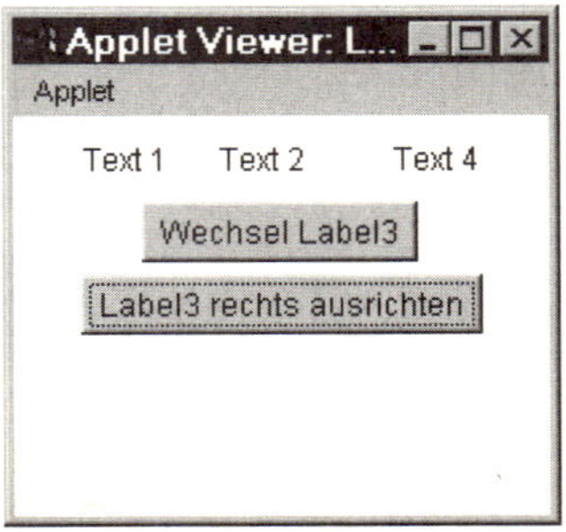

Bild 10.14: Label 3 ist nun rechts ausgerichtet.

Kontrollkästchen und Optionsfelder

Kontrollkästchen und Optionsfelder (Checkbutton/Checkbox und Radiobutton) sind jedem Anwender von grafischen Oberflächen bekannt. Es ist aber vielen Anwendern (besonders nicht so versierten) oft nicht klar, worin der genaue Unterschied besteht (zumal oft für beide zusammen der Oberbegriff Optionsfelder verwendet wird). Sie sind sehr eng verwandt. Beide gleichen Buttons, mit dem Unterschied, daß Sie nur auf »Ja« oder »Nein« gesetzt werden dürfen.

Der entscheidende Unterschied ist der, daß Kontrollkästchen unabhängig von anderen Kontrollkästchen auf Ja oder Nein gesetzt werden können. Es können kein, ein oder mehrere Kontrollkästchen auf Ja gesetzt werden. Kontrollkästchen können alleine auftreten. Optionsfelder werden dahingegen immer mindestens paarweise verwendet und sind immer von den anderen Optionsfelder in speziellen, wechselseitig sich ausschließenden Gruppen angeordnet, bei denen jeweils immer nur genau ein Button auf Ja geschaltet sein kann und muß.

Erzeugen von Kontrollkästchen

Ein Kontrollkästchen hat zwei Bestandteile - ein Label zu Bezeichnung und einen Zustand. Das Label ist der Text, der neben dem Kontrollkästchen angezeigt wird, der Zustand ist eine boolsche Variable, die angibt, ob die Box angeschaltet wurde oder nicht. Standardmäßig ist die Box ausgeschaltet und ihr Wert ist »`false`« oder »`off`«. Ausgewählte Optionen werden auch optisch so dargestellt.

Die Syntax zum Erzeugen eines Kontrollkästchen dürfte Ihnen mittlerweile bekannt vorkommen. Es gibt wieder 3 Konstruktoren.

Sie können ein Kontrollkästchen ohne Label erzeugen, indem Sie den Konstruktor `Checkbox()` verwenden: `Checkbox mChkbox = new Checkbox();`

Um ein Kontrollkästchen mit einer Beschriftung zu erstellen, müssen Sie den Konstruktor `Checkbox(String)` verwenden:

```
Checkbox mChkbox = new Checkbox("Selektier mich");
```

Die Variante 3 mit dem Konstruktor `Checkbox(String, null, boolean)` erzeugt ein Kontrollkästchen, welches je nach gesetzter boolscher Zustandsvariable vorselektiert (`true`) ist oder nicht (`false`). Das mittlere Argument ist bei Kontrollkästchen immer auf `null` zu setzen. Es dient als Platzhalter für ein Gruppenargument, welches nur bei Radiobutton auftritt:

```
Checkbox mChkbox = new Checkbox("Selektier mich ", null, true)
```

Kontrollkästchen in einem Container plazieren

Kontrollkästchen müssen wie alle Komponenten nach der Erzeugung erst in einem Container plaziert werden. Dazu dient wieder die einfache Syntax `add(mChkbox);`

Sie können also wieder zwei Schritte nacheinander ausführen:

```
Checkbox mChkbox = new Checkbox("Selektier mich ", null, true)
add(mChkbox);
```

Alternativ funktioniert es ebenfalls wieder wie bei dem Schaltflächen in einer Zeile:

```
add(new Checkbox("Selektier mich ", null, true));
```

Programmbeispiel (siehe Bild 10.15):

```
import java.awt.*;
public class CheckboxTest extends java.applet.Applet {
 public void init() {
 add(new Checkbox("Visual Basic"));
 add(new Checkbox("C/C++"));
 add(new Checkbox("Delphi"));
 add(new Checkbox("Java", null, true));
 add(new Checkbox("HTML"));
 }
}
```

Kontrollkästchen überprüfen und setzen

Mit der Methode `public boolean getState()` können Sie überprüfen, ob ein Kontrollkästchen angeklickt wurde:

```
if (mChkbox.getState()) {
// Kontrollkästchen selektiert
} else
{ // Kontrollkästchen nicht selektiert
}
```

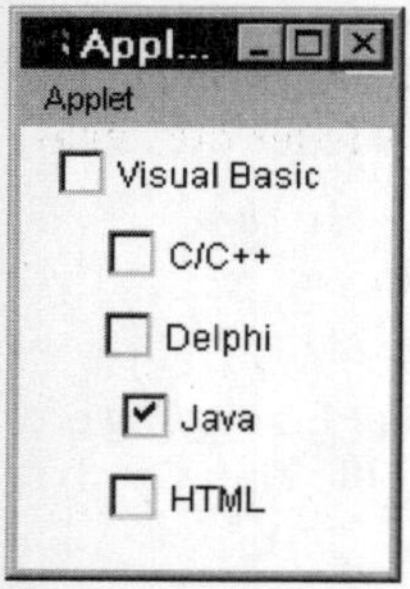

Bild 10.15: Kontrollkästen – Java ist vorselektiert.

Die Methode `public void setState(boolean state)` setzt den Status (`true` für gesetzt), und die bereits bekannte `getLabel()`-Methode fragt das Label des jeweiligen Kontrollkästchens ab.

Erzeugen von Optionsfeldern

Die Vorgehensweise zur Erstellung von Optionsfeldern unterscheidet sich etwas von der Erzeugung von Kontrollkästchen. Ein Kontrollkästchen hat nur zwei Bestandteile - ein Label zu Bezeichnung und einen Zustand. Radiobutton sind zwar nur ein Spezialfall der Checkbox, aber bei einem Optionsfeld muß noch zwingend eine Checkbox-Gruppe erstellt werden, in die Sie dann die Optionsfelder hinzufügen. Es gibt keine eigene Radiobutton-Klasse.

Um Optionsfeldern zu erstellen, legen Sie als ersten Schritt eine Instanz einer solchen Checkbox-Gruppe an. Dazu dient der Konstruktor `CheckboxGroup()`, der keinerlei Argumente besitzt:

```
CheckboxGroup mChkboxGrp = new CheckboxGroup()
```

Wenn Sie eine Gruppe erzeugt haben, erstellen Sie die einzelnen zugehörigen Optionsfelder und fügen sie der Gruppe hinzu. Dies funktioniert im wesentlichen wie bei Kontrollkästchen, nur wird jetzt auf jeden Fall der Konstruktor benötigt, wo wir die Gruppe angeben können und müssen:

```
Checkbox mChkbox = new Checkbox("Selektier mich ", mChkboxGrp, true)
```

Optionsfelder in einem Container plazieren

Um Optionsfelder in einem Container zu plazieren, müssen diese in einem Container ihrer Gruppe hinzugefügt werden. Dazu dient wieder die einfache Syntax `add(mChkbox);`

Sie können also wieder zwei Schritte nacheinander ausführen:

```
Checkbox mChkbox = new Checkbox("Selektier mich ", mChkboxGrp, true)
add(mChkbox);
```

Alternativ funktioniert es wieder wie bei dem Schaltflächen in einer Zeile:

```
add(new Checkbox("Selektier mich ", mChkboxGrp, true));
```

Programmbeispiel:

```
import java.awt.*;
public class CheckboxGroupTest extends java.applet.Applet {
 public void init() {
 CheckboxGroup mChkboxGrp = new CheckboxGroup();
 add(new Checkbox("Visual Basic", mChkboxGrp , false));
 add(new Checkbox("C/C++", mChkboxGrp , false));
 add(new Checkbox("Java", mChkboxGrp , false));
 add(new Checkbox("Delphi", mChkboxGrp , false));
 add(new Checkbox("HTML", mChkboxGrp , true));
 }
}
```

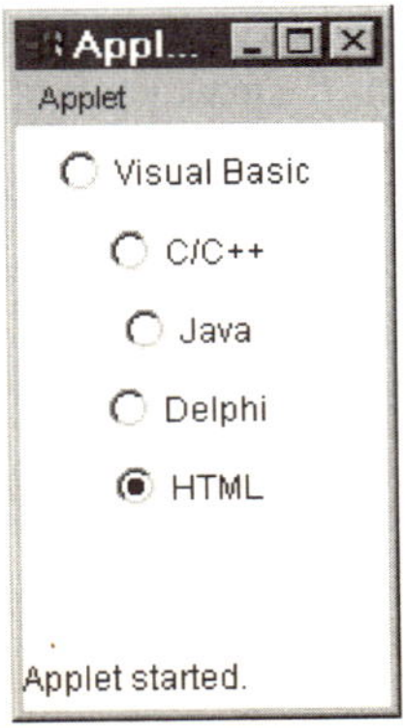

Bild 10.16: Optionsfelder – HTML ist vorselektiert.

Optionsfelder setzen und überprüfen

Die Methoden `getState()` und `getLabel()` funktionieren ebenfalls bei Optionsfeldern. Daneben können Sie die Methoden `public CheckboxGroup getCheckboxGroup()` und `public void setCheckboxGroup(CheckboxGroup g)` verwenden, um auf die Gruppe eines Optionsfeldes zuzugreifen und sie zu ändern.

Des weiteren stehen Ihnen mit den in der Optionsfeldergruppe definierten Methoden `public Checkbox getCurrent()` und `public void setCurrent(Checkbox box)` zwei Methoden zur Verfügung, um das momentan ausgewählte Optionsfeld zu holen und zu setzen.

Reaktionen auf Kontrollfelder und Radiobutton

Je nach gesetzter Option sollen normalerweise unterschiedliche Reaktionen einer Applikation erfolgen. Kontrollfelder und Radiobutton verfügen wie alle Komponenten über die `action()`-Methode. Diese wird bei einer Auswahl aufgerufen, sobald ein Feld selektiert worden ist. Der welcheAktion-Parameter der `action()`-Methode wird eine Instanz der boolschen Klasse sein, die genau dann `true` ist, wenn das Feld angeklickt worden ist und genau dann `false`, wenn das Feld nicht selektiert ist.

HINWEIS

Den Wert für einen nichtselektierten Radiobutton setzen:
Bei Radiobutton kann es das Problem geben, daß er den Wert `false` erhält, wenn er angeklickt wird und er bereits an ist. Deshalb sollten Sie immer vorher mit der `getState()`-Methode den Zustand des Radiobuttons oder der Checkbox überprüfen. Sie können ebenfalls die `getLabel()`-Methode verwenden, um zu bestimmen, welches Feld angeklickt worden ist.

Eine solche `action()`-Methode bei einer Auswahl wird normalerweise ungefähr wie folgt aussehen:

```
public boolean action(Event evt, Object welcheAktion)
// Überprüfung, ob ein Kontrollkästchen oder ein Radiobutton
// Falls nicht Rückgabewert false
if (!(event.target instanceof Checkbox))
{
return false;
}
// Instanz des Ereignisses
Checkbox welcheAusw = (Checkbox)evt.target;
```

```
.... tue etwas mit der Auswahl ...
}
```

Wenden wir uns einem konkreten Beispiel zu. Das Beispiel setzt je nach Auswahl des Radiobuttons die Hintergrundfarbe des Applets um.

Programmbeispiel:

```
import java.awt.*;
public class CheckAction extends java.applet.Applet {
CheckboxGroup mChkboxGrp = new CheckboxGroup();
public void init() {
add(new Checkbox("Blau", mChkboxGrp , false));
add(new Checkbox("Rot", mChkboxGrp , false));
add(new Checkbox("Grün", mChkboxGrp , false));
add(new Checkbox("Gelb", mChkboxGrp , true));
// Vorbelegen der Hintergrundfarbe passend zur Vorselektion
setBackground(Color.yellow);
 }
public boolean action(Event evt, Object welcheAktion)
// Überprüfung, ob ein Kontrollkästchen oder ein Radiobutton
// Falls nicht Rückgabewert false
{
if (!(evt.target instanceof Checkbox))
{
return false;
}
// Instanz des Ereignisses
Checkbox welcheAusw = (Checkbox)evt.target;
// Status des Radiobuttons zur Kontrolle
boolean checkboxStatus = welcheAusw.getState();
if (welcheAusw.getLabel() == "Blau") // Auswahl Blau
{
if (checkboxStatus)
{
setBackground(Color.blue);
}
return true;
}
if (welcheAusw.getLabel() == "Rot") // Auswahl Rot
{
if (checkboxStatus)
{
setBackground(Color.red);
```

```
}
return true;
}
if (welcheAusw.getLabel() == "Grün") // Auswahl Grün
{
if (checkboxStatus)
{
setBackground(Color.green);
}
return true;
}
if (welcheAusw.getLabel() == "Gelb")// Auswahl Gelb
{
if (checkboxStatus)
{
setBackground(Color.yellow);
}
return true;
}
 return false; // Keine der Auswahlen
}}
```

Auswahlmenüs

Kommen wir nun zur ersten etwas komplexeren Komponente einer Benutzeroberfläche – dem Auswahlmenü oder Auswahlfeld.

Es handelt sich dabei um Popup- bzw. Pulldown-Menüs, welche sich beim Anklicken öffnen und mehrere auszuwählende Optionen anzeigen, von denen dann eine Option ausgewählt werden kann. Wenn mehr wie eine Option gleichzeitig ausgewählt werden soll, müssen Listenfelder oder Kontrollkästchen verwendet werden.

Erzeugen von Auswahlmenüs

Um ein Auswahlmenü zu erzeugen, wird eine Instanz der `Choice`-Klasse erstellt. Es gibt keine Optionen für den zugehörigen Konstruktor `Choice()`. Deshalb sieht der Vorgang immer so aus: `Choice mAwMenu = new Choice();` Anschließend benutzen Sie die `public void addItem(String item)`-Methode, um einzelne Optionen in der Reihenfolge hinzuzufügen, in der sie angezeigt werden sollen: `mAwMenu.addItem("Java");`

Auswahlmenüs in einem Container plazieren

Das gesamte Auswahlmenü fügen Sie wie üblich dem Container hinzu:
`add(mAwMenu);`

Programmbeispiel:

```
import java.awt.*;
public class ChoiceTest extends java.applet.Applet {
public void init() {
Choice mAwMenu = new Choice();
mAwMenu.addItem("Visual Basic");
mAwMenu.addItem("C/C++");
mAwMenu.addItem("Java");
mAwMenu.addItem("Delphi");
mAwMenu.addItem("HTML");
add(mAwMenu);
}
}
```

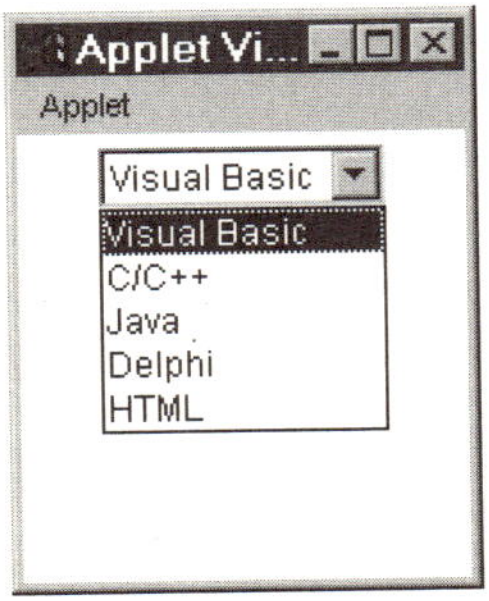

Bild 10.17: Das aktivierte Auswahlmenü.

Sie können übrigens dynamisch mit dem Hinzufügen von Optionen zu einem bestehenden Menü fortfahren. Das bedeutet, daß auch nach dessen Erstellung und Plazierung im Container die Einträge verändert, reduziert oder erweitert werden können.

Auswahlmenüs beeinflussen und überprüfen

Es gibt einige interessante Methoden, mit denen Sie Auswahlmenüs beeinflussen und überprüfen können.

- Die Methode `public void select(int pos)` wählt das an der angegebenen Stelle befindliche Element aus. Dabei ist zu beachten, daß von 0 ab gezählt wird. In unserem oberen Beispiel wählt mAwMenu.select(2) »Java« aus.
- Die Methode `public void select(String str)` wählt das Element mit der angegebenen Zeichenkette aus. In Analogie zu dem eben gewählten Beispiel selektiert mAwMenu.select(»Java«) auch diesen Eintrag.
- Die `public int getSelectedIndex()`-Methode gibt die Position des ausgewählten Elements zurück. Dabei ist wieder zu beachten, daß von 0 ab gezählt wird.
- Die `public String getSelectedItem()`-Methode gibt den Zeichennamen des momentan ausgewählten Elements zurück.
- Die `public String getItem(int index)`-Methode gibt die Zeichenkette des Elements an diesem Index aus. Über String ausgewaehlterEintrag = mAwMenu.getItem(2) würde in der angegebenen Variable der Wert »Java« gespeichert.
- Die `public int countItems()`-Methode bestimmt die Anzahl der im Menü enthaltenen Elemente.

Reaktionen auf Auswahlmenüs

Auswahlmenüs verfügen wie alle Komponenten über die `action()`-Methode. Diese wird bei einer Auswahl aufgerufen, sobald ein Feld selektiert worden ist, sogar dann, wenn die gleiche Auswahl wiederholt wird. Der welcheAktion-Parameter enthält den Namen des ausgewählten Elements, der in einer String-Variable gespeichert werden kann.

Eine `action()`-Methode bei einem Auswahlmenü wird normalerweise ungefähr wie folgt aussehen:

```
String auswahl;
public boolean action(Event evt, Object welcheAktion)
if (!(event.target instanceof Choice))
{
return false;
}
Choice welcheWahl = (Choice) evt.target;
if (welcheWahl == mAwMenu)
{
auswahl = (String) welcheAktion;
```

```
... tue etwas sinnvolles ...
return true;
}
return false;
}
```

Wandeln wir unser Beispiel, bei dem die Hintergrundfarbe je nach Auswahl gesetzt wird, in eine Selektion über ein Auswahlmenü um.

Programmbeispiel:

```
import java.awt.*;
public class ChoiceAction extends java.applet.Applet {
public void init() {
Choice mAwMenu = new Choice();
mAwMenu.addItem("Blau");
mAwMenu.addItem("Rot");
mAwMenu.addItem("Grün");
mAwMenu.addItem("Gelb");
add(mAwMenu);
// Vorbelegen der Hintergrundfarbe
setBackground(Color.blue);
}
public boolean action(Event evt, Object welcheAktion)
// Überprüfung, ob Kontrollkästchen oder Radiobutton
// Falls nicht - Rückgabewert false
{
if (!(evt.target instanceof Choice))
{
return false;
}
// Instanz des Ereignisses
Choice welcheAusw = (Choice)evt.target;
if (welcheAusw.getSelectedItem() == "Blau")
{
setBackground(Color.blue);
return true;
}
if (welcheAusw.getSelectedItem() == "Rot")
{
setBackground(Color.red);
return true;
}
if (welcheAusw.getSelectedItem() == "Grün")
```

```
{
setBackground(Color.green);
return true;
}
if (welcheAusw.getSelectedItem() == "Gelb")
{
setBackground(Color.yellow);
return true;
}
return false;
}}
```

Listenfelder

Listenfelder sind nahe Verwandte der Auswahlmenüs. Es gibt jedoch einige wichtige Unterschiede. Mit den Elementen der List-Klasse erzeugen Sie keine Popup- bzw. Pulldown-Menüs, sondern permanent sichtbare Listen. Insbesondere können scrollbare Wertebereiche erzeugt werden. Sofern nicht alle Einträge direkt angezeigt werden können, wird automatisch eine Bildlaufleiste generiert.

Ein weiterer Unterschied zu Auswahlmenüs ist der, daß nicht nur eine von sich gegenseitig ausschließenden Optionen ausgewählt werden kann, sondern auch mehrere Werte ausgewählt werden können (sofern sie sich nicht gegenseitig ausschließen). Ein Listenfeld läßt sich entsprechend konfigurieren.

Erzeugen von Listenfelder

Zum Erzeugen von Listenfelder legen Sie eine Instanz der List-Klasse an und fügen danach die gewünschten Einträge hinzu.

Die List-Klasse besitzt zwei Konstruktoren. Der Konstruktor `List()` erzeugt eine Liste, die keine Mehrfachauswahl erlaubt.

Beispiel: `List mList = new List();`

Der zweite Konstruktor `List(int, boolean)` erzeugt eine Liste, in der die Anzahl der Listeneinträge festgelegt werden kann, die im Listenfenster zu einem beliebigen Zeitpunkt sichtbar sind (der Integer-Wert), und ob auch Mehrfachauswahlen erlaubt (der boolsche Wert auf `true`) oder verboten (der boolsche Wert auf `false`) sind. Machen wir uns das an zwei Beispielen kurz klar:

`List mList = new List(10, true);`	// eine Liste mit maximal 10 sichtbaren Einträgen und erlaubter Mehrfachauswahl
`List mList = new List(5, false);`	// eine Liste mit maximal 5 sichtbaren Einträgen ohne Mehrfachauswahl

Wenn die Liste erzeugt wurde, können Sie mit der schon von Auswahlmenüs bekannten `addItem()`-Methode neue Einträge in diese hinzufügen:

```
mList.addItem("Blau");
```

Es ist ebenfalls möglich, Elemente an einer bestimmten Position in der Liste hinzuzufügen. Die Listenpositionen werden, von 0 beginnend, durchnumeriert. Wenn ein Element an der Position 0 hinzugefügt wird, ist es das erste in der Liste. Wenn es an der Position -1 eingefügt werden soll oder Sie eine Position auswählen, die höher ist als die in der Liste verfügbaren Positionen, wird das Element ans Ende der Liste gestellt:

```
mList.addItem("Grün",0); // Einfügen an der Position 0
mList.addItem("Grün",-1); // Am Ende der Liste einfügen
```

Listenfelder in einem Container plazieren

Hier gibt es nichts Neues. Wie bisher dient zum Plazieren eines Listenfelds in einem Container die `add()`-Methode: `add(mList);`

Zur Vollständigkeit ein kleines Beispiel:

```
import java.awt.*;
public class Liste extends java.applet.Applet
{// 5 sichtbare Einträge, Mehrfachauswahl erlaubt
List mList = new List(5, true);
public void init()
{
mList.addItem("Blau");
mList.addItem("Rot");
mList.addItem("Grün");
mList.addItem("Gelb");
mList.addItem("Scharz");
add(mList);}
}
```

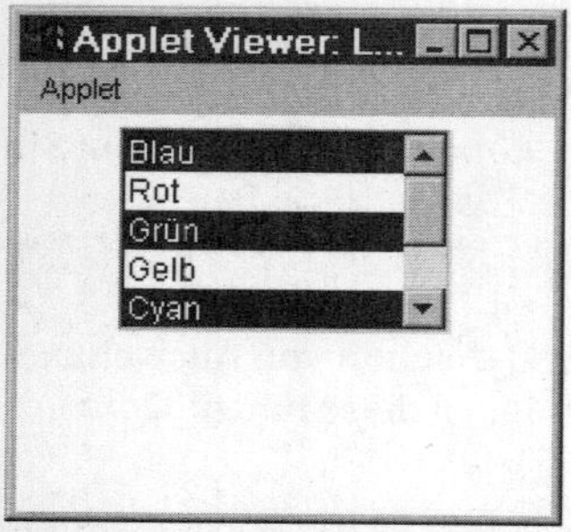

Bild 10.18: Eine Auswahlliste mit Mehrfachauswahl, wo nicht alle Einträge angezeigt werden.

Die Bildlaufleisten und Schieber zum Scrollen des Inhaltes werden übrigens automatisch generiert und sind (wie gewohnt) nicht vorhanden, wenn weniger Inhalt anzuzeigen ist, als Platz zur Verfügung steht.

Listenfelder beeinflussen und überprüfen

Die List-Klasse verfügt über verschiedene Methoden, um den Inhalt einer Liste zu manipulieren und zu verändern.

- Die Methode `public void replaceItem(String newValue, int index)` ersetzt ein an der angegebenen Position (der Integer-Wert) vorhandenes Element durch ein neues Element (der String-Wert).

  Beispiel: `mList.replaceItem("Grün",1); // Ersetzt an der Position 1 den Wert durch "Grün"`

- Die Methode `public void delItem(int position)`löscht ein Element in der Liste an der angegebenen Position.

  Beispiel: `mList.delItem(2); //Löscht` *`dritten`* `Eintrag der Liste`

- Die `public void delItems(int start, int end)`-Methode löscht einen ganzen Bereich von Elementen aus der Liste. Der erste Integer-Wert gibt den Beginn und der zweite Integer-Wert das Ende der zu löschenden Elemente in der Liste an.

  Bei dieser Methode muß allerdings der Hinweis erfolgen, daß sie nicht nur – wie einige der anderen Methoden – als deprecated angeben wird, sondern von Sun explizit von der Verwendung abgeraten wird.

Dennoch ein Beispiel: `mList.delItems(2, 5); //Löschen von der Position 2 bis inklusive. Position 5`

- Mittels der `public void clear()`-Methode können Sie alle Elemente in der Liste löschen. Beispiel: `mList.clear();`
- Die bereits bekannte Methode `getSelectedIndex()` gibt die Indexposition des aktuell ausgewählten Elements zurück. Sofern kein Element ausgewählt worden ist, wird -1 zurückgegeben.

  Beispiel: `int aktAusw = mList.getSelectedIndex();`
- Die bereits bekannte Methode `getSelectedItem()` gibt das ausgewählte Element als Zeichenkette zurück.

  Beispiel: `String aktAusw = mList.getSelectedItem();`
- Die Methode `public int[] getSelectedIndexes()` gibt bei Listen mit erlaubter Mehrfachauswahl alle Auswahlen zurück. Dabei muß beachtet werden, daß die Anzahl der zurückgegebenen Werte natürlich nicht von vornherein feststeht.

  Beispiel:

```
int aktuelleAuswahlen[];
aktuelleAuswahlen = mList.getSelectedIndexes();
```

- Die Methode `public String[] getSelectedItems()`gibt eine Reihe von Zeichenketten zurück, welche die ausgewählten Elemente enthalten.

  Beispiel:

```
String aktuelleAuswahlen[];
aktuelleAuswahlen = mList.getSelectItems();
```

- Mittels der bekannten Methode `select(int)` können Sie ein beliebiges Element auswählen. Wenn die Liste keine Mehrfachauswahl zuläßt, wird das vorher ausgewählte Element abgewählt.

  Beispiel: `mList.select(2); // Wählt das 3. Element aus`
- Die Methode `select(String)` kennen wir auch schon. Sie arbeitet fast identisch. Damit können Sie ein mit String bezeichnetes Element auswählen.

  Beispiel: `mList.select("Blau");`
- Die Methode `public void deselect(int index)` deselektiert das angegebene Element. Beispiel: `mList.deselect(2);`

- Die bekannte Methode `isSelected(int)` überprüft, ob das Element mit dem angegebenen Index ausgewählt worden ist oder nicht und liefert ein boolsches Ergebnis zurück, das beispielsweise in Schleifen ausgewertet werden kann.

  Beispiel:

  ```
  if (mList.isSelection(2))
  {// tue etwas, wenn 3. Element ausgewählt wurde }
  ```

- Mit der Methode `public void setMultipleSelections(boolean b)` können Sie Mehrfachauswahl dynamisch an- und abstellen.

  Beispiel: `mList.setMultipleSelections(true);`

- Passend dazu können Sie überprüfen, ob Mehrfachauswahl erlaubt ist. Dazu dient die `public boolean allowsMultipleSelections()`-Methode. Sie gibt den Wert `true` zurück, sofern Mehrfachauswahl erlaubt ist, andernfalls `false`.

  Beispiel:

  ```
  if (mList.allowsMultipleSelections())
  {// tue etwas sinnvolles}
  ```

- Die Methode `public void makeVisible(int index)`stellt sicher, daß ein mit dem Integer-Wert angegebenes Element in dem Listenfenster sichtbar ist.

  Beispiel:

  ```
  mList.makeVisible(10); // Das Element Nr. 11 ist sichtbar in der
  Liste
  ```

- Die uns bereits bekannt Methode `countItems()` gibt die Anzahl der Einträge in der Liste aus.

  Beispiel: `int anzahl = mList.countItems();`

Reaktionen auf Listenfelder

Die Reaktion von Listenfeldern auf Aktionen unterscheidet sich von den bisherigen Komponenten. Es wird **nicht** die `action()`-Methode aufgerufen. Sie wissen allerdings bereits, welche alternative Möglichkeit Java verwenden kann, um Ereignisse zu behandeln – die `handleEvent()`-Methode. Diese stellt dazu die Reaktionsmöglichkeit auf zwei Ereignisse der Listenfelder zur Verfügung:

- Reaktion auf Listenauswahl
- Reaktion auf Deselektion eines Listeneintrags

Die Syntax der `handleEvent()`-Methode kennen wir bereits:

```
public boolean handleEvent(Event evt)
```

Textbereiche & Textfelder

Um einem Anwender eine vernünftige Benutzeroberfläche zur Verfügung zu stellen, müssen Möglichkeiten zur Eingabe von freien Texten vorhanden sein. Das AWT verfügt deshalb über verschiedene Klassen, um Textdaten einzugeben - die Klasse `TextField` für die sogenannten Textfelder und die Klasse `TextArea` für die Textbereiche.

Wesentlicher Unterschied zwischen beiden Elementen ist, daß Textbereiche Funktionalitäten zur Behandlung von größeren Textmengen zur Verfügung stellen. Textfelder begrenzen die Menge des einzugebenden Textes und können insbesondere nicht gescrollt werden. Sie eignen sich deshalb hauptsächlich für einzeilige Eingabefelder mit begrenzter Textmenge.

Dahingegen können in Textbereichen mehrere Zeilen verarbeiten werden und Textbereiche sind scrollbar. Dementsprechend haben sie normalerweise (Standard) Bildlaufleisten.

Trotz der Unterschiede besitzen beide Klassen viele ähnliche Methoden, da sie beide aus der gemeinsamen Klasse `TextComponent` abgeleitet sind.

Erzeugen von Textbereichen & Textfeldern

Das Erzeugen von Textbereichen und Textfeldern ist sehr ähnlich. Sie müssen für einen Textbereich nur zudem sowohl Spalten als auch Reihen bzw. Zeilen angeben, wenn Sie eine bestimmte Größe für einen Textbereich angeben.

Wenden wir uns zunächst dem Textbereich zu.

Textbereiche

Zum Erstellen eines Textbereiches können Sie einen der folgenden Konstruktoren verwenden.

`TextArea()` erzeugt einen leeren Textbereich. Das Problem ist hier, daß damit weder die Anzahl von Spalten und Zeilen genau bestimmt ist (beide sind erst einmal auf 0 festgelegt). Bevor dieser Textbereich in ein Panel eingefügt und dort angezeigt werden kann, muß die Anzahl von Spalten und Zeilen verändert werden.

Beispiel: `TextArea mTxtBr = new TextArea();`

Sie können ebenso einen Textbereich mit Text vorbelegen. Dazu dient der Konstruktor `TextArea(String)`. Auch hier müssen Sie die genaue Größe des Textbereichs noch festlegen.

Beispiel: `TextArea mTxtBr = new TextArea("Vorbeleg");`

Der Konstruktor `TextArea(int, int)` erzeugt einen leeren Textbereich mit einer bereits festgelegten Anzahl von Spalten und Zeilen.

Beispiel: `TextArea mTxtBr = new TextArea(13, 42 ); // 13 Zeilen, 42 Spalten`

Sie können ebenso einen Textbereich mit einem Anfangstext und mit einer bereits festgelegten Anzahl von Spalten und Zeilen erzeugen. Dazu dient der Konstruktor `TextArea(String, int, int)`.

Beispiel: `TextArea mTxtBr = new TextArea("Vorbeleg", 13, 42 ); // 13 Zeilen, 42 Spalten`

Textfelder

Auch für Textfelder gibt es diverse Konstruktoren.

Der Konstruktor `TextField()` ist die einfachste Möglichkeit, ein Textfeld zu erstellen. Dadurch wird wie im Fall der Textbereiche ein leeres Textfeld mit einer noch nicht spezifizierten Anzahl von Spalten (default 0) erzeugt.

Zum Vorbelegen eines Textfeldes (mit einer noch nicht spezifizierten Anzahl von Spalten) dient der Konstruktor `TextField(String)`.

Beispiel: `TextField mTxtFd = new TextField("Vorbeleg");`

In der Regel ist es sinnvoll, die Anzahl von Spalten in dem Textfeld festzulegen. Das funktioniert mit dem Konstruktor `TextField(int)`.

Beispiel: `TextField mTxtFd = new TextField(42); // 42 Spalten`

Wie bei den Textbereichen kann man die Angabe von Größe mit einer Vorbelegung kombinieren. Dazu dient der Konstruktor `Textfield(String, int)`.

```
Beispiel: TextField mTxtFd = new TextField("Vorbeleg", 42); //
Vorbelegt und 42 Spalten groß
```

Textbereiche und Textfelder in einem Container plazieren

Dieser Vorgang ist uns mittlerweile bekannt. Auch Textbereiche und Textfelder müssen vor ihrer Verwendung in einem Container plaziert werden und dazu dient wie üblich die `add()`-Methode (evtl. in einer Zeile mit dem `new`-Operator zum Erzeugen):

```
add(mTxtFd);
add(mTxtBr);
```

Textkomponenten beeinflussen und überprüfen

Da sowohl Textbereiche als auch Textfelder von der abstrakten Klasse `TextComponent` erben, sind die meisten Methoden auf beide Textkomponenten anzuwenden.

Gemeinsame Methoden

Die Methode `public String getText()`gibt den Textinhalt eines Textfeldes oder eines Textbereiches zurück. Beispiel:

```
String textinhalt = mTxtFd.getText();
```

```
Die Methode public void setText(String t)fügt den mit String
angegebenen Text in die Komponenten ein. Beispiel:
mTxtFd.setText("Schiebe den Text in das Textfeld");
```

Mit der Methode `public String getSelectedText()`können Sie herausfinden, welcher Text selektiert worden ist. Beispiel:

```
String ausgew = mTxtBr.getSelectedText();
```

Eng mit der Methode `getSelectedText()` zusammenhängend sind die Methoden `public int getSelectionStart()` und `public int getSelectionEnd()`.

Sie können damit herausfinden, wo eine Auswahl beginnt und wo sie aufhört. Beide Methoden liefern einen Integer-Wert, der die relativen Positionen (ganzzahlig) des selektierten Anfangs- und Endpunktes der Selektion für den gesamten Text angeben. Wenn die Auswahl beispielsweise am Anfang des Textes beginnt, gibt die Methode `getSelectionStart()` den Wert 0 zurück. Beispiel:

```
int auswahlStart, auswahlEnde;
auswahlStart = mTxtFd.getSelectionStart();
auswahlEnde = mTxtFd.getSelectionEnd();
```

Zum Selektieren eines bestimmten Textbereiches innerhalb einer Textkomponente mittels einer Methode gibt es wieder `select(int, int)`. Diese Methode wählt den Text zwischen dem ersten Integerwert (Anfangspunkt der Selektion) und dem zweiten Integerwert (Endpunkt der Selektion) aus. Beispiel:

```
mTxtFd.select(0, 42); // Selektiert die Zeichen vom Anfang bis zur
Position 42 inklusive
```

Zur Auswahl des gesamten Textes gibt es die Methode `public void selectAll()`.

Beispiel:

```
mTxtBr.selectAll(); // Selektiert alle Zeichen im Textbereich
```

Nicht immer ist Text in einer Textkomponente editierbar. Zur Überprüfung können Sie die Methode `public boolean isEditable()`verwenden. Diese Methode liefert einen boolschen Wert zurück, der `true` ist, wenn die Komponente bearbeitet werden kann und `false`, wenn sie nicht bearbeitet werden kann. Beispiel:

```
boolean aenderbar;
aenderbar = mTxtBr.isEditable();
```

Wenn Sie selbst eine Textkomponente als nicht-editierbar definieren oder sie wieder als editierbar freigeben wollen, haben Sie die Schwestermethode `public void setEditable(boolean b)`zur Verfügung. Wenn Sie `true` als boolschen Wert verwenden (Standardwert), ist eine Textkomponente editierbar. Bei Verwendung von `false` nicht (also read-only). Beispiel:

```
mTxtFd.setEditable(false);
```

Mit der Methode `public int getColumns()`können Sie die Breite einer Textkomponente (sowohl Textbereich, als auch Textfeld) in Zeichen bzw. Spalten erfragen (d.h. die Anzahl der sichtbaren Spalten und nicht wie viel Text da ist). Beispiel:

```
int breite;
breite = mTxtBr.getColumns();
```

Spezielle TextField-Methoden

Textfelder besitzen einige spezielle Eigenschaften, die Textbereiche nicht haben. Dementsprechend gibt es einige Methoden, die nur dort Sinn machen.

Textfelder eignen sich insbesondere für die zur Verfügungstellung von Eingabemöglichkeiten von Paßwörtern. Sie kennen sicher das Phänomen, daß bei der Eingabe von Paßwörtern die eingegebenen Zeichen nicht auf dem Bildschirm angezeigt werden. Sie werden durch Alias-Zeichen (meist der Stern "*") ersetzt. Man nennt diese Alias-Zeichen auch Echo-Zeichen. In der TextField-Klasse finden sich nun eine Methode, mit der Sie ein Echo-Zeichen setzen können, welches anstelle des eingegebenen Zeichens auf dem Bildschirm dargestellt wird. Die Methode heißt `public void setEchoChar(char c)`.

Beispiel:

```
mTxtFd.setEchoCharacter('*'); // Ersetzt alle eingegebenen Zeichen
durch *
```

Wenn Sie das Echozeichen für ein Feld abfragen wollen, können Sie die Methode `public char getEchoChar()` verwenden. Beispiel:

```
char echoChar = mTxtFd.getEchoChar();
```

Bevor Sie ein Echozeichen abfragen, ist es sicher sinnvoll zu überprüfen, ob das Textfeld überhaupt ein Echozeichen besitzt. Die Methode `public boolean echoCharIsSet()`gibt `true` zurück, wenn das Textfeld mit einen Echozeichensatz belegt ist, sonst wird sie `false` zurückgegeben. Beispiel:

```
boolean echoChar_janein = mTxtFd.echoCharIsSet();
```

Spezielle TextArea-Methoden

Wie Sie wissen, haben auch Textbereiche einige spezielle Eigenschaften, die Textfelder nicht besitzen. Einige davon dienen der Bearbeitung von Text und realisieren das Einfügen, Anhängen und Ersetzen von Text.

Die Methode `public void appendText(String str)` hängt den mit String spezifizierten Text an das Ende eines Textbereiches an. Beispiel:

```
mTxtBr.appendText("Häng das an das Ende des bisher im Textbereich
vorhandenen Textes an.");
```

Die Methode `public void insertText(String str, int pos)` fügt an der mit int spezifizierten Stelle den mit String angegebenen Text ein. Beispiel:

```
mTxtBr.insertText("Füge den Text am Anfang des Textbereiches ein.", 0);
```

Die Methode `public void replaceText(String str, int start, int end)`ersetzt die Teile des Textes, die sich zwischen der Anfangsposition (1. Integerwert) und der Endposition (2. Integerwert) befinden durch den mit String spezifizierten Text. Beispiel:

```
mTxtBr.replaceText("Ersetze den Text zwischem dem Anfang des Text-
bereiches und der Position 42 (incl.) durch diesen Text.", 0, 42);
```

Die Ermittlung der Anzahl der Spalten ist bei beiden Textkomponenten identisch (die Methode `getColumns()`). Die Anzahl der Zeilen in einem Textbereich macht jedoch natürlich nur bei Textbereichen Sinn. Mit der Methode `public int getRows()`wird die Anzahl der Zeilen eines Textbereichs ermittelt. Dies ist i.d.R. **nicht identisch** mit der Anzahl der im Textbereich befindlichen Textzeilen. Beispiel:

```
int laenge;
laenge = mTxtBr.getRows();
```

Reaktionen auf Textbereiche und Textfelder

Wie auch die `List`-Klasse verwendet die `TextArea`-Klasse nicht die `action()`-Methode. Im Prinzip steht Ihnen jedoch die `handleEvent()`-Methode zur Verfügung (welche bei Listen zum Einsatz kommt). Sie sollten diese jedoch auch nicht verwenden. Textbereiche sollte überhaupt keine eigenständige Reaktion auf Ereignisse zeigen. Dies wird bei genauerer Überlegung klar. Wie verhalten sich Textbereiche auf den grafischen Oberflächen, die Sie kennen? Die Ereignisse, die Sie für `TextArea` erzeugen können, wären Tastatur- und Mausereignisse. Bei Eingabe einer bestimmten Tastenkombination oder einem Klick auf den Textbereich würde eine Reaktion erzeugt. Ist Ihnen so ein Verhalten bekannt? Wahrscheinlich nicht, denn üblicherweise werden die Reaktionen mit einer Schaltfläche oder einem Menü für den Anwender gekoppelt sein. Erst diese lösen dann eine Reaktion aus.

Die `TextField`-Klasse verwendet zwar die `action()`-Methode, allerdings nur dann, wenn der Anwender die Eingabetaste drückt. Aber auch hier gilt, daß eine Kopplung mit einer Schaltfläche mehr Sinn macht.

Schieber & Bildlaufleisten

Die beiden AWT-Elemente Listen und Textbereiche besitzen standardmäßig die Eigenschaft, bei Bedarf nicht in den Anzeigebereich passenden Inhalt per Bildlaufleisten und Schieber zu scrollen. Die Bildlaufleisten und Schieber sind bereits in diese Elemente der Benutzeroberfläche integriert und werden nur dann zur Verfügung gestellt, wenn es notwendig ist. Sie können jedoch auch individuell einzelne Bildlaufleisten erstellen. Die `Scrollbar`-Klasse, auf der diese Eigenschaft basiert, besitzt eine Basisschnittstelle für den Bildlauf, der in verschiedenen Situationen verwendet werden kann.

Die Steuerelemente der Bildlaufleiste dienen zur Auswahl und Kontrolle eines Wertes, der die gegenwärtige Position der Bildlaufleiste anzeigt. Dieser Positionswert kann zwischen einem Minimumwert und einen Maximumwert gesetzt werden.

Um diesen Positionswert zu ändern, können drei verschiedene Teile der Bildlaufleisten verwendet werden und damit drei verschiedene Arten der Positionsveränderung ausgewählt werden:

- Die Positionsveränderung über die Pfeile an den beiden Enden der Bildlaufleiste aktualisieren die Position der Bildlaufleiste über eine feste Einheit. Meist ist als Standard eine Zeile eingestellt. Man nennt dies deshalb auch Zeilenaktualisierung, und es handelt sich um eine relative Positionsveränderung von der aktuellen Position aus gesehen.
- Die zweite Art der Positionsveränderung erfolgt über den Raum zwischen dem Schieber der Bildlaufleiste und dem Pfeil am jeweiligen Ende der Leiste. Wenn Sie dahin klicken, wird die Position um eine größere, feste Einheit (Standardeinstellung 10 Zeilen oder gelegentlich auch eine Seite – deshalb hin und wieder seitenweise Aktualisierung genannt) verändert. Auch dies ist eine relative Positionsveränderung von der aktuellen Position aus gesehen.
- Die dritte Art der Positionsveränderung ist eine absolute Positionsveränderung. Diese absolute Aktualisierung erfolgt über den Schieber (auch Schiebeknopf oder Bildlauffeld genannt), indem er in die eine oder andere Richtung gezogen wird. Sie haben keine Steuerungsmöglichkeit darüber, wie sich die Positionswerte bei einer absoluten Aktualisierung ändern. Sie können höchstens die Maximum- und Minimumwerte steuern.

HINWEIS

Eine Bildlaufleiste kann nur sich selbst aktualisieren. Dies geschieht vollkommen automatisch und braucht von Ihnen nicht ausgelöst werden. Sie müssen nur einen Minimumwert und einen Maximumwert festlegen. Eine Bildlaufleiste kann andererseits keine anderen Komponenten automatisch zum Scrollen veranlassen. Damit brauchen Sie auch keine Ereignisse der Bildlaufleiste verwalten, die eigentliche Funktionalität der Bildlaufleiste ist jedoch noch nicht gegeben. Wenn Sie möchten, daß über eine Bildlaufleiste der Bildinhalt eines Elementes gescrollt wird (was ja meist der Sinn und Zweck einer Bildlaufleiste ist), müssen Sie über entsprechenden Code den Positionswert der Bildlaufleiste abfragen und dann den Bildinhalt entsprechend anpassen.

Erzeugen von Bildlaufleisten

Zum Erzeugen von Bildlaufleisten stehen Ihnen drei Konstruktoren zur Verfügung.

- **Der Konstruktor** `Scrollbar()` **ist die einfachste Variante und erzeugt eine einfache vertikale Bildlaufleiste.** Die anfänglichen Minimum- und Maximumwerte sind (0, 0).

  Beispiel: `Scrollbar mBlleiste = new Scrollbar();`

- **Der zweite Konstruktor** `Scrollbar(int)` **läßt die Angabe zu, ob es sich um eine vertikale oder horizontale Bildlaufleiste handelt.** Für das Argument (ein Integerwert), welches die Ausrichtung bezeichnet, können Sie die Klassenvariablen `Scrollbar.HORIZONTAL` oder `Scrollbar.VERTICAL` angeben. Die anfänglichen Minimum- und Maximumwerte sind auch beim zweiten Konstruktor (0, 0).

  Beispiel:

  ```
  Scrollbar mBlleiste = new Scrollbar(Scrollbar.HORIZONTAL);
  ```

- **Der Konstruktor** `Scrollbar(int, int, int, int, int)` **erzeugt eine Bildlaufleiste mit einer vordefinierten Ausrichtung, Position, Größe, Minimums- und Maximumswert.** Das erste Argument ist die Ausrichtung der Bildlaufleiste und entspricht dem Argument des zweiten Konstruktors. Das zweite Argument ist der Anfangswert der Bildlaufleiste (also die Position des Schiebers) und sollte ein Wert zwischen Minimumwert (das vierte Argument) und Maximumwert (das fünfte Argument) der Bildlaufleiste sein. Das dritte Argument ist die Gesamtbreite oder -Höhe (abhängig von der Ausrichtung der Bildlaufleiste) der Bildlaufleiste.

Beispiel:

```
Scrollbar mBlleiste = new
Scrollbar(Scrollbar.HORIZONTAL,0,10,0,100);
```

Bildlaufleisten einem Container hinzufügen

Auch neu erstellte Bildlaufleisten müssen vor ihrer Verwendung einem Container hinzugefügt werden. Dazu dient wie üblich die `add()`-Methode.

Bildlaufleisten beeinflussen und überprüfen

Die Scrollbar-Klasse stellt einige Methoden zur Verfügung, mit denen die Werte von Bildlaufleisten überprüft und beeinflußt werden können.

- Die Methode `public int getMinimum()`fragt den Minimumswert ab.

  Beispiel: `int minimum = mBlleiste.getMinimum();`

- Die Methode `public int getMaximum()`fragt den Maximumswert ab.

  Beispiel: `int maximum = mBlleiste.getMaximum();`

- Mit `public void setLineIncrement(int v)`können Sie die Einheit setzen, um die eine Bildlaufleiste bei einer Positionsveränderung über die Pfeile an den beiden Enden der Bildlaufleiste verändert wird.

  Beispiel: `mBlleiste.setLineIncrement(3);`

- Mit `public int getLineIncrement()`können Sie die Einheit abfragen, um die eine Bildlaufleiste bei einer Positionsveränderung über die Pfeile an den beiden Enden der Bildlaufleiste verändert wird.

  Beispiel: `int zeilenversch = mBlleiste.getLineIncrement();`

- Die Methode `public int getOrientation()`fragt die Ausrichtung der Bildlaufleiste ab. 0 steht für vertikal (`Scrollbar.VERTICAL`) und 1 für horizontal (`Scrollbar.HORIZONTAL`). Sie können entweder die Klassenvariablen verwenden oder den Integerwert.

  Beispiel:

  ```
  if (mBlleiste.getOrientation() == Scrollbar.HORIZONTAL)
  {// tue was sinnvolles
  }
  else
  {// tue was sinnvolles
  }
  ```

Die `Scrollbar`-Klasse verwendet – wie die `List`- und die `TextArea`-Klassen – die `action()`-Methode nicht. Sie müssen auf die `handleEvent()`-Methode zurückgreifen, die wir schon für Maus- und Tastaturereignisse verwendet haben. Damit können Sie die Veränderung einer Bildlaufleiste überprüfen. Die Ereignisse werden wie üblich mit `evt.id` an die `handleEvent()`-Methode übergeben. Die möglichen Werte der `evt.id` bei Ereignissen einer Bildlaufleiste sind folgende:

Wert von evt.id	Beschreibung
`Event.SCROLL_ABSOLUTE`	Der Schieber der Bildlaufleiste wird gezogen.
`Event.SCROLL_LINE_DOWN`	Der obere (vertikale Bildlaufleiste) oder linke (horizontale Bildlaufleiste) Pfeilknopf wird angeklickt.
`Event.SCROLL_LINE_UP`	Der untere (vertikale Bildlaufleiste) oder rechte (horizontale Bildlaufleiste) Pfeilknopf wird angeklickt.
`Event.SCROLL_PAGE_DOWN`	Klick in den Bereich zwischen dem Schieber und dem unteren (vertikale Bildlaufleiste) oder linken (horizontale Bildlaufleiste) Pfeil.
`Event.SCROLL_PAGE_UP`	Klick in den Bereich zwischen dem Schieber und dem oberen (vertikale Bildlaufleiste) oder rechten (horizontale Bildlaufleiste) Pfeil.

HINWEIS

Das konkrete Ereignis ist oft gar nicht so von zentraler Bedeutung. In vielen Fällen genügt die Information, daß sich die Position der Bildlaufleiste verändert hat. Sie müssen dann nur mit Hilfe der Methode `public int getValue()` *die neue Position herausfinden.*

Zeichenbereiche

Die meisten AWT-Komponenten bieten Möglichkeiten, darauf Zeichenoperationen auszuführen. Zeichenbereiche sind jedoch AWT-Komponeten, die speziell nur zum Zeichnen da sind. Sie enthalten keine anderen Komponenten, akzeptieren demgegenüber jedoch Ereignisse. Außerdem lassen sich Animationen und Bilder in Zeichenbereichen darstellen.

Erzeugen von Zeichenbereichen

Zeichenbereiche werden erzeugt, indem Sie die Instanz der `Canvas`-Klasse generieren:

Beispiel: `Canvas mZeichBer= new Canvas();`

Zeichenbereiche in einem Container plazieren

Mittels der `add()`-Methode wird der neu erstellte Zeichenbereich wieder in einen Container eingefügt. Beispiel: `add(mZeichBer);`

Weitere Ereignisse der Benutzeroberfläche

Wir hatten bei der `Scrollbar`-Klasse bereits einige Ereignisse (Maus- und Tastaturereignisse) der Benutzeroberfläche angesprochen, die über die `handleEvent()`-Methode abgearbeitet werden. Diese Ereignisse werden im `Event`-Objekt als Ereignis-ID gespeichert und können an die `handleEvent()`-Methode (als die Variable evt.id) übergeben werden, um sie innerhalb dieser auszuwerten und darauf zu reagieren.

Um ein bestimmtes Ereignis in der `handleEvent()`-Methode zu testen, überprüfen Sie die ID des Ereignisses. Die verfügbaren IDs sind als Klassenvariablen in der `Event`-Klasse definiert. Sie können die dort festgelegten Namen zum Test verwenden. Die möglichen Werte der `evt.id` bei Ereignissen einer Bildlaufleiste haben wir bereits dort behandelt. Hier folgen noch einige weitere wichtige IDs:

Wert von evt.id	Beschreibung
`Event.ACTION_EVENT`	Eine Aktion einer Komponente der Benutzeroberfläche findet statt.
`Event.KEY_ACTION`	Eine Aktion eines Textfeldes findet statt.
`Event.LIST_DESELECT`	Ein Eintrag in einem Listenfeld wird abgewählt.
`Event.LIST_SELECT`	Ein Eintrag in einem Listenfeld wird gewählt.

10.5 Layout-Manager

Es wird Ihnen bei unseren bisherigen AWT-Experimenten aufgefallen sein, daß wir uns überhaupt nicht um die genauen Positionen der AWT-Komponenten innerhalb der Container gekümmert haben. Vielleicht haben Sie auch einmal die Größe eines Applets verändert. Dann sind plötzlich AWT-Komponenten an ganz anderen Stellen aufgetaucht, als bei der Orginalgröße. Dieses Verhalten ist kein Zufall und eine der großen Stärken des Java-AWT-Konzeptes. Auch wenn man sich erst einmal mit der Konzeption vertraut machen muß.

Schauen wir uns als Basis erst einmal andere Fensterkonzepte an. Dort geben Sie Komponenten der Benutzeroberfläche mit überwiegend exakte Koordinaten (meist in Pixel) an: eine Koordinate für den Abstand vom oberen oder unteren Rand und eine Koordinate für den Abstand vom linken oder rechten Rand. Also ein hardcodiertes Koordinaten-Tupel. So, wie wir es in Java bei Grafikoperationen auch tun. Der Programmierer hat vollständige Kontrolle über das Aussehen der Oberfläche. Oder nicht?

Doch, jedoch nur in genau der Auflösung und der Größe des Java-Fensters, die er beim Generieren der Anwendung oder des Applets verwendet. Was ist, wenn der Anwender nun eine andere Auflösung fährt? Eine feinere Auflösung ist vielleicht vom ästhetischen Standpunkt ein kleines Problem, gleichwohl noch kein Beinbruch. Eine geringere Auflösung hingegen kann dazu führen, daß einige Komponenten der Oberfläche gar nicht angezeigt werden und damit mit der Maus nicht auswählbar sind. Die Funktionalität kann massiv beeinträchtigt werden.

Bei solchen konventionellen Fensterkonzepten muß der Programmierer sämtliche denkbaren Auflösungen berücksichtigen (zumindest diejenigen, welche er unterstützen möchte), diese zur Laufzeit abfragen und für jede Maske eine individuelle Oberfläche für jede Auflösung generieren. Ein erheblicher Aufwand und dennoch immer noch keine befriedigende Lösung. Denn was ist, wenn der Anwender die Fenstergröße verändert (sofern kein Vollbild vorliegt)? Vergrößern ist wieder nur ein ästhetisches Problem, aber Verkleinern kann wieder zum Verdecken von Komponenten der Oberfläche führen. Nicht umsonst können Windows-Dialogfenster nicht in der Größe verändert werden.

Java löst diese Probleme auf eine äußerst intelligente Art und Weise. Das AWT-System kümmert sich weitgehend selbständig um Größenanpassung und Positionierung der Komponenten auf der Oberfläche. Je nach Plattform und Bedingungen werden die Komponenten auf die Oberfläche optimal angepaßt. Die Technik nennt sich Layout-Manager.

Damit können Sie das AWT anweisen, wo Ihre Komponenten im Verhältnis zu den anderen Komponenten stehen sollen. Der Layout-Manager findet nach *gewissen Regeln* heraus, an welche Stelle die Komponenten am besten passen und ermittelt die beste Größe der Komponenten.

Layout-Regeln

Das genaue Aussehen einer AWT-Oberfläche wird von drei Aspekten festgelegt.

1. Der Plattform und den genauen Bedingungen dort.
2. Der Reihenfolge, in der die AWT-Komponenten in einem Container eingefügt werden.
3. Der Art des Layout-Managers.

Über Punkt 1 kann ein Programmierer keine Aussagen machen und muß es unter Java auch nicht. Plattformunabhängig ist ja gerade ein Highlight.

Der 2. Punkt ist naheliegend: wer zuerst kommt, mahlt zuerst. Das soll heißen, daß zuerst eingefügte Komponenten auch vorher angeordnet werden.

Richtig interessant ist die Art des Layout-Managers. Das AWT beinhaltet fünf verschiedene Typen von Layout-Managern, welche die Oberfläche unterschiedlich anordnen:

- FlowLayout
- GridLayout
- BorderLayout
- CardLayout
- GridBagLayout

Jedes Panel kann einen eigenen Layout-Manager verwenden. Dies ist besonders für verschachtelte Panels interessant.

Erzeugen eines Layout-Managers

Um einen Layout-Manager für ein Panel zu erstellen, sollten Sie in der `init()`-Methode die `public void setLayout(LayoutManager mgr)`-Methode verwenden.

Beispiel:

```
public void init()
{
```

```
setLayout(new CardLayout());
}
```

Alternativ geht es auch wieder so:

```
public void init()
{
mFlwLt = new FlowLayout();
setLayout(mFlwLt);
}
```

Das Setzen des Layout-Managers in der `init()`*-Methode ist nicht zwingend, jedoch meist angeraten, da dann die Anordnung der Komponenten von Anfang an auf den Layout-Manager ausgerichtet wird. Dies betrifft vor allem die Reihenfolge der Komponenten.*

Layout-Manager im Detail

Schauen wir uns nun die Layout-Manager im Detail an.

Die FlowLayout-Klasse

Die `FlowLayout`-Klasse stellt das einfachste Layout zur Verfügung. Eine FlowLayout-Klasse behandelt einen Container wie mehrere Spalten. Deren Größe ergibt sich auf Grund der Größe der Komponenten. Die Komponenten werden in der Reihenfolge, in der sie in den Container eingefügt werden, spaltenweise einfach von links nach rechts anordnet, bis keine weiteren Komponenten mehr in eine Zeile passen. Dann geht es zur nächsten Zeile und analog weiter. Die Höhe der Zeilen wird von der Höhe der Elemente, die in der Reihe plaziert sind, bestimmt.

Schauen wir uns einmal ein kleines Beispiel als vollständigen Quelltext an. Die Erklärung folgt nach.

Beispiel:

```
import java.awt.*;
public class FlowLayoutTest extends java.applet.Applet {
public void init()
{
setLayout(new FlowLayout());
Button mBut1 = new Button("Rot");
add(mBut1);
Button mBut2 = new Button("Blau");
```

```
add(mBut2);
Button mBut3 = new Button("Grün");
add(mBut3);
Button mBut4 = new Button("Pink");
add(mBut4);
Button mBut5 = new Button("Rosa");
add(mBut5);
Button mBut6 = new Button("Gelb");
add(mBut6);
Button mBut7 = new Button("Cyan");
add(mBut7);
}}
```

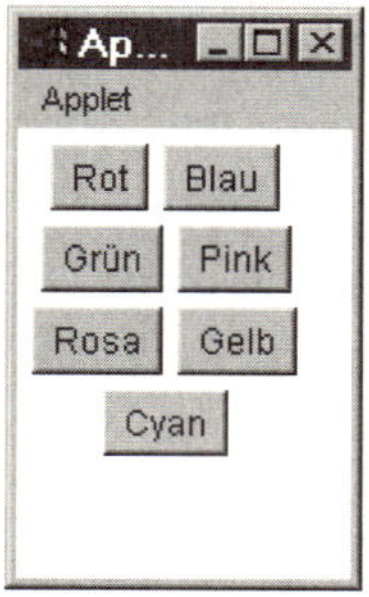

Bild 10.19: Orginalanordnung

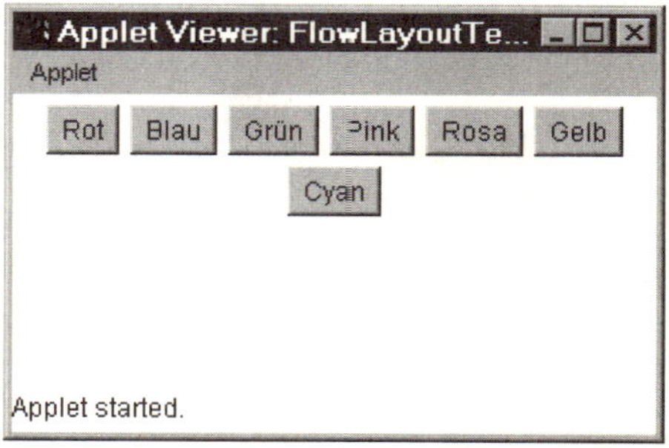

Bild 10.20: Größenveränderung des Applets macht den neuen, zeilenweisen Aufbau deutlich.

Wenn wir die Reihenfolge, in der wir die Schaltflächen einfügen, im Quelltext umsortieren, wird auch das angezeigte Ergebnis abweichen.

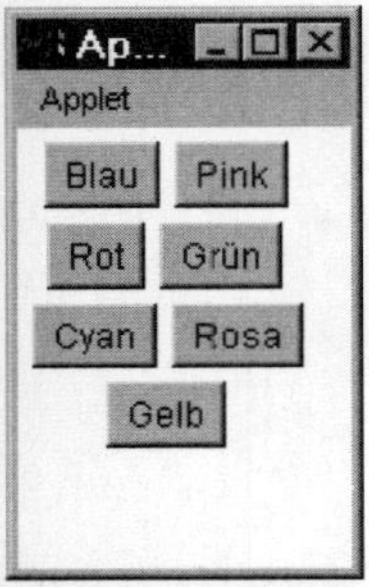

Bild 10.21: Die Reihenfolge der Komponenten ist verändert.

Jeder Layout-Manager beinhaltet auch eine Ausrichtung. Die `FlowLayout`-Klasse versucht je nach Vorgabe, die Zeilen entweder links, rechts oder zentriert auszurichten. Die Standard-Ausrichtung für ein FlowLayout ist zentriert.

HINWEIS

Der FlowLayout-Layout-Manager ist der Standard Layout-Manager für alle Applets.

- Der einfachste Konstruktor ist `FlowLayout()`. Er erstellt ein Standard-FlowLayout (zentrierte Ausrichtung).

  Beispiel:

  ```
  mFlwLt = new FlowLayout();
  setLayout(mFlwLt);
  ```

- Für ein FlowLayout mit Ausrichtung verwenden Sie den Konstruktor `FlowLayout(int)`. Dabei können Sie als Argument für die Ausrichtung die Klassenvariablen `FlowLayout.LEFT`, `FlowLayout.RIGHT` und `FlowLayout.CENTER` verwenden.

  Beispiel:

  ```
  mFlwLt = new FlowLayout(FlowLayout.LEFT);
  ```

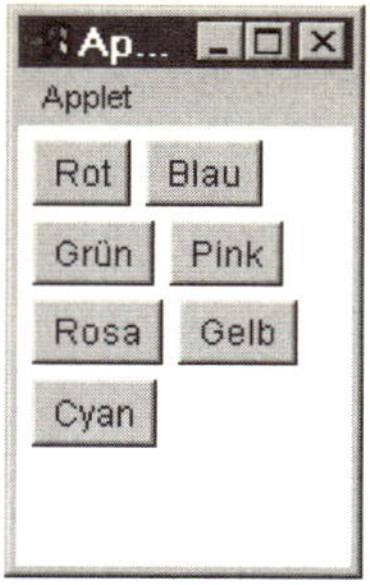

Bild 10.22: Linksanordnung

- Sie können in dem FlowLayout Werte für den Zwischenraum in horizontaler und vertikaler Richtung angeben. Dafür gibt es den Konstruktor `FlowLayout(int, int, int)`. Das erste Argument ist wieder die Ausrichtung, die Argumente 2 und 3 sind die Werte für die Mindestgröße des horizontalen und vertikalen Raumes, der zwischen den Komponenten bleibt. Die Zwischenräume werden in Pixel angegeben. Diese Angaben sind oft sehr sinnvoll, da die Standardabstände zwischen den Komponenten nur 3 Pixel betragen.

  Beispiel:

```
mFlwLt = new FlowLayout(FlowLayout.RIGHT, 15, 8);
// rechts ausgerichtet, horizontaler Zwischenraum 15 Pixel, ver-
tikaler Zwischenraum von 8 Pixel
```

Die GridLayout-Klasse

Bei dem Layout-Manager wird ein Rasterlayout mit Zeilen und Spalten verwendet. Ein Container wird wie ein Gitter mit gleich großen Teilen behandelt. Jede eingefügte Komponente wird in einer Zelle des Gitters plaziert. Dabei ist wieder die Reihenfolge relevant, in der mit der `add()`-Methode eine Komponente hinzugefügt wurde. Die Anordnung beginnt immer oben links und geht dann wie bei FlowLayout von links nach rechts weiter.

Der wesentliche Unterschied zwischen dem GridLayout und dem FlowLayout ist, daß GridLayout jeder Komponente den gleichen Raum zur Verfügung stellt.

HINWEIS

GridLayout ermöglicht in Verbindung mit verschachtelten Panels eine ziemlich genaue Kontrolle der Anordnung von Komponenten. Damit lassen sich Komponenten fast genauso genau auf der Oberfläche plazieren, wie bei der pixelgenauen Angabe, ohne jedoch deren Schwachpunkte zu übernehmen (die optimale Größenanpassung der Komponenten ist immer vorhanden).

▶ Wenn Sie eine `GridLayout`-Klasse erzeugen, müssen Sie die gewünschte Anzahl von Zeilen oder Spalten festlegen. Das Format des einfachen GridLayout-Konstruktors ist `GridLayout(int, int)`. Das erste Argument ist die Anzahl der Zeilen, das zweite Argument die Anzahl der Spalten. Beispiel: `setLayout(new GridLayout(3, 4));`

Dabei verhält sich der Layout-Manager wie folgt:

- Die Angabe der Zeilenanzahl bewirkt die Berechnung der Anzahl der notwendigen Spalten. Sie sollten in diesem Fall 0 für die Spaltenzahl verwenden.

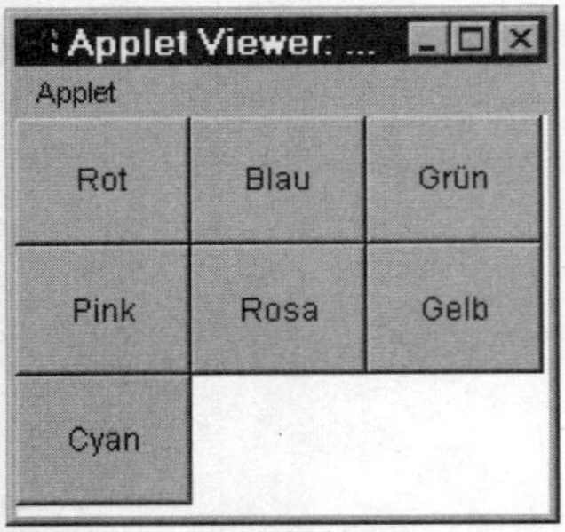

Bild 10.23: GridLayout(3, 0) bei obigem Beispiel.

- Die Angabe der Spaltenanzahl bewirkt die Berechnung der Anzahl der notwendigen Zeilen. Sie sollten in diesem Fall 0 für die Anzahl der Zeilen verwenden.

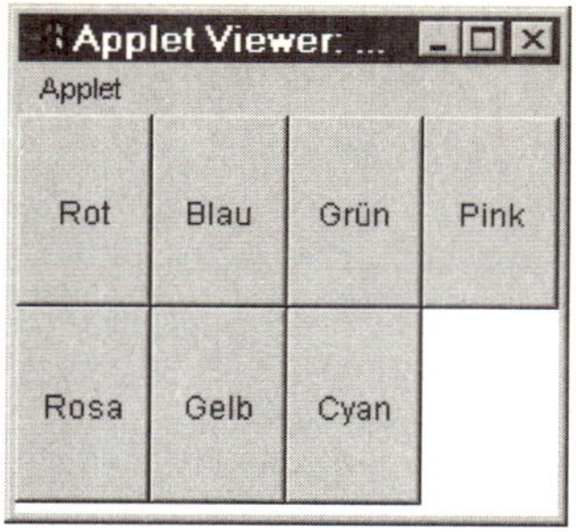

Bild 10.24: GridLayout(0, 4) bei obigem Beispiel.

HINWEIS

Wenn Sie sowohl für die Anzahl der Zeilen, als auch der Spalten von Null verschiedene Werte angeben, werden nur die Angaben für die Zeilenzahl berücksichtigt. Die Anzahl der Spalten wird auf der Basis der Anzahl der Komponenten und der Zeilen berechnet – unabhängig davon, ob sie mit dem von Ihnen gesetzten Wert übereinstimmt oder nicht. `GridLayout(5, 4)` *ist identisch zu* `GridLayout(5, 0)` *oder* `GridLayout(5, 2)`*. Auch wenn sich auf Grund der Berechnung von Komponentenanzahl und Anzahl der Zeilen eine Spaltenanzahl ergibt*

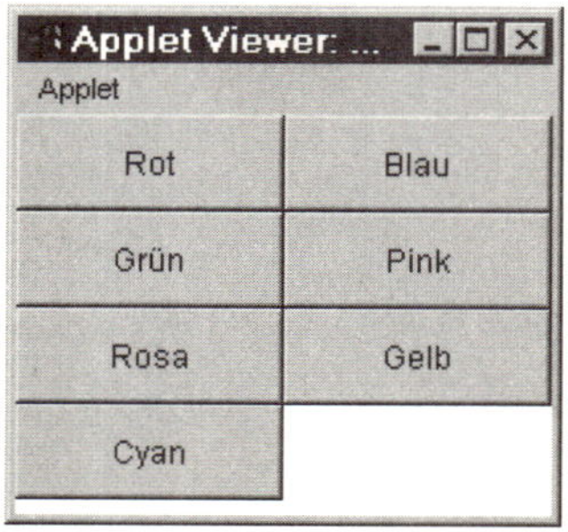

Bild 10.25: GridLayout(4, 4) bei obigem Beispiel. Trotz Angabe von 4 Spalten werden nur 2 verwendet.

Trotz Angabe von 2 Spalten werden nur 4 verwendet, weil es auf Grund der Zahl der Komponenten und der festgelegten Zeilenzahl notwendig ist.

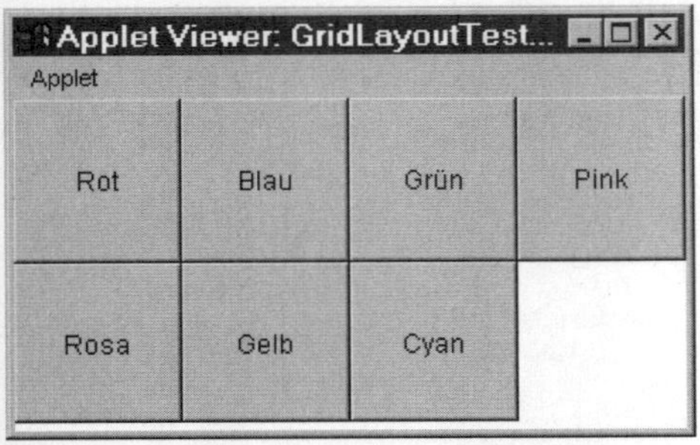

Bild 10.26: GridLayout(2, 2) bei obigem Beispiel.

- Für die Festlegung des horizontalen und vertikalen Zwischenraums zwischen den Komponenten steht ein weiterer Konstruktor zur Verfügung. Analog zum FlowLayout erweitern Sie die Argumentenliste um die Argumente für die Mindestgröße des horizontalen und vertikalen Raumes, der zwischen den Komponenten bleibt. Der Konstruktor `GridLayout(int, int, int, int)` hat als erstes Argument die Anzahl der Zeilen, als zweites Argument die Anzahl der Spalten, Argument 3 der horizontale und Argument 4 der vertikale Mindestabstand. Die Zwischenräume werden in Pixel angegeben.

  Beispiel:

  ```
  setLayout(new GridLayout(3, 4, 10, 15)); //10 Pixel horizontal,
  15 vertikal
  ```

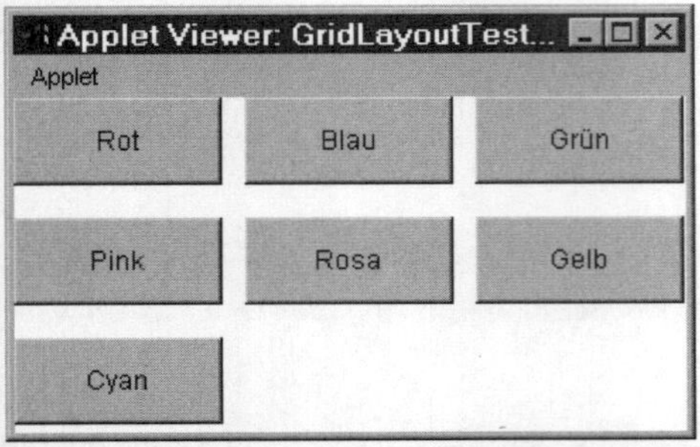

Bild 10.27: Die Komponenten haben definierte Mindestabstände.

Die BorderLayout-Klasse

Bei der `BorderLayout`-Klasse handelt es sich um ein Rahmenlayout. Die Komponenten werden dem Container nach geographischen Aspekten zugeordnet (wie bei einen Kompaß). Es gibt fünf Gebiete, wo eine Komponente plaziert werden kann:

- Zentrum (`Center`)
- Nord (`North`)
- Süd (`South`)
- Ost (`East`)
- West (`West`)

Wenn Sie unter dem BorderLayout-Manager dem Container Komponenten hinzufügen wollen, müssen Sie bei der `add()`-Methode einen dieser fünf Bereichsnamen verwenden.

Die fünf Bereiche werden wie auf einem Kompaß angeordnet. Nord ist oben im Container, Ost rechts, Süd unten und West links im Container. Das Zentrum befindet sich in der Mitte.

- Die einfachste Form für ein BorderLayout erfolgt über den Konstruktor `BorderLayout()`.

  Beispiel: `setLayout(new BorderLayout());`

- Optional können Sie wieder einen horizontalen und einen vertikalen Zwischenraum zwischen den Komponenten angeben. Dazu verwenden Sie wieder einen Konstruktor mit zwei Argumenten – `BorderLayout(int, int)`

  Beispiel: `setLayout(new BorderLayout(15,10));`

Um nun einem Bereich des BorderLayouts eine Komponente hinzuzufügen, müssen Sie wie erwähnt eine spezielle `add()`-Methode verwenden. Das erste Argument dieser speziellen `add()`-Methode ist eine Zeichenkette, welche die Position der Komponenten bezeichnet. Wenn eine Komponente mit der normalen `add()`-Methode (ohne eine Positionsangabe) hinzugefügt wird, wird sie nicht angezeigt.

Beispiel:

```
add("North", new Button("Rot")); // Fügt eine Schaltfläche im oberen
Bereich hinzu
```

Schauen wir uns dieses Layout in einem Beispiel an.

```
import java.awt.*;
public class BorderLayoutTest extends java.applet.Applet {
public void init()
{
setLayout(new BorderLayout());
Button mBut1 = new Button("Rot");
add("North", mBut1);
Button mBut2 = new Button("Blau");
add("West", mBut2);
Button mBut3 = new Button("Grün");
add("South", mBut3);
}
}
```

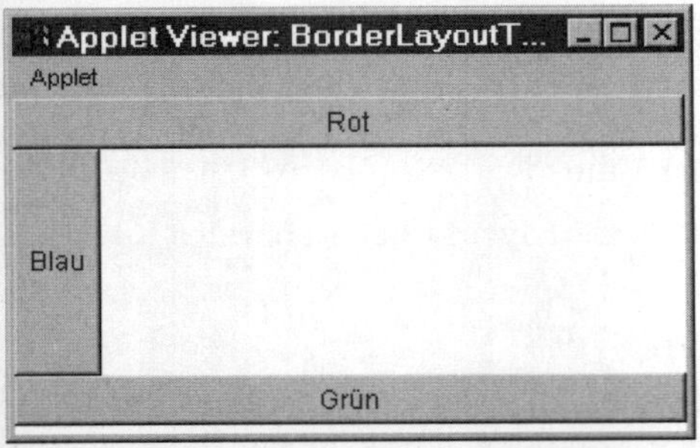

Bild 10.28: Die 3 Komponenten sind angeordnet, der Rest bleibt leer.

Das nächste Beispiel verwendet nun 5 Komponenten und definierte Abstände dazwischen.

```
import java.awt.*;
public class BorderLayoutTest2 extends java.applet.Applet {
public void init()
{
setLayout(new BorderLayout(15,25));
Button mBut1 = new Button("Rot");
add("North", mBut1);
Button mBut2 = new Button("Blau");
add("West", mBut2);
Button mBut3 = new Button("Grün");
```

```
add("South", mBut3);
Button mBut4 = new Button("Gelb");
add("East", mBut4);
Button mBut5 = new Button("Schwarz");
add("Center", mBut5);
}}
```

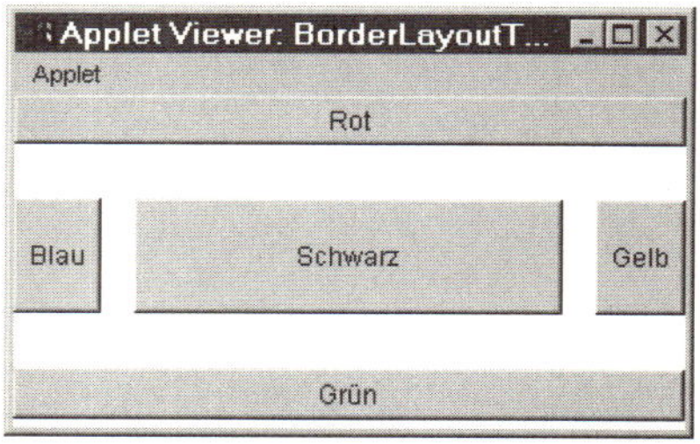

Bild 10.29: Die Abstände sind gut zu erkennen.

HINWEIS

Mit der `BorderLayout`-Klasse können Sie nur maximal eine Komponente in einem Bereich hinzufügen. Es gibt jedoch keinen Fehler. Wenn zwei Komponenten dem gleichen Bereich hinzugefügt werden, ist nur die zuletzt hinzugefügte zu sehen. Es lassen sich also pro Panel maximal 5 Komponenten plazieren.

Die CardLayout-Klasse

Kartenlayouts unterscheiden sich massiv von den bisher behandelten Layouts. Der wesentliche Unterschied besteht darin, daß von den eingefügten Komponenten immer nur eine Komponente sichtbar ist. CardLayout behandelt die dem Container hinzugefügten Komponenten wie einen Stapel von Karten. Jede Komponente wird auf einer eigenen Karte plaziert, wobei wie bei einer Diashow immer maximal eine Karte angezeigt wird.

- Die Erstellung eines Kartenlayouts erfolgt über den Konstruktor `CardLayout()`. Beispiel: `setLayout(new CardLayout());`

HINWEIS

Hauptsächlich Sinn machen Kartenlayouts, wenn es sich bei den Komponenten um vollständige Panels handelt. Damit kann pro »Karte« ein vollständiges, eigenes Layout definiert werden, welches beim Vor- und Zurückblättern jeweils angezeigt wird.

Nach Erstellung des CardLayouts fügen Sie mit einer speziellen Version der add()-Methode die Karten hinzu. Dabei wird jede Karte benannt. Das erste Argument dieser speziellen add()-Methode ist eine Zeichenkette, welche den Namen der Karte bezeichnet. Die Ähnlichkeit zum BorderLayout ist zwar da, aber die Angabe des Argumentes hat eine andere Bedeutung. Wenn eine Karte mit der normalen add()-Methode (ohne eine Namensangabe) hinzugefügt wird, können Sie diese nicht so einfach über die in der CardLayout-Klasse definierte show()-Methode direkt ansprechen).

Beispiel:

```
Panel karte1 = new Panel();
add("Rot", karte1);
Panel karte2 = new Panel();
add("Gelb", karte2);
Panel karte3 = new Panel();
add("Blau", karte3);
show(this, "Gelb");
```

Zum Anzeigen der »Karten« stehen Ihnen im CardLayout folgende Methoden zur Verfügung:

Methode	Beschreibung
first()	Anzeige der ersten Karte
last()	Anzeige der letzten Karte
next()	Anzeige der nächsten Karte
previous()	Anzeige der vorherigen Karte
show()	Anzeige der Karte über Angabe des Namens

Die GridBagLayout-Klasse und die GridBagConstraints-Klasse

Die GridBagLayout-Klasse ähnelt der GridLayout-Klasse, ist aber viel flexibler (und damit leider ebenso komplizierter). Ein Container wird wieder in ein Gitter mit gleich großen Zellen unterteilt. Der Unterschied zum GridLayout besteht zum einen darin, daß nicht Sie sondern der Layout-Manager die Anzahl der Zeilen und Spalten entscheidet. Der andere wichtige Unterschied ist der, daß eine Komponente mehr als eine Zelle belegen kann. Damit wird bei geschickter Anwendung eine kleine Komponente nicht überflüssig viel Platz verschwenden, während ihre »große Schwester« zusammengestaucht wird. Schauen wir uns das einmal auf zwei Bildern an, die eine Darstellung im GridLayout und im Grid-BagLayout vergleichen. {Welche Bilder???}

Kommen wir nun zu den Details. Der gesamte Bereich, den eine Komponente einnimmt (u.U. mehrere Zellen), wird »display area« genannt.

Wir hatten schon festgehalten, daß nicht Sie, sondern der Layout-Manager die Anzahl der Zeilen und Spalten entscheidet. Sie können jedoch eine grobe »Richtung« angeben, wie die Komponenten vom Layout-Manager angeordnet werden sollen. Dazu verwenden Sie eine eigene Klasse – die `GridBagConstraints`-Klasse. Bevor Sie einem Container eine Komponente hinzufügen, setzen Sie über verschiedene Variablen der Klasse die grobe Anordnung der Komponenten. Diese Variablen müssen wir uns zu Gemüte führen:

- Es gibt Variablen, die auf den ersten Blick an absolute Koordinatenangaben erinnern – `gridx` und `gridy`. Es handelt sich aber dabei um die Koordinaten der **Zelle**, in der die nächste Komponente plaziert werden soll (nicht der Komponente selbst, aber diese liegt damit natürlich indirekt ebenso fest). Die obere linke Ecke von `GridBagLayout` liegt bei 0, 0. Der Standardwert für `gridx` und `gridy` ist `GridBagConstraints.RELATIVE`. Dies bedeutet für `gridx` die erste rechte Zelle neben der letzten Komponente, die hinzugefügt worden ist, für `gridy` die Zelle, die unterhalb der letzten Komponente hinzugefügt worden ist.
- Sie können ebenso die Höhe und Breite von Komponenten indirekt festlegen. Über die Variablen `gridwidth` und `gridheight` legen Sie fest, wie viele Zellen hoch und breit eine Komponente sein sollte. Der Standardwert ist für beide Variablen 1. Sie können als besonderes Feature festlegen, daß eine Komponente die letzte in der aktuellen Zeile ist (damit ist die Breite natürlich festgelegt). Dazu dient der Wert `GridBagConstraint.REMAINDER` für `gridwidth`.

  Für `gridheight` bedeutet die Zuweisung dieses Wertes, daß diese Komponente die letzte in der Spalte sein sollte.
- Der Wert `fill` gibt an, welche Dimension einer Komponenten sich verändern soll, wenn eine Komponente kleiner als der Anzeigebereich ist. Gültige Werte sind `NONE`, `BOTH`, `HORIZONTAL` und `VERTICAL`.

  Der Standardwert, `GridBagConstraint.NONE`, veranlaßt, daß die Größe der Komponente unverändert bleibt.

GridBagConstraint.HORIZONTAL verbreitert die Komponente so, daß sie in der horizontalen Ebene den gesamten Anzeigebereich ausfüllt, in der Höhe aber unverändert bleibt.

GridBagConstraint.VERTICAL macht das entsprechende für die vertikale Ebene.

GridBagConstraint.BOTH sorgt für eine Streckung der Komponenten in beide Richtungen so, daß sie den Anzeigebereich voll ausfüllen.

- Die Werte ipadx und ipady definieren, um wie viele Pixel die Größe einer Komponente in x- und y-Richtung erweitert werden soll, um damit den Abstand zur nächstliegenden Komponente zu vergrößern. Die Pixel werden auf jeder Seite der Komponente hinzugefügt, was bedeutet, daß die Größe der Komponente immer um das Doppelte der angegebenen Pixel anwächst. Standard für ipadx und ipady ist jeweils 0 gestellt.
- Bei insets handelt es sich um eine Instanz einer Insets-Klasse. Insert-Objekte definieren die Ränder für alle Seiten einer Komponente. Es wird angezeigt, wieviel Platz zwischen den Grenzen einer Komponente und den Kanten des Anzeigebereichs gelassen werden kann.
- Das Feld anchor wird eingesetzt, wenn eine Komponente kleiner als ihr Anzeigebereich ist. Damit wird angegeben, wo die Komponente innerhalb des Anzeigebereichs plaziert werden soll.

  Der Standardwert ist GridBagConstraint.CENTER (im Zentrum des Anzeigebereichs) GridbagConstraints.NORTH, GridBagConstraints.NORTHEAST, GridBagConstraints.EAST, GridBagConstraints.SOUTHEAST, GridBagConstraints.SOUTH, GridBagConstraints.SOUTHWEST, GridBagConstraints.WEST, und GridBagConstraints.NORTHWEST sind wie bei der BorderLayout-Klasse zu verstehen und geben Richtungen wie bei einem Kompaß an.
- Die Werte weightx und weighty definieren eine Gewichtung für freien Raum innerhalb eines Containers und bestimmen die relative Größe der Komponenten. Eine Komponente mit weightx 2.0 nimmt doppelt soviel horizontalen Platz wie weightx 1.0 ein.

Die Erstellung eines GridBagLayout-Managers erfolgt mit dem Konstruktor `GridBagLayout()`.

Beispiel: `GridBagLayout mGrdBgL = new GridBagLayout();`

Danach setzen Sie das Layout. Beispiel: `setLayout(mGrdBgL);`
Wenn Sie einem Container nun eine Komponente hinzufügen möchten, erzeugen Sie die Komponente. Beispiel: `Button mBut = new Button("Okay");`

Dann wird eine Instanz von `GridBagConstraints` erzeugt.

```
Beispiel: GridBagConstraints bed = new GridBagConstraints();
```

Danach werden die genauen Bedienungen der Komponente festgelegt.

Beispiel:

```
bed.weightx = 2.0;
bed.gridwidth = GridBagConstraints.RELATIVE;
bed.fill = GridBagConstraints.HORIZONTAL;
```

Der nächste Schritt ist der Aufbau der Beschränkungen in dem GridBagLayout.

```
Beispiel: mGrdL.setConstraints(mBut, bed);
```

Im letzten Schritt wird die Komponente in den Container eingefügt.

```
Beispiel: add(mBut);
```

10.6 Deprecated & Alternativen

Wie schon angedeutet, wollen wir hier die wichtigsten Methoden aufführen, die wir verwendet haben und die als deprecated gelten. Für jede Methode geben wir die Alternative an. Beachten Sie bitte, daß die action()-Methode und die gesamten damit zusammenhängenden Vorgänge aus java.awt.Component in dem neuen Eventmodell als deprecated gelten. Wir gehen darauf im nächsten Abschnitt über das Eventhandling ein.

Deprecated	Ersetzt durch
Die Methode `resize()` in den Paketen `java.awt.Component` – 2x- und `java.awt.Rectangle`	`setSize(Dimension)` bzw. `setSize(int, int)`
Die `show()`-Methode aus dem Paket `java.awt.Component`	`setVisible(boolean)`.

Deprecated	Ersetzt durch
Die Methoden `hide()` in `java.awt.Frame`	`setVisible(boolean)`.
Die Methode `java.awt.Frame.setCursor()`	`Component.setCursor(Cursor)`.
Die Methode `getCursorType()` in `java.awt.Frame`	`Component.getCursor()`
Die Methode `disable()` in `java.awt.Component` und in `java.awt.MenuItem`	`setEnabled(boolean)`
Die Methode `enable()` sowohl in `java.awt.Component` als auch `java.awt.MenuItem`	Für sämtliche Varianten soll einheitlich `setEnabled(boolean)` verwendet werden.
Die Methoden `getCurrent()` und `setCurrent()` in `java.awt.CheckboxGroup`	`getSelectedCheckbox()` und `setSelectedCheckbox(Checkbox)`
Die Methode `countItems()`	`getItemCount()` in allen Paketen
Die beiden `addItem()`-Methoden in `java.awt.List`	`add(String)` bzw `add(String, int)`
Die Methoden `delItem()` bzw `delItems()` in `java.awt.List`	Durch `remove(String)/remove(int)` ersetzt worden (`delItem()`) bzw. sollen in dem neuen Java-Modell vollkommen vermieden werden (`delItems()`).
Die Methode `clear()` in `java.awt.List`	`removeAll()`
Die Methode `isSelected()` in dem Paket `java.awt.List`	`isIndexSelected(int)`
Die Methode `setMultipleSelections()`	`setMultipleMode(boolean)`
Die Methode `allowsMultipleSelections()`	`isMultipleMode()`
Die Methode `setEchoCharacter()` im Paket `java.awt.TextField`	`setEchoChar(char)`.
Die Methode `appendText()`	`append(String)`
Die Methode `insertText()` in `java.awt.TextArea`	`insert(String, int)`

Deprecated	**Ersetzt durch**
Die Methode `replaceText()`	`replaceRange(String, int, int)`
Die Methode `setLineIncrement()` im Paket `java.awt.Scrollbar`	`setUnitIncrement(int)`
In `java.awt.Scrollbar` die Methode `getLineIncrement()`	`getUnitIncrement()`
Die Methode `insets()`	`getInsets()`

10.7 Event-Modelle 1.0 und 1.1

Wir sind jetzt bereits an verschiedenen Stellen auf die `handleEvent()`-Methode und Reaktionsmöglichkeiten unter Java eingegangen. Hier sollen noch einmal die wichtigsten Details zusammengefaßt werden. Außerdem wird es Zeit, sich mit den beiden Eventmodellen von Java auseinanderzusetzen und diese gegenüberzustellen.

Java und das JDK bieten mittlerweile zwei verschiedene Modelle, wie auf Ereignisse durch den Anwender (etwa das Bedienen einer AWT-Komponente, aber auch die Betätigung einer beliebigen Taste) zu reagieren ist. Das Eventhandling im JDK 1.2 ist identisch zu der Variante des JDK 1.1. Die Reaktion auf Ereignisse hat sich bereits in der JDK-Version 1.1 gegenüber seinem Vorgänger total verändert und nicht mehr viel mit diesem gemeinsam. Allerdings besitzen beide Konzepte noch ihre Existenzberechtigung. Das neue Konzept ist zwar in fast jeder Hinsicht besser, schneller und leistungsfähiger, aber für die weitere Verwendung des ersten Modells gibt es – wie wir bereits wissen – ein unschlagbares Argument – viele Browser unterstützen bis jetzt das neuere Eventhandling noch nicht. Deshalb muß das ältere Eventhandling-Konzept für diejenigen Applets immer noch verwendet werden, welche die Kompatibilität zu diesen Browsern sicherstellen müssen. Dabei gibt es auch keine großen Probleme, denn um die Abwärtskompatibilität sicherzustellen, unterstützt das neue JDK beide Verfahren. Sun rät allerdings explizit, die beiden Modelle nicht in einem Programm zu mischen.

Wir werden hier beide Konzepte durchsprechen und überdies im direkten Vergleich gegenüberstellen.

Der AWT-Event-Handler 1.0

Das Eventhandling über eine grafische Benutzeroberfläche muß das Problem lösen, daß alle Elemente, die als Interface zwischen Benutzer und Anwenderprogramm dienen, portabel für alle unterstützten Betriebssystemen bleiben. Die Programmierung dieser Elemente auf der Ebene der jeweiligen Betriebssysteme erfolgt je nach Betriebssystem in einer anderen Weise. In traditionellen prozeduralen Programmen werden die Eingaben von Maus und Tastatur in einer Schleife abgefragt, die kontinuierlich durchlaufen werden muß. Das Eventhandling-System von Java arbeitet – sowohl in der ersten, als auch der neuen Variante – nach einen anderen Prinzip. Zur Bearbeitung von Ereignissen stehen Event-Funktionen zur Verfügung. Im AWT des JDK 1.0 ist nun zur Gewährleistung der Portabilität zwischen Java und den jeweiligen Betriebssystemen eine Zwischenebene eingeführt worden, die sogenannten Peers oder Peer-Interface. Hierbei handelt es sich um spezielle Objekte, die direkt zwischen den Java-Objekten und der entsprechenden Benutzeroberfläche kommunizieren können. Diese werden nur dann aufgerufen, wenn auch tatsächlich ein Ereignis auftrat. Die `Event`-Funktionen bekommen von den Peer-Objekten eine `Event`-Instanz übergeben, in der alle Daten zum Ereignis gespeichert sind, z.B. die Ursprungsinstanz, die Koordinaten, die Zeit beim Auftreten des Ereignis, usw. Zu jedem Java-Oberflächenobjekt unter 1.0 gehört ein Peer-Objekt. Die Elementfunktionen der Peer-Objekte sind auf allen Betriebssystemen gleich, nur die Implementierung unterscheidet sich.

Der Programmierer, welcher das AWT lediglich verwenden will, muß von den Peers eigentlich kaum etwas wissen, da die jeweiligen plattformspezifischen Elemente vollkommen transparent sind. Wird etwa die Maus auf ein Textfeld bewegt und die linke Maustaste gedrückt, so erzeugt sein zugehöriges Peer-Objekt ein `Event`-Objekt. Dieses wird der postEvent-Funktion des Textfeldes übergeben. Direkt im Anschluß wird die Methode `handleEvent` ausgeführt. Soll das Textfeld auf den Mausklick reagieren, so muß die Methode `handleEvent` entsprechend überschrieben werden. Hat diese Funktion das Ereignis abgearbeitet, so sollte sie, soweit das Event nicht an weitere, übergeordnete Objekte gesendet werden soll, den Rückgabewert `true` liefern. Für den Fall, daß dieses Objekt nicht auf dieses Ereignis reagieren konnte, sendet postEvent es an die postEvent-Funktion des übergeordneten Objekts, bis das Event als abgearbeitet (konsumiert) gekennzeichnet wurde oder alle beteiligten Objekte durchlaufen sind. Dies sollten Sie bereits im Hinterkopf behalten, denn hier wird ein wesentlicher Unterschied des 1.1-Event-Handlingmodells ansetzen.

U.U. kann es vorkommen, daß Objekte auf viele verschiedene Ereignisse reagieren müssen. Damit die `handleEvent`-Funktion nicht zu groß und unübersichtlich wird, ruft `handleEvent` mehrere Hilfs-Eventfunktionen (`mouseEnter`, `keydown`, `action`, ...) auf, welche die jeweils zugeordneten Events verarbeiten. Allerdings verfügt das 1.0-Modell nur über ein einziges und allgemein einzusetzendes Event-Objekt.

Die `handleEvent()`-Methode ist also unter dem 1.0-Modell die allgemeinste Art, wie das AWT auf irgendwelche Ereignisse eingeht, die auf der Benutzeroberfläche stattfinden. Die Ereignisse werden innerhalb der `handleEvent()`-Methode interpretiert und dann gezielt passende Methoden aufgerufen. Wenn die in der `Event`-Klasse definierten Standardereignisse eintreten, müssen Sie die `handleEvent()`-Methode überschreiben. Diese sieht schematisch so aus:

```
public boolean handleEvent (Event evt)
{... tue etwas sinnvolles}
```

Wie wir bereits gesehen haben, überprüfen Sie zum Test eines Ereignisses die ID-Instanzvariable des `Event`-Objekts, welches an die `handleEvent()`-Methode übergeben wird. Die ID-Instanzvariable ist eigentlich eine Ganzzahl. Wir haben jedoch bereits davon Notiz genommen haben, daß für eine ganze Reihe von Ereignissen ziemlich sprechende Klassenvariablen zur Verfügung stehen. Sie können jederzeit diese anstatt der Zahlenwerte testen.

HINWEIS

Zum Test eignen sich besonders gut `switch`-Anweisungen, als auch `if`-Konstrukte. Natürlich sind auch andere Konstruktionen denkbar.

Tastaturereignisse des AWT-Event-Handlers

Hier folgt nun noch eine kleine Liste mit Tastaturereignissen, die Sie in der `handleEvent()`-Methode abfragen können:

Wert von evt.id	Beschreibung
`Event.keypress`	Eine beliebige Taste wird gedrückt (entspricht der `keyDown()`-Methode).
`Event.keyrelease`	Eine beliebige, bereits gedrückter Taste wird losgelassen.
`Event.keyaction`	Eine beliebige Taste wird gedrückt oder losgelassen, d.h. es findet eine beliebige Tastenaktion statt.

Mausereignisse des AWT-Event-Handlers

Natürlich kann der AWT-Event-Handler auch auf Mausereignisse reagieren:

Wert von evt.id	Beschreibung
`Event.MOUSE_DOWN`	Eine Maustaste wird gedrückt (entspricht der `mouseDown()`-Methode).
`Event.MOUSE_UP`	Eine Maustaste wird losgelassen (entspricht der `mouseUp()`-Methode).
`Event.MOUSE_MOVE`	Die Maus wird bewegt (entspricht der `mouseMove()`-Methode).
`Event.MOUSE_DRAG`	Die Maus wird mit gedrückter Maustaste bewegt (entspricht der `mouseDrag()`-Methode).
`Event.MOUSE_ENTER`	Die Maus wird in den Bereich eines Applets oder einer seiner Komponenten bewegt (entspricht der `mouseEnter()`-Methode).
`Event.MOUSE_EXIT`	Die Maus verläßt den Bereich eines Applets (entspricht der `mouseEnter()`-Methode).

HINWEIS

Sowohl im Zusammenhang mit den Mausereignissen, als auch den Tastaturereignissen können Sie auf Betätigung einer Zusatztaste überprüfen. Dazu müssen Sie nur die – bereits bekannten – Methoden `shiftDown()`, `metaDown()` oder `controlDown()` zusätzlich abfragen.

Die zentralen Aspekte des 1.0-Event-Handling

Fassen wir zusammen, was das Eventhandling unter dem 1.0-Modell auszeichnet.

Wenn der Benutzer in einer GUI-Schnittstelle eine Eingabe vornimmt, wird vom System ein Objekt vom Typ `Event` erzeugt. Das `Event`-Objekt hat ein Feld *id*, in dem vermerkt ist, welche Art von Ereignis ausgelöst wurde. Abhängig von der Art des Ereignisses enthält das `Event`-Objekt noch weitere Informationen.

Feld	Bedeutung
`Event.id`	Art des Ereignisses
`Event.arg`	Information, die je nach Ereignis von unterschiedlichem Typ ist
`Event.clickCount`	Anzahl der aufeinanderfolgenden Mausklicks
`Event.key`	Tastencode der gedrückten Taste
`Event.modifiers`	Status der Modifier-Tasten Ctrl, Shift und Meta
`Event.target`	Instanz der Komponente, die das Ereignis auslöst
`Event.when`	Zeitpunkt der Ereignisauslösung
`Event.x`	X-Koordinate des Ereignisses
`Event.y`	Y-Koordinate des Ereignisses

Das AWT 1.0 unterstützt folgende Arten von Events:

- `Action-Event`: Die Betätigung eines Buttons, Auswahl aus einer Choice-Box oder Listbox, Wahl eines Menüpunktes, Eingabe in ein Textfeld.
- `Keyboard-Event`: Die Eingabe über die Tastatur
- `Maus-Event`: Das Bewegen der Maus oder Drücken der Maustasten.
- `List-Event`: Eine Selektion oder Deselektion eines List-Eintrages, aber nur bei Einfachklick mit der Maus.
- `Scrolling-Event`: Bewegen des Schiebers einer Scrollbar.
- `Window-Event`: Schließen eines Fensters oder Verändern der Größe.
- weitere Events: z.B. Eingabefokus erhalten oder verlieren etc.

Event.id	Klasse
`ACTION_EVENT`	`Button, Checkbox, Choice, List, MenuItem, TextField`
`GOT_FOCUS, LOST_FOCUS`	`Component`
`KEY_ACTION, KEY_ACTION_RELEASE, KEY_PRESS, KEY_RELEASE`	`Component`

Event.id	Klasse
MOUSE_ENTER,MOUSE_EXIT, MOUSE_DOWN, MOUSE_UP, MOUSE_MOVE, MOUSE_DRAG	Component
LIST_SELECT, LIST_DESELECT	List
SCROLL_LINE_UP, SCROLL_LINE_DOWN, SCROLL_PAGE_UP, SCROLL_PAGE_DOWN, SCROLL_ABSOLUTE	Scrollbar
WINDOW_MOVED, WINDOW_DESTROY, WINDOW_ICONIFY, WINDOW_DEICONIFY	Frame, Dialog

Folgende Action-Events gibt es:

Komponente	Event.arg	Aktion
Button	Label des Buttons	Drücken des Buttons mit Maus oder Leertaste
Checkbox	Status der Checkbox	Anwahl der Checkbox
Choice	Label des ausgewählten Eintrags	Auswahl des Eintrags
List	Label des ausgewählten Eintrags	Return-Taste oder Doppelklick auf Listenelement
MenuItem	Label des Menüpunktes	Auswahl des Menüpunktes
TextField		Abschluß der Eingabe mit Return

Das sind die Fokus-Events:

Methode	Ausgelöst
gotFocus	Komponente erhält den Fokus
lostFocus	Komponente verliert den Fokus

Hier folgen die Maus-Events:

Methode	Ausgelöst
`mouseDown`	Maustaste wird gedrückt
`mouseUp`	Maustaste wird losgelassen
`mouseMove`	Die Maus wird bewegt
`mouseDrag`	Die Maus wird mit gedrückter Maustaste bewegt
`mouseEnter`	Der Mauszeiger tritt in den Bereich einer Komponente ein
`mouseExit`	Der Mauszeiger verläßt den Bereich einer Komponente

And last but not least die Tastatur-Events:

Methode	Ausgelöst
`keyDown`	Eine Taste wird gedrückt
`keyUp`	Eine Taste wird losgelassen

Als Parameter werden das `Event`-Objekt und der Code der gedrückten Taste übergeben. Für die Sondertasten gibt es spezielle Konstante.

Konstante	Taste
`Event.UP`	Cursor oben
`Event.DOWN`	Cursor unten
`Event.LEFT`	Cursor links
`Event.RIGHT`	Cursor rechts
`Event.HOME`	Home-Taste
`Event.END`	Ende-Taste
`Event.F1` bis `Event.F12`	Funktionstasten F1 bis F12

Eventhandling 1.1

Das neue EventModell von Java 1.1 bzw. 1.2 hat mit dem des JDK 1.0 nur noch wenig gemein. Schauen wir uns zuerst die Neuerungen an.

Die expliziten Neuerungen des Eventmodells

Eine ganz wichtige Erweiterung ist beispielsweise, daß neben der Verwendung von Ereignissen bei grafischen Benutzereingaben diese nun auch für Java Beans genutzt werden können. Die zweite auffällige Neuerung des neuen Eventmodells ist, daß es dort mehr als eine Event-Klasse gibt. Unter dem alten Modell beruhte, wie Sie gesehen haben, die gesamte Verarbeitung von Ereignissen auf der Klasse `Event`. Die Instanzvariable *id* der Klasse `Event` beinhaltet dabei die Art des Ereignisses und liefert alle notwendigen Informationen. Das Attribut *target* enthält die Information, welches Objekt das Ereignisses ausgelöst hat.

In dem neuen Ereignismodell erben alle Ereignis-Klassen von der Klasse `java.util.EventObject`. AWT-Events erben von der Klasse `java.awt.AWTEvent`. Für die letztgenannte Klasse (`AWTEvent`) stehen wiederum einige Subklassen zur Verfügng, die entweder einfache (Low-Level) oder höherwertige (semantische oder High-Level) Ereignisse abbilden.

- Zu den Low-Level-Ereignissen zählt zum Beispiel die Klasse `MouseEvent`, die im neuen Modell für Mausaktivitäten zuständig ist.
- Zu den High-Level-Ereignissen zählen `ActionEvent` oder `ItemEvent`, welche bei Statusänderungen von Elementen (etwa Selektion eines Menüeintrags oder einer Listbox) ausgelöst werden.

Da wir im neuen Modell mehrere Event-Klassen haben, müssen diese auch sinnvoll verwaltet werden. Die Event-Klassen werden dazu in dem neuen Konzept in einer Baumhierarchie gruppiert. Die Einteilung erfolgt ausschließlich über die unterschiedlichen Ereignistypen. Der Typ des Objektes legt damit automatisch fest, welche Art von Ereignis vorliegt. Der Vorteil davon ist, daß eine Abfrage der Id-Nummer (wie bisher) nicht mehr notwendig ist. Die Event-Klassen sind vollständig gekapselt und lassen damit keine unnötigen Informationen (etwa in From von Instanzvariablen) nach außen durch. Die Peer-Philosophie vom Modell 1.0 gibt es nicht mehr. Dies entspricht noch mehr dem objektorientierten Gesamtkonzept, als es in Java 1.0 realisiert war. Normalerweise werden sämtliche 1.1-Events unveränderliche Objekte sein (man nennt sie deshalb immutable).

Wenn Events entstehen, müssen diese auch irgendwie ausgewertet werden. Es sind ja reine Mitteilungs-Objekte, die erst mal nur da sind und erst nach einer Behandlung durch einen entsprechend aufgebauten Mechanismus eine Reaktion des Programms bewirken können. Das Event-Objekt selbst ist noch keine Reaktion des Programms. Es muß zu einem Auswertungs-Objekt transportiert werden. Wir hatten den Begriff jedoch schon, welcher den neuen Mechanismus des Event-Transports beschreibt – Deligierte. Dieser funktioniert so:

1. Ein Ereignis tritt bei einem Quellobjekt (event source) auf
2. Das entstandene Event-Objekt wird an ein Zuhörer-Objekt (Event-Listener) weitergeleitet.
3. Erst von dem Event-Listener wird über die konkrete Event-Behandlung entschieden und die *Reaktion* auch ausgelöst.

In der Auflistung der Arbeitsschritte beim Deligationsmechanismus fällt auf, daß wir dort neben den bisher bekannten Objekten einen weiteren Objekttyp benötigen, ein Listener-Objekt, welches dem Event-Prozeß eindeutig zugeordnet ist. Dieses Objekt ist neu im 1.1-Event-Modell und von ganz zentraler Bedeutung.

Im Source könnte das dann folgenmaßen aussehen:

```
Button meinButton;
meinButton =·new Button("Ende");
ButtonListener meinButtonHandler;
meinButtonHandler = new ButtonListener(this);
meinButton.addActionListener(meinButtonHandler)
```

Diese kurze Sourceteil beschreibt bereits die grundsätzliche Vorgehensweise, um Ereignisse in dem neuen Modell zu behandeln:

1. Zuerst wird ein Objekt erzeugt, welches ein Ereignis auswerfen kann (in unserem Fall ein `Button`).
2. Danach erzeugt man einen dazu passenden Event-Listener (in unserem Fall ein `ButtonListener`, welcher auf ein Ereignis des Buttons reagieren kann).
3. Nach der Erzeugung wird das Listener-Objekt bei der Ereignisquelle registriert. Dazu gibt es immer eine passende Methode, die immer so aussieht:

   ```
   add<Typ_des_Events>Listener.
   ```

   Dabei muß an Stelle des in spitzen Klammern stehenden *Typ_des_Events* ein Listener einer bestimmten Art stehen (in unserem Fall sieht es dann so aus: `addActionListener`).

Ein Event-auslösendes Objekt kann mehrere Listener – sogar des gleichen Typs – besitzen. Die Methode add<*Typ_des_Events*>Listener *bewirkt eine sinnvolle Hintereinanderschaltung in einer geordneten Listenstruktur.*

Wenn ein Ereignis eintritt, so wird es vom Quellobjekt an diejenigen Listener des entsprechenden Typs weitergeleitet, die registriert sind. Diese Technik wird von Sun als Multicast bezeichnet. Das Objekt, bei dem das Ereignis eintritt, überträgt dieses wie in einer Fernsehsendung an alle Zuschauer, die das TV-Gerät angeschaltet haben (was in unserem Zusammenhang bedeutet, die Listener sind registriert). Die von dem Ereignis betroffenen Listener können dann entsprechend reagieren.

Das neue Eventmodell beinhaltet noch eine etwas veränderte Technik, mit der es möglich ist, einen einzelnen Listener gezielt anzusprechen (Sun nennt es Unicast). Sie ist jedoch nur für Java Beans zu verwenden.

Keine Ausnahmebehandlung beim Event-Empfang:
Für die Reihenfolge des Event-Empfangs soll nach der Empfehlung von Sun keine explizite Ausnahmbehandlung erfolgen, da das AWT die Reihenfolge des Eintreffens von Ereignis-Objekten nicht garantieren kann. Wenn also ein Ereignis 1 und unmittelbar nachfolgend ein Ereignis 2 ausgelöst wird, kann es vorkommen, daß Ereignis 2 vor Ereignis 1 beim Listener ankommt.

Ein Event-Listener ist stets ein Objekt der grafischen Oberfläche oder eine eigene Klasse. Um auf die interessanten Ereignisse reagieren zu können, werden die entsprechenden Java-Schnittstellen implementiert. Das neue Java stellt dazu eine Hierarchie von abstrakten Event-Listener-Klassen zur Verfügung. In Analogie zu den bisherigen Event-Klassen gibt es sowohl Low-Level-Schnittstellen für einfache Ereignisse, als auch High-Level-Schnittstellen (semantisch) für komplexere Events. Es gibt für jede sinnvolle Reaktion auf einen spezifischen Event-Typ in einer Event-Listener-Schnittstelle eine dazu passende Schnittstellendefinitionen.

Die Schnittstelle `ContainerListener` verwendet die Methoden:

- `public abstract void componentAdded(ContainerEvent e)`
- `public abstract void componentRemoved(ContainerEvent e)`

Das `MouseListener`-Interface unterstützt die Methoden:

- `public abstract void mouseClicked(MouseEvent e)public`
- `abstract void mouseEntered(MouseEvent e)`
- `public abstract void mouseExited(MouseEvent e)`
- `public abstract void mousePressed(MouseEvent e)`
- `public abstract void mouseReleased(MouseEvent e)`

Das `TextListener`-Interface unterstützt die Methode

- `public abstract void textValueChanged(TextEvent e)`

und das `ActionListener`-Interface

- `public abstract void actionPerformed(ActionEvent e)`

Neben den neuen Methoden und Klassen zur Ereignisbehandlung hat sich auch etwas in der zentralen Art der Ereignisbehandlung im neuen Event-Modell verändert. Dies betrifft die Technik der Weiterleitung eines Ereignisses an die nächsthöhere, umfassende Komponente. In der Version 1.0 mußte zur *Unterbindung* einer Weiterleitung des Events an die nächsthöhere, umfassende Komponente von der gerade aktuellen Komponente auf jeden Fall der Wert `true` zurückgegeben werden. Die aktuelle Komponente mußte deshalb auf jeden Fall das Ereignis »ansehen« und verarbeiten. Das Ereignis entsteht in dem 1.0-Modell beim auslösenden Objekt und wird – falls dieses Objekt das Event nicht konsumiert (was bedeutet, der Wert `true` wird nicht zurückgegeben) – sofort an den nächsthöheren, umfassenden GUI-Container weitergegeben. Es gibt aber diverse Situationen, wo dies nicht gewünscht wird. Das Ereignis soll nicht bei der aktuellen Komponente und auch nicht bei einer dessen umfassenden Komponenten konsumiert werden, sondern das Ziel des Ereignisses ist ein vollkommen anderes Objekt. Es muß sozusagen quer weitergeleitet werden. Eine ganze Kette von GUI-Elementen bekommen unter dem 1.0-Eventmodell ein Ereignis zu sehen. Obwohl sie nicht davon betroffen sind, müssen sie bei der Weiterschleusung das Ereignis auswerten und verarbeiten, damit sie den Wert `true` zurückgeben können (sonst würde es auch bei einen reinem Mittlerobjekt nach oben an die umfassende Komponente weitergereicht und das wäre i.d.R. die falsche Richtung). Hier haben wir einen Grund dafür, daß unter dem Eventmodell 1.0 in einigen Fällen ein beträchtlicher Performanceverlust bei der Reaktion auf Ereignisse entsteht.

Ein weiteres Problem unter 1.0 betrifft die `handleEvent`-Methode, welche je nach Situation verschiedene boolsche Werte zurückgeben, beziehungsweise bei Bedarf durch den Aufruf von `super.handleEvent(event)` die Ereignisbehandlung der Superklasse aufrufen muß.

Im Modell 1.1 erreichen Eventobjekte – bis auf notwendige Ausnahmen – nur noch das Zielobjekt. Das u.U. zeitaufwendige und überflüssige Durchschleusen (mit der Auswertung des Ereignisses) durch die Reihe von GUI-Container (die nicht betroffen sind) entfällt. Die angedeuteten Ausnahmen sind Situationen, wo eine Auswertung des durchgeschleusten Ereignisses deshalb notwendig ist, um die weitere Ereignisverarbeitung abzubrechen. Falls etwa bestimmte Bedinungen eintreten, die eine Weiterleitung des Ereignisses an das Ziel nicht sinnvoll erscheinen lassen, muß ein Mittlerobjekt als Filter arbeiten. Sie können in jedem Objekt Eingabeereignisse mit der Methode `void consume()` verarbeiten und damit verbrauchen (Sie finden sie sowohl in der Klasse `java.awt.AWTEvent`, als auch `java.awt.event.InputEvent` und `java.awt.event.InputMethodEvent`, wo sie überschrieben werden).

Diese Funktion setzt einen Schalter im Event-Objekt, den man durch die assoziierte Methode `boolean isConsumed()`abfragen kann. Das Ereignis selbst kann weiterhin an alle registrierten Listener weitergereicht werden. Diese müssen dann bei Bedarf das Flag kontrollieren und die Verarbeitung gegebenenfalls abschließen.

Wenn man das Verhalten eines AWT-Objekts durch Bildung einer Subklasse erweitert, ergeben sich hinsichtlich der Event-Verarbeitung grundsätzlich drei mögliche Verfahrensweisen:

1. Integration der Event-Listener-Klassen in die Subklasse über eine Befehlszeile der Art `implements <Event>ListenerInterface`.
2. Implementation von separaten Event-Listener-Klassen. Dies haben wir durchgesprochen. Es hat aber den Nachteil, daß es unter Umständen sehr aufwendig sein kann und die Zahl der notwendigen Klassen stark erhöht.
3. Redefinition der Event-Dispatch-Methoden (`processEvent` oder `process`<Event-Klasse>)[1], die jedes GUI-Objekt aus dem AWT standardmäßig besitzt.

---

1. **Unter dem 1.0-Modell wurde die postEvent-Methode an dieser Stelle verwendet.**

Die 3. Variante verwendet im Gegensatz zu Variante 2 kein extra Event-Listener-Interface, erkauft sich dieses Vorgehen jedoch über den Nachteil, daß es zu den gleichen Problemen wie im Event-Handling des JDK 1.0 kommen kann. Etwa die unübersichtlichen »if-then-else«-Konstrukte komplexen bei Applikationen. Diesen Mißstand versucht das neue Framework durch eine klare Trennung der Konzepte zu beheben. Das gut gegliederte objektorientierte Design vermeidet damit solche schwer wartbaren und fehleranfälligen Konstruktionen. Durch das Zwischenschalten der Listener erstellt man nur noch dann Subklassen von Standard-GUI-Objekten, wenn sich diese tatsächlich durch ein eigenes Verhalten auszeichnen. Ansonsten versucht man, das Erzeugen von Subklassen zur Ereignisbehandlung so weit wie möglich zu unterlassen. Das Verhalten paßt damit noch besser wie vorher in die objektorientierte Philosophie, wo man ja ebenfalls Verhaltensweisen soweit oben wie möglich im Vererbungsbaum ansiedeln möchte. Der Preis für diese Einfachheit ist der Aufbau von zusätzlichen Listener-Klassen.

Umstieg vom 1.0-Eventmodell auf 1.1

Zu Erleichterung des Umstiegs vom 1.0-Eventmodell auf das 1.1-Modell folgt in diesem Abschnitt eine Event-Konvertierungstabelle. Dabei werden die 1.0-Events ihren 1.1-Partnern gegenübergestellt. Die erste Spalte listet jeden 1.0-Eventtyp mit dem Namen der Methode (falls vorhanden) auf, die dem Ereignis zugeordnet ist. Wo keine Methode angegeben ist, wird das Ereignis immer in der `handleEvent`-Methode behandelt. Die zweite Spalte listet die 1.0-Komponenten auf, die den angegebenen Ereignistyp generieren können. Die dritte Spalte gibt das Listenerinterface zum Auffinden des 1.1-Äquivalents der aufgelisten Ereignissen an. Die vierte Spalte gibt die Methoden in jedem Listenerinterface an.

1.0		1.1	
Event/Methode	**Generiert von**	**Listener Interface**	**Methoden**
`ACTION_EVENT/action`	`Button, List, MenuItem, TextField`	`ActionListener`	`actionPerformed(ActionEvent)`
	`Checkbox, CheckboxMenuItem, Choice`	`ItemListener`	`itemStateChanged(ItemEvent)`

Tabelle 10.1: Gegenüberstellung vom 1.0 und 1.1 Modell für den Umstieg

1.0		1.1	
Event/Methode	**Generiert von**	**Listener Interface**	**Methoden**
WINDOW_DESTROY, WINDOW_EXPOSE, WINDOW_ICONIFY, WINDOW_DEICONIFY	Dialog, Frame	WindowListener	windowClosing(WindowEvent), windowOpened(WindowEvent), windowIconified(WindowEvent), windowDeiconified(WindowEvent), windowClosed(WindowEvent) ***(kein Äquivalent in der Version 1.0)***, windowActivated(WindowEvent) ***(kein Äquivalent in der Version 1.0)***, windowDeactivated(WindowEvent) ***(kein Äquivalent in der Version 1.0)***
WINDOW_MOVED	Dialog, Frame	ComponentListener	componentMoved(ComponentEvent), componentHidden(ComponentEvent) ***(kein Äquivalent in der Version 1.0)***, componentResized(ComponentEvent) ***(kein Äquivalent in der Version 1.0)***, componentShown(ComponentEvent) ***(kein Äquivalent in der Version 1.0)***
SCROLL_LINE_UP, SCROLL_LINE_DOWN, SCROLL_PAGE_UP, SCROLL_PAGE_DOWN, SCROLL_ABSOLUTE, SCROLL_BEGIN, SCROLL_END	Scrollbar	AdjustmentListener **(altenativ kann die neue** ScrollPane**-Klasse verwendet werden)**	adjustmentValueChanged(AdjustmentEvent)
LIST_SELECT, LIST_DESELECT	Checkbox, CheckboxMenuItem, Choice, List	ItemListener	itemStateChanged(ItemEvent)
MOUSE_DRAG/mouseDrag, MOUSE_MOVE/mouseMove	Canvas, Dialog, Frame, Panel, Window	MouseMotionListener	mouseDragged(MouseEvent), mouseMoved(MouseEvent)

Tabelle 10.1: Gegenüberstellung vom 1.0 und 1.1 Modell für den Umstieg

1.0		1.1	
Event/Methode	**Generiert von**	**Listener Interface**	**Methoden**
MOUSE_DOWN/mouseDown, MOUSE_UP/mouseUp, MOUSE_ENTER/mouseEnter, MOUSE_EXIT/mouseExit	Canvas, Dialog, Frame, Panel, Window	MouseListener	mousePressed(MouseEvent), mouseReleased(MouseEvent), mouseEntered(MouseEvent), mouseExited(MouseEvent), mouseClikked(MouseEvent) *(kein Äquivalent in der Version 1.0)*
KEY_PRESS/keyDown, KEY_RELEASE/keyUp, KEY_ACTION/keyDown, KEY_ACTION_RELEASE/keyUp	Component	KeyListener	keyPressed(KeyEvent) keyReleased(KeyEvent), keyTyped(KeyEvent) *(kein Äquivalent in der Version 1.0)*
GOT_FOCUS/gotFocus, LOST_FOCUS/lostFocus	Component	FocusListener	focusGained(FocusEvent), focusLost(FocusEvent)
Kein Äquivalent in der Version 1.0.		ContainerListener	componentAdded(ContainerEvent), componentRemoved(ContainerEvent)
Kein Äquivalent in der Version 1.0.		TextListener	textValueChanged(TextEvent)

Tabelle 10.1: Gegenüberstellung vom 1.0 und 1.1 Modell für den Umstieg

10.8 Swing und JFC

Nachdem wir das neue Eventmodell von Java diskutiert und dem alten Modell gegenübergestellt, wollen wir zum Abschluß noch einmal Swing allgemein ansprechen. Swing ist ein praktisches Beispiel eines Konzeptes, welches massiv auf dem neuen Eventmodell aufbaut. Dieses Konzept gehört zur Java Foundation Classes und ist eine wesentliche Erweiterung des AWT-Modells in Java 1.2 (unter Verwendung des neuen Eventmodells). Wohlbemerkt, eine Erweiterung. Die bisherigen AWT-Techniken lassen sich in Java immer anwenden und im Prinzip auch mit Swing-Elementen mischen (was aber nicht sonderlich sinnvoll ist). Swing implementiert einen neuen Satz von GUI-Komponenten mit anpassungsfähigem Look and Feel. Swing ist vollständig in 100% purem Java implementiert und basiert auf dem JDK 1.1 Lightweight UI Framework (lightweight bedeutet, daß keine Peer-Klassen mehr benötigt werden). Das Aussehen und die Reaktionen von GUI-Komponenten passen sich auf Wunsch automatisch an jede unterstützte Betriebssystemplattform (Windows, Solaris, Macintosh) an. Sie schwingen (to swing) sozusagen zwischen den verschiedenen Welten hin und her (wenn Sie es wollen). Um dieses zu realisieren, gibt es in Swing den `UIManager`, der mit Methoden wie `setLookAndFeel()` oder `getSystemLookAndFeelClassName()` dafür sorgt.

Swing-Komponenten beinhalten vollständig die bisherigen AWT-Komponenten (Button, Scrollbar, Label, etc.), plus einen Satz von higher-level-Komponenten (Baumansichten, Listboxen, usw.).

Die Swing-API Referenz hat sich über die Entwicklung des Konzeptes bis zu der Finalversion 1.2 erheblich verändert. Das gesamte API ist umstrukturiert und in das Paket `javax` verlagert worden. Swing besteht nun aus folgenden Paketen:

- `javax.swing`
- `javax.swing.border`
- `javax.swing.colorchooser`
- `javax.swing.event`
- `javax.swing.filechooser`
- `javax.swing.plaf`
- `javax.swing.plaf.basic`
- `javax.swing.plaf.metal`
- `javax.swing.plaf.multi`
- `javax.swing.table`
- `javax.swing.text`
- `javax.swing.text.html`
- `javax.swing.text.html.parser`
- `javax.swing.text.rtf`
- `javax.swing.tree`
- `javax.swing.undo`

Viele bisherige Methoden und Techniken sind unter Swing verbessert und erweitert worden. Dabei wurde vielfach der Name beibehalten, nur ein neuer Konstruktor eingeführt und/oder die Methode in einer neuen Klasse neu bereitgestellt. Diese neuen Klasse ist in sehr vielen Fällen direkt aus einer der alten AWT-Klassen abgeleitet. So ist die Swing-Klasse `JToolBar` ein direkter Nachkomme von `Container`. In anderen Fällen wird ein anderer Name verwendet, der dem bisherigen Namen jedoch oft ähnlich ist oder zumindest Bestandteile des bisherigen Namens verwendet.

Sie werden sich vielleicht wundern, daß Swing hier im Verhältnis zum konventionellen AWT kürzer besprochen wird, aber entscheidend ist, daß man sämtliche Erfahrungen aus den bisherigen Abhandlungen über das AWT (GUI-Gestaltung verbunden mit dem neuen Eventhandling) schlicht zusammenbringen muß und einfach übertragen kann. Wenn man konkret unter dem Swingkonzept programmieren möchte, ordnet man seine UI-Elemente wie gehabt auf einem `Panel` (unter Swing ein `JPanel`) oder in einem auf Swing basisierend Applet an. Das Swing-`JPanel` entspricht weitgehend dem bekannten Panel, benutzt aber wie alle Swing-Elemente keine Peer-Klasse. Außerdem wird quasi von Hause aus (Defaulteinstellung, welche mit der Methode `setBuffered(boolean)` verändert werden kann) Double Buffering unterstützt, um das Flackern vom Bildschirm zu verringern.

Die meisten Swing-Klassen (etwa `JMenuBar`, `JMenu` oder `JMenuItem`) sind mit den Menüklassen des konventionellen AWTs stark verwandt. Die Klasse `JFrame` besitzt beispielsweise als direkter Nachkomme von `java.awt.Frame` auch sämtliche der dort besprochenen Methoden und natürlich einige Erweiterungen (etwa `setMenuBar()`). Zwar lassen sich durchaus Details finden, wo Vorgänge geringfügig verändert wurden. Prinzipiell gilt aber das gleiche, was auch in der Fahrschule gilt: Wenn man auf einem Auto den Führerschein gemacht hat, kann man mit etwas Umgewöhnung jeden anderen Wagen fahren. Wir sprechen einmal eine exemplarische Erstellung einer Swing-Oberfläche durch.

- Als ersten Schritt müssen Sie neben den bisher üblichen Paketen noch `javax.swing.*` und die sonst aus dem Swing-Konzept verwendeten Pakete am Anfang importieren. Dabei bitte nicht die Klasse `java.awt.event.*` vergessen, wenn Sie die darauf basierenden Reaktionen behandeln wollen.
- Danach verwenden Sie einfach die Swing Komponenten statt der bisherigen Komponenten, um die Oberfläche zu gestalten. Also etwa

```
JPanel meinPanel;
JMenuBar meineMenuBar;
JMenu meineMenuAktion;
JMenuItem meinMenuItem;
JButton meinButton;
```

Die Verwendung des `new`-Operators erfolgt wie gehabt. Die Anordung auf dem `JPanel` funktioniert ähnlich wie bisher. Sie ist nur in einigen Details erweitert worden. Es gibt diverse neuen Methoden und Manager, welche die Anordnung und das Aussehen erweitern. Dort steckt eine wesentliche Erweiterung der Gestaltungsmöglichkeiten. Prinzipiell steht dahinter aber wie immer die `add()`-Methode. Sie sollten allerdings bei sämtlichen Aktionen, welche das Layout einer Oberfläche berühren, die dem Panel zugrundeliegende Gestaltung abfragen. Mit der Methode `public Container getContentPane()` bekommen Sie als Rückgabewert Informationen über das zugrundeliegende Layoutkonzept. Sie können, da ein Objekt `JRootpanel` zurückgegeben wird, direkt die `add()`-Methode auf die Methode per Punktnotation anwenden (`getContentPane().add()`). In der Dokumentation des jeweiligen Containers finden Sie die Details, auf die Sie achten müssen (falls das bisherige direkte Vorgehen mit der `add()`-Methode nicht funktioniert).

- Die Erstellung von Funktionalitäten in Form von eigenen Klassen und Methoden ist im Grundsatz identisch (außer, daß Sie mehr Möglichkeiten wie bisher haben).
- Das Eventhandling muß natürlich als 1.1-Modell aufgebaut werden. Dazu gilt es, die passenden `Listener`-Klassen zu entwerfen und das zugehörige Eventhandling zu erstellen.

Das war es eigentlich. Die zu Swing getroffenen Aussagen lassen sich auch auf andere neue Techniken und Methoden übertragen. Es wird jedoch sehr oft vorkommen, daß Sie eine als deprecated gekennzeichnete Methode verwenden, denn diese Veränderungen sind fließend und finden ständig statt. Jede (Zwischen-)-Version von Java wird einige Methoden leicht verändern und den Vorgänger als deprecated kennzeichnen, ihn gleichwohl weiter unterstützen. Wenn Sie so eine als deprecated gekennzeichnete Methode verwenden, können Sie in der aktuellsten Java-Dokumentation die Methode oder neue Variante der Methode nachschlagen, die statt dessen verwendet werden soll. Ob Sie diese dann verwenden oder nicht, hängt davon ab, ob Sie eine möglichst große Zielgruppe erreichen wollen, oder eine leistungsfähigere und meist stabilere Variante vorziehen. Um aber nicht falsch verstanden zu werden – wenn kein entscheidendes Argument dagegenspricht, ist natürlich die neuere Lösung vorzuziehen.

Swing und Applets

Lassen Sie uns jetzt einige Swing-Beispiele durchspielen. Als erstes wollen wir ein ganz einfaches Applet nach dem Swing-Konzept erstellen, welches nur ein paar Komponenten auf der Oberfläche anordnet. Sie kennen Sie alle – es ist immer nur ein vorangestelltes `J` zu dem bisherigen Fall verschieden. Beachten Sie, daß die grundsätzlichen Dinge (Layoutmanager, Konstruktoren usw.) so gut wie identisch zu dem konventionellen Fall sind. Wichtigster Unterschied bei dem Beispiel ist, daß die Oberfläche betreffende Aktionen über die Methode `getContentPane()` »abgefedert« werden, damit das Layout sich auf die spezifisichen Bedingungen der Plattform einstellen kann.

Programmbeispiel:

```
import java.awt.*;
import java.awt.event.*;
import java.applet.*;
import javax.swing.*;
public class SwingApplet extends JApplet
{
 JButton button1;
 JButton button2;
 JCheckBox Klick1;
 JLabel meinLabel;
 public void init()
 {
 getContentPane().setLayout(new FlowLayout());
 button1 = new JButton("Ja");
 button2 = new JButton("Nein");
 Klick1 = new JCheckBox("Selektier mich");
 meinLabel = new JLabel("Ein einfaches Applet nach dem Swingkonzept");
 getContentPane().add(button1);
 getContentPane().add(button2);
 getContentPane().add(Klick1);
 getContentPane().add(meinLabel);
 }
}
```

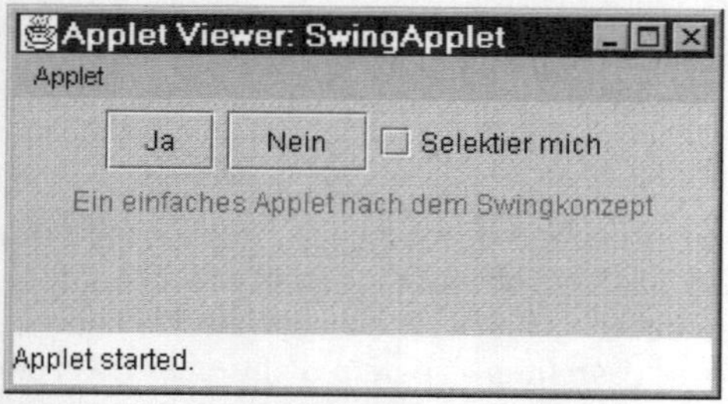

Bild 10.30: Ein Swing-Applet.

Kommen wir zu einem etwas komplexeren Applet, mit dem wir auch das Eventhandling unter Swing und allgemein dem Eventmodell demonstrieren wollen. Das Applet fügt wieder einige Swingkomponenten in eine Oberfläche und reagiert auf Interaktionen durch den Anwender. Wir beschränken uns auf Anklicken mit der Maus, aber das Verfahren ist allgemeingültig[2].

Beispiel:

```
import javax.swing.*;
import java.awt.*;
public class JApplet1 extends JApplet
{
// DEKLARIEREN der CONTROLS
JButton JButton1 = new JButton();
JButton JButton2 = new JButton();
JRadioButton JRadioButton1 = new JRadioButton();
JRadioButton JRadioButton2 = new JRadioButton();
public void init()
{
//  Layout setzen
getContentPane().setLayout(new FlowLayout());

// Die nachfolgende Zeile ist reine Vorsichtsmaßnahme.
// Sie unterbindet die Meldung
// "Swing: checked access to system event queue",
// welche bei gewissen Swing-Akionen in einige Browsern
// erzeugt wird.
```

2. **So ist es nur einfacher, die entscheidenden Punkte zu durchschauen.**

```
getRootPane().putClientProperty("defeatSystemEventQueueCheck",
Boolean.TRUE);

// INIT_CONTROLS
// Hintergrundfarbe setzen
getContentPane().setBackground(java.awt.Color.red);
// Größe Applet
setSize(450,275);
// Belegen der CONTROLS mit Werten
// danach hinzufügen.
JButton1.setText("Mache Gross");
getContentPane().add(JButton1);
JButton2.setText("Mache klein");
getContentPane().add(JButton2);
JRadioButton1.setText("Rot");
JRadioButton1.setSelected(true); // vorselektiert
getContentPane().add(JRadioButton1);
JRadioButton2.setText("Blau");
getContentPane().add(JRadioButton2);
// REGISTIEREN und EINRICHTEN der LISTENER
// Erster Schritt: Erzeugen eines Objektes der Klasse,
// wo die Auswertung der Events erfolgt.
eine_Maus meineMaus = new eine_Maus();
// Registrieren der Listener - hier nur Mauslistener
JButton1.addMouseListener(meineMaus);
JButton2.addMouseListener(meineMaus);
JRadioButton1.addMouseListener(meineMaus);
JRadioButton2.addMouseListener(meineMaus);
}
// Klasse zum Auswerten der Reaktionen
class eine_Maus extends java.awt.event.MouseAdapter
{
// Die Methode ruft je nach angeklicktem Control
// die entsprechende Methode zu behandeln auf.
public void mouseClicked(java.awt.event.MouseEvent event)
{
Object object = event.getSource();
if (object == JButton1)
JButton1_mouseClicked(event);
else if (object == JButton2)
JButton2_mouseClicked(event);
else if (object == JRadioButton1)
JRadioButton1_mouseClicked(event);
```

```
else if (object == JRadioButton2)
JRadioButton2_mouseClicked(event);
}
}
void JButton1_mouseClicked(java.awt.event.MouseEvent event)
{// Mache Gross
 this.setSize(600,400);
}
void JButton2_mouseClicked(java.awt.event.MouseEvent event)
{// klein
  this.setSize(200,100);
 }
void JRadioButton1_mouseClicked(java.awt.event.MouseEvent event)
{
// Setze Hintergrundfarbe des Applets auf rot.
// Beachten Sie, dass der andere Radiobutton
// explizit auf false gesetzt werden muss.
getContentPane().setBackground(java.awt.Color.red);
JRadioButton2.setSelected(false);
}
void JRadioButton2_mouseClicked(java.awt.event.MouseEvent event)
{
// Setze Hintergrundfarbe des Applets auf blau.
// Beachten Sie, dass der andere Radiobutton
// explizit auf false gesetzt werden muss.
getContentPane().setBackground(java.awt.Color.blue);
JRadioButton1.setSelected(false);
}
}
```

Das Beispiel vergrößert jeweils bei Klick auf den entsprechenden Button das Applet bzw. verkleinert es wieder. Die Radiobutton wechseln die Hintergrundfarben des Applets. Beachten Sie die Kommentare im Quelltext, welche die entscheidenden Stellen erklären.

Eine Swing-Applet-Schablone

Da ein Swing-Applet sich vom Aufbau nicht wesentlich von einem normalen Applet unterscheidet, müssen Sie auch nicht viel beachten, wenn Sie ein Swing-Applet aufbauen. Eine einfache Swing-Applet-Schablone sieht etwa so aus:

```
import javax.swing.*;
import java.awt.*;
public class SwingAppletSchablone extends JApplet
{
public void init()
{
getContentPane().setLayout(null);
setSize(450,300);
}
}
```

Eigenständige Applikationen und Swing

Swing ist selbstverständlich nicht auf Applets beschränkt. Nachfolgend finden Sie eine Schablone für eine eigenständige Swing-Applikation (oder sogar eine JFC-Applikation). Sie erstellt ein Fenster, installiert erste Reaktionsmöglichkeiten und eine Endedialog.

```
import java.awt.*;
import java.awt.event.*;
import javax.swing.*;
/**
 * Eine Basis-Swing-Schablone für eine Applikation.
 */
public class SwingApplikaSchablone extends javax.swing.JFrame
{
public SwingApplikaSchablone()
{
// INIT_CONTROLS
setTitle("Swing-Applikation");
setDefaultCloseOperation(javax.swing.JFrame.DO_NOTHING_ON_CLOSE);
getContentPane().setLayout(new BorderLayout(0,0));
setSize(500,300);
setVisible(false);
// REGISTER_LISTENERS
einFenster meinFenst = new einFenster();
this.addWindowListener(meinFenst);
eineAktion meineAktion = new eineAktion();
}
/* Erstellt eine neue Instans von SwingApplikaSchablone
mit dem im Konstruktor angebenen Titel. */
public SwingApplikaSchablone(String sTitle)
{
```

```
this();
setTitle(sTitle);
}
static public void main(String args[])
{
try {
// Optional Anpassen an das Look and Feel
// des Nativesystem.
 /*
 try {
 UIManager.setLookAndFeel(UIManager.getSystemLookAndFeelClassName());
 }
 catch (Exception e) {
 }
 */
// Neue Instanz des Applikationsfenster und
// sichtbarmachen.
(new SwingApplikaSchablone()).setVisible(true);
}
catch (Throwable t) {
t.printStackTrace();
// Ende mit Fehlermeldung im Falle von Problemen.
System.exit(1);
}
}
void exitApplication()
{
try {
 // Anzeige eines Endedialogs
 int antwort = JOptionPane.showConfirmDialog(this,
 "Wollen Sie wirklich beenden?",
 "Swing-Applikation - Exit" ,
 JOptionPane.YES_NO_OPTION,
 JOptionPane.QUESTION_MESSAGE);
if (antwort == JOptionPane.YES_OPTION)
{
 this.setVisible(false); // Verstecke Frame
 this.dispose(); // Freigabe Systemressourcen
 System.exit(0); // Ende
}
} catch (Exception e) {
}
}
```

```
class einFenster extends java.awt.event.WindowAdapter
{
public void windowClosing(java.awt.event.WindowEvent event)
{
Object object = event.getSource();
if (object == SwingApplikaSchablone.this)
SwingApplikaSchablone_windowClosing(event);
}
}
void SwingApplikaSchablone_windowClosing(java.awt.event.WindowEvent
event)
{
SwingApplikaSchablone_windowClosing_Interaction1(event);
}
void
SwingApplikaSchablone_windowClosing_Interaction1(java.awt.event.Window
Event event) {
try {
this.exitApplication();
} catch (Exception e) {
}
}
class eineAktion implements java.awt.event.ActionListener
{
public void actionPerformed(java.awt.event.ActionEvent event)
{
Object object = event.getSource();
}
}
}
```

Beachten Sie die Methode `showConfirmDialog()`. Diese gehört wie zahlreiche weitere Methoden zum Anzeigen von verschiedenartigen Dialogfenstern zur Klasse `public class JOptionPane extends JComponent implements Accessible`.

Abschließend kann man festhalten, daß die zu Swing getroffenen Aussagen sich auch auf andere neue Techniken und Methoden übertragen lassen. Es wird sehr oft vorkommen, daß Sie eine als deprecated gekennzeichnete Methode verwenden, denn diese Veränderungen sind fließend und finden ständig statt. Jede (Zwischen-)-Version von Java wird einige Methoden leicht verändern und den Vorgänger als deprecated kennzeichnen, ihn gleichwohl weiter unterstützen. Wenn Sie so eine als deprecated gekennzeichnete Methode verwenden, können Sie in der aktuellsten Java-Dokumentation die Methode oder neue Variante der Methode nachschlagen, die statt dessen verwendet werden soll. Ob Sie diese dann verwenden oder nicht, hängt davon ab, ob Sie eine möglichst große Zielgruppe erreichen wollen, oder eine leistungsfähigere und meist stabilere Variante vorziehen. Um aber nicht falsch verstanden zu werden – wenn kein entscheidentes Argument dagegenspricht, ist natürlich die neuere Lösung vorzuziehen.

11 Debugging und Ausnahmebehandlung

Kommen wir nun zu einem Kapitel, das für Sie im idealen Fall vollkommen überflüssig ist, aber wann läuft schon etwas ideal? Überflüssig ist das Kapitel erst dann, wenn Sie niemals Fehler machen und ebenso Ihr Programm/Applet so perfekt ist, daß dort niemals Fehler auftreten können (weder durch Fehler im Programm noch durch die Plattform oder den Anwender). Leider wird in der Realität das absolute Gegenteil der Fall sein. Es gibt da die berühmten Gesetze von Murphy, die im wesentlichen besagen, daß alles, was im Prinzip schiefgehen kann, auch schiefgehen wird. Oder genauer – egal, wie schlimm es ist, es wird noch schlimmer!

Die Gesetze von Murphy sind zwar recht allgemein auf Naturwissenschaft und Technik bezogen, werden aber gerade in der Welt der Compu

terei zur Perfektion gebracht. Sie gipfeln in einigen (unverbindlichen) Erkenntnissen:

- Es gibt kein Programm ohne Fehler!
- Jede Korrektur eines Fehlers in einem Programm zieht mindestens zwei neue Fehler nach sich!
- Wichtige Programmfehler werden immer erst nach der Auslieferung bemerkt!
- Ein Programmierer bzw. das gesamte verantwortliche Team wird immer die augenscheinlichen Fehler übersehen! Dazu gibt es eine Erweiterung, die wie folgt lautet: Jeder Außenstehende, der ungefragt ein Programm ansieht, bemerkt die Fehler sofort! Da aber Besserwisserei nirgends gemocht wird, wird dessen Meinung bewußt ignoriert.
- Jedes Programm wird so weit optimiert, bis es unbrauchbar ist!
- Jedes zur Unbrauchbarkeit optimierte Programm läßt sich unmöglich in den Zustand zurückversetzen, wo es – noch nicht optimiert – lauffähig war!

Man kann diese Aussagen (welche alle auf unumstößlichen Erfahrungen beruhen) noch beliebig erweitern, aber Sie merken schon, um was es geht: Fehler und deren Vermeidung (unmöglich – s. o.) oder zumindest Reduzierung (sowas geht schon eher)! Und für die Fälle, wo dennoch Fehler oder Ausnahmesituationen eintreten, müssen wir unser Programm so instruieren, daß es vernünftig (vor allem nicht mit einem Absturz) reagiert.

Wir müssen uns dabei mit verschiedenen Situationen auseinandersetzen setzen:

1. Typographische Fehler beim Schreiben des Programms
2. Syntaktische Fehler beim Schreiben des Programs
3. Programmfehler zur Laufzeit, welche auf logische Fehler im Programmaufbau zurückzuführen sind
4. Programmfehler zur Laufzeit, welche auf äußere Umstände (Situationen, die erst zur Laufzeit entstehen, die Umgebung des Programms oder den Anwender) zurückzuführen sind

Die Beseitigung der Fehlerpunkte 1–3 sind hauptsächlich das, was man unter Debugging versteht. Punkt 4 zählt teilweise ebenfalls dazu, jedoch sollte im wesentlichen bereits vor der Entstehung eines Fehlers mit extra »Fangzäunen« – der sogenannten Ausnahmebehandlung – gearbeitet werden.

11.1 Debugging

Der Begriff *Debugging* geht auf das englische Wort *Bug* zurück, was übersetzt *Wanze* heißt. Es gibt einige Anekdoten, warum die Fehlerbereinigung bei einem Programm Debugging genannt wird. Die bekannteste Anekdote hat zum Inhalt, daß in Zeiten seliger Röhrengroßrechner (vierziger Jahre) ein Programmfehler die damaligen Entwickler zur Verzweiflung getrieben haben soll. Der Fehler zur Laufzeit war absolut unlogisch, da im Quelltext kein Fehler zu finden war. Die Lösung fand sich erst, als man den Rechner selbst auseinanderschraubte und zwischen den Röhren eine tote Wanze fand, die mit ihrem Körper Schaltkreise störte. Soviel zur Namengebung – schauen wir uns Maßnahmen zur Fehlerbehandlung an.

Fehler im Vorfeld abfangen

Es ist banal, aber dennoch die wirkungsvollste Maßnahme : Versuchen Sie, durch sorgfältige Vorbereitung (Programmplanung, Bereitlegung von Nachschlagewerken und genügend Infomaterial, vernünftige Entwicklungswerkzeuge (etwa ein Editor mit farblicher Unterscheidung von Schlüsselwörtern und Quelltextstrukturen – leider nicht im JDK vorhanden)) und vor allem sorgfältige und konzentrierte Eingabe Fehler (vor allem Flüchtigkeitsfehler) erst gar nicht entstehen zu lassen. Aber auch ein durchdachtes Konzept und genügend Programmiererfahrung werden die Anzahl der potentiellen Fehler in einem Programm bereits im Vorfeld reduzieren. So werden erfahrene Programmierer beispielsweise bei Divisionen immer mißtrauisch und sicher stellen, daß der Teiler nie den Wert 0 annehmen kann (dazu gleich mehr bei einem Beispiel).

Vernünftige Sicherungsmaßnahmen

Nehmen wir uns noch einmal die (ironischen) Aussagen vor:

- Jedes Programm wird so weit optimiert, bis es unbrauchbar ist!
- Jedes zur Unbrauchbarkeit optimierte Programm läßt sich unmöglich in den Zustand zurückversetzen, wo es – noch nicht optimiert – lauffähig war!

Es gibt einen ernsten Hintergrund. Oft kommt man in die Situation, daß ein Programm läuft, aber noch einige Dinge erweitert oder verändert werden müssen. Man macht eine Änderung oder mehrere Änderungen in einem Schritt, und das Programm hat einen Fehler. Leider ist es so, daß man sich normalerweise nicht jede Änderung merkt (obwohl dies – oder noch besser eine Dokumentation – sinnvoll wäre). Oft kann deshalb diese Veränderung dann nicht mehr rückgängig gemacht werden. Hat man dann den letzten lauffähigen Stand nicht gesichert (Source!), bleibt oft nur ein aufwendiges Trial-and-Error-Verfahren, um etwas wiederherzustellen, was man schon einmal hatte.

Fehler finden & beseitigen

Wenn nun aber dennoch ein Fehler aufgetreten ist und sich der fehlerfreie Zustand nicht durch einfaches Laden wiederherstellen lassen kann (oder soll, falls aufwendige Veränderungen stattgefunden haben), bleibt nur die Fehlerbeseitung. Dabei stellt sich zuerst das Problem, den Fehler überhaupt zu lokalisieren. Dies ist der größte und wichtigste Teil dessen, was Debugging genannt wird – das Lokalisieren und Identifizieren eines Fehlers.

Diese »Wanzenjagt« kann in einem Software-Projekt bis zu 40% und mehr der Entwicklungszeit in Anspruch nehmen. Dies hängt von der Art des zu entwickelnden Programms, der Größe und Komplexität des Projektes, der Anzahl der beteiligten Personen (je mehr Personen, desto mehr Fehlerquellen alleine durch Mißverständnisse) und nicht zuletzt von der verwendeten Programmiersprache ab. Wir wissen ja bereits, daß es Programmiersprachen gibt, die äußerst flexibel sind, aber damit Fehler extrem großzügig einladen (unser beliebtes Beispiel C/C++). Dort können durch fehlgeleitete Pointer, Zeigerarithmetik, Array- und sonstigen Indexüberschreitungen, ungeprüfte Typumwandlung, die Speicherallocation und die manuelle anschließende Freigabe oder ähnliche Techniken soviele Wanzen in ein Programm einziehen, daß sich die Zeit für deren vollständige Beseitigung gegen unendlich nähert und in der Praxis nie realisiert wird (oder kennen Sie etwa keine Schreibschutzverletzung von Windows-Programmen?).

Andere Programmiersprachen wie Visual Basic sind halbwegs fehlersicher, da sie systemfern (auf dem Ring 3 des Prozessors) arbeiten und nicht so gravierende Fehler durch den Programmierer zulassen. Java steht am oberen Ende der Fehlersicherheit durch den Verzicht auf viele extreme Systembefehle und diverse weitere Sicherungsmaßnahmen (wir sind bereits darauf eingegangen oder werden sie im Rahmen der Java-Sicherheit noch explizit behandeln). Dennoch können sogar Java-Programme Fehler enthalten. Manche Fehler kann ein Programmierer sogar grundsätzlich nicht verhindern. Die Behandlung dieser Fehler werden wir gleich anschauen, zuerst wollen wir sie suchen.

Sie können mit oder ohne Hilfsmittel auf die Wanzenjagd gehen. Beide Verfahren haben Vor- und Nachteile.

Fehlerlokalisierung ohne Debugger

Zunächst schauen wir uns an, was Sie an Maßnahmen ergreifen können, ohne auf weitergehende Hilfsmittel – einen Debugger – zurückzugreifen. Dieses Verfahren hat den wesentlichen Vorteil, daß Sie neben dem Compiler kein zusätzliches Programm – eben den Debugger – benötigen und sich vor allem nicht in dessen Bedienung einarbeiten müssen. Außerdem ist die Arbeit ohne zusätzlichen Debugger manchmal schneller und auch einfacher. Wir unterteilen die Problemstellung nach den Typen von möglichen Fehlern, die wir oben aufgelistet haben.

1. Typographische Fehler beim Schreiben des Programms. Sie haben sich einfach vertippt oder ein Schlüsselwort, eine Variable oder sonst etwas Entscheidendes falsch geschrieben. Nun, sofern Sie es *richtig* falsch geschrieben haben, ist die Situation oft leicht in der Griff zu bekommen (folgt umgehend). Aber was soll das heißen – *richtig* falsch? Richtig oder falsch? Was denn nun?

   Es soll bedeuten, daß Sie nicht zufällig einen solchen Schreibfehler gemacht haben, so daß der falsche Begriff wieder einen sinnvollen Token und keinen syntaktischen Widerspruch ergibt. Nehmen wir ein Beispiel aus der Textverarbeitung. Sie wollten beispielsweise *Salz* schreiben und haben *Satz* getippt – einen ebenfalls sinnvollen Token. In diesem Fall haben Sie ohne Hilfsmittel nur die Chance, den Fehler im Quelltext durch aufmerksames Lesen oder Analyse des Resultates von dem Programm zur Laufzeit (sehr, sehr schwer) zu finden.

   Wenn Sie jedoch einen Schreibfehler haben, der keinen vernünftigen Token ergibt , sind Sie in der besseren Situation. Der Token wird einen syntaktischen Widerspruch innerhalb der Programmiersprache erzeugen, und der Compiler wird bei seiner Arbeit den Fehler entdekken, den Quelltext nicht übersetzen und eine Fehlermeldung mit Adreßangabe zurückbringen. Falls Sie direkt an dieser Adreßangabe den Fehler finden, haben Sie allerdings Glück, denn leider ist diese Adreßangabe der Wirkungsort des Fehlers und nicht der Entstehungsort. Dies muß nicht immer identisch sein. Aber zumindest ist der Fehler schon einmal eingegrenzt.

2. Syntaktische Fehler beim Schreiben des Programms. Hier machen Sie Fehler bei der Verwendung der Programmiersprachensyntax. Der Compiler wird dies beim Übersetzen merken und eine Fehlermeldung zurückliefern. Viele syntaktische Fehler beruhen auf typographischen Fehlern (etwa, wenn Sie `buplic` statt `public` schreiben), aber beleibe nicht alle, denn dieser Typ von Fehler beinhaltet auch die falsche Verwendung von korrekten Token (etwa so etwas wie `for (i==0; i < 256;i++)` – ein Vergleich statt einer Zuweisung der Zählvariable). Leider gilt auch hier, daß nicht unbedingt die Adreßangabe des Fehlers der Entstehungsort des Fehlers sein muß.

3. Programmfehler zur Laufzeit, welche auf logische Fehler im Programmaufbau zurückzuführen sind. Hierbei haben Sie ein syntaktisch vollkommen korrektes Programm geschrieben, das aber Fehler zur Laufzeit zuläßt. Dies geschieht meist, weil eine Variable einen falschen Wert bekommt. Beispielsweise setzt irgendeine Programmsituation

eine Variable auf 0, und im Folgeschritt wollen Sie durch diese Variable teilen. Sie müssen zur Beseitigung der Fehlersituation die Stelle im Quelltext suchen, an der diese Variable (Methode usw.) verwendet wird, und versuchen, den Aufbau und mögliche Fehler noch einmal durchzudenken. Kontrollausgaben, welche in der endgültigen Source beseitigt werden, erleichtern dies erheblich. Gängige Praxis ist, vor einem vermuteten Fehler eine Bildschirmausgabe der »Wanze« (also der Variablen, in der man die Fehlerursache vermutet) zu erzeugen. Dies könnte so aussehen (die Variable `Teiler` ist die vermutete Wanze):

```
System.out.println(Teiler);// Debuggausgabe
a=b/Teiler;// vermutete Fehlerstelle in der Source
```

Vor der Entstehung des Laufzeitfehlers sehen Sie auf dem Bildschirm den Wert der Variablen. Sie können selbstverständlich an den unterschiedlichsten Stellen im Programm solche Debug-Ausgaben einfügen, um eine Variable über mehrere Schritte hinweg zu verfolgen. Sinnvoll ist oft ebenso, den Programmfluß direkt vor dem vermuteten Fehler anzuhalten (eine Schleife einfügen, die auf einen Tastendruck wartet, bis sie beendet wird und das Programm weiterläuft).

Die Grenzen dieser Analyse ohne einen Debugger sind dann erreicht, wenn tiefergehende Informationen (etwa über den Stack bei Programmüberläufen oder den Speicherbedarf von Programmen) ausgewertet werden sollen.

4. Programmfehler zur Laufzeit, welche auf äußere Umstände (Umgebung des Programms oder den Anwender) zurückzuführen sind. Diese Fehlerkonstellation kann durch verschiedene Dinge entstehen. Sie greifen etwa im Programm hardcodiert auf eine bestimmte Schriftart zu, die auf der Plattform des Anwenders nicht vorhanden ist. Oder das Programm läßt Bedienfehler durch den Anwender zu (etwa Speicherversuch auf ein Diskettenlaufwerk, obwohl keine Diskette eingelegt ist). Es handelt sich also um Fehler, die mehr auf konzeptioneller Seite zu suchen sind und weniger um technische Fehler. Aber auch hier sind die unter Punkt 3 angeführten Maßnahmen für eine Analyse (mit sehr engen Grenzen) sinnvoll.

Die beiden Fehlerpunkte 3 und 4 sind das, was man in der Literatur als *Laufzeitfehler* bezeichnet. Es handelt sich also um einen Fehler, den ein Compiler zum Zeitpunkt der Übersetzung nicht erkennen kann (etwa eine

Division durch 0 zur Laufzeit) und auf den ein Programmierer unter Umständen nur bedingt Einfluß hat (etwa bei fehlender Diskette im Laufwerk). Einige Fehlerkonstellationen kann man recht gut umgehen, andere muß man zulassen, weil man darauf keinen Einfluß hat (fehlende Diskette), andere Laufzeitfehler gelten als nicht auffangbar (sogenannte »untrappable Errors«, oft auch nur als Errors bezeichnet), da sie durch die Hardware verursacht werden und nicht durch Software aufgefangen werden können. Auf jeden Fall sollten alle denkbaren und technisch auffangbaren Fehler irgendwie behandelt werden, denn in der Regel führt ein unbehandelter Laufzeitfehler zu einem Programmabsturz, und dabei gehen die evtl. in dem Programm erfaßten und noch nicht gespeicherten Daten verloren. Zumindest ist das neue Starten eines Programms lästig. Das Abfangen von Laufzeitfehlern in Java werden wir in Kürze angehen (Ausnahmebehandlung). Wenden wir uns vorher dem Auffinden von Fehlern mit einem Debugger zu.

Fehlerlokalisierung mit Debugger

Sie haben an den eben beschriebenen Maßnahmen gesehen, daß man auch ohne Hilfsmittel Fehler unter Umständen lokalisieren kann. In vielen Fällen stößt man jedoch dabei an Grenzen. Für eine tiefergehende Analyse und komfortablere Suche (ohne Programmierung von eigenen Debug-Ausgaben) verwendet man einen Debugger, wie er etwa bei den JDK-Werkzeugen beschrieben wird. Wenn Sie sich dort die erlaubten Befehle an den Debugger anschauen, erkennen Sie schon, was man damit machen kann. Ein Debugger ist kein Hilfsmittel, das logische Fehler in einem Programm anzeigt, sondern eine Unterstützung für Sie, diese selbst zu finden. Manche Debugger sind Teil einer IDE (also einer sogenannten integrierten Umgebung) und können die Fenstertechnik und die Maus nutzen. Diese sind natürlich am komfortabelsten (siehe Bild 11.1).

Andere müssen sich als Teil eines Programmaufrufs quasi an diesen mit anhängen – so wie der Debugger des JDK. Diese können dann auch nur im Ausgabefenster des Systems Informationen zurückgeben. Zwar unkomfortabel, aber dennoch sehr brauchbar.

Das Arbeiten mit einem Debugger läßt sich zu einigen wesentlichen Schritten zusammenfassen:

1. Einen Haltepunkt (Breakpoint) setzen
2. Einen Ausdruck analysieren
3. Ein Programm in einzelnen Schritten durchlaufen (Steppen)

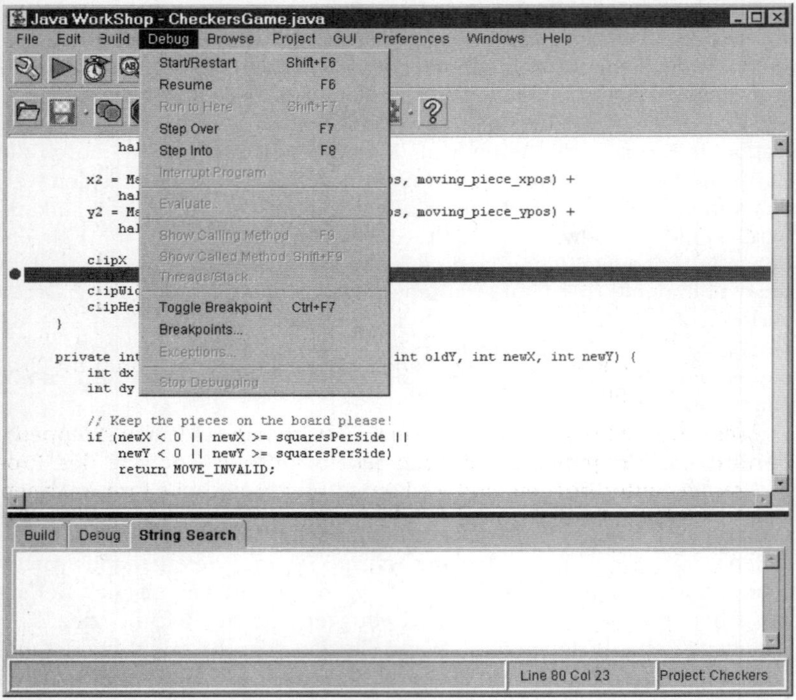

Bild 11.1: Eine IDE wie der Workshop 2.0 ist natürlich am komfortabelsten.

4. Ein Programm in größeren Schrittgruppen (Methodenaufrufen) durchlaufen
5. Ein Programm bei bestimmten Bedingungen anhalten lassen

Setzen wir uns Punkt für Punkt mit den Techniken auseinander.

1. Einen Haltepunkt setzen bedeutet, ein Programm an einer beliebigen Stelle zu unterbrechen. Wir haben bereits oben angedeutet, wie dieses mit zusätzlich programmiertem Debugcode (Schleife, die auf Tastendruck wartet) möglich ist. In einem Debugger ist dies ohne zusätzlich programmierten Debugcode durchführbar.

   Sie können an beliebigen (in der Source sinnvollen) Stellen einen Haltepunkt setzen, ihn wieder löschen und – siehe Punkt 2 – einen Ausdruck in der Source an dem Zeitpunkt analysieren, an dem das Programm bei Erreichen des Haltepunktes angekommen ist. Daneben werden Sie in gewissen Grenzen Änderungen in dem unterbrochenen Programm vornehmen können (etwa den Wert einer Variablen von Hand ändern).

2. Wenn Sie einen Ausdruck analysieren wollen, können Sie über zusätzlichen Debugcode eine Ausgabe auf den Bildschirm erzeugen (wir haben es oben gesehen). Ein Debugger läßt so ein Hineinschauen in einen Ausdruck auch ohne zusätzlichen Debugcode zu. Sie geben den Ausdruck, den Sie analysieren wollen, im Debugger an, und der Debugger zeigt Ihnen den Wert an, zu welchem Zeitpunkt im Programmablauf, hängt davon ab, wann die Ausgabe erfolgen soll: entweder, nachdem Sie Ihr Programm angehalten haben (Punkt 1 oder 5), oder sogar permanent an vorgegebenen Stellen, wenn Sie durch Ihr Programm steppen (Punkt 3 und 4).

3. Wenn Sie ein Programm in einzelnen Schritten durchlaufen (Steppen), wird der Programmablauf nach jedem einzelnen Schritt des Programms unterbrochen, und Sie können an dieser Stelle Ihre Analysen durchführen. Danach wird ein Schritt weitergegangen und ggf. wieder analysiert. Wenn Sie durch ein großes Programm von Anfang bis Ende steppen, wird es ziemlich aufwendig. Das ist praxisfern. Man nutzt diese Technik aber oft in Zusammenhang mit einem Haltepunkt, Kurz vor einer kritischen Stelle setzen Sie einen Haltepunkt, und ab diesem steppen Sie dann schrittweise weiter, bis der Fehler auftritt.

4. Ein Programm in größeren Schrittgruppen (Methodenaufrufen) zu durchlaufen, dient zur groben Lokalisierung eines Fehlers. Wenn man die Anweisung entdeckt hat, die den Fehler produziert, setzt man vor deren Aufruf einen Haltepunkt, startet den Debug-Vorgang erneut und steppt ab dem Haltepunkt in Einzelschritten weiter.

5. Wenn Sie ein Programm bei bestimmten Bedingungen anhalten lassen, bedeutet dies, daß das Programm so lange normal arbeitet, bis die angegebene Bedingung eingetreten ist (etwa eine bestimmte Ausnahme ausgeworfen wird). Dann hält das Programm an, und Sie können die Situation analysieren. Ein Java-Debugger muß etwa bei bestimmten Ausnahmen die Programmausführung unterbrechen und Ihnen die Möglichkeit zur Analyse geben (dies kann der JDK-Debugger natürlich auch).

Wir unterteilen nun die Problemstellung erneut nach den Typen von möglichen Fehlern, die wir oben aufgelistet haben, und schauen uns an, wie man mit einem Debugger darauf reagieren kann.

1. Bei typographischen Fehlern hilft Ihnen der Debugger nur begrenzt, da Sie zur Auswertung eines Ausdrucks dessen konkreten Namen wissen sollten, und der ist ja falsch. Allerdings hilft das Steppen durch den Quelltext recht gut, um diese typographischen Fehler zu finden, sofern der Debugger (bzw. Interpreter und Compiler + Debugger) eine Ausführung eines fehlerhaften Programms (bis zum Crash) unterstützt, vor allem, wenn Sie vom Compiler eine Fehlermeldung mit Adressangabe bekommen. Dann setzen Sie in ausreichendem Abstand davor einen Haltepunkt und steppen durch, oder der Debugger kann direkt die Fehlermeldung des Compilers nutzen. Wenn Sie einen *richtig* falschen Token verwenden und Sie – ohne den *richtigen* Fehler zu bemerken – diesen Ausdruck analysieren, wird Ihnen auffallen, daß der Ausdruck nie eine Wertveränderung erfährt, obwohl dies so sein müßte.

2. Bei syntaktischen Fehlern gilt das gleiche wie unter Punkt 1.

3. Hier schlägt nun die Stunde des Debuggers – Programmfehler zur Laufzeit, welche auf logische Fehler im Programmaufbau zurückzuführen sind, Haltepunkte setzen und wieder beseitigen, Steppen, Wertanalysen, Wertveränderungen, einen Ausdruck über mehrere Schritte hinweg zu verfolgen – alles was zur Fehlerlokalisierung nötig ist, sollte ein Debugger leisten. Aber auch tiefergehende Informationen lassen sich von guten Debuggern auswerten und teilweise verändern. Wenn Sie sich die Kommandos an den JDK-Debugger jdb anschauen, werden Sie Befehle entdecken, mit denen Sie den Stack und den Speicherbedarf eines Programms, aber auch einzelne Threads oder Ausnahmesituationen analysieren und teilweise manipulieren können. Sie können sogar im Falle von Multithreading einzelne Threads oder Threadgruppen gezielt behandeln. Mit einem Debugger bekommen Sie ebenfalls die Namen und IDs der Klassen, die bereits geladen worden sind, können ganz gezielt Klassen laden und Methoden anzeigen oder erhalten Informationen über alle Felder (Werte der Variablen) einer Klasse oder der Instanz. Sie können in Java-Debuggern ebenso die direkte Ausführung des Garbage Collectors erzwingen.

4. Programmfehlern zur Laufzeit, welche auf äußere Umstände zurückzuführen sind, kann mit einem Debugger begrenzt vorgebeugt werden. Durch die Simulation solcher Fehler – Wertveränderungen von kriti-

schen Ausdrücken im Debug-Modus nach einer Programmunterbrechnung – kann die Reaktion des Programms getestet werden. Anschließend lassen sich Gegenmaßnahmen ergreifen. Der Debugger unterstützt Sie also auch bei der Vermeidung von Fehlern, die mehr auf konzeptioneller Seite zu suchen sind. Diese Hilfe ist aber begrenzt, da Sie so gut wie nie (siehe die Murphy-Gesetze) alle denkbaren Fehlerkonstellationen im Vorfeld durchspielen können. Die technisch auffangbaren Laufzeitfehler in einem Programm sollten auch tatsächlich aufgefangen werden. Java realisiert dies im wesentlichen durch die Ausnahmebehandlung.

11.2 Ausnahmebehandlung und andere Fehlerbehandlungen

Die Ausnahmebehandlung und auch die anderen Techniken zur Fehlerbehandlung in diesem Abschnitt betreffen ausschließlich die auffangbaren Laufzeitfehler (trappable Errors), also Fehler, die bei der Übersetzung eines Programms nicht entdeckt werden können und erst unter bestimmten Konstellationen während der Laufzeit des Programms auftreten. Fehler, die durch höhere Gewalt (Hardwarefehler, Stromausfall, mechanische Gewalt durch einen Wutanfall des Anwenders) ausgelöst werden (die bereits angesprochenen untrappable Errors), können naturbedingt nicht abgefangen werden.

Sie haben zwei grundsätzlich verschiedene Möglichkeiten zur Fehlerbehandlung:

- Die individuell programmierte Fehlerbehandlung
- Die von Java bereits zur Verfügung gestellte Fehlerbehandlung – die Ausnahmen

Individuell programmierte Fehlerbehandlung

In vielen Programmiersprachen bleibt Ihnen zur Behandlung von Laufzeitfehlern kein anderer Weg, als jeden denkbaren Fehler an der Stelle zu behandeln, wo er auftreten kann. Wenn wir uns noch einmal das Beispiel der Division durch eine Variable mit dem Wert 0 anschauen, können wir dort eine solche Fehlerbehandlung durchführen. Der einzig mögliche Fehler an dieser Stelle ist, daß die Variable den Wert 0 zugewiesen bekommt. Also müssen wir für diesen Fall vorsorgen. Dies kann mit den traditionellen Entscheidungsstrukturen (while, do, if) recht einfach erfolgen. Wir setzen die kritische Aktion – die Division durch die Variable – in eine Art Schutzanzug, indem wir eine Entscheidungsstruktur vorschalten, die den Fehler erst gar nicht zuläßt. Das kann so aussehen:

```
if (Teiler == 0)
{
// tue etwas, etwa eine Fehlermeldung mit anschließendem
// Sprung an eine unkritische Stelle oder setze die Variable
// auf einen unkritischen Wert (sofern sinnvoll) wie hier
Teiler = 1;
}
a=b/Teiler;
```

Wir haben hier einfach den kritischen Kanditaten (den Divisor) für den potentiellen Fehlerfall auf einen unkritischen Wert gesetzt, aber bereits in der Kommentarzeile angedeutet, daß eine Sprunganweisung ebenfalls sinnvoll wäre. Und nicht nur das – fast jede Fehlerbehandlungsroutine wird normalerweise als Sprungsanweisung konzipiert. Im Falle eines Fehlers soll an eine Stelle gesprungen werden, wo der Fehler behandelt wird. Wir haben aber absichtlich dies hier noch nicht in Java umgesetzt, da Java dafür einen Standardmechanismus zur Verfügung stellt, den wir gleich durchsprechen. Das Prinzip und die Struktur können Sie aber im Hinterkopf behalten.

Sie können auf diese Art und Weise jeden Fehler auffangen, den Sie als potentielle Fehlerquelle erkennen. Und da haben wir den entscheidenden Schwachpunkt – Sie müssen die potentielle Fehlerquelle erkennen, was oft nahezu unmöglich ist (Murphy). Gerade in komplexen Programmen können Sie nie alle kritischen Zusammenhänge (auch aufgrund von Verschachtelungen) übersehen. Es werden immer Fehlerquellen da sein, die an vorher kaum beachteten Stellen auftreten. Außerdem ist es sehr viel Arbeit, bei jeder Anweisung zu überlegen, ob da eine Gefahr lauert, und diese dann sicher abzufangen. Es ist sogar so, daß Sie bei der überwiegenden Anzahl von Fehlern das Rad neu erfinden, denn es gibt sehr oft schon Standardmaßnahmen. Zu guter Letzt setzt diese Technik der Lauffehlerbehandlung oft voraus, daß der Fehler selbst nicht eintritt, sondern vorher erkannt und umgebogen wird. Man kann in Java diese Fehlerbehandlungstechnik durchaus verwenden, und sie ist in Fällen wie in unserem Beispiel auch sicher sinnvoll.

Java stellt jedoch einen Mechanismus zur Verfügung, der viel mächtiger und dennoch mit weniger Aufwand verbunden ist – die Ausnahmenbehandlung. Sie erlaubt sowohl eine Fehlerbehandlung »vor Ort« als auch eine globale Fehlerbehandlung an einer zentralen Stelle im Programm, an die Ausnahmen »weitergereicht« werden.

Ausnahmebehandlung

Wir sind schon an verschiedenen Stellen darauf eingegangen, daß Java zur Behandlung von Fehlern (zumindest den auffangbaren) einen sehr mächtigen Mechanismus zur Verfügung stellt – die Ausnahmen oder Exceptions.

Mittels dieses Ausnahmenkonzeptes kann Java eines seiner Grundprinzipien – die maximale Sicherheit – gewährleisten. Eine Ausnahme ist eine Unterbrechung des normalen Programmabflaufs aufgrund einer besonderen Situation, die eine isolierte und unverzügliche Behandlung notwendig macht. Der normale Programmablauf wird erst fortgesetzt, nachdem diese Ausnahme behandelt wurde. Ein klassisches Beispiel, welches eine solche Situation provoziert, ist der bereits angedeutete Versuch, auf ein Diskettenlaufwerk zuzugreifen, in dem keine Diskette eingelegt ist. Eine Java-Klasse, die diesen Mechanismus zur Verfügung stellt, sollte vor einem Zugriff auf ein Diskettenlaufwerk überprüfen, ob eine Diskette eingelegt ist, und andernfalls mit einer Ausnahme auf den Versuch reagieren. Diese Ausnahme gibt Informationen zurück, welcher Fehler genau vorliegt, und aufgrund dieser Information kann der Programmierer Gegenmaßnahmen ergreifen.

Eine Ausnahme ist in Java ein Objekt, welches eine Instanz der Klasse `Throwable` ist. Dies erlaubt es Programmiern, leicht eigene Ausnahmen zu definieren, indem einfach eine Unterklasse von der Klasse `Throwable` oder einer bereits vorhandenen Ausnahme abgeleitet wird. Ein halbwegs professionelles Java-Programm sollte flexibel auf Benutzerfehler und andere Probleme reagieren können und die erzeugten Ausnahmen mit entsprechenden Fehlerbehandlungs-Routinen behandeln.

Da Java einen Mechanismus zur standardisierten Erzeugung von Ausnahmen bereitstellt, ist es naheliegend, daß es auch einen standardisierten Mechanismus zu deren Auswertung und Behandlung besitzt. Man muß dabei zwei Szenarien unterscheiden.

Globales Exception-Handling

Java realisiert das globale Handling von Ausnahmen über die optionale Erweiterung einer Methodendeklaration um die `throws`-Anweisung. Damit wird eine Liste mit Ausnahmen erzeugt, welche die Bewältigung von diversen Laufzeitproblemen ermöglicht.

Wenn eine Methode irgendwelche Dinge tun kann, die zu Fehlern oder kritischen Situationen führen können, kann man dies normalerweise in einer Dokumentation niederlegen. Wer die Methode verwenden will, muß sicherstellen, daß die kritischen Fälle nicht eintreten.

Wenn beispielsweise eine Methode eine Division durch 0 zuläßt, muß derjenige, welcher eine Eingabemaske erstellt, die diese Methode aufruft, sicherstellen, daß keine Werte eingegeben werden, welche dazu führen können. Das System selbst kann dies nicht sicherstellen, da es sich bis zum Zeitpunkt der kritischen Wertekonstellation um keinen Fehler handelt. Wir haben diese individuelle Fehlerbehandlung ohne Ausnahmetechnik eben als Beispiel behandelt.

Das Fehler-Handling ohne Ausnahmen ist ein in vielen Systemen übliches Verfahren, aber sicher nicht optimal. Java bietet das bessere Verfahren – eben die `throws`-Klausel (throw – auswerfen).

Beispiel:

```
public class MeineErsteKlasse_mitExceptions
{
public void eineMethode_mitExceptions() throws MeineException
{ ...}
}
```

Hiermit wird dem Compiler mitgeteilt, daß der enthaltene Code eine Ausnahme (MeineException) erzeugen kann. Damit weiß der Compiler, daß die Methode gefährliche Dinge tun kann.

Diese Beschreibung der Gefahr ist eine Art Vertrag zwischen der Methode und demjenigen, der die Methode verwendet. Die Beschreibung enthält Angaben über die Datentypen der Argumente einer Methode und die allgemeine Semantik von ihnen. Außerdem werden die gefährlichen Dinge, welche bei der Methode auftreten können, spezifiziert. Als Anwender der Methode müssen Sie sich darauf verlassen, daß diese Angaben die Methode korrekt charakterisieren.

An Stellen, wo Sie die Methode verwenden, können Sie die Ausnahmebedingungen dann explizit bezeichnen.

Wenn Sie also bei einer Ihrer Methoden wissen, daß diese bestimmte Fehler- oder Ausnahmesituationen auslösen kann, müssen Sie sie entweder selbst abfangen (etwa wie wir oben durch eine Entscheidungsstruktur sichergestellt haben, daß ein Teiler nicht 0 werden kann, oder wie wir gleich in der expliziten Fehlerbehandlung durchsprechen) oder eben potentiellen Aufrufern mittels der `throws`-Erweiterung diese Fehler- oder Ausnahmesituationen mitteilen.

Wenn nun in einer mit der `throws`-Erweiterung gekennzeichneten Methode eine Ausnahme auftritt, was passiert dann? In diesem Fall wird die **aufrufende** Methode nach einer Ausnahmebehandlungsmethode durchsucht (wie die aussieht, folgt gleich). Enthält die **aufrufende** Methode eine Ausnahmebehandlungsmethode, wird mit dieser die Ausnahme bearbeitet, ist keine Routine vorhanden, wird deren aufrufende Methode durchsucht und so fort. Das Spiel geht so lange weiter, bis eine Ausnahmebehandlungsmethode gefunden oder die oberste Ebene des Programms erreicht ist. Die Ausnahme wird von der Hierarchieebene, wo sie aufgetreten ist, jeweils eine Hierarchieebene weiter nach oben gereicht. Sofern sie nirgends aufgefangen wird, bricht der Java-Interpreter normalerweise die Ausführung des Programms ab.

Natürlich müssen nicht alle denkbaren Fehler und Ausnahmen explizit aufgelistet werden. Die Klasse `Throwable` besitzt zwei große Subklassen: die Klassen `Exception` und `Error`. In den beiden Ausnahmeklassen sind die wichtigsten Ausnahmen und Fehler der Java-Laufzeitbibliothek bereits enthalten. Diese beiden Klassen bilden zwar zwei getrennte Hierarchien, werden aber ansonsten gleichwertig als Ausnahmen behandelt.

Die Ausnahmen der Klasse `Error` und ihrer Subklasse `RuntimeError` müssen Sie jedoch nicht extra abfangen oder dokumentieren. Darunter fallen u.a. Situationen wie Speicherplatzmangel oder StackOverflowError. Wenn Sie sich die Dokumentation von Java anschauen, werden Sie dort Hunderte von Standardausnahmen entdecken. Sie sollten diese Problemfälle auch nicht explizit auflisten, denn damit zwingen Sie einen Aufrufer der Methode, diese irgendwie zu handhaben.

Es gibt eigentlich nur fünf (zugegeben sehr allgemeine) Typen von Ausnahmen, welche in einer `throws`-Klausel aufgelistet werden müssen. Man kann dies aus der Beschreibung der Klasse `java.lang` entnehmen. Es sind dies:

- `ClassNotFoundException`
- `IllegalAccessException`
- `InstantiationException`
- `InterruptedException`
- `NoSuchMethodException`

Dazu kommen diverse weitere Ausnahmen, die aus den verschiedenen Java-Paketen kommen. Sie können zum Teil der Klasse `Error` oder ihrer Subklasse `RuntimeError` zugeordnet sein und müssen nicht extra abgefangen oder dokumentiert werden (z.B. die Ausnahme `ArrayStoreException` aus dem Paket `java.util`), zum Teil werden sie jedoch der Klasse `Exception` zugeordnet und müssen behandelt werden (z.B. die gesamten Ausnahmen von `java.io`).

Viele Methoden der Java-API verfügen über `throws`-Klauseln. Die bisherigen Erklärungen verdeutlichen Ihnen sicher, daß viele Ausnahmen irgendwie in Java behandelt werden müssen. Aber wie? Die `throws`-Klauseln dokumentieren nur das potentielle Problem und verlagern es weiter. Explizit behandelt sind die Ausnahmen damit noch lange nicht.

Explizites Ausnahmen-Handling

Wenn Java schon ein so mächtiger Mechanismus zur Verfügung steht, der Ausnahmen erzeugen und die Hierarchie nach oben weiterreichen läßt, so muß Java natürlich auch einen Mechanismus zur Verfügung stellen, um die geworfenen Ausnahmeobjekte zu behandeln. Entweder Sie behandeln potentielle Ausnahmen einer Methode direkt innerhalb der Methode selbst, oder Sie geben dem Aufrufer genügend Informationen, wie dieser die Ausnahmen behandeln kann, gegebenfalls auch erst in der obersten Ebene der Hierarchie. In jedem Fall erfolgt die Behandlung mit der gleichen Struktur. In der Regel verwendet man dazu die `try-catch`-Struktur.

```
try
{
//In dem try-Blocks werden diejenigen kritischen
//Aktionen durchgeführt, die Ausnahmen erzeugen können.
}
catch (Exception e)
{
// Behandlung der Ausnahme
// Das Ausnahmeobjekt e wird behandelt
}
```

Kritische Aktionen in einem Java-Programm sollten immer innerhalb des `try`-Blocks durchgeführt werden. Falls Sie die Behandlung relativ weit oben in der Hierarchie durchführen, sollte dort die Methode stehen, welche sich dann explizit um die Ausnahmebehandlung kümmert. Der Begriff »`try`« sagt bereits sehr treffend, was dort passiert. Es wird versucht, den Code innerhalb des `try`-Blocks auszuführen. Wenn ein Problem auftauchen sollte, wird es sofort entsprechend im (optionalen) catch-Block gehandhabt. Wenn eine der Anweisungen innerhalb des try-Blocks ein Problem erzeugt, wird es durch die catch-Anweisung aufgefangen und entsprechend behandelt (sofern die catch-Anweisung dafür die passende Behandlung enthält).

Am Ende eines try-Blocks können beliebig viele catch-Klauseln stehen. Damit können unterschiedliche Arten von Ausnahmen auch verschiedenartig – und damit sehr qualifiziert – gehandhabt werden.

Eine Methode, welche Ausnahmen erzeugen kann und sich selbst darum kümmert, könnte also so aussehen:

Beispiel:

```
public void eineMethode_mitExceptions() throws MeineException
{
MeineExceptionKlasse ausnahmenMöglich = new MeineExceptionKlasse();
try
{
ausnahmenMöglich.eineMethodeMitPotentiellenAusnahmen();
}
catch (MeineException m)
{ // Fange die Ausnahme ab
 throw m;    // Gibt die Exception zurück
}
}
```

Von besonderer Bedeutung ist die throw-Anweisung in dem Beispiel. Sie wird in Java immer zum direkten Auslösen einer Exception verwendet und übergibt als Argument eine Instanz der Ausnahme, die ausgelöst werden soll. Die throw-Anweisung ist vom Programmablauf her mit der break-Anweisung vergleichbar. Was in dem Block danach folgt, wird nicht mehr ausgeführt.

Eine solche Ausnahmenbehandlung ist die sicherste Variante, weil die Methode selbst die potentiellen Ausnahmen behandelt. Wenn eine solche Ausnahme jedoch nicht direkt behandelt wird, wird sie nach oben in der Hierarchie der Methodenaufrufe weitergereicht.

Falls nirgendwo eine Behandlung erfolgt, wird sich letztendlich das System selbst der Ausnahme annehmen und entweder eine Fehlermeldung ausgeben und/oder das Programm beenden.

Was tun im catch-Teil?

Sie haben nun eine Ausnahme in einem catch-Teil aufgefangen. Dort erfolgt die eigentliche Behandlung der Ausnahme. Wir wissen bereits, daß der catch-Teil optional ist und auch weggelassen werden kann. Genauso ist es möglich, mehrere catch-Anweisungen zu benutzen, die dann sequentiell überprüft werden, ob sie für die aufgetretene Ausnahme zuständig sind (wenn keine entsprechende catch-Anweisung gefunden wird, wird die Ausnahme an den nächsthöheren Programmblock weitergereicht). Aber was tun Sie damit konkret? Nun, das bleibt vollkommen Ihnen überlassen. Dies hilft Ihnen so nicht viel, soll aber deutlich machen, daß es Ihrem Konzept überlassen ist, eine Ausnahme so zu behandeln, wie es für das Programm sinnvoll erscheint. Wir werden eine potentielle Behandlung allerdings durchsprechen – die Ausgabe einer Fehlermeldung-, und was noch erklärt werden muß, ist, wie Sie überhaupt an die Ausnahme herankommen. Schauen wir uns nochmals die Syntax einer catch-Klausel an:

```
catch (ArithmeticException m)
{...}
```

In den runden Klammern nach dem Schlüsselwort catch steht ein Verweis auf den Typ von Exception, der in der betreffenden catch-Klausel behandelt werden soll. Sie können dort eine der unzähligen Standardausnahmen von Java verwenden oder auch selbstdefinierte Ausnahmen (dazu folgt umgehend mehr). Das Ausnahmeobjekt, welches damit übergeben wird, besitzt einige Methoden, die Sie dann in der Behandlung nutzen können, etwa die Methode getMessage(). Diese Methode gibt die Fehlermeldungen der Ausnahme zurück. Sie wird von der Klasse Throwable (der Mutter aller Ausnahmen) definiert und ist daher in allen Exception-Objekten vorhanden. Wir nehmen unser Beispiel mit der potentiellen Division durch einen Wert 0 und packen es in eine try-catch-Struktur. Daran sieht man, wie so eine Ausnahme behandelt werden kann. Dabei seien a, b und Teiler irgendwelche int-Werte, die irgendwoher Werte zugewiesen bekommen:

```
try
{
a=b/Teiler;
}
catch (ArithmeticException m)
{
System.out.println("Fehler bei der Berechnung: " + m.getMessage());
}
```

Die finally-Klausel

Die `finally`-Anweisung erlaubt die Abwicklung wichtiger Abläufe (wie zum Beispiel das Schließen von Dateien, das saubere Unterbrechen von Netzwerkverbindungen oder das Freigeben von Ressourcen), bevor die Ausführung des `try-catch`-Block unterbrochen wird. Dies kann dann so aussehen:

```
try
{
//Hier stehen Anweisungen, wovon ein oder mehrere
// Ausnahmen werfen können
}
catch (ExceptionKlasse1 ausnahme1)
{
//Behandlung der ersten Ausnahme mit Zugriff auf das
// per throws-Klausel erzeugte Ausnahmeobjekt ausnahme1
}
catch (ExceptionKlasse2 ausnahme2)
{
//Behandlung der ersten Ausnahme mit Zugriff auf das
//per  throws-Klausel erzeugte Ausnahmeobjekt ausnahme2
}
catch (ExceptionKlasse3 ausnahme3)
{
//Behandlung der ersten Ausnahme mit Zugriff auf das
//per  throws-Klausel erzeugte Ausnahmeobjekt ausnahme3
}
finally
{
// Der Code wird in jedem Fall ausgeführt. Dies
// ist unabhängig von potentiell auftretenden Ausnahmen
}
```

Der Block `finally` ist optional und kann durchaus weggelassen werden. Wenn innerhalb des `try`-Blocks keine Ausnahme auftritt, werden die Anweisungen in dem Block `finally` ausgeführt und die einzelnen Anweisungen in den `catch`-Blöcken ausgelassen.

Tritt eine Ausnahme auf, so wird der jeweilige `catch`-Block ausgeführt und im Anschluß daran erst der Block hinter der `finally`-Anweisung.

ACHTUNG

Keine zu allgemeine Ausnahmebehandlung:
Beachten Sie beim Aufbau einer Ausnahmebehandlung, daß eine Ausnahme konsumiert wird, wenn man sie behandelt. Dies bedeutet, sie steht nach einer Behandlung nicht weiter zur Verfügung. Wenn Sie etwa eine Ausnahme sehr allgemein abfangen, um sie innerhalb einer integrierten Folgestruktur detaillierter behandeln zu wollen, haben Sie ein Problem.

Benutzerdefinierte Exceptions

Obwohl Java in seinen Standardbibliotheken über unzählige vorgefertigte Ausnahmen für fast alle wichtigen Standardsituationen (etwa bei Dateioperationen auf Basis der `IOException`) verfügt, ist es oft der Fall, daß ein Programm selbstdefinierte Ausnahmen benötigt. Um so eine Ausnahme zu erstellen, muß nur eine Unterklasse von `Exception` implementiert werden. Die Auslösung dieser selbstdefinierten Ausnahme erfolgt wie bei den Standardausnahmen über die `throw`-Anweisung.

Benutzerdefinierte Exceptions verfügen normalerweise (Konvention) über zwei Konstruktoren. Der eine Konstruktor erzeugt eine neue Instanz mit einer Fehlermeldung, der andere ohne Fehlermeldung.

Schauen wir uns ein Beispiel an, das auf Basis von `ArithmeticException` eine eigene Ausnahme definiert:

```
plublic class MeineAusnahme extends ArithmeticException
{
public class MeineAusnahme(String msg) // Konstruktor 1
{
super(msg);
}
public class MeineAusnahme() // Konstruktor 2
{
super();
}
}
```

Dazu können noch – falls notwendig – zusätzliche Methoden und Elemente hinzugefügt werden.

Wenn diese Ausnahme nun mit der `throw`-Anweisung von einer Methode, die diese Ausnahme implementiert hat, ausgeworfen wird, kann diese in einem `catch`-Teil aufgefangen werden. Etwa so:

```
catch (MeineAusnahme m)
{
System.out.println("Fehler bei der Berechnung: " + m.getMessage());
}
```

Die RuntimeException

Wir haben mittlerweile gesehen, daß Anweisungen, die Ausnahmen auslösen können, entweder direkt in eine `try`-Anweisung eingefaßt (mit optionalen `catch`-Anweisungen) – die Fehlerbehandlung vor Ort – oder mittels der `throws`-Klausel an den übergeordneten Programmblock weitergereicht werden. Falls weder eine Behandlung vor Ort noch eine `throws`-Klausel verwendet wird, liefert der Compiler bereits bei der Übersetzung eine entsprechende Fehlermeldung. Eine Ausnahme ist die Klasse `RuntimeException` (`public class RuntimeException extends Exception`) samt ihrer Unterklassen. Sie ist die Superklasse aller Exceptions, die durch eine normale Operation von der Java Virtual Machine ausgeworfen werden können. Für sie ist weder eine lokale Fehlerbehandlung noch eine Weiterleitung mit `throws` notwendig.

HINWEIS

Wir werden in dem nachfolgenden Kapitel zur Ein- und Ausgabe unter Java Programmierbeispiele durchsprechen. In deren Rahmen wird die Ausnahmebehandlung auch eine Rolle spielen und Ihnen anhand dieser praktischen Beispiele noch einmal vorgeführt.

12

Ein- und Ausgabe in Java

Ein- und Ausgabeoperationen zählen zu den grundlegendsten Aktionen, welche von einem Programm bewerkstelligt werden, ganz leicht ob es nur um das Abspeichern und wieder Einlesen von Einstellungen geht oder gleich um ganze Dokumente von zig Seiten.

ACHTUNG

Ein- und vor allem Ausgabe bedeutet normalerweise, daß Daten aus einer Datei gelesen oder in eine Datei geschrieben werden. Innerhalb von Applets ist dies meist durch die Einstellungen des Containers grundsätzlich verboten. Die Klassen zur Ein- und Ausgabe sind also normalerweise eher für echte Java-Applikationen als für Applets gedacht.

In Java werden diese Ein- und Ausgabeoperationen mittels sogenannter Datenströme realisiert. Der Begriff »Strom« geht auf Unix zurück – das Pipe-Betriebssystem. Unter einer Pipe versteht man einen nichtinterpretierten Strom von Bytes. Er wird zur Kommunikation von Programmen untereinander bzw. von Programmen und Hardware-Schnittstellen verwendet.

Ein Datenstrom kann von jeder beliebigen Quelle kommen. Dies ist entscheidend. Nehmen wir zur Verdeutlichung einmal ein anderes Abstraktionsmodell. Hier muß sich der Empfänger von Daten selbst um die Abholung kümmern. Eine genaue Kenntnis des Quellortes und diverse weitere Informationen über die Quelle müssen erst beim Empfänger vorhanden sein, bevor er die Daten abholen kann, welche ihn eigentlich interessieren. In unserem Modell des Datenstroms hingegen steckt die Information über die Quelle in einem Stromargument. Außerdem gibt es noch ein weiteres Argument, in das die verarbeiteten Daten zurückgeschrieben werden können.

Unter Java stehen zur Behandlung des Datenstrommodells zwei abstrakte Klassen zur Verfügung:

- InputStream
- OutputStream

Die beiden Klassen gehören zu dem Paket `java.io`, welches Sie bei jedem Programm mit Ein- oder Ausgabeoperationen importieren müssen. Die Klasse `java.io` enthält eine relativ große und hierarchisch gut durchstrukturierte Anzahl von Klassen zur Ein- und Ausgabe. Die meisten dieser Klassen leiten sich von den besagten abstrakten Klassen `InputStream` und `OutputStream` ab. Es gibt aber auch Klassen, die nicht auf diese beiden abstrakten Klassen zurückgehen.

Eine der wohl wichtigsten Nicht-Stream-Klassen ist die Klasse `File`, welche Dateinamen und Verzeichnisnamen in einer plattformunabhängigen Weise verwaltet. Die Klasse `File` bietet Dienste an, um auf lokalen Systemen Dateien und Verzeichnisse aufzulisten, Dateiattribute zu erfragen und Dateinamen zu ändern oder zu löschen. Wir werden uns hier hauptsächlich dieser Klasse annehmen.

Zwar verfügen einige Ströme über ein paar zusätzliche Methoden, aber dennoch gibt es bestimmte Methoden, die immer zur Verfügung stehen.

Die einfachen Strom-Methoden erlauben nur das Versenden von Bytes mittels Datenströme. Zum Senden verschiedener Datentypen gibt es die Schnittstellen `DataInput` und `DataOutput`. Sie legen Methoden zum Senden und Empfangen anderer Java-Datentypen fest. Mit Hilfe der Schnittstellen `ObjectInput` und `ObjectOutput` lassen sich ganze Objekte über einen Strom senden. Mit dem `StreamTokenizer` können Sie einen Strom wie eine Gruppe von Wörtern behandeln. Er ist dem `StringTokenizer` ähnlich, der das gleiche mit Zeichenketten tut.

Eine weitere Streamklasse – `StringBufferInputStream` – liest Daten aus dem `StringBuffer` und ermöglicht damit eine Cache-Funktionalität. Für die Kommunikation von einzelnen Threads gibt es die beiden Klassen `PipedInputStream` zum Lesen von Daten aus einem `PipedOutputStream`. Der `PipedOutputStream` dient also zum Schreiben in einen `PipedInputStream`.

Alle Methoden, welche sich mit Eingabe- und Ausgabeoperationen beschäftigen, werden in der Regel mit `throw IOExceptions` abgesichert. Diese Subklasse von `Exception` enthält alle potentiellen I/O-Fehler, welche bei der Verwendung von Datenströmen auftreten können. Die `IOExceptions` können direkt mit einem `try-catch`-Block aufgefangen oder an eine übergeordnete Methode weitergegeben werden.

12.1 Abstrakte Klasse InputStream

Mit der Klasse `InputStream` können viele der wichtigsten Leseoperationen eines Bytestroms verwirklicht werden. Woher die Bytes kommen und wie sie befördert werden, spielt keine Rolle, sie müssen dem einlesenden Objekt nur zur Verfügung stehen.

Die Methode zum Einlesen – read()

Zum Einlesen von Bytes aus Datenströmen dient hauptsächlich die Methode `read()`, welche es in diversen Variationen gibt.

ACHTUNG

Allen `read()`-Methoden ist gemeinsam, daß sie auf Beendigung aller angeforderten Eingaben warten. Deshalb packt man Eingabeoperationen auch meist in einen Extra- Thread.

Die einfachste Form ist

```
public abstract int read() throws IOException
```

Diese liest ein einzelnes Byte aus dem Eingabestrom und gibt es aus. Wenn der Strom das Dateiende erreicht, gibt diese Methode –1 aus.

HINWEIS

Die Rückgabe –1 bedeutet im Unterschied zu C nicht, daß ein Fehler eingetreten ist. Fehler werden immer als `IOException` aufgeworfen.

Etwas komfortabler ist die folgende `read()`-Variante

```
public int read(byte[] buffer) throws IOException
```

Hier wird ein Puffer (ein Datenfeld) mit Bytes gefüllt, die aus einem Strom gelesen wurden. Die Methode gibt die Anzahl der gelesenen Bytes zurück. Diese Variante der `read()`-Methode kann bei Bedarf weniger Bytes lesen, als das Datenfeld aufnehmen kann. Dies kann dann geschehen, wenn im Datenstrom nicht genug Bytes vorhanden sind, um das Feld vollständig zu füllen. In dem Fall gibt die Methode die Anzahl der gelesenen Bytes zurück. Wenn der Strom das Dateiende erreicht, gibt diese Methode wie die erste Variante –1 aus.

Beispiel:

```
InputStream datstrm = methLesDatq()
byte[] buffer = new byte[42];
if (datstrm.read(buffer) != buffer.length)
{...tue irgendwas mit den eingelesenen Daten...}
```

Sie können mit einer weiteren Variante von `read()` gezielt in einem Bereich ihres Puffers lesen:

```
public int read(byte[] buffer, int beginn, int laenge) throws
IOException
```

Damit wird ein Puffer, beginnend mit Position `beginn`, mit bis zu der mit `laenge` angegebenen Anzahl von Bytes aus dem Strom gefüllt. Es wird entweder die Anzahl der gelesenen Bytes oder -1 für das Dateiende ausgegeben.

Ressourcen freigeben – close()

Wenn Sie mit der Verarbeitung eines Stroms fertig sind, sollten Sie ihn mit der `close()`-Methode wieder explizit schließen:

```
public void close() throws IOException
```

HINWEIS

Diese Vorgehensweise ist zwar nicht unbedingt zwingend, denn die meisten Ströme werden automatisch bei der Garbage Collection oder mit einer geeigneten `finalizer()`-Methode geschlossen, aber man sollte es dennoch tun.

Am besten schließt man einen Strom immer in einem `try-finally`-Konstrukt.

Beispiel:

```
InputStream datstrm = methLesDatq()
try
{... versuchen, Daten zu lesen und zu verarbeiten }
finally{
datstrm.close();
}
```

12.2 Abstrakte Klasse OutputStream

Anders als der Eingabestrom, der eine Datenquelle darstellt, ist der Ausgabestrom ein Empfänger für Daten. Man findet Ausgabeströme fast nur in Verbindung mit Eingabeströmen. Führt ein Eingabestrom eine Operation aus, wird die zugehörige umgekehrte Operation vom Ausgabestrom durchgeführt. Mit dieser abstrakten Klasse können viele der wichtigsten Schreiboperationen eines Bytestroms verwirklicht werden. Die Identität der Bytes und wie sie befördert werden, spielt wie bei der abstrakten Klasse `InputStream` keine Rolle.

Die Methode zum Schreiben – write()

Die grundlegendste Methode eines `OutputStream`-Objektes ist die `write()`-Methode zum Erzeugung eines Ausgabestroms. Sie gibt es wie die `read()`-Methode in diversen Variationen.

ACHTUNG

Allen `write()`-Methoden ist wie den `read()`-Methoden ebenfalls gemeinsam, daß sie auf Beendigung des vollständigen Vorgangs (in diesem Fall des Schreibvorgangs) warten. Deshalb packt man auch Schreiboperationen meist in einen Extra-Thread.

Die einfachste Version

```
public abstract void write(int b) throws IOException
```

schreibt ein einzelnes Byte von Daten in einen Ausgabestrom.

Etwas praxisorientierter ist die folgende Variation:

```
public void write(byte[] buffers) throws IOException
```

Sie schreibt den gesamten Inhalt des Datenfeldes `buffers` in den Ausgabestrom. Dazu sollte der Puffer natürlich vorher mittels einer geeigneten Methode mit Bytes gefüllt werden.

Es gibt natürlich auch ein schreibendes Gegenstück zu der Variante von `read()`, welche gezielt in einem Bereich des Puffers liest. Die Methode

```
public void write(byte[] buffer, int beginn, int länge) throws
IOException
```

schreibt einen Puffer, beginnend mit Position `beginn`, bis zu der mit `laenge` angegebenen Anzahl von Bytes in den Ausgabestrom.

Ressourcen freigeben – close()

Wenn Sie mit einem Strom fertig sind, sollten Sie genau wie bei Eingabeströmen auch die Ausgabeströme mit der `close()`-Methode wieder explizit schließen:

```
public void close() throws IOException
```

12.3 Die File-Klasse

Als Schwerpunkt des Kapitels wollen wir zu einer der wichtigsten (und historisch ältesten) Verwendung von Strömen kommen – das Anhängen von Strömen an Dateien im Dateisystem des Rechners. Java stellt die `File`-Klasse dafür zur Verfügung. Sie kapselt Operationen in bezug auf das Dateisystem. Darunter fallen die Auflistung des Inhalt von Verzeichnissen, die Erstellung von Verzeichnissen, das Löschen von Dateien oder deren Umbenennung. Abfragen von Dateiinformationen sind andere wichtige Operationen.

Ein `File`-Objekt kann sich normalerweise entweder auf eine Datei oder ein Verzeichnis beziehen. Es gibt aber auch Operationen, die sich nur entweder auf eine Datei oder ein Verzeichnis ausführen lassen.

Ein `File`-Objekt läßt sich auf drei verschiedene Arten erstellen:

- `public File(String pfadname)`
- public File(String pfadname, String dateiname)
- public File(File verzeichnis, String dateiname)

Die erste Anweisung erstellt eine `File`-Instanz, die in `pfadname` angegeben wurde. Die zweite Anweisung erstellte eine `File`-Instanz, die sich aus dem in `dateiname` angegebenen Dateinamen und dem in `pfadname` angegebenen Pfad zusammensetzt. Nummer 3 erstellt eine `File`-Instanz, die sich aus dem in `dateiname` angegebenen Dateinamen und dem in `verzeichnis` angegebenen Verzeichnis zusammensetzt..

Datei oder Verzeichnis – isFile() und isDirectory()

Viele Operationen der `File`-Klasse sind unabhängig davon, ob es sich bei dem Objekt um eine Datei oder ein Verzeichnis handelt. Bei anderen Methoden ergibt es jedoch nur dann einen Sinn, wenn sie entweder auf eine

Datei oder ein Verzeichnis angewandt werden. Sie benötigen also einfache Methoden, mit welchen Sie dies überprüfen können. Es sind dies die `isFile()`- und `isDirectory`-Methode:

```
public boolean isFile()
public boolean isDirectory()
```

Lese- und Schreiberlaubnis – canRead() und canWrite()

Genauso wichtig ist die Überprüfung der Dateiattribut, insbesondere der Lese- und Schreiberlaubnis. Mit den Methoden `canRead()` und `canWrite()` können Sie ermitteln, ob Sie eine Datei oder ein Verzeichnis lesen dürfen und/oder dort eine Schreiberlaubnis haben:

```
public boolean canRead()
public boolean canWrite()
```

Existenz eines Objekts – exists()

Ein `File`-Objekt muß nach der Erstellung nicht unbedingt als Datei oder Verzeichnis physikalisch existieren. Es kann nur durch einen Dateinamen dargestellt werden. Die `exists()`-Methode überprüft die physikalische Existenz einer Datei oder eines Verzeichnisses: `public boolean exists()`

Name einer Datei oder eines Verzeichnisses – getName()

Den Namen einer Datei oder eines Verzeichnisses ohne den davor stehenden Pfadnahmen liefert die folgende Methode: `public String getName()`

Verzeichnis eines File-Objekt – getParent()

Zur Bestimmung des Namens des Verzeichnisses, in dem das `File`-Objekt enthalten ist, dient die folgende Methode: `public String getParent()`

Pfadnamen eines File-Objekts

Die Methode `public String getPath()` gibt den Namen des `File`-Objekts mit dem davor stehenden Pfadnahmen aus, egal ob relativ oder absolut.

Wenn Sie zuverlässig den absoluten Pfad eines `File`-Objekts benötigen, hilft diese kleine Abart: `public String getAbsolutePath()`

Trennzeichen in Pfadangaben - separatorChar und pathSeparatorChar

Die Zeichen zum Trennen von Verzeichnis- und Dateinamen in einem Verzeichnisnamen unterscheiden sich je nach verwendetem Betriebssystem. Deshalb können Sie mit fest kodierten Trennzeichen in Pfadangaben Schwierigkeiten bekommen. Besser ist die Verwendung von Variablen, welche je nach Betriebssystem deren spezifische Trennzeichen aufnehmen. Die `File`-Klasse enthält zwei Zeichenkonstanten für die Trennzeichen.

Die Variable `separatorChar` enthält das Zeichen, welches in einem Pfad den Datei- und die Verzeichnisnamen voneinander trennt:

```
public final static char separatorChar
```

Dieses Zeichen ist unter Unix ein Slash (/) und unter Windows NT und Windows 95 ein Backslash (\).

Die Variable `pathSeparatorChar` enthält das Zeichen, welches die einzelnen Pfadnamen in einer Pfadliste voneinander trennt:

```
public final static char pathSeparatorChar
```

Dieses Zeichen ist unter Unix ein Doppelpunkt (:) und unter Windows NT und Windows 95 ein Semikolon (;).

Datei oder Verzeichnis umbenennen – renameTo()

Um eine Datei oder ein Verzeichnis umzubenennen, können Sie in der `renameTo()`-Methode ein `File`-Objekt angeben, das den neuen Namen enthält:

```
public boolean renameTo(File neuerName)
```

Die `renameTo()`-Methode gibt `true` zurück, wenn die Umbenennung erfolgreich war.

Datei löschen – delete()

Zum Löschen einer Datei können Sie die `delete()`-Methode verwenden:

```
public boolean delete()
```

Die `delete()`-Methode gibt `true` zurück, wenn die Beseitigung erfolgreich war. Ein Verzeichnis kann damit jedoch nicht gelöscht werden.

Verzeichnis erstellen – mkdir() und mkdirs()

Die `mkdir()`-Methode behandelt das aktuelle `File`-Objekt wie einen Verzeichnisnamen und versucht, ein Verzeichnis für diesen Namen zu erstellen:

```
public boolean mkdir()
```

Bei erfolgreicher Erstellung eines Verzeichnisses wird `true` ausgegeben.

Die `mkdirs()`-Methode ist eine spezielle Variante der `mkdir()`-Methode. Im Unterschied zu dieser erstellt sie alle notwendigen Verzeichnisse für den im `File`-Objekt benannten Pfad. Wenn in der Pfadangabe also Verzeichnisnamen auftauchen, die noch nicht vorhanden sind, werden sie erstellt, und das eigentliche Zielverzeichnis enthält dann dort als Unterverzeichnis: `public boolean mkdirs()`

Bei erfolgreicher Erstellung eines Verzeichnisses oder einer gesamten Struktur wird `true` ausgegeben.

Inhalt eines Verzeichnisses – list() und accept()

Die nur in einem Verzeichnis zu gebrauchende `list()`-Methode gibt ein Datenfeld der Namen aller Dateien wieder, die in dem Verzeichnis enthalten sind. Sie ist klassische Unix-Syntax: `public String[] list()`

Sie können für die `list`-Methode einen Dateinamen-Filter einrichten, der Ihnen die Auswahl bestimmter Dateinamen ermöglicht:

```
public String[] list(FilenameFilter filter)
```

Die Schnittstelle `FilenameFilter` hat nur eine einzige Methode, nämlich `accept()`, die `true` ausgibt, wenn der Liste ein Dateiname zugefügt werden soll:

```
public abstract boolean accept(File verz, String name)
```

Wir wollen es uns an einem Beispiel ansehen. Das folgende Objekt implementiert einen Dateinamen-Filter, der nur Dateien zuläßt, welche die Endung `.txt` haben.

Beispiel:

```
import java.io.*;
public class JavaFilter extends Object implements FilenameFilter
{
```

```
public JavaFilter() // Konstruktor
{ }
public boolean accept(File verzeichnis, String name)
{ // Nur dann true, wenn die Datei mit txt endet.
return name.endsWith(".txt");
}
}
```

Dateiströme – FileInputStream und FileOutputStream

Die Dateiströme `FileInputStream` und `FileOutputStream` ermöglichen das Lesen und Schreiben von Dateien. Genaugenommen werden Ströme an Dateien im Dateisystem angehängt. Dateiströme können aus einer Dateinamen-Zeichenkette, einer `File`-Instanz oder einem speziellen Datei-Beschreiber erstellt werden:

```
public FileInputStream(String dateiname)
public FileInputStream(File datei)
public FileInputStream(FileDescriptor dateibeschreiber)
public FileOutputStream(String dateiname)
public FileOutputStream(File datei)
public FileOutputStream(FileDescriptor dateibeschr)
```

Um einen Eingabestrom zu erstellen, können Sie wie folgt vorgehen.

Beispiel:

```
InputStream mEingStr = new FileInputStream("mDat");
```

Um einen Ausgabestrom zu erstellen, können Sie wie folgt analog vorgehen.

Beispiel:

```
OutputStream mAusgStr = new FileOutputStream("mDat");
```

Die `FileDescriptor`-Klasse enthält spezielle Informationen über eine geöffnete Datei. Sie erstellen einen FileDescriptor niemals selbst, sondern beziehen ihn durch das Aufrufen der `getFD`-Methode aus einem geöffneten `FileInputStream` oder `FileOutputStream`:

```
public final FileDescriptor getFD() throws IOException
```

Im allgemeinen gibt `getFD()` den Bezeichner der Datei aus, auf welcher der Strom basiert.

Die FileDescriptor-Klasse enthält eine einzige Methode, nämlich valid, die true wiedergibt, wenn ein Datei-Deskriptor gültig ist:

```
public boolean valid()
```

Die FileDescriptor-Klasse enthält ebenfalls statische Instanzvariablen für die Datei-Deskriptoren für Standardeingabe, Standardausgabe und Standardfehler:

```
public final static FileDescriptor in
public final static FileDescriptor out
public final static FileDescriptor err
```

HINWEIS

Java stellt eine solch umfangreiche Technologie zur Ein- und Ausgabe zur Verfügung, daß deren weitere Behandlung den Umfang dieses Taschenbuchs bei weitem übersteigt. Für Byte-Datenfelder-Ströme, StringBufferInputStream, *gefilterte und gepufferte Ströme oder Objektströme muß an dieser Stelle auf weiterführende Literatur verwiesen werden.*

13 Java-Sicherheit

Wir wenden uns nun dem Thema »Sicherheit« und Java zu. Bis vor kurzer Zeit wurden die Sicherheitsprobleme von Computern mit Datencrashs und Viren gleichgesetzt. In geschlossenen Netzwerken galt zusätzlich der Abwehr von unbefugten Eindringlingen das Augenmerk. Das Internet selbst barg außer diesen Risiken keine Gefahren, zumindest solange das auf dem HTTP-Protokoll basierende HTML die einzige Sprache des WWW war. Dies hat sich mit dem Auftauchen von ActiveX, aber auch Java geändert.

Es gehört jedoch zu den zentralen Argumenten für Java, daß das Thema Sicherheit ganz groß geschrieben wird. Dennoch darf man nicht in unkritische Euphorie verfallen. Immerhin ist Java sehr jung und muß noch beweisen, ob sein Sicherheitskonzept wirklich so gut ist, wie es momentan scheint. Durch die Medien gingen für die bisherigen Java-Versionen viele Bugs und Minibugs, welche zwar zum Teil propagandistische Hintergründe gehabt haben, jedoch teilweise auch ernstzunehmende Sicherheitslükken der ersten Java-Versionen aufzeigten.

Es gibt viele Aspekte, die bei einem schlüssigen Sicherheitskonzept zu berücksichtigen sind. Anstatt alle erdenklichen Angriffsszenarien abzudekken, postuliert Javas Sicherheitsmodell potentielle Ziele, die Angriffen bzw. Angriffskategorien ausgesetzt sind. Insbesondere schützt das Sicherheitsmodell von Java den Hauptspeicher, den Festplattenspeicher des Clients, das Betriebssystem und den Programmzustand sowie das Netzwerk, und zwar vor Angriffen folgender Art:

- Beschädigung der Software auf dem Client-Rechner
- Verweigerung des Zugriffs auf Betriebsmittel des Client-Rechners
- Herausschmuggeln von Informationen aus dem Client-Rechner
- Identitätsannahme des Client-Rechners

Javas Sicherheitsmechanismen (im Sprachkonzept) greifen auf vier Ebenen des Computersystems. Erste Ebene ist die der Sprache an sich und der zugehörige Compiler samt kompilierter Klassen. Die zweite Ebene betrifft die Verifizierung des Bytecodes zur Laufzeit. Dort wird im wesentlichen darauf geachtet, daß zentrale Sicherheitsregeln eingehalten werden. Ebene 3 ist der Class Loader, welcher Klassen beim Laden analysiert und nach verschiedenen Kriterien mit Rechten versieht. Außerdem läßt er nur »freundliche« Klassen passieren. Die letzte Ebene ist ein sogenannter SecurityManager, welcher als abstrakte Java-Klasse zur Laufzeit zerstörerische Verhaltensweisen von Java-Programmen verhindert.

13.1 Mißbrauchsfähigkeiten einer Sprache

Ein wichtiger Ansatzpunkt für die Sicherheit eines Systems sind sprachspezifische Sicherheitslücken durch diverse Zugriffsmöglichkeiten auf lokale Rechnerressourcen. Die C/C++-Sprachmöglichkeiten sind das wichtigste Beispiel für diese Mißbrauchsfähigkeiten einer Programmiersprache in einer weitgehend ungeschützten Umgebung. Grundsätzlich muß man festhalten, daß der Verzicht von Java auf C/C++-typische und sehr maschinennahe Sprachelemente ein erhebliches Maß an Sicherheit gebracht hat. Zum einen sind Java-Programme erheblich stabiler als vergleichbare C/C++-Programme, zum anderen ist die Sprache vieler sprachspezifischer Mißbrauchsfähigkeiten beraubt. Gerade die Unterbindung von direkten Zugriffen auf Objekte vermeidet erhebliche Bedrohungen. Die sprachintegrierten Exceptions ermöglichen überdies in Java definierte und kontrollierte Prorammabbrüche. Die folgenden Schlagwörte sind Aspekte des auf maximale Sicherheit ausgelegten Java-Designs:

- Strikte Objektorientiertheit
- Finale Klassen und Methoden
- Strenge Typisierung und sichere Typumwandlung
- Keine Pointer
- Thread-sichere Datenstrukturen
- Sicherer Ansatz des Methoden- und Variablen-Aufrufs

Zusammenfassend kann man festhalten, daß Java also auf der Sprach- und Compilerebene bereits extrem sicher ist.

13.2 Viren

Viren innerhalb von Fremdsoftware sind ein Aspekt, gegen den bisher kaum schlüssige Konzepte auf der Ebene der Programmiersprachen und Entwicklungsumgebungen präsentiert wurden. Java dagegen bietet diverse Kontrollmöglichkeiten gegen Viren und überprüft defaultmäßig den Bytecode. Wie diese Kontrolle im Detail funktioniert, kann am besten in Zusammenhang mit unkontrollierten Zugriffen auf Systemressourcen erklärt werden.

13.3 Unkontrollierte Systemzugriffe

Eine recht analoge Gefahr zu Viren sind unkontrollierte Festplattenzugriffe (Löschen oder Verändern von Dateien, Formatieren von Datenträgern) und sonstige Zugriffe auf Systemressourcen. Auch im Falle von Java-Applets (oder vor allem ActiveX-Controls) werden Objekte auf dem lokalen Rechner abgelegt, deren genaue Funktionalität nicht immer vollständig klar ist. Microsofts ActiveX-Technologie wird von vielen Experten als das derzeit größte Sicherheitsrisiko der EDV-Welt gesehen. Man muß sich immer darüber im klaren sein, daß es sich bei jedem dieser Objekte um eine Art lauffähige Programme handelt, welche durchaus ein anonymes (schädliches) Doppelleben führen können. Java stellt da mit seinem Sicherheitskonzept einen neuen Meilenstein auf.

Bei Java-Applets können unkontrollierte Festplattenzugriffe – sogar von vollkommen unbekannten Applets – einigermaßen beherrscht werden. Verantwortlich dafür ist im wesentlichen der Container (also der Browser oder der Appletviewer). Dieser analysiert mit Hilfe des Applet Class Loader bereits beim Laden aus dem Netz den Applet-Code unter anderem auf Viren und Festplattenzugriffe oder andere unerlaubte Befehle. Damit wird bereits eine Pforte aufgebaut, die viele subversive Klassen erst gar nicht überwinden können. Und falls doch, unterbindet der Container – je nach internen Einstellungen des Containers – diese Zugriffe mit Hilfe eines permanent laufenden Hintergrundprozesses. Dazu gleich noch etwas mehr. Selbst wenn es also ein »schlechtes« Applet geschafft hätte, den umfangreichen Verifizierungsprozeß von Java zu umgehen, wäre der Schaden, den es anrichten könnte, doch ziemlich begrenzt, da Java-Applets nur in einer eingeschränkten Umgebung – dem sogenannten Sandkasten oder engl. Sandbox – ausgeführt werden und dort Restriktionen zu setzen sind.

FACHWORT *Der »Sandkasten« ist ein abgegrenzter Speicherbereich, in dem Java-Code ausgeführt werden darf.*

Verifizierung des Bytecodes

Vor der Ausführung einer Applikation durch einen Browser/Appletviewer, bzw. Java-Interpreter wird jeder Bytecode Tests unterzogen. Es wird beispielsweise überprüft, daß keine Zugriffsbeschränkungen verletzt werden, daß Methoden keine unzulässigen Argumente enthalten oder daß der Stack nicht überläuft.

Typinformationen und Anforderungen

Wesentlichen Anteil an der Verifizierung des Bytecodes bilden die Informationen über Typen. Java-Bytecode enthält mehr Typinformationen, als der Interpreter eigentlich benötigt. Etwa Symboltabellen. Dadurch kann zur Laufzeit sichergestellt werden, daß Java-Objekte und -Daten nicht unbemerkt manipuliert werden.

Vor und nach der Ausführung eines Java-Programms hat jeder Wert in dem Stackbereich und jede Variable einen bestimmten Typ. Man nennt dies »Typzustand der Ausführungsumgebung«. Dieser Typzustand ist statistisch zu überwachen und kann dafür verwendet werden, Pfadangaben und Verzweigungen eines Programms zu verfolgen. Außerdem kann mit Hilfe der zusätzlichen Typeninformationen ein spezieller Java-Mechanismus aktiv werden, welcher Verifier genannt wird.

Der Verifier

Der Bytecode-Verifier gehört zur Laufzeitumgebung von Java, also der JVM. Man kann ihn sich als ersten Grenzposten für eine fertige Klasse vorstellen, welchen die Klasse passieren muß, um überhaupt erst in die Laufzeitumgebung zu gelangen. Nur eine Klasse, welche sich bezüglich wichtiger Aktionen als unbedenklich ausweisen kann, darf diese äußere Grenze der Laufzeitumgebung überschreiten. Anhand der zusätzlichen Typeninformationen in jeder `.class`-Datei überprüft der Bytecode-Verifier den vollständigen Bytecode und kontrolliert die Typen bezüglich aller Parameter, Namensraumkonflikte, Argumente und Ergebnisse. Damit kann man garantieren, daß Bytecodes, welche vom Verifier nicht moniert wurden, auf keinen Fall Stack-Overflows (sowohl nach oben als auch nach unten) erzeugen, ungültige Registerzugriffe ausführen, falsche Parameter, Argumente oder Returnwerte verwenden oder ungültige Konvertierungen von Daten und Typen und illegale Zugriffe auf Objektfelder erzeugen. Letzteres bedeutet insbesondere, daß der Bytecode-Verifier auf strikte Einhaltung von `public`, `private`, `package` und `protected` bei Methoden und Variablen prüft.

Der Class Loader

Etwas höher als der Verifier ist der sogenannte Class Loader (Klassenlader) als ein weiterer Grenzposten gegen unbefugte Sicherheitsverletzungen aufgebaut. Wenn eine neue Klasse in ein System geladen wird, muß sie diesen Grenzposten passieren. Je nachdem, von wo die neue Klasse in das System geladen wird, wird sie jedoch vom Class Loader unterschiedlich behandelt.

Standardmäßig gibt es drei unterschiedliche Szenarien, von wo eine neue Klasse geladen werden kann: aus dem Internet, aus einem per Firewall geschützten lokalen Netzwerk und vom lokalen Rechner selbst. Denkbar sind jedoch beliebig viele Szenarien. Beim lokalen Laden (die Definition von lokal ist mit dem CLASSPATH verbunden, worauf nachfolgend noch eingegangen wird) von der Festplatte lädt und überprüft defaultmäßig nicht der Applet Class Loader, sondern der File-Loader des Dateisystems, was unter Umständen ein erhebliches Sicherheitsrisiko sein kann (wenn ein fremdes Applet über Diskette oder CD auf den Rechner und dort in scheinbar sichere Verzeichnisse, d.h. Verzeichnisse innerhalb der CLASSPATH-Angabe, gelangt).

ACHTUNG

Ein lokales Applet sollte sehr vertrauenswürdig sein, denn es hat damit einige Rechte, welche der Applet Loader sonst nicht durchlassen würde. Beispielsweise kann es von der lokalen Festplatte lesen und auf diese schreiben, Bibliotheken auf dem Client laden, externe Programme auf dem lokalen Rechner ausführen, sich der Überprüfung des Bytecode-Verifiers entziehen und sogar im Prinzip die JVM von Java verlassen.

Der Class Loader unterbindet auf jeden Fall das Ersetzen einer Klasse in einem höher priorisierten Bereich (etwa in einem per Firewall geschützten lokalen Netzwerk) durch eine Klasse aus einem niedriger priorisierten Bereich (etwa aus dem Internet). Insbesondere läßt der Class Loader nicht zu, daß eine Klasse auf dem lokalen System durch eine Klasse von »außen« unbemerkt ersetzt wird. Zudem unterbindet der Class Loader einen Aufruf von Methoden einer höher priorisierten Klasse durch Klassen aus einem niedriger priorisierten Bereich, es sei denn, diese Klassen sind explizit als `public` deklariert.

Und last but not least unterbindet der Class Loader einen Aufruf von Methoden eines Applets durch ein anderes Applet, es sei denn, dieses erlaubt es ausdrücklich. Dahinter steckt eine Technik, die Applets der gleichen Quelle (Host oder lokaler Rechner) in einem »Namespace«-Paket zusammenfaßt. Damit teilt der Class Loader die Welt der Applets in kleine Gruppen auf, denen von vornherein unterschiedliche Sicherheitsrisiken zugeordnet werden. Als Defaultwert überprüft der Class Loader nur solche Klassen, welche von außen (also von irgendeinem Host, einem lokalen Netzwerk oder auch einem Verzeichnis außerhalb des CLASSPATH) kommen.

Die getrennten Namensräume sind die Begründung, warum es, wie oben beschrieben, nicht möglich ist, Klassen auszublenden und durch manipulierte Klassen von außerhalb zu ersetzen. Wird eine Klasse benötigt, sucht der Class Loader immer zuerst innerhalb des eigenen lokalen Namenraums und dann erst in weiteren Namensräumen. Damit haben lokal installierte Klassen immer Vorrang gegenüber den Klassen, die aus einem Netzwerk bezogen werden. Dieser Vorgang setzt sich nach der Priorität nach unten fort.

Der Sicherheitsmanager

Der SecurityManager ist eine Klasse innerhalb des Java-Systems (abstrakt), welche als zentrale Entscheidungsstelle der Sicherheitspolitik eines Systems in bezug auf Applets verstanden werden kann: die vierte Ebene in der Sicherheitsphilosophie und die stärkste Stufe. Der SecurityManager überprüft als letzte Instanz der Sicherheitskette alle sicherheitsrelevanten Operationen eines Applets zur Laufzeit. Das bedeutet, selbst ein Applet, welches sogar den Class Loader überwunden hat, darf sich nicht sicher fühlen, sprich unbehelligt unerwünschte Aktionen ausführen. Der SecurityManager wird immer automatisch beim Start eines Browsers bzw. des Appletviewers gestartet und bleibt so lange im Hintergrund aktiv, bis der Browser bzw. der Appletviewer wieder beendet wird. Diese Implementierung des SecurityManagers läßt sich nicht abstellen. Wird innerhalb eines Applets eine unerlaubte Operation ausgeführt, löst dies eine SecurityException aus.

Sicherheitsrelevante Operationen eines Applets zur Laufzeit sind u.a. das Lesen und Schreiben von Dateien und der Aufbau von Online-Verbindungen. Die Art der Beschränkung durch den SecurityManager hängt jedoch sehr stark von der Umgebung der Applets ab. Dies bedeutet, daß der SecurityManager zwischen Applets, welche aus dem Netz und solchen, welche vom lokalen System geladen wurden, unterscheidet. Des weiteren ist es ein massiver Unterschied, ob ein Applet in einem Browser (und welchem) gestartet wird oder im Appletviewer.

HINWEIS

Wichtige Definitionen:
Ein Applet gilt nur dann als lokal, wenn es sich im CLASSPATH befindet. »Nur auf dem lokalen System abgelegt« genügt nicht. Dies bedeutet, daß Klassen, welche sich in einem im CLASSPATH spezifizierten Verzeichnis befinden, gegenüber nicht dort abgelegten Klassen erweiterte Rechte haben. Zusammengefaßt werden geladene Klassen in Java in größere Gruppen, welchen dann unterschiedliche Rechte zugeordnet werden. Das dahinterliegende Konzept heißt »name space« und bedeutet, daß jede geladene Klasse nach ihrem Namen und dem Herkunftsort identifiziert werden kann.

Die Java-Sicherheitseinstellungen kann man grob in Lese- bzw. Schreibzugriffe auf lokale Ressourcen, Aufbau von Online-Verbindungen über Netzwerke und die Manipulation eines Threads durch einen anderen Thread klassifizieren.

In bezug auf Lese- bzw. Schreibzugriffe auf lokale Ressourcen und Netzzugriffe kann man von der Java-Theorie her Applets in vier Sicherheitsstufen eingliedern:

1. `unrestricted!` Das Applet darf bezüglich Lese- bzw. Schreibzugriffen auf lokale Ressourcen und bezüglich Netzzugriffen vollkommen ungehindert schalten und walten.
2. `firewall!` Das Applet darf bezüglich Lese- bzw. Schreibzugriffen auf lokale Ressourcen und Netzzugriffen innerhalb eines Firewalls ungehindert schalten und walten.
3. `source!` Das Applet darf bezüglich Lese- bzw. Schreibzugriffe auf lokale Ressourcen nicht zugreifen und keine allgemeinen Netzzugriffe ausführen, jedoch innerhalb des Ursprungsorts (dem Host, von dem es stammt) darf das Applet alles machen und damit auch dorthin Kontakt aufnehmen.
4. `local!` Keinerlei Lese- bzw. Schreibzugriffe auf lokale Ressourcen und keinerlei Netzzugriffe.

13.4 Digitale Unterschriften & Verschlüsselung

Eine wichtige Neuerung im Sicherheitsbereich vollzog Sun 1997 mit der Version 1.1 des JDK. Seit dieser Version können Applets und Daten mit einer digitalen Unterschrift versehen werden. Dadurch kann ein Applet eindeutig seinem Hersteller zugeordnet werden. Umgekehrt kann man bei einer fehlenden digitalen Unterschrift eine Ausführung des Applets unterbinden. Die Sicherheitsschnittstelle von Java bietet seit der Version 1.1 eine Unterstützung für die sogenannte Public-Key-Verschlüsselung an, was Java in bezug auf das Versenden von Daten über das Internet erheblich aufgewertet hat. Die Tools des JDK 1.2 und das dort außerordentlich erweiterte Sicherheitskonzept haben gerade in diese Richtung noch einmal erhebliche Fortschritte gebracht.

13.5 Native Code

Ein erhebliches Sicherheitsproblem bei der Analyse eines Java-Programms ist die Möglichkeit zur Einbindung von nativem Maschinencode in Java. Im Gegensatz zum Java-Zwischencode läßt sich Maschinencode nicht so einfach untersuchen. Java versucht, dieses Problem mit dem Java-SecurityManager in den Griff zu bekommen, welcher die systemkritischen Ressourcen sichert. Trotzdem bleibt hier ein Restrisiko, und es ist eines der wichtigsten Argumente gegen die Verwendung von nativen Code in Java-Programmen.

13.6 Weitere unerwünschte Aktionen

Es gibt natürlich Sicherheitsfragen, die nicht ohne weiteres in Java behandelt werden können. Das soll heißen, es kann nicht Aufgabe der Entwicklungsumgebung sein, hier einen absoluten Schutz zu garantieren. Dazu zählen etwa die übermäßige Beanspruchung der Rechnerleistung oder des Hauptspeichers des Clients oder Schwächen der Internet-Protokolle. Wie gut das Java-Sicherheitskonzept jedoch ist, zeigt ein kurzer Vergleich mit dem ActiveX-Sicherheitskonzept (sofern dieses sich so nennen darf).

13.7 ActiveX-Sicherheitskonzept im Vergleich

Um ActiveX-Controls im Vergleich zu Java-Applets zu sehen, wollen wir zuerst kurz erläutern, was es mit diesen ActiveX-Controls überhaupt auf sich hat.

Was sind ActiveX-Controls?

Der Begriff »ActiveX-Controls« bezeichnet nach Aussage von Microsoft als ein übergeordneter Name Microsofts Internet und Multimeda-Technologien, die alle auf dem Component Object Model (COM) und/oder der Win32 API aufbauen. Insbesondere versteht Microsoft die ActiveX-Technologie nicht als direkte Konkurrenz zu Java, sondern als eine Ergänzung, mit der Programmierer Java voll ausreizen können – auf Kosten der Plattformunabhängigkeit. ActiveX ist explizit nicht plattformunabhängig, sondern läuft (zur Zeit) nur auf einer Computerarchitektur und einer Betriebssystemfamilie – INTEL-PCs und WINDOWS (und mit Einschränkungen auf Power Macintosh).

ActiveX-Controls lassen sich wie Java-Applets in jede HTML-Seite einbinden. Ein spezielles HTML-Tag bindet das ActiveX-Control in die Webseite ein:

```
<OBJECT CLASSID = "[wert]" ID = "Name" WIDTH=[Wert] HEIGHT=[Wert]>
[ActiveX-Control-Eigenschaften]
</OBJECT>
```

Dabei wird mit der CLASSID das Control über einen weltweit eindeutigen 128-Bit-Wert identifiziert. Über die CLASSID kann ein Browser entscheiden, ob ein Control bereits geladen wurde und ob es ggf. eine neuere Version eines bereits vorhandenen Controls ist. Auf dieser CLASSID baut jedoch zugleich das Sicherheitskonzept von ActiveX auf.

Sicherheitskonzept von ActiveX

Für ActiveX-Controls gibt es eigentlich gar kein echtes Sicherheitskonzept, denn der Anwender muß im wesentlichen der Registrierungsnummer des Controls vertrauen, welche als digitale Unterschrift über spezielle Tools des ActiveX-SDK in diese eingebaut wurde. Sofern ein Anwender ein ActiveX-Control auf seinen Rechner lädt, wird diese digitale Unterschrift überprüft und – falls der Browser entsprechend konfiguriert ist – bei fehlender Registrierungsnummer das Laden verweigert. Diese Überprüfung läßt sich zu allem Überfluß auch noch bei manchen Browsern vollständig deaktivieren.

Wer nicht glaubt, daß ActiveX-Controls böse Dinge mit dem lokalen Rechner anstellen können, wenn die Sicherheitsschranke zum Download nicht zertifizierten Codes deaktiviert ist, soll sich einmal das Control `Exploder` *(kein Schreibfehler) auf seinen Rechner laden. Es gibt den Exploder unter »http://www.halcyon.com/mclain/ActiveX/welcome«. Einmal geladen, fährt das Demoprogramm Ihren PC sauber herunter. Wohlgemerkt, es handelt sich nicht um einen Virus, sondern um ein ActiveX-Control zu Demonstrationszwecken.*

Aber noch einmal zurück zu der digitalen Unterschrift. Was bringt diese an Sicherheit, und woher kommt sie überhaupt? Diese digitale Unterschrift bekommt ein ActiveX-Control, sobald es sich (d.h. sein Entwickler) bei einer von Microsoft lizensierten Organisation registrieren läßt.

Die Funktion des ActiveX-Controls wird allerdings nicht überprüft, und es wird damit nicht gesagt, daß das Control harmlos sei. Nicht umsonst lassen sich mit ActiveX-Controls z.Z. alle möglichen Dinge anstellen, welche einem Anwender schaden können. Es ist bezeichnend, daß die Unsicherheit von ActiveX auf der im August stattgefundenen HIP 97 in Almere, Holland, mit 2500 Teilnehmern das größte Hackertreffen Europas, ein Hauptthema war.

Wenn Sie wissen wollen, welche ActiveX-Controls bereits auf Ihrem Rechner vorhanden sind, hilft Ihnen ein kleines Freeware-Tool, welches unter »http://www.winmag.com./software/xcavate.htm« zu laden ist. Es listet alle installierten Controls inklusive aller Dateiinformationen (Größe, Verzeichnis, ..) auf. Bei Bedarf (immer?!) können ausgewählte Controls gelöscht werden.

Mehr Informationen zum ActiveX-Sicherheitskonzept und ActiveX im allgemeinen (FAQ) gibt es im Internet unter besagter Adresse »http://www.halcyon.com/mclain/activeX/welcome.html« (Überschrift: *ActiveX or how to put nuclear bombs in web pages*), »http://www.microsoft.com/intdev/security/seccon.htm«, »http://www.microsoft.com/activex/actx-gen/awhatis.htm« oder »http://www.microsoft.com/activex/actx-gen/ajava.htm».

13.8 Bekannte Sicherheitslücken der Java-Vergangenheit

Selbstverständlich gab und gibt es auch in Java diverse Sicherheitslükken. Absolute Sicherheit ist eine Illusion und kann höchstens von der Religion erwartet werden. Einige Bugs in Java wurden in der Vergangenheit ziemlich bekannt. Etwa der Bytecode-Bug, schwarze Witwen und der DNS-Bug oder der CLASSPATH-Bug. Diese bekannten Fehlerquellen wurden oft aus unterschiedlichen Gründen hochstilisiert und sind mittlerweile beseitigt. Aber wo eine Sicherheitslücke erkannt wird, können sich durchaus noch weitere verbergen. Darüber muß man sich im klaren sein.

Aber man sollte beachten, daß die Sicherheitslücken in Java sehr spezielle Situationen voraussetzen und von subversiven Elementen nur sehr schwer zu nutzen sind. Obwohl es noch den letzten Beweis schuldig ist, scheint das Java-Sicherheitskonzept zu den derzeit besten Systemen auf dem EDV-Markt zu zählen.

Mehr Informationen zu speziellen Bugs gibt es unter »http://java.sun.com/security/UWdetails.html«. Informationen zu allgemeinen Sicherheitsbugs erhält man bei einem Einstieg über »http://java.sun.com/security/«.

Anhang

Im Anhang wollen wir noch zwei Hintergrundthemen behandeln, die Ihnen sicher recht nützlich sein werden.

A.1 Theorie des Zweierkomplements bei ganzen Zahlen

Ganzzahlige Variablen werden in Java allesamt als Zweierkomplement-Zahlen mit Vorzeichen verwendet. Zweierkomplement ist eine Methode, um negative ganze Zahlen durch Bits darzustellen. Am einfachsten wird eine Erklärung anhand eines Beispiels. Dabei soll ohne Beschränkung der Allgemeinheit ein Datentyp mit 8 Bit (Datentyp `byte`) herangezogen werden.

Jede ganze Zahl wird auf binärer Ebene wie folgt dargestellt:

DezimalZahl = bit8*(2 hoch 7) + bit7*(2 hoch 6) + bit6*(2 hoch 5) +

bit5*(2 hoch 4) + bit4*(2 hoch 3) + bit3*(2 hoch 2) +

bit2*(2 hoch 1) + bit1*(2 hoch 0)

HINWEIS

Bitte beachten Sie, daß (2 hoch 0) = 1 gilt (und nicht = 0)!

Beispiele:

- 3 = 00000011 = 0*(2 hoch 7) + 0*(2 hoch 6) + 0*(2 hoch 5) + 0*(2 hoch 4) + 0*(2 hoch 3) + 0*(2 hoch 2) + 1*(2 hoch 1) + 1*(2 hoch 0)
  = 0 + 0 + 0 + 0 + 0 + 0 + 2 + 1
- 7 = 00000111 = 0*(2 hoch 7) + 0*(2 hoch 6) + 0*(2 hoch 5) + 0*(2 hoch 4) + 0*(2 hoch 3) + 1*(2 hoch 2) + 1*(2 hoch 1) + 1*(2 hoch 0)
  = 0 + 0 + 0 + 0 + 0 + 4 + 2 + 1

Nehmen wir uns nun das Beispiel 7 vor. Die letzten drei Bit sind auf den Wert Eins gesetzt, alle davor auf den Wert Null. Wie kann man aber nun einen negativen Wert wie –7 darstellen?

Der wahrscheinlich offensichtlichste Ansatz ist wohl, ein Bit (naheliegenderweise das erste, also das am weitesten links stehende) als Vorzeichen-Bit zu verwenden, etwa wenn es den Wert Eins hat, die Zahl als negativ zu interpretieren, und wenn es den Wert Null hat, als positiv. Alles andere (sprich die restliche Darstellung der Zahl) bliebe gleich. Dieser Ansatz hat einiges für sich, hat aber den wesentlichen Nachteil, daß in dem Fall sämtliche arithmetischen Operationen für Ganzzahlen kompliziert würden.

Die Methode der Zweierkomplement-Arithmetik stellt wesentlich einfachere Algorithmen für binäre Arithmetik und Typkonvertierung zur Verfügung. Man kann wie folgt vorgehen:

Stellen Sie eine Zahl positiv dar, und ziehen Sie davon den Wert Eins ab.

Beispielsweise die Zahl 256 und davon 1 abgezogen, ergibt 255. Binär ist 256 in 2 Byte darzustellen und sieht so aus: 0000000100000000

Davon 1 (triviale Binärdarstellung 00000001) abgezogen, ergibt binär

11111111 = 255.

Uns interessiert nur, was im letzten Byte passiert ist. Übertragen wir die Situation auf lediglich das letzte Byte: 00000000 – 00000001 = 11111111

Dies heißt jetzt dezimal 0 – 1 = –1. Wir haben die Darstellung von einer negativen Zahl.

Wenn wir nun den Vorgang einfach weiter fortsetzen, werden wir die Darstellung aller negativen Zahlen bekommen:

Dezimal: –1 –1 =–2
Binär: 11111111- 00000001= 11111110
Dezimal: –1 –4 =–5
Binär: 11111111- 11111100= 11111011

Es ist offensichtlich, daß zur Darstellung einer negativen Zahl nur von der analogen positiven Zahl (dem positiven Komplement) die Zahl 1 abgezogen werden muß und dann sämtliche Bits umgedreht werden müssen.

Diese Aufteilung des Wertebereichs in negativen und positiven Anteil ist auch der Grund, warum beispielsweise in einem Byte Werte von –128 (= – 2 hoch 7) bis 127 (= + (2 hoch 7) – 1) dargestellt werden. Die Null zählt noch zum positiven Anteil. In Java hat dies dann auch die zwangsläufige

Folge, daß das am weitesten links stehende Bit als Vorzeichenbit dient. Wenn das Vorzeichenbit den Wert 1 hat, dann ist der Wert negativ, sonst positiv. So ganz falsch war also unser ursprünglicher Denkansatz nicht, nur mußte er ein wenig erweitert werden.

Dies führt beispielsweise bei Operationen auf Byte-Variablen zu einigen auf den ersten Blick überraschenden Ergebnissen:

127+1=–128 127+9=–120 127+127=–2

A.2 Kurzschreibweisen von Operatoren

Die Kurzschreibweise von Operatoren ist eines der C-Erbstücke, die sicher nicht jeder sofort eingängig findet. Denjenigen, welchen die verkürzte Schreibweise von Operatoren nicht ganz so vertraut ist, soll diese an Hand von Beispielen und ihrer ausgeschriebenen Langform erläutert werden.

Operator	Beispiel	Langform	Operator	Beispiel	Langform
+=	n += 42	n = n + 42	|=	n|=1	n=n|1
-=	n -= 42	n = n – 42	^=	n^=2	n=n^2
*=	n *= 2	n = n * 2	<<=	n<<=1	n=n<<1
/=	n /= 4	n = n / 4	>>=	n>>=2	n=n>>2
%=	n %= 5	n = n % 5	>>>=	n>>>= 3	n=n>>>3
&=		n&=1	n=n&1		

Stichwortverzeichnis

S

T